北洋风云人物

张作霖

董　尧◎著

中国言实出版社

图书在版编目(CIP)数据

张作霖 / 董尧著 . — 北京 : 中国言实出版社，
2015.10
（北洋风云人物）
ISBN 978-7-5171-1614-1

Ⅰ . ①张… Ⅱ . ①董… Ⅲ . ①张作霖（1875 ~ 1928）—
生平事迹 Ⅳ . ① K827=6

中国版本图书馆 CIP 数据核字（2015）第 247480 号

责任编辑　李昌鹏
责任校对　张国旗

出版发行　中国言实出版社
　　　　　地　　址：北京市朝阳区北苑路 180 号加利大厦 5 号楼 105 室
　　　　　邮　　编：100101
　　　　　编辑部：北京市海淀区北太平庄路甲 1 号
　　　　　邮　　编：100088
　　　　　电　　话：64924853（总编室）64924716（发行部）
　　　　　网　　址：www.zgyscbs.cn
　　　　　E-mail：zgyscbs@263.net

经　　销　新华书店
印　　刷　北京温林源印刷有限公司
版　　次　2016 年 1 月第 1 版　　2020 年 4 月第 3 次印刷
规　　格　710 毫米 ×1000 毫米　1/16　23 印张
字　　数　364 千字
定　　价　46.80 元　　ISBN 978-7-5171-1614-1

目录

第一章

有枪便是草头王

1894 年，初春，辽宁省的海滨城市营口。

几阵东风，吹醒了辽东湾畔的大地，枯萎了一冬的田野，青草萌芽，枝头吐绿，连细风也显出几分温馨。

此时，在海滨的一条还很冷清的街巷中，走着一个年轻人。他脚步很慢，蓬头低垂，双手插抱在胸前，背上背着一只小小的布包。他仿佛在街巷中寻找什么，但又那么不经心；他衣着并不褴褛，短打却不失整洁，唯脚上的一双布鞋，早已似被猎枪毙死的野鸟，翅凋羽破，四面开花了。这形状，使人自然明白，他是走了许多坎坷之路来到营口的。

年轻人走了几段路，终于在临海的一家小酒馆停了下来。他在冲门的一张小桌边坐下，要了二两高粮酒、一盘熟牛肉，自斟自饮起来。

这年春天，是个残酷的春天，一群群饿惫了的城里人，摇晃着瘦弱的身躯朝乡下跑，企望着乡下有饱肚子的东西可寻；又一群群饿惫了的乡下人，携男带女朝城里跑，企望着城里有饱肚子的东西可寻。赤春长日，青黄不接，老天也残酷无情呀！

这年轻人自饮片时，才转过脸，朝着柜台后坐着的一位年约五十的汉子笑嘻嘻地喊着："大叔，向你老问个讯，行么？"

生意人，讲人缘，他忙陪笑说："听小哥口音不远，有啥事只管问。"年轻人说："咱这里可有'宝局'？"

那掌柜的一听年轻人打听"宝局",先是不耐烦地说:"年轻轻的,干啥不好?为什么想往赌场混。那可是个吃人不吐骨头的地方!"

"大叔,"年轻人忙解释道,"不是我要下赌场,是有一位家兄混迹宝局,早时在辽河口的高坎镇,赌得惊天动地!后来听说出了人命,关大牢的关大牢,没抓住的都逃到咱们营口来了。爹娘不放心,要我来找找。"

老掌柜捋了捋山羊胡子,"嗯"了一声,才说,"原来是这么回事。错怪年轻人了。你打听这宝局么?顺河街倒是有几家。就是从这里西去一箭地向右拐,再走一箭地向左拐便是,海滨破烂摊上,还常有些地摊,赌完了便无影无踪。""多谢大叔了!"

年轻人付了酒钱,顺着掌柜的指的方向向前走去——这年轻人叫张作霖,是从黑山县二道沟来的。

张作霖兄弟三人,大哥叫张作泰,二哥叫张作孚,他是老三。哥儿仁的老爹叫张有财,是黑山县出了名的赌徒。在一次宝局上,兴得出奇,逼得一个赌徒回家卖了妻子。这卖妻的赌徒输惨了,也输恼了,竟把张有财骗到河滩上,一条木棍便索去了性命。那一年,张作霖才十四岁,老大作泰早独自闯天下去了,不知踪影;老二作孚混迹赌场,光杆一条,寡母王氏两手空拳,只好一条芦席埋了丈夫。死的是死了,走的也走了,作霖跟着寡母过着十分拮据的日子。王氏只好领着小儿子改嫁到二道沟,跟一个姓吴的兽医成了家。

吴兽医是个老实地道的过日子人,手里有点积蓄。如今成了家,又随来一个十四岁的儿子,望着这儿子面貌也挺正派,自然十分欢喜。有一天,便守着王氏对儿子作霖说:"作霖呀,你也老大不小了,咱家日子也还过得去,我想把你送到学堂去念书,日后也寻个大出息,做个露头露脸的人。"

张作霖从小野惯了,满脑子赌场和江湖上的行当,哪里愿意被关在屋子里一天到头念什么书!他摇着头说:"不念。念那东西有什么用?"

"这你就不懂了。"吴兽医摇着头,"读书才能当官,当官才能发财!常言说得好,书中有黄金,书中有美人;书读好了,可以荣宗耀祖,光大门庭!"

张作霖眨眨眼,沉思起来——对于"荣宗耀祖,光大门庭",张作霖不感兴趣,至今他姓他的张,并不姓他续爹的吴。他老爹张有财早死了,连埋的地方他都记不清了。我去荣谁的宗,耀谁的祖?但是,吴兽医说的"书里有黄金""书里有美人",张作霖很动心。眉头展了展,说:"好,我去念书。"

张作霖毕竟不是个读书的坯子，见单个字便头疼，见满纸的字，就两眼昏花，连个书歌儿也背不成套。几天之后，便扔下书对续老爸说："书我不念了，字像针似的，扎得脑子疼。再念下去，憋也把我憋死了。我去学别的本领吧，难道就只有读书才有饭吃？我不信。"

吴兽医望着作霖这个野模样，知道他通身上下没有装黑墨水的地方，便说："书不念就不念吧，总得有个营生，赌场总不是落脚地。"张作霖说："那我就跟你学兽医吧。给牛马治个病也不错。"吴兽医虽觉得本行当不景气，却也算是一个牢靠的饭碗。便说："也好，学兽医吧。不过，要学就得下功夫。半途退了，可不行！""好。"张作霖说，"我一定学好。"

张作霖跟着王氏寡母在二道沟定居之后，日子过得也算安逸。兽医这一行，别管是官场上的老爷、黑道上的强人，还是老老实实的种地汉，谁都用得着，用时来求，满面陪笑。他天天都有进项。常言说得好：家有斗金，不如日进分文；滴水穿石，聚沙成塔！吴家兽医小日子过得一天比一天好。

这时候，东北地盘很乱：有从北边入侵的俄国沙皇兵，他们凭着武力逼着清政府签订的《瑷珲条约》，割去了中国东北地面六十多万平方公里；后来又通过《北京条约》、《中俄勘分西北界约记》等不平等条约侵占了中国领土一百多万平方公里；东邻日本侵略者，也入侵中国，甲午海战一败，《马关条约》一签订，便割去了中国的辽东半岛和台湾澎湖等地。这两个侵略者在东北横行霸道，残害百姓。中国清朝政府别看对外奴颜婢膝，对自己的老百姓，却横征暴敛、敲骨吸髓；同时，亡命之徒也跟着铤而走险，打家劫舍，闹得东北三省群匪四起，暗无天日，老百姓连一天好日子也别想过。

当时的东北，也有一些不堪忍受压迫的老百姓起来造反，杀赃官、抗土匪，打得轰轰烈烈。官兵匪盗，结伙成群，多以马匹为伍，兽医这一行，自然十分红火，且四面八方的好人、坏人都可接触。张作霖的眼界渐渐宽了，自己的路该怎么走，也有个小盘算。

这里，单说一个对张作霖"启蒙"最大的人物，他叫赵世海。这个赵世海就住在距二道沟大约三里路的一片高坡上。高坡在大路旁，除了赵世海一家三口、三间土屋之外，便空荡荡。平时，赵家在路旁卖茶水，间或也供人搭伙做饭。大家管这里叫赵家店。

赵世海约莫五十岁的年纪，精细的长身条，精神的小脸膛，两只黑豆眼灵转灵动，一抖身一个主意，精灵得很。老伴之外，还有一个女儿，家贫，女儿叫不得雅名，通称"妞"。赵世海年轻时也混过几年江湖，小有名气。如今老了，和老伴、女儿守着这三间茅屋，开着个简易小店，倒也安逸。加上他经多见广，官私两面都能通达，又很知道这一带马的行情，所以，不管是官是匪，来找他的人很多。日久天长，这赵家小店又成了远近有名的赌场。

赵家店与二道沟是近邻，小店外草地上常常拴着官家的、土匪的、马贩子的高头大马，碰上有马患了病，赵世海自然去请吴家兽医。因而，张作霖也就成了这里的常客。

张作霖多少懂点兽医术，又很通赌场上的行当，虽然不敢同外来人真枪实刀地大干，帮个局、凑个边，有时提茶弄水买个烟，也还可混个小来去，手中也渐渐宽裕起来。有一次，张作霖在赵家店夜观大局，一群马贩子你来我往，有赢有输，他渐渐瞅出门道来了。他发现主客两家都有点"高招"，常常谋算得八九不离十，但也有失，赌注压得猛时，主家会玩权术，常常吃客家个精光。张作霖每逢这时，便掏尽腰包，朝客家的另一面压过去。他的赌注小，人家看不上眼，宁可输给他。这样，一局下来，他赌个三五次，也就肥乎乎的了。每逢这时，张作霖便拿出部分钱来，到集市上给赵世海买一包茶叶、一捆烟叶，给他老伴买二斤花样点心，再给妞妹买点袜子、头绳、香粉，不声不响地放在赵家。赵世海看在眼里，喜在心里。"这小子有出息，机灵懂事，日后会有大出息。"

有一天，赌局散了，赵世海又多饮了几杯酒，他把张作霖叫到面前，瞪着猩红的眼珠子，说："作霖呀，你小子真机灵，会办事，能办事。""靠大叔多栽培。"张作霖说，"以后还请大叔多教导。"

赵世海一摆手，狠狠地又骂了起来，"谁栽培你？你小子蠢，成不了气候，别想上了台桌……"

张作霖糊涂了。"这咋回事？阴阳变得这么快，我得罪他了？""大叔，小侄在您面前是个孩子，有不到处，您老只管教育，骂也行。只是别生气，气坏了身子……""我拿你小子不外。"赵世海说，"不是我说大话，我跑了半辈子江湖，啥不懂！你小子跟我学学，准有出息。可是，你怎么不会顺我心做事呢？"

"大叔，您明说，没有我办不成的事。"

"我有心事呀！"赵世海痛心疾首，"不知我作了什么孽，竟断了赵家香火！我苦痛啊！"

张作霖听明白了。忙笑着说："不瞒您老说，大叔这心事我早看透了。""真话？"

"那还有假！"

"你咋不言一声？"

"我……我是什么人？"张作霖说，"啥能耐没有一点，嘴还得搭在别人碗沿上。我要是心想投靠大叔，口还说不出呢！"

"果然有这个想法，我高兴。"赵世海一拍桌子，跃身站起。

"您老若不嫌弃，我就认您老当干爸。"话刚出口，便"扑通"跪倒。

赵世海一见张作霖跪倒了，竟慌张起来。"这、这……这不过是句戏言，你怎么当真了。"

"干爸反悔了？那我就跪倒不起了。"

赵世海满面赔笑，说："我反悔？我求还求不得呢！快起来，快起来，跟我去后屋见干妈和干妹子。"

赵世海把张作霖收作干儿子了，自己大半生混迹江湖的本领也就言传身教地都教给了张作霖；张作霖有了本领，便有了胆量，便想自己去闯闯世界。先是跟着马贩子跑跑边境线，贩卖几头牲口，也总是有不少油水。油水越大，张作霖的胆子也越大。不久，他便结识了许多绿林朋友，跟他们一起，有时当眼线（侦探情况），有时冲锋陷阵。每次，总会分不少钱物。乡里人都知道他是黑线人物，对他敬而远之。

前不久，二道沟邻近的一个村子有个姓王叫天成的大户，一夜之间被人劫走八口大牲畜和一些细软之物。这失主毫不犹豫，认定是张作霖过的眼，是张作霖引的鬼。二话不说，便到黑山县衙门的捕盗营把张作霖告了。衙门里派了长差，直奔二道沟来。

张作霖有耳报神，黑山捕役刚动身，他便知道了，忙跑到赵世海面前说："干爹，这事不好办，我得出去躲躲了。"

赵世海说："是的，光棍不吃眼前亏。可是，你到哪里去呢？""世界这么大，总有立足的地方。"

"作霖哪，我看这样吧，"赵世海说，"大财主告你通匪，洗也洗不清了，干脆你去投绺子（大帮土匪）算了。入了伙，正儿八经地干一番。""投谁？"张作霖问。

"我认得拉绺子的冯德麟，我推荐你去入他的伙。"

"冯德麟？"张作霖思索片刻说，"那小子不仗义，听说手爪子太长。我又是在走投无路时去投他，至多当个小匪崽子。不干。要干就自己拉帮，干出一个大名声来。"

赵世海惊讶地说："有种！像个闯世界的样子。"并说，"事不宜迟，夜长梦多。赶快动身吧。以后不管混得如何，千万别忘了咱赵家店，别忘了这一家人！"

张作霖告别了干老子，连夜逃了出来。张作霖终于独自出去闯世界了。

别看张作霖勇气很大，可是两眼摸黑。到哪里去躲呢？又得躲多久，向什么地方去闯？他边走边犯了难。深夜之后，天也冷了，他在一个河边的茅屋里躺了一宿，终于想到去找二哥作孚——他听人说二哥在高坎镇聚赌，到了高坎镇才知他去了营口；张作霖这才追到营口。张作霖依照酒馆掌柜指的路，几乎寻遍了营口城，也见不到二哥的影子。天色已晚，肚里也饿了，他这才找个小店住下。

睡了一夜，张作霖也没有想出头绪，他真的犯了愁：回二道沟去么，官兵正在捉拿，那岂不等于自投罗网；何况又在干老子面前夸下海口。如今，因为找不到哥哥，就调屁股回家了，这算什么好汉？！不回家又到哪里去呢？张作霖虽然是二十岁的人了，独闯世界，还是第一遭，他望不见前途光明，他感到了举步艰难。

次日早晨，张作霖起了床，付清了店钱，要去找个地方吃饭，吃完了好离去。就在他走出旅店不远的时候，忽然看见路旁一个茶棚边挑起一个招兵的白旗。他心里一惊，又一亮：何不去当兵，也好混些日月。先有个地方存身，然后再去找出路。

张作霖走到茶棚边，这里还没有人。他望了望那面在晨曦中飘晃的白旗，又犹豫了：我去当兵么？当兵可要出操训练的，酷暑严寒，冰雪在地，都得摔爬，连个畅快觉也不能睡。不干。不能当兵。他转身想离开。可是，身子转了，他猛然又想：不当兵又往哪里去呢？

张作霖是无处可去了。营口这地方，亲戚朋友没有一家，若不是官兵逼着，若不是得知二哥在这里，他才不到营口来呢！他在茶棚旁转悠好一阵子，才见到一个人从里边出来。此人身材中等，脸膛黝黑，两眼机灵，穿一身清兵号衣。他朝茶桌旁坐下，先呷了一口茶，然后才仰起懒洋洋的脸。一见张作霖在身边转悠，忙将身站起。"过来，过来！"那清兵朝张作霖招招手。张作霖过来，并没有说话。"是来当兵的么？"那清兵问。张作霖点点头。"多大啦？""多大能当兵？""我在问你！"

"是的，我在问你！"

"妈的，跟老子拌起嘴来了！看我不揍憋你！"说着，挺身扬起了拳头。

"就凭你这德行，想当兵我也不当你这一号的兵！"说罢，甩手便走。

屋里，一个官儿模样的人走出来。疾走几步，拦住张作霖。"好小子，性情挺犟！想当兵？"

"不想当兵到这里来干啥？""哪里人？""黑山。""多大啦？"

张作霖眨眨眼，还是不耐烦地说："就我这模样，还用细问。难道说我连当兵也不够格？"

那官儿走到他跟前，一拳甩到他胸口，说："行！就凭你这个犟劲，就凭你这性格，准是个能打能冲的好兵。过来，登个册子吧。"

张作霖不识字，只好口答。官儿拿张纸边问边写。三五句之后，就把张作霖领进新兵营。

张作霖入的是清朝官兵，官儿告诉他管他的标统叫宋标，他是分在马玉昆的大营。

张作霖身在军营，心却在旷野。表面上，操练、吃住、站岗放哨，一切都规规矩矩，干得比旁人好，很得领头的欢心；暗地里，他却拉帮结伙，扩大自己的势力圈圈，并且十分注意打听绿林、胡子的消息，一有机会，他便和他们接触。那时候，营口郊外的高坎镇、三界沟、东岳庙，早就有绿林、胡子的活动，他们白天派人四处侦察、打探，晚上便去大户人家掏窖（抄家）、绑票（抓人质），碰上小股官兵，便连枪带人一起劫，闹腾得热火朝天。听说三界沟的杜里山、北镇一带的金守山，还有个叫什么关艳红的女人，都闹腾得惊动半拉天，连官兵也不敢惹他们。张作霖对这些消息，十分爱听，听起来十分动心，常常情不自禁地挥拳：

"娘的，人家也是两条腿的男子汉，我也是两条腿的大男人，人家才真叫英雄汉，我算×！"不久后，张作霖便在军营中组织了一次大逃跑，他要把自己的一帮人拉出去，扛起绺子（匪帮）大旗——事不周密，漏了风声，没有成功。幸亏他同马玉昆关系十分好，才免了一场大难。

张作霖在营口混了将近两年，早已厌烦了军中的清苦，又听说辽西一带他当年的朋友如今都干得十分像样，有的人还在自己地盘划了保险区，坐地分银，设官封职，跟官府一样。他更加沉不住气了。于是，趁着大营调往关内的时候，张作霖拉着他的小帮伙终于溜了出来。谁知事又不妙，军营知道张作霖带人跑了，便派人去追。追得他们七零八散，跑到二道沟时，张作霖身边只剩下六人、六马、五支枪了。

张作霖从营口潜逃时，狠狠地掏了几个窑子，弄到大把的钱财。他在途中为干老子买了两件像样的皮衣服，几盒沉甸甸的食品果盒、几块做衣服的布，又给干妹大妞买点女人用品，捆捆绑绑两大包裹，这才进了赵世海的三间茅屋。他把衣服朝炕上一放，大咧咧地说："干爹，我回来了，这是给您老和妹子带的衣物，不成敬意，只算我没忘您！"

赵世海是个讲究虚面子的人，一见干儿子骑着高头大马，还有五六个随从，又都武装整齐，知道他准发迹了。发了迹没有忘了干老子，就不赖！忙迎上去，说："好小子，你走了才两年，就出息得这么威武了！行，好样的！"忙又告诉老伴、闺女，"快快杀鸡买肉，再去打点好酒，我得跟干儿子好好喝一场！"

张作霖想在二道沟拉帮起家，他便要先造造影响。于是，他趁着几分酒意，便首先对干老子吹嘘起来：

"干爹，您瞧我这身衣裳，像不像官？"张作霖是潜逃出军营的，清兵衣服未曾脱，只在外边穿了件皮袄。皮袄一拉，号衣便露了出来。赵世海只混迹江湖，"绺子"的行当他懂得，但绺子不讲衣着。所以，清军官兵怎么从衣着分高低，他不懂。他笑笑说："像官，像官。这气派像个不小的官呢！"

张作霖点点头，说："干爹，您老眼光果然不错，我在大营里混了两年，弄了个哨官。"

"哨官管多少人？"赵世海问。

"管上百号枪马。"张作霖信口开河，"不光管兵马，连赌局、杂八号，谁都不敢不听我的！银子从手里都是大把大把地过。干爹，咱爷们往后再不必愁钱了，有的是，多得很呢！"说着，扭过身又从屁股上抽出手枪。"干爹，瞧见么，西洋造，德国牌真家伙。咱爷们现在是要枪有枪、要马有马，该咱大干一场的时候了，干吧！"

那赵世海虽也是个粗人，却粗中有细。听了张作霖的话，心里暗自嘀咕：我这干儿子两年混个哨官，够光彩荣耀的了。为啥回来了呢？赵世海决定摸摸干儿子的"底细"。

"干儿子,"赵世海说,"你这一次回来,是想看看家便走呢,还是不走了?"

"不走了!"张作霖说,"守着干爹您老不走了。"

"队伍上不是干得好好的么?"赵世海有点惊讶,"还有官做,怎么……"

张作霖知道话说走了嘴,忙改口说:"干爹,你是明白人,常言说得好——当官不自由!凭儿子这身本领,到哪里闯不出名声,何必总听别人说长道短呢。再说,这官兵也太不自由,哪抵得上拉杆子、自己闯!"

"好小子!凭这几句当当响的话,便见我儿子的胸脯多宽。好,像个办大事的人!"

赵世海久闯江湖,终日思谋着闯出大名,梦不成,人已老。如今干儿子怀着这么大抱负,这一回来,准会闹个翻江倒海。他有话题了,于是,他便在这二道沟方圆十里八乡到处宣扬,说他干儿子"在外边当了营官,领着百十号枪马齐全的兄弟,一声口令,叫向东谁都不敢向西。往后,咱这地面就全归我干儿子管了。"一边游说,一边暗地里串联一些想拉黑道、但又找不着门或拉了黑道混得不顺心的人,邀他们入张作霖的伙。

赵世海在地面上有头脸,经他这么游说,不久,二道沟方圆的散兵游勇和黑道边上的人物,便像苍蝇嗅到腐肉一般,纷纷投来。张作霖十分高兴,凡来投者,一律好酒大肉款待,很快便获得仗义、豪爽的美名。

张作霖在二道沟不用招兵,兵便纷纷自来,渐渐地人多起来。人是活口,每天都要吃东西,张作霖从营口带来的一点银钱,眼看着便空了。钱空他不怕,有人入了伙,有了自己的人,还怕饿肚子?到什么地方也能抓够吃的。现在的问题是,光有人没有枪,手里没家伙,掏窑、拉票都不仗恃。张作霖知道他干爹是老手,便把心事对他说了。赵世海一听,便点点头。"你小子想得远,想得细,有了枪才能站稳脚。要不然,赤手空拳,别说闯地盘了,连二道沟也守不稳。"

"可这枪——到哪里去弄呢?"张作霖有些犯愁了。他只知道军队手里有枪,总不能到军队掏窑子吧?

"好办。"赵世海说,"干这一行的,只有一个本领。人家有的东西咱没有,想有么,就去拿好了,暗着不好拿就明拿!"张作霖还在纳闷。

赵世海点明他说:"闷个啥呀?瞅准了,就下手。别无办法。"停了片刻，他又说，"知道你两年前是怎么离开二道沟的吗？"

"忘不了，"张作霖说，"还不是那个王天成诬告我一状，逼走的。""对呀！"赵世海说，"如今你回来了，总不能白白咽下这口气。""对，对，干爹不说我竟忘了。"张作霖一拍屁股，说，"我就去找王天成！"

王天成，二道沟一带的不大不小的财主，财大气粗，为富不仁。对社会上的公益事，他是从来一毛不拔；他要出头露面的事，胳肢窝里夹个算盘，亦步亦趋都得算"对我生财几何"。这天晚上，约莫三更天时分，张作霖带几个弟兄便进了王天成的独门独户四合院。他让两个弟兄守着大门，不准人出进，自己便带了三四个弟兄闯进了上房。

自从赶走了张作霖，王天成自以为很得意，觉得除了心头之患，可以高枕无忧了。于是，放高利债，敲诈勒索，强占四邻的地，无所不干。但他同时也心虚，当年他说张作霖抢走他八头大牲畜，毕竟没有真凭实据，张作霖是黑线人物他也不曾亲眼见。现在，他听说张作霖又回到二道沟来了，还领着有枪有马的队伍，心里就害怕起来。正想托个得力的人向张作霖赔个不是、进点贡，尚未找着合适的人，张作霖竟不请自到了。王财主这一惊，几乎把手中的账本都丢落在地上。他从太师椅子上站起来，冲着门外正要喊人，却见张作霖腰插手枪、身穿清兵号衣，正瞪着一双怒眼瞅着他。他知道来者不善，立即变了笑脸，拱起双手说："张营官，是你！？好久不见了，听说你在外边混得不错。何时回来的？欢迎光临寒舍！"张作霖也笑着，拱了拱双手说："兄弟才回故土，本该早来拜望王大爷，只是琐事多，把腿脚缠住了，还请王大爷原谅。"

"不敢当，不敢当！"王天成说，"我倒是应该早去给老弟赔罪。两年前，我那个混账的管事，瞎编乱造告了老弟一状，我知道后，气得什么似的。我早就把他打发走了，只是再无机会见到老弟，心里总过意不去。"

张作霖摇摇头，说："小事一桩，我早忘到九霄云外去了。以后再不必提及它了，咱是同乡亲邻么！"

王天成也顺着坡子往下滑，说："老弟今日光临，必有……"张作霖大咧咧地把枪拿出来，放在桌子上，这才说："兄弟是奉命返乡的，有公事在身。我要在这片地方安民除盗！眼下有件事，虽然不大，但却有难处，特想请你帮帮忙。"

"好说，好说。"王天成虽觉问题麻烦，但不敢不答应。"有事营官你只管吩咐，为地方治安，我无不支助。"

"我知道你是个爽快人，那就直话直说了吧。"张作霖说，"眼下，我的枪、马不够用，已向上司申报，尚未拨到，想跟你借五支枪、五匹马用用，如何？"

王天成视财如命，他的马在外边拉堆粪他也得捡回来。一把拿出五匹马，再加五支枪给张作霖，这得值多少钱？他家里是有几支枪，那全是为了保护财产，出大钱买的。弄一个响窑（武装宅院）不容易呀！可是，冤家对头凶神般地站在面前，说一个"不"字就会丢命。他眼珠一打转，说了话："好说好说，这事我乐意帮助。请老弟稍等，我叫管家去牵马取枪。"

张作霖摇摇手，说："不必了吧，我们有弟兄在外边，跟你去取好了。"

两个弟兄马上跳进来，托着枪，抵住王天成。"走吧，我们去取！"王天成不敢反抗，只得乖乖地领着张作霖去取枪，牵马。

从此，张作霖枪马多了，在二道沟拉的起杆子也壮大了，渐渐成了著名的黑道人物。

第二章
庙儿镇遇难

　　张作霖在二道沟拉帮干起了黑道营生，一出马，就很有些名堂：首先他规定不许惊动四乡亲邻，"要下手，就到远处去。兔子还不吃窝边草呢！"他带着人在远处做了几件活，都很顺手；到手的金钱衣物，他也能及时、公平地分给各位兄弟，大家都很信得过他。不久，方圆百八十里内的小股绺子也都向他投来。张作霖想办大事，凡来靠的，热情欢迎，奖以重金，那声望也高起来。

　　张作霖发迹之后，最高兴的是赵世海。他认为张作霖的路是他指的，人缘是他拉的，大把大把地来财，得算他首功。不过，他也承认张作霖是个汉子。他对老伴说："咱那干儿子，我一照面就认定他是个好手。不想，二年工夫，竟出息大了。"

　　老伴不无忧虑地说："作霖是个能人，这一点我信。就是干这一行，我心里怕。万一有了闪失，身家性命都不保。"

　　"怕啥？女人心。"赵世海说，"常言说得好：不当胡子不做官！你知道么，吉林的毛督军啥出身？绿林！黑龙江的彭大帅啥根基？也是绿林！朝廷对他们也没办法，混大了只好招安。招安你懂么？招安就是封官，把土匪、胡子都给纱帽戴。"

　　老伴低下头，还是嘀咕："还是正道走得仗义！拉绺子、当胡子，杀头掉脑袋的也不少呀！"

"女人之见。"赵世海说，"不敢干杀头的事，永远出不了头地！""我不是这个意思。"老伴说，"我觉得作霖应该过得更安逸些。我最近想着一件事，总放不下。""啥事？"

"作霖跟咱家缘分不浅，干儿子算半个儿子，我还想再凑半个儿子，成了一个整儿子。"

"再凑……怎么凑？"

"女婿也是半个儿！"

"嗯！"赵世海眯起眼睛，思索片刻，才说，"你想得不错。我也曾这么想过。"

"那咱就跟妞商量一下。"

"别忙。"

"咋，你心里不定？"

"是不定。"赵世海说，"我看那张作霖，是个心胸不小的人，将来准干一番大事业。不知他会不会中意咱妞？"眨了一下眼，又说，"要是说出口了，他再不愿意，到那时，只怕连现在的半个儿子也保不住了。"

"那……我就先试探一下。"

"怎么试？"

"拉拉家常呗。"

"算了，算了。还是我想着法儿试探一下。"

其实，根本就不必试探。张作霖和干妹子大妞，早已眉来眼去，互送秋波了——

那是张作霖从营口回到赵家店的第二天，张作霖陪着干老子和弟兄们喝酒喝到二更天，昏沉沉地回到自己房中。不知怎么的？竟是无法入睡，脑子里的事像江河里湍急的流水一般，一个浪花没了，又一个浪花出来，想安静也静不下来。二十多岁的人了，正该是思绪大乱的时候，何况张作霖又不同于一般的二十多岁的人，他对社会早有接触，赌场、兵营、黑道，正儿八经的平民百姓，什么样的经历他都有，只怕四十岁的人也没有他的经历丰富！纷乱的思绪，海阔天空地飞翔。他望望窗外，月光如水，轻风拂着柳枝，夜莺在低吟，这一派天地又似另一个世界。他推门走出来，想到月光里去消除不定的心绪。

他刚走出门，便见对面妞儿的雪亮窗户。他心里一动："妞子妹妹还没有睡？！"他轻移着脚步，朝着亮窗走去。

姐儿的思绪也很乱。她说不清为什么？只是没魂儿似的丢东忘西，里里外外不知做什么才好。

昨天，娘把干哥哥给她买的礼物送来，她喜得不知怎么才好。但却死沉沉地垂着头，一声不响。

娘说："也难为作霖了，一个毛头小伙子，终日风风火火，还有这么细的一副心肠。大老远地回来了，没有忘了咱，就很难为他了，又费尽了心肠买了那么多礼物，咱一家三口人的全有。姐，你瞧瞧，喜欢么？别管喜欢不喜欢，抽个空儿对作霖说声感谢的话，人家也知道礼物到你手了。知道么？"

姐对娘瞥了一眼，说："娘，看您唠叨的。难道连这些我也不懂？！人家有这份心，别管送什么礼物，都是好的，怎么能不喜欢呢？只是……向人家致谢，多不好意思。"

娘笑了。"那怕什么！作霖是你干哥哥，干湿都一样亲，有什么好意思不好意思。"姐点点头。

那以后，姐像走了神似的，把干哥哥送的礼物一天几遍地翻看，看了一件又一件，对着礼物羞，对着礼物笑；把礼物抱在胸前，胸脯竟扑扑通通地跳，她帮助娘忙完了饭菜之后，又回到房里看礼物。看着看着，竟不知怎么地流起了眼泪……张作霖来到姐窗前，不小心竟碰着一个瓷盆。瓷盆发出"当——"的一声响，他心里吓了一跳。

姐听到窗下有声响，忙问："谁呀？"

作霖知道回避不了，便说："是我。妹妹还没休息？"姐忙出来，说："哥，你也没睡？""睡不着，走出来转转。""那就请屋里坐吧。"

"天晚了，不影响妹妹休息？"

"影响啥，不影响。"说着，姐先回屋里去。

张作霖跟着妹妹姐儿来到屋里，两人对面坐下，姐儿给他倒杯开水，便说："哥，我正要去谢你呢。你从外边回来，还给我捎那么多东西，真不好意思收。"

"妹妹这么说，岂不外道了。"张作霖说，"我是粗汉子，不知道该送什么礼物给妹妹才好。妹妹要是不喜欢呢，就随便扔到什么地方去吧。"

"哥哥说哪里话，"姐把头低下。"哥的礼物，我喜欢得什么似的，用还舍不得用呢，怎么好扔掉！""只要妹妹喜欢，我就放心了。"

几句应酬之后，小屋里立刻静了下来。张作霖偏过脸去，只管呆呆地望着窗子；妞妞低下头，只管扭揉自己的衣襟，谁都不再言语。

妞妞的闺房很小，一张床，床前放一个妆台，妆台上除了一个方镜之外，并没有脂粉，只有一把木梳和一个小小的针线笸箩；针线笸箩边便是堆放着张作霖送给她的礼品：两条彩花毛巾，几束羊毛头绳，香肥皂、香粉、两盒五颜六色的丝线，还有两块做褂子用的花洋布，几双粉红色的袜子。妞妞刚刚取出来看过，还没来得及包好。妆台一端，放着一只鹅脖子油灯，灯窝里燃着一条棉线绳，火苗一闪一闪，映得二人面颊发红。

灯光暗淡了，妞儿去挑挑灯捻。

张作霖以为她向他走来呢，忙向她走过来。妞儿低下头。

"妹妹！"张作霖莫名其妙地喊了一声。"嗯。"妞妞答一声。"你好么？"

"好！"妞妞又问，"哥哥，你好么？""好！"张作霖说，"就是心神不定。""我也是。"妞儿说。"为啥呢？"张作霖问。

妞儿低下头，轻轻地说："不知道。"

几句无目的的对话之后，屋里又静下来。

妞妞心慌了，一不小心，竟把油灯的灯捻子挑到灯外去了。一道火光坠地，屋子里顿时漆黑一片。她"啊——"了一声。

张作霖站起身，说："别怕，我摸火柴。刚刚还见火柴在灯旁，我记得。"

哪里摸着火柴了，张作霖摸着妞妞的手，妞妞摸着张作霖的胳臂，一股电流似的贯通着两个人的身体，妞妞朝张作霖怀里倒去；张作霖张开双臂，死死地抱紧妞妞……

从此之后，不是张作霖借着故儿去找妞妞，就是妞妞设着法儿去见张作霖。一来二往，亲密无间。都是二十岁上下的男女了，情窦早开，恰似烈火一般扑也扑不灭。

一天深夜，张作霖领着弟兄们掏了一家大窑子回来，把收获的财宝衣物都藏好，独拿着一对碧玉的镯子来到妞妞屋里。"妹妹，给你件好玩艺。"

"啥稀罕物，我瞧瞧。"妞妞接过一看，喜得直笑。"好，好，好！我做梦都想有一对好镯子。这一对，正是我想的那样的。"

"我就知道你会喜欢的。"张作霖说，"那家财主把它藏在衣柜的深处，我好费力气才找到。"

"哥……"妞妞扭过身去，故作娇嗔地说，"你拿回去吧，我不要。""啊？！"张作霖一惊，"为啥不要？"

"你把好东西都给我了，我也是很喜欢的。只怕日久之后……""怎么样？"

"日久之后，会成伤心物的。""别瞎说，不会的。"

"怎么不会？咱们都大了，你不得娶嫂子吗！我也得出嫁。到那时……"

"你别怕，我永远不结婚。要结婚，就对干爹说：娶你。""爹不答应呢？"

"那……"张作霖思索片刻，说，"不怕。好好求求干爹，他会答应的。""我看他不会。"姐姐用激将法了。"他正想把我嫁出去呢！""有这事？"姐姐低头不语。

张作霖皱了半天眉，"噗——"一下吹灭了灯，抱着姐姐说："我有办法了，今晚我就睡你这里。生米做成了熟饭，干爹他们不愿意也得愿意。"

"这不行，这不行……"姐姐口里说着不行，两手却抱住张作霖不放。干哥妹的事赵世海老两口全然不知，还正儿八经地去劝说呢。当然，一说就成功。大姐说："听娘的。娘说了，姐就答应。"张作霖跪在赵世海面前，马上改口喊了声："爹！"并说，"作霖这一辈子都尽心尽力照顾好您二老。"

赵世海讲究体面，一定要明媒正娶。于是，中托媒人，又择吉日，便做起招婿的准备。

这一天，赵世海把张作霖叫到面前，一副老爹的派头说："作霖哪，这婚姻大事，还得由父母做主，你要到二道沟去见见吴兽医和你娘吧，问问他们该怎么办？"

张作霖说："爹，您不用操心了。到时候，我把娘请过来，我和姐妹给娘磕个头，啥都圆满了。至于那个兽医，我不想跟他说。""那为啥呢？"赵世海说："他也是名正言顺的长辈。"

"别提这些了。"张作霖说，"当初我要是愿意跟随他，我就不姓张了。当人家的带桶儿子，还不如做您老的入赘婿，您叫我改姓赵都行。"

"这么说，我也不勉强你了。"赵世海说，"那你得先去对亲家母说明白。再者，你入到我家里来，我也不叫你姓赵。你只管还姓你的张。"

当日，张作霖到吴兽医家，当面对娘说明自己的婚事，娘揉着泪眼说："我跟你爹养了三个儿子，就你自己还有出息。娘本该亲自操办完了你的婚事，才算了却心病。眼下我只能想到，却做不到。我心里难过。"

"娘，您别难过。"张作霖说，"儿子不怪您。日后那边日月宽裕了，我一定把娘接过去，好好孝顺你老人家。"

"这就多难为赵家亲家公了。"娘说,"事办完了,领着媳妇到娘面前来,我要亲眼看看我那媳妇。""好,我一定领她来见娘。"

赵家讲脸面,张作霖手里有银钱,婚事自然办得十分排场;好多天前,便把院里屋里,修整一新;大喜这一天,大门之外,张灯结彩,该请的亲戚、朋友,一律大红帖子送上门;喇叭锣鼓、大轿夫,男傧女相,执事老管,都请个齐全。闹闹腾腾的,连当地大财主也没有这个排场!引得十里八乡的男女都赶来看热闹。

张作霖活动的辽西地区,拉帮结伙的土匪、胡子、绿林好汉有好几股,他们各立山头,独霸一方。说是互不侵犯,其实,各帮都打着别人主意,大鱼吃小鱼,扩大自己的地盘和队伍。单说靠近张作霖二道沟的,就有好几帮,如北镇的金守山,三界沟的杜里山,都是名气不小的黑道头面人物。起初,这些人并没有把张作霖放在眼里,觉得他不过是小河沟里的一条泥鳅,兴不起风浪。后来,眼睁睁地看着张作霖增兵添马,又一处一处地干着漂亮活,心里触动了。

金守山是靠俄国人做靠山在北镇拉帮的,手下有上百号人马,脚踩着四五十个村庄,那真算个呼风唤雨的人物。金守山有点特别,他辖区内的大乡绅他却不抢,只明诈,不到不得已时还不诈;诈起来,也很讲究义气。所以,那里乡绅都对他怀着好感。张作霖起来之后,竟一连三次钻进他的辖区,漂漂亮亮地掏了窑子。金守山恼了,他拍着胸膛说:"张作霖这小子算他妈的什么东西,竟敢跑到我虎口里拔牙!我非铲了他不可!"

金守山手下有个叫吴洪良的人,自谤是梁山军师吴用的后人。此人能出点小计谋,算是金守山的军师。吴洪良见头领如此发怒,淡淡地笑笑,摇摇头。

金守山说:"怎么,不同意我铲他?"

吴洪良说:"铲,不是不可以,凭您的人马,会一举成功;但铲掉他不是上策。"

"怎么不是上策?"

"别管大小,人家张作霖得算一枝。无缘无故发兵铲了人家,江湖朋友会骂您不义气,只会拣小兄弟铲。""他把手插到我屋里来了,这能容得?"

"江湖上的地盘无'国界',有能耐,天天扩大。您到别人屋里挖窑子也可以。"

"这么说，我就得吃哑巴亏了？"

"我只是说您的办法不是上策。"吴洪良卖弄起来了。"除了您那不是上策的'策'。咱们再想一个上策，同样得到铲除张作霖的结果，不是更好么。"

金守山把气往肚里咽了咽，沉默片刻，说："你说说上策吧。你的上策好了，我听你的。"

吴洪良朝金守山身边凑凑，把他的"上策"如此这般地对金守山说了一遍。金守山眨巴着眼睛想了阵子，频频点点头。说："好，好。你的铲法比我的铲法高明！"

就在赵世海为女儿办喜事的这一天，金守山带着四名全副武装的大汉来到赵家店。脚步尚未跨进门槛，洪亮的声音早已飞入院中："张老弟，你这大喜的事情，也不告诉大哥一声，是瞧不起大哥，还是怕大哥封不起礼？大哥我可不高兴哩！"

众人留神一看，进来的这位有点不三不四：从他头上戴的红珊瑚疙瘩灰鼠皮帽来看，却是个地道中国大帮头，但他却穿一身俄国军官的灰呢子制服，腰上还束一条又厚又大的铜扣皮带，像一个老毛子军官；可是，背后却插着一把东洋大刀，左右臂下还各吊着一支匣子枪；此人约莫四十岁年纪，黄面皮，一对鹰眼。张作霖望了望，不认识。正不知如何款待才好，赵世海赶来了。赵世海认识金守山，当年他们同是一条黑道上的人，只是后来赵世海洗手不干了，而金守山又投到了俄国人怀里。赵世海拱着双手迎上去，说："哎呀呀，我当什么人呢，原来是金山爷！金山爷光临寒舍，实在劳驾不起呀！"忙转脸对张作霖说："姑爷，快见过金山爷！这位便是我常对你说的，威镇北镇的金山爷、金守山！"张作霖拱了拱手，说："请金山爷多加照顾。"

"不必客气，都是自己人。"金守山转身从随从的马褡里拿出用红纸包好的两封银元，朝礼桌上一放，说："给我写上，贺礼银元一百块！"这么大的贺礼，大家都吃惊不小。赵世海说："金山爷，您……您这样破费，我心里过意不去呀！"

"小意思，不必放在心上。"金守山说，"往后咱们就是一家人了，钱算个×！"

张作霖不动声色，他却暗暗地想：我与金守山素无交往，今日来贺，已是有奇，如此厚礼，其用心是不是不善呀？

赵世海另开了单席，和女婿一起陪金守山喝起酒来。

金守山盼着的就是单席款待。原来他的军师吴洪良就出的这样的"上策"：登门道喜，送一笔厚礼，然后劝说张作霖并入他的大帮，把这个威胁他的人物抓到自己手中。吴洪良很有信心：一个小小的清兵变成的绺子，能有多大心胸？他对咱们的名声也得有所闻，你金山爷今天亲自登门，怕他磕头还不及呢？金守山相信吴洪良的话，他觉得收拢张作霖只是张口之功。哪知道张作霖并非庸碌小人，他岂肯寄人篱下。于是，一场轩然大波，顷刻掀起——

酒过三巡，套话已毕，金守山摆出一副居高临下的姿态，施行吴军师为他献的"上策"了。他仰面先哈哈笑了一阵子，说："张老弟，我久仰你的大名，今日一见，老弟果然不凡。不知你愿意不愿意和大哥我交个朋友？"

"大哥何等人物，"张作霖忙起身，拱手，"您的大名威震东北，自己又有那么大的地盘和兵马，兄弟只怕高攀还高攀不上呢！哪里还有不愿意的道理。"

"好，好，张老弟也是个爽快人。我喜欢。"金守山说，"咱弟兄都是干同一行道的人，咱们这一行讲究个开门见山。大哥我看得你是一条好汉，我看咱们合起伙来，一起干怎么样呢？"

"好啊！"张作霖满口答应。"我也觉得自己势单力薄，能有大哥合伙，力量就强了。"

金守山一拍屁股站起来，说："好，只要你入了我的绺子，我一定请你坐第二把交椅。老弟，你就跟着大哥大把大把分钱、荣华富贵地享吧！"

张作霖冷笑了笑，说："合伙我倒是想了，二道沟我是不会离开的。至于第几把交椅么，我看，咱谁也别封谁，还是以后干着看，谁行谁坐第一把交椅！"

"这么说你不乐意入我的伙了？"金守山瞪起眼。

张作霖压了压胸中的怒火，说："不是小弟不入大哥的伙，只是小弟初闯天下，还没有干多大名气。到您那里分钱、享福别人不服，我自己也不安。倒不如自己先在外边闯一闯，闯出名声再说吧。"

金守山一见张作霖拒绝入他的伙，知道军师的"上策"行不通了。再用什么办法？军师没有说，他只能用自己的办法了。他用逼人的目光望着张作霖，说："老弟，你这条小小的泥鳅，就不怕别人吞掉你或者把你扔到地上去枯死么？"

张作霖也不示弱，他睁眼望着金守山，说："谁都只有一个脑袋，该玩的时候，只好拿出来玩玩。"

"姓张的你可要听明白呀！"金守山说，"这是俄国人的命令，他们让你归顺我。"

"俄国人又怎么样？他们为啥要管中国人的事？"张作霖发怒了。"难道他们是三头六臂？""你不怕洋枪？""孬种才怕洋枪！"

"那就走着瞧！"金守山一推桌子，站起身就朝外走。

"走着瞧就走着瞧。"张作霖大声冲着离去的金守山说，"说不定谁吃掉谁呢？"

金守山走了，张作霖的喜事照办，办得十分热闹。

黑道上的人，都有一副黑心肠，他们没有仁义道德可讲，他们只论拳头大小。金守山在二道沟碰了张作霖的壁，恼羞成怒，再不听军师的劝阻，决心用武力铲除这个与他争雄的绺子。

张作霖没有把金守山放在眼里，新婚之后，又扎扎实实地干了一场。转眼间又是阳春三月，他把他的兄弟们拉到庙儿镇，选一个大户人家的高墙大院安了窑，把新媳妇妞儿也接过来，打出"保境安民"的旗号，单独建立起自己的字号。

张作霖"不吃窝边草"和"利益大家均沾"的办法，很受地方和同伙的赞许，队伍发展得很快，不到半年，便有了上百号人，五六十条枪。

张作霖的势力不断扩大，金守山渐渐感到威胁，他对吴洪良说："咱们不能再等待了。再等待，不是咱们铲了他，是他张作霖吞了咱了！"吴洪良毕竟是假诸葛，形势吃紧了，他也是只会皱眉头，无计可施的人。听了金守山的话，便说："对，应该先下手。先下手为强么！"

一天夜里，金守山挑选两批精兵强将，偷偷地潜入庙儿镇，一批埋伏在镇外要道口，一批进了镇中。进镇的绺子甩上软梯，神不知鬼不觉地便上了房顶。人马布置好后，金守山一声令下："打呀，冲呀！抓住张作霖！"顿时四处枪响，火光冲天！

此时正是四更天光景，张作霖被枪声惊醒，拉家伙跳下床来，趁着窗户朝外一看，见敌人已上了房，进了院，知道大事不好。他拉起妞儿，踢开后窗，跃上战马，朝着房上"啪啪啪"扫了两排子枪，又朝马屁股狠抽一鞭，那马驮着他夫妻二人冲出大门，落荒而逃。

跟随张作霖出来的，老少不到二十人，有的手里还没有家伙，哪里有战斗力量！

也是他们急不择路，马跑了一阵子，穿过树林，却见面前竟是一片茫茫大水——原来他误入了河套区。

金守山布阵严密，埋伏镇外的一批人又及时出击，把张作霖团团包围起来。此时，妞儿的腿上又中了弹。张作霖仰天长叹一声："难道老天真的要灭我张作霖！？"

也算天不绝张，就在这万分危急之时，竟从天降下救兵……原来在三界沟安了窑的杜里山，也早已打了张作霖的主意，想收编张入伙，尚未瞅准机会。

这位杜里山，是横行辽西、独霸三界沟的大瓢把子，包打洋人，专劫洋货。早年在东岳庙打抱不平，杀了几个俄国老毛子，救下了闯江湖、卖武艺的女侠关艳红，二人结为夫妻，三界沟从此更是威名远扬。杜里山走黑道，有自己的规矩：只杀赃官恶棍，只劫为富不仁的豪绅，对于洋人侵略者，更是心黑手狠，从不放过。在黑道上，是个颇称义气的人。他想收拢张作霖，不是想吃掉他，而是想让这帮人能够干点大事。近年来，凡在外立不住脚的人，只要到了三界沟，有吃有住有钱花，日后想出去另立山头，不留不为难。

这天夜里，有人向杜里山报告，说："金守山出动两批人马，直奔二道沟去了。看样子又不像掏窑子。不知做什么？"

杜里山眨眨眼问夫人关艳红："夫人，你看这个金守山想干什么？"关艳红说："这还用问，他是想吞了张作霖。"

"这就不义气了。"杜里山说，"同是一个道上人，和尚不亲帽子亲。怎么动不动就想吃别人呢？有种，去吃俄国人、吃日本人，去吃清军。""张作霖要有大难了！"关艳红说。"老山，咱们怎么办？"

"我不能坐视弱者被吃。"杜里山说，"走，到二道沟去看看。必要时，打它个抱不平。"

杜里山夫妻领着一帮人马悄悄地俟近了二道沟。静观许久，不见动静，便对夫人说："也许金守山有别的事干，咱们走吧。"关艳红说："别急。离天亮还有阵子，等等再走不迟。"

正说话间，突然闻得枪声震天，人翻马叫。他们便奔枪声和火光赶去。果然是金守山在吞张作霖！

　　金守山的队伍里有俄国兵。杜里山一见，便怒火直冒。他见这伙人猛追张作霖，张的坐马上还驮着一个女子，眼看是没处逃了，杜氏夫妇便跃马杀人；关艳红是神枪手，一抬手，一个俄国兵脑袋开了花，尸坠马下；杜里山一梭子弹，几个大鼻子纷纷落马；再举枪，金守山的阵容乱了。

　　金守山正洋洋得意想抓活的，突然看见自己的队伍纷纷倒下，再望阵前，竟冒出一男一女。定神瞧瞧，认得是杜里山，陡然一惊：他从哪里来？金守山自知不是杜里山的敌手，拨马便逃；剩下的匪卒、俄国兵丢盔弃甲，狼狈逃跑。

　　张作霖得救了，忙来到杜里山面前跳下马，拱起双手，说："多蒙二位拔刀相助，感恩不尽！"

　　杜里山说："老弟，你就是二道沟的张作霖了。敢情也是吃横把的朋友。"

　　"兄弟张作霖，初出茅庐。敢问恩人尊姓大名？日后也好相报。""这算不了了什么。"杜里山说，"我是三界沟的杜里山，这位是二当家的，我的夫人关艳红。今天也算有缘，在这里相会了。听说老弟在二道沟闹腾得还不错，不想今天遭金守山的欺侮。老弟回去，如果站不住脚，只管到三界沟去找我，绝不会亏待老弟！"说罢，便告别张作霖去了。

　　张作霖惊慌未定，望着远去的杜里山，深深地抽了一口气……

第三章
由绿林到营官

　　庙儿镇一败，张作霖只剩下夫妻两个人，还有一匹马。妻子妞儿又受了伤，真是山穷水尽了。他只好绕着僻静小道，连夜赶回二道沟赵家店。

　　赵世海是个经多见广的人。瞅见女婿这般模样，便知道事情不好。一边找到刀伤药给女儿敷上，一边派人去打听庙儿镇的情况，并且安慰他们说："先休养一阵再说吧。闯世界的人，没有不碰到这种事的，别难过。今日有一落，后天会再有一起的。"张作霖也无可奈何地只得点头，叹息。

　　赵世海派出打听消息的人回来了。说金守山因为没有捉住张作霖，恼羞成怒，竟一把火把庙儿镇上那个安窑的大院子烧光了。赵世海心里甚为惊慌，但一时也无好办法可施。垂下头，只管叹气。

　　张作霖铁青着脸膛，紧紧绷起嘴巴，半天不曾说话——他痛苦呀！我张作霖怎么就该败在他金守山手下？！

　　张作霖苦苦思索了三天三宿，然后来到赵世海面前，双膝跪倒，说："爹，作霖要向您老告别了！"

　　赵世海知道女婿是个沉默不住、咽不下这口气的人，非干一场不可。于是，便问："你到哪里去呢？"

　　"白山黑水，无边无际！"张作霖说，"难道就没有我存身之处？只是一件：我这一走，也许一年半载，也许三年五载，非闯出个样子我是再不回来！这就要看我的运气了。我倒不怕，我信我能闯出个样子来的。只是妞儿就得拜托爹妈了，况且，她又有伤、又有孕，我心里怪难过的。"

赵世海拉起张作霖，说："你就别说外道话了，妞儿能跟我过了前二十年，再过后二十年也容易，你只管放心地走。我担心的是，白山黑水虽大，但没有一片干净处；遍关东烽火四起，都得凭着拳头闯荡。如今，你赤手空拳，到哪里去踢打出一片阵地呢？""先拣个大柱子靠靠，"张作霖说，"混一阵再说。"

张作霖说着，赵世海思索着，思索片刻，才说："也只有这样做了。"他想了想，又说，"作霖呀，我知道你是个不甘心在别人屋檐下的人，现在找柱子，是不得已。不过，干这一行的，大多心狠手毒，没几个愿意拉扯别人的。靠谁呢？北镇的金守山，如今是仇人，当然不能去；镇安县红螺砚有个汤玉麟，也是小家子没出息的人；大石桥有个项抬子，是一条疯狗；三界沟的杜里山……"赵世海如数家珍似的点着临近乡、县的绿林团伙，觉得一个一个都是鼠目寸光的人，他们只能混碗饭饱肚子。数来数去，说："唯独杜里山和汤玉麟，还算好一点，但也不能久靠。"

赵世海是个老江湖，懂得江湖界的一切。他精心用意帮助女婿挑靠山，排来排去，很悲观。

张作霖也是走投无路了，又曾得到过杜里山的救命恩。于是，他便说："爹，我想先到三界沟去。"

"好！"赵世海说，"离这里近，可以常来家看看。这个杜里山，还算有点人样。"

事不宜迟。决定了，张作霖便趁着一个深夜离开了赵家店，赶往三界沟。赵世海有经验，怕节外生枝，再遭横祸，张作霖走后，他便忙着把妞儿送到外村一个亲戚家藏起来。

张作霖绕着僻道，急急忙忙超到了三界沟。这三界沟，原来竟是一片方圆数十里的大苇塘，苇塘外围，又是白花花茅草不生的盐碱地，沟渠纵横，堤坝重叠，野鸟满天，狐狼野兔相互厮杀，一片荒凉凄楚景象。进入苇塘，只有一条河堤改成的行道，弯弯曲曲，隐隐现现；苇丛中，便是隐蔽的几十座土堡，土堡里有杜里山的哨兵，哨兵手里有大枪，又都有一身的好武艺。

张作霖不知底细，只管沿着河堤往里走，不到二里路，即被一条暗绳绊倒。正要爬起，两个大汉早飞也似的赶到，死死按住他，把他用绳捆上。"你们要干什么，干什么？"张作霖大喊。

"我们该问'你要干什么'？你竟问起我们来了。知道这是什么地方么？"那大汉怒问，用枪抵住张作霖的胸口。

张作霖用手臂推开大枪，说："别来这个，你们还嫩！"又说，"不就是三界沟么！我来拜杜山爷的，你们竟这样对待我？""你是何人？"另一大汉问。

"黑山张作霖！"张作霖挺着胸说，"我要你们领我去见杜山爷！"

两大汉显然是闻名的。他们用眼角瞥了瞥张作霖，说："嗯，黑山张作霖！有名。不过，我们兄弟却不认识你，在见到我们头领之前，即使你是真张作霖，也得先委屈一下，老老实实服我们绑。见了头领，果然不假，我们弟兄自然认罪。这是规矩！"张作霖没有办法，只好任其捆绑。

两个大汉绑好张作霖，吹了一声口哨，苇塘里又来三个人。两大汉把张作霖交给这三个人，又嘀咕了几句，三人有前有后，拥着张作霖往里走。从晌午走到傍晚，走不尽的苇芦荒草，日色平西，总算望见一道漫岗上散乱地呈现着几十座土矮房子，其中有一座三层楼台倒很气派；矮房子中间，出出进进、老老少少；另有一处，几个年轻人正骑在马上练射，显得十分威武。张作霖来不及细看，就被领到三层楼前。一个人对他说："站这里等等，我去禀报一声。"那人走不多时，便走出来，站在门口招手："过来吧，头领让你过去！"

张作霖心里一跳：让我过去？用这样的态度对待我？把我当成乞丐？不去！他转身要往回走。"慢走！"身后有人喊住。

张作霖转身一看，是杜里山——他们见过面，印象很深——便冷笑笑，说："既然不欢迎，我何必赖着不走呢？"

杜里山走上前去，亲手为他解绳，说："像老弟这样的好汉要是不欢迎，我们岂不有眼无珠了么！难为老弟进来，委屈你了，我为老弟设宴压惊，酒场上再请罪。"

张作霖一见杜里山如此真诚，也转怒为喜，说："山爷，不必如此说了。您这样做也是为了绺子安全，小弟心里佩服。"

两人手挽手并肩走进楼房。穿过楼门，越过走道，杜里山在正房外搭手撩起门帘，说了声"请！"

张作霖谦让之后，抬步往里便走。刚跨进门槛，只听得"啪——"一声响，一颗子弹把他耳边帽檐穿烂飞了过去。张作霖面不改色，淡淡一笑。"此枪法并不高超！"说着，稳步入内。

关艳红笑嘻嘻地迎过来："小弟受惊了！对不起。我只想试试你胆量如何的。"

"我说呢，枪法不怎么样。"张作霖说，"要是高手，既要擦破皮、还要不流血。"说着，从关艳红手中要过枪，一转身射了出去，"啪！"门外一个人"啊——"了一声。关艳红走过去一看，果然，子弹在那人耳边擦皮而过，头发、皮层破了，只隐隐血丝。关艳红连声说："好枪法，好枪法！"

"好一个见面礼！"杜里山说，"一照面，先比武，我这夫人到底是比不过张老弟！""山奶奶手下留情了。"张作霖说，"小弟哪里是山奶奶的对手！"杜里山说："不必客气了。老弟今日赶来，不知有何急事？""前日承蒙救命之恩，今日特来感谢。"张作霖说。

"恐不止如此吧？"杜里山说，"我知道，你已元气大伤，二道沟无法立足了。"

张作霖叹声气道："大哥的话不错。我那个小山头被金守山铲平了。人也光了，窑也挑了，我是投靠山爷来的，请您拉兄弟一把。"

杜里山十分高兴，说："没说的，张老弟，你就跟我干吧；你到三界沟，是看得起我，信得过我，我绝不委屈你这条好汉！"

张作霖在三界沟入了伙，一干便是一年。一年来，他为杜里山干了几件很漂亮的活，获得杜的信任，也拉拢了许多亲信。张作霖并不为在三界沟抓钱抓银子，他只想拉拢自己的亲信，扩大势力，有朝一日拉出去，自己去闯。所以，他把自己的所得，悉数分给弟兄。这样，一年中，他手下便有二三十位贴心好汉。张作霖心里盘算：有这二三十强悍人马，另立山头也够势力了；现在的问题是，得想办法离开三界沟。

一天，赵世海被捆进三界沟。见了杜里山才报明身份。杜里山盛情款待，让他和女婿张作霖见了面。

一年不见，赵世海苍老多了。他对女婿说："作霖呀，妞儿的枪伤一直不好，惊吓成疾，又生了一个女儿，现在病体很重，很想让你回家看看。"

张作霖又惊又喜：惊的是妞儿病重，且枪伤仍不好；喜的是添了个女儿，并且可以借探亲故离开三界沟。他对岳父说："爹，您好好休息几天，我向杜山爷说说，便可回家去。"

赵世海见着女婿，事办完了，不想久留，便说："这样吧，我先回去，在家里等你，也免得妞儿他们放心不下。"赵世海只住了一天，便离开了三界沟。赵世海走了之后，张作霖把事情对杜里山说个明白，除了说明妻子病重之外，又编了一套假话说："山爷，我岳父说，金守山不断派人到二道沟显威风，说什么'张作霖不归我却归了杜里山，我非连他和杜里山一起吃掉不可'！我咽不下这口气，我想回去看看妞儿。趁这次回去，我得找他金守山算算账。"

杜里山一听也火了。说："这个金守山太不知天高地厚了，应该给他点颜色看看。"

张作霖说："我独自回家，只怕势单力薄，请山爷派几个兄弟帮帮我，也助助威。"

"好！"杜里山说，"你挑二十个弟兄跟你一起走吧。"

张作霖这才大着胆子把自己的贴心朋友挑出二十多人，对他们说明了今后打算，大家也都乐意跟着张作霖走。

正是张作霖准备动身的时候，关艳红来了。她冷笑笑，说："张老弟，听说夫人有病，你要回去探望？""是。"张作霖答了一声。"还带二十多个弟兄？""是。"

"我却说不全是。"关艳红闪了一下眼睛，故意提了提嗓门，说，"是不是觉得我这片水浅了？若是另有打算，说到明处，讲到明处，那才是真朋友、真英雄！我可不喜欢来去不明的朋友！"

——那关艳红，原本是一家马戏班子挑大梁的角色，跟着老爹闯遍关东地区，混迹到二十七八岁还不思成家，总想在江湖上混出个名声然后再结婚。这可是个耳听六路、眼观八方的江湖名角，什么样的人都见过，什么样的饭都吃过。只是因为有一身超群的刀马功夫，许多人想她想不到手便想杀她，但总是杀她不得。不想三年前在东岳庙遭到俄国兵洋枪的迫害，老爹被打死，自己虽刀劈了四五个俄国兵，还是没逃出魔掌。幸亏杜里山带人解了她的围，又帮她埋葬了父亲，她才以身相许，成了三界沟的二号头领。这关艳红历尽坎坷，料事总是慎微。张作霖领教过她的文武才能，不敢在她面前耍花样。

"山奶奶，"张作霖故作镇静，"山爷和您对我有救命之恩，我若有歹意，良心有愧，老天不容！"

"你不要嘴硬。"关艳红说，"应该心口相一。只要说明白，另立山头，绝不刁难。带走人马，也不阻拦。"

张作霖立刻拍胸膛，说："若有此心，叫我不得好死！"

杜里山来了。他说："算了算了，别再说这个了。我过去说过话，到三界沟来的朋友，一律欢迎；说出理由想走的朋友，一概自由。张老弟家弟妹有病，泰山跑来告知，必是实话，明天你就赶紧动身吧。"

得到杜里山的又一次允许，张作霖不敢怠慢，次日黎明即率二十余弟兄匆匆离开三界沟。

张作霖没有回到二道沟，一马湾到了八角台镇，去找张景惠结伙。

张景惠本来是二道沟一个卖豆腐的，是张作霖的邻居，两年前也拉起了绺子，如今住八角台，有几十号人。在一次掏窑时和张作霖同到一个大户家中。张景惠对张作霖说："在辽西，谁不知道你张作霖！你离开三界沟吧，到八角台来，我让你坐第一把交椅，人全归你管。"张景惠还对他说："我们八角台已和地方官搭上桥了，地方官答应按地亩抽捐，分捐给绺子，还能协助官兵保境安民……"张作霖动了心，他想继续当鸡头。

张作霖到八角台，果然受到张景惠真诚欢迎，把第一把交椅让给了他。张作霖担任了八角台镇镇办大团的团练长。原来张景惠只有六七十人，还不怎么能干。加上张作霖带来的二十多人，还不足一百人。张作霖心里不安了：凭这点力量怎么能在这里安下身呢？他对张景惠说："咱们还得壮大队伍，光这些人不行。"

张景惠是个心胸不宽的人，几十个人他已摆布不下，再多了，他还怕呢。所以，他说："人多麻烦多，就咱这些人也能干好。"

"不行！"张作霖说，"我看咱们暂时先别掏窑，也不绑票，花点工夫把人壮大起来。"

张景惠既把人马交给他了，当然听他的指挥。他同意张作霖先扩大队伍。

"景惠，"张作霖说，"你守着八角台，我到镇安县的红螺砚去一趟。""干什么？"

"去会会汤玉麟。"

"汤老二？"张景惠摇摇头。"那家伙穷凶极恶，杀人连个日子都不选。"

"不怕。"张作霖说，"他手里有一支人马，说不定愿意跟咱合作。"二人商量定之后，张作霖便领着两个弟兄赶往镇安。

——张作霖和汤玉麟是赌场上的朋友，汤虽然十赌九输，不像张作霖那样"常胜"，可是，张作霖却十分敬佩汤玉麟的赌场骨气！有两件事对张作霖惊动特别大：

一次，汤玉麟要从土匪手里夺回宝局，那匪首笑笑，问他："可以给你。我得先问问你'有种没种？'"

汤玉麟说："除了拿脑袋换之外，你只管说吧！"

"好！跟我来。"土匪头儿领着汤玉麟来到一个正炸着油条的热锅，把一只秤砣往翻滚的油锅里一放，说："来吧，若把秤砣捞出来，我转脸便走！"汤玉麟倒吸一口气，眉头一皱，袖子一卷，赤手插进油锅里，一个抖转，捞出了秤砣！皮肉枯焦，满脸大汗，却面不改色！那匪首二话不说，连案上的钱也不拿便走了。

还有一次，汤玉麟在黑山，腰包里钱输光了，张作霖借给他的钱也输光了；押上小棉袄人家嫌烂不给赌。他气得双眼冒血，"噔——"跳上宝案，说："好，咱们来一场正儿八经的。"他掏出腰刀，卷起裤管，从大腿上"刷——"割下一块肉，血淋淋地朝案上一扔，大声说："我押这一块，快他妈的翻开盒子！"

那些人一看血淋淋一块肉，都目瞪口呆，谁也不敢与他赌。有的便溜着沟想跑。

汤玉麟血红的刀子一亮："我看谁敢动一步？谁动我先宰了谁！"

赌徒们见他玩命了，拔腿便跑，赌场顷刻炸了营。汤玉麟兽性大作，不管是赌的还是看的，抓住了，一刀下去一条人命！就这样，一连杀了三条人命。从此，他上了红螺砚，拉帮为匪，干起了绿林勾当……张作霖佩服他，觉得能和他合作，一定会干出一番大事。二人一见面，汤玉麟愣住了。

"老弟，"汤玉麟说："早时听说，你被金守山吞了，我还憋着一肚子气，想寻个茬为你报仇！你不是还活着么？"

"活着！"张作霖说，"不仅活着，还干大了呢……"他把如何从三界沟出来，怎样在八角台办团练，如今手下有多少人的事说了个明白。

汤玉麟拍着他的肩说："兄弟，好样的！你够朋友，发达了，还没有忘了大哥，我就信得过这样的人！"

张作霖想拉拢汤玉麟，便说："托大哥的福，小弟在八角台天地宽着呢！那里很富庶，粮、油、钱应有尽有，镇上百十号商家全愿听从指派，商务会按月给银钱。咱弟兄上下都肥得流油！"

汤玉麟叹息一声，说："你是好了！可我，这片地方穷得窑都打不响……"

"大哥说哪里话，"张作霖说，"小弟就为这件事来的。不说别的，我有福了，若把大哥您忘了，还算个人！"汤玉麟说："这么说，是要我入你的伙了？"

"大哥，您怎么能这么说呢？"张作霖说，"果真您愿去八角台了，小弟甘愿为您牵马。"

汤玉麟是个吃软不吃硬的粗汉子，听张作霖这么一说，马上改口："老弟，你这么说，我本来想去也不能去了。我到八角台坐了第一把交椅，人家会说我是从亲兄弟手里夺的。我还是个人么？！二话别说了，我手下这几十号人，没有一个孬种，都归你大团了！"

"不不，"张作霖说，"您不忍心吞了小弟，小弟怎么忍心收大哥的人马呢？"

汤玉麟自知智谋不如张作霖，便说："兄弟，咱谁也别说归谁，谁也别说吞谁，咱弟兄们两手合起来，合起来办大事，你文我武，这可行了吧！"

张作霖点点头。

汤玉麟又说："我还有个拜把兄弟叫张作相，如今他在黑林也有三五十人。我去拉他，咱们一起干！"

张作霖在红螺砚住了三天，一切都办妥帖了，这才转回八角台。不日，汤玉麟和张作相也领着人马赶到。八角台一下热闹起来。

张作霖势力大了，他从八角台频频出击，先后击败了台安镇匪首项科成，又击败号称辽西五大哨的海沙之等团伙，不到一年工夫，他成了辽西绿林一霸。这时，地方上的富商巨贾，名士豪绅，也都纷纷攀附，张作霖拣几位有智有谋的请到身边，一来请他们出谋划策，二来也好在地方上捐银募粮——他手下人马已到七八百人，俨然是一支庞大的兵马，吃穿用都逼着他得有个长远打算。

张作霖虽然是绿林出身，却生就得一副宽肚肠；有了赵家店，想占二道沟；有了二道沟，想着黑山县；如今手下有了七八百号人马，有了众多拥戴他的人，他成了辽西一霸，却又觉得辽西蹲不下他了。他常常躺在床上默默地自问：我张作霖难道终生只在这片小地方当胡子头？不，我不能老死在辽西，我要闯过长江，闯过黄河，我要进奉天，进北京城……将军不也是人干的么，都督也是人干的；坐上金銮殿的皇帝他妈的五脏、四肢不比别人多一样！难道就不许我张作霖到金銮殿中溜达溜达？！"

他又狠狠地摇摇头：胡乱想个啥？就你这七八百号熊人，官兵一出动，你就束手。还想进奉天、入北京，别做梦了！他不甘心终生做土匪，但他又没有另外的升腾途径，张作霖进入了他心情矛盾的时期。

一天，走远线的眼线（探子）回来了，对张作霖说："张爷，现在有一桩大买卖，咱们做不做？"

"什么大买卖？"张作霖问，"能大到哪里去？"

眼线说："从山海关过来一队马驮子，一顶大轿，七八辆车子，准是一只又大又肥的猎物。我一打听，果然……""是什么人的？"

"原来是奉天总督、盛京将军赵尔巽的小姨太太领一群男女佣人回奉天。"

"打听清楚了？"

"一清二楚。"眼线说，"是赵尔巽的三姨太太，从苏州娘家回来。""现在何处？"

"昨晚打店在闾阳，估计今晚可到咱们地面上。"张作霖心里一动：赵尔巽的眷属，那确实是一块肥肉，不能放过他！这些日子，他正想能干几件大活动，把家底儿垫厚一些。现在，肥肉送到嘴边上来了，不吃岂不可惜！他转念又想：慢。这赵尔巽可是当今奉天的"小天子"，举足轻重，是个可用的人物！他对眼线说："你去休息吧，我会派人去的，干成了，有大赏给你。"

眼线走了，张作霖又陷入沉思……许久，才把汤玉麟找来。"大哥，有一桩大买卖，要您亲自出马——"他把眼线报的情况对汤玉麟说个详细，又问，"怎么样？能干么？"

"放心吧，"汤玉麟拍着胸膛说，"我保证马到成功！"

张作霖慢悠悠地转了个身，说："大哥，此次干活与往日不同，有约法三章，必须一丝不苟地遵守。""什么三章、四章？"

"第一，一个人都不许放跑。"汤玉麟点点头。

"第二，一个人都不许打伤。"汤玉麟又点点头。

"第三，不许动人家一吊钱！"

"这……"汤玉麟迷惑了。往日，凭干什么活，弟兄们总是先摸点填自己腰里，任何绺子都这么干，谁也不计较。今日，他张作霖怎么提这样一个怪要求？

张作霖又说："谁犯了这三条，我就毙了谁！还有，不许告诉任何弟兄这件事是我让您干的；任何情况，您都要独立负责！""这……这是为什么？"

"日后您会明白！"张作霖说，"还有一条，若有别的绺子插手，一定踢开他们。要不惜一切代价完成任务。"

拦劫赵尔巽三姨太太的活，汤玉麟干得很顺手。他把这群人和车押进院子时，正碰上张作霖。张作霖见他们这帮人除了车夫之外，只有一个老年男管家，其余多是女人，她们早吓得哭哭啼啼；坐在轿子里的那位艳丽女人，也战战兢兢在揉泪。张作霖故意问："这是哪里弄来的？"

汤玉麟说："是在大路上劫来的。""知道是什么人吗？""还没有问。"

"让我来问。"张作霖走过去，声音温和地说，"你们是做什么的？要老老实实说个明白。我可不吃来路不明之财！"

年轻的姨太太，早已吓得魂不附体，跪在地上，只顾叩头求饶。那随身的婆子，却有几分镇静，她一边服侍家主人，一边说："不瞒大王说，俺们是奉天赵总督的家眷，太太是南方人，口音不清，是从南方探亲回来的。只求王爷饶命，所带金银财宝，一概都孝敬大王了。"

张作霖故作惊讶地说："原来是盛京将军大人的家眷！这太对不起了，太太快起，快起！我张作霖在东北三省唯一尊敬的人，就是赵将军，这……这……这真是'大水淹了龙王庙——一家人不认一家人！'"张作霖扶起太太，让她坐下，又说，"太太，你别怕、别惊了，到这里跟到你的家一样，你们只管好好休息，我保险不碰你们一根汗毛，不动你们一文钱。"

年轻的太太和婆子惊喜不已，忙问："敢问王爷您……"

"我不是王爷，我叫张作霖。也不是胡子。我是保境安民的，是大团的团练长，听懂了吗？"他转身冲着门外大声发怒，"把劫道的头目给我扣起来！我要押着他去向赵将军请罪。"

那婆子机灵，早已听得明白。忙说："俺知道张团练长的大名！团练长您就别扣押弟兄了，他们也是不知道详情，凭对赵将军的敬重，他们知道了，绝不会惊吓太太和我们的。我回去一定对赵将军说明张团练长的好意，让将军好好谢谢您！"张作霖说："今日天晚了，我安排后院给你们住下，明早我派人送你们回奉天去。"

婆子又说："您老放心，太太在将军面前是极有身份的，她一定会向将军多多美言。知恩怎么能不报！您放心吧，往后，将军一定会对您老有番好处的。"

次日，张作霖盛情款待了赵尔巽的眷属，并派一班子弟兄护送三姨太太的车辆去奉天。

那时候，东北地盘上，正是日俄两个帝国主义侵略者争夺势力的时候。日本人特别活跃，当汉奸、走狗的人也渐渐多起来。辽西地方有个叫冯德麟的人，曾经做过大清巡捕局的总巡长，后来当了土匪，又由土匪当上了日本关东军东亚队的队长。这个冯德麟也是张作霖绿林中的朋友。一日，冯带着厚礼，奉日本人之命来见张作霖，劝他说："跟日本人干吧，有好处。"

张作霖已经有心投靠朝廷，他想沿着由匪变兵这条路发展自己。便对冯德麟说："咱哥们都是混江湖的，我得明话明说，我不想发财，也不想当官；要想当官发财，投靠朝廷，早实现了。我不干！我在这一带说一不二，我怎么能去低三下四听外国人摆布呢？大哥归了日本人，自然有大哥的打算，咱弟兄就大道朝天，各走一边：你走你的阳关道，我走我的独木桥吧！"

冯德麟撞了个壁，转回去就对日本人学说一通。不久，日本人就正儿八经地向奉天总督送去一份"抗议"，说"新民府八角台匪首张作霖企图袭击日军兵营，劫持军火，要求采取严厉措施。否则，后果由清方负责"。

赵尔巽也是个患着"恐洋病"的人，一见日本人的抗议，心里一惊，但一见是张作霖，心里又一动——

赵尔巽已从三姨太太那里知道这个张作霖了，并且太太一再要求他提拔此人。赵尔巽虽然动了心，但堂堂一个总督，怎么好为一个匪首作什么安排呢？只把好感放在心中不忘也就算了。如今，日本人抗议了，怎么办才好？他犯了思索。

赵尔巽有个特别顾问是日本人，叫田中义一，每到紧要时，他便把他请到密室，共商对策。这个田中，却是日本政界有头脑的人物，听了赵总督的"心事"，便问："不知总督大人想作何处置？"

赵尔巽说："这本来是件小事，日本人却小题大做。我也想，若因一个匪首，影响邦交也不够合适。想责成新民府出兵剿灭也就算了，只是……"

赵尔巽把话吞了下去。

田中明白，张作霖对赵有恩，赵不忍心去剿，但又碍于形势，所以吞吞吐吐。田中笑着说："总督大人，我倒是另有看法。""说说看，阁下意见或甚高明。"

"辽西匪多，实与民瘠有关。只凭剿，恐无济于事。据我所知，张作霖此人虽有匪气，却不失为英雄，且多与地方绅士有交，若能以德感化，出示招抚，我想张作霖会归顺的。果然如此，岂不更好。""只怕日本政府……"

田中摇摇头。"日本人也是想争取他而争取不到才这样做的。总督到时候办一纸公文，也就完了。"

此话正合赵意。于是，赵尔巽便通知新民府知府增韫，要他派员去八角台行事。并明白告知：待张率部投来之后，即委以相当官职。

张作霖正翘首以待，忽见知府来招，当然满口答应。便说："只要'委令'一到，我将率部前往。"

赵尔巽原想等张作霖归降之后再看尔后加委的，不想张作霖粗中有细，怕夜长梦多，故先要委令而行动。不得已，只好以奉天将军衙门加急文书下到新民府。文书全文为：

　　查张作霖弃暗投明，报效朝廷，殊甚嘉许。着将张原部改编为游击马队一营，步兵两哨。任命张作霖为马、步队游击管带，任张景惠、汤玉麟、张作相为哨官。立功之后另有升赏。

张作霖冠戴齐整，率张景惠等到知府大堂去谢委。衙门诸同僚依例道贺，知府设宴款待，好不热闹。从此，张作霖由一个绿林土匪，一跃变为清朝堂堂的营官了。

这是公元 1902 年。

第四章

暗结日人，邀宠总办

所谓人的"禀性难移"，其实并不绝对。

张作霖昨日混进绿林，一派野性，面前飞只雀儿，也得拔毛三根；三天不掏窑，见座破庙也要翻墙而入。今日投靠官府，成了带兵的营官，脸膛、举止都变成另外一人：满面带笑，行动稳健，渐渐贴近了人群。

张作霖并不甘心这样做，"招安"的那天晚上，他把张景惠、汤玉麟、张作相几个把兄弟领进一家小酒馆，端着碗、流着泪说："兄弟，我对不起各位。兄弟们都是自由自在、如鱼在海的人，想咱们闯荡山野，是何等的自在！而今，大哥弄了个紧箍咒，也给各位兄弟弄了个紧箍咒。再干什么，都得仰起脸来听别人的。天地良心，官场上有他妈拉个巴子的一个好龟孙没有？咱兄弟恨不得都杀光了他们，夺得大堂。咳……"他仰面喝干了碗里的酒，又说，"鬼迷心窍，咋一头扎进人家怀里？咱兄弟得商量一下，这条路是走呢，是走走看呢，还是不走呢？商量定了，我心里才扎实。要不……"

张景惠心细，思虑事情比较周全。他眨了眨眼睛，说："大哥，我懂得您的心事。当初咱们南闯北进为的啥？官府是咱们的对头。如今，您也不必说伤心话，投官府是咱大伙的意思，眼下还不能说这条路走错了。不是兄弟说一句废话，大哥您领的这条路，一百个对！从今到古，从古到今，干绿林的不和官府搭上茬，起不来。为了咱兄弟们的大起，只有走这条路。大哥，穷秀才还得先吃面壁十年的苦，咱拼上它十年，就当苦面壁了。以后看着真不行，拉出去，进山野不就完了！"

汤玉麟等人也附和着张景惠的话说了一通"走走看"的话，便都捧起酒碗，叮叮当当地干了。

张作霖叹声气，又说："既然兄弟们觉得这一步走得还不错，咱们就走，哪里黑了哪里住。不过，有些话，我得说在前边，别到时候怪大哥翻脸不认人。"

"说吧。"大家齐声，"脑袋都交出去了，还有什么 × 言语经不得的吗！"

"弟兄们，"张作霖说，"官场上说'伴君如伴虎'！咱靠了官府，都得小心做事；有时还得违心听从。可千万不能任着自己性子。说句到家的话，该干的，就得干出点真事给他们看看。这样做，咱不是当孬种，咱是为发展咱自己。兄弟们都有个管带、旅长、师长当当的时候，咱他娘的谁的都不听，还得让那些搂着印的家伙听咱的！"

从那之后，张作霖这一伙成了清政府地方的一支驯服绵羊。事有巧合，也该着张作霖机缘良好，他被官府加委为营管带时，日俄战争突然爆发了。这场大仗，既不是在日本本土打，也不是在俄国本土打，偏偏借一片中国东三省的土地来打。遭殃的，自然是中国老百姓。清朝政府昏庸不堪，不敢驱逐日本，也不敢驱逐俄国，还堂而皇之在自己的领土上——辽河以西划一片"中立区"。什么中立，倒不如说是一片允许日、俄都伸手的地区！张作霖就在这个"中立区"管兵，他成了日本人想拉拢、俄国人也想拉拢的人。张作霖精明，表面上既不倾日、也不倾俄，可暗地里，谁给他好处他都收。但是，他坚持"站在高山看马咬"的态度，最后坐收渔人之利！

东北大乱，辽西大乱！辽西作为中立区，原来想能有个平静岁月。其实不然，日俄纷纷插手的同时，绿林好汉也十分垂爱，不时"光顾"，依然闹得人心惶惶。

在这些土匪中，有的团伙早已明着暗着不是同日本人勾搭，就是同俄国人勾搭。土匪想找保护伞，日、俄想培养势力，各有所需，一拍即合。

早年那个把张作霖逼得走投无路的北镇大土匪金守山，是靠上了俄国人做后台，当上了俄国人的别动队，名儿叫"花膀子队"。俄国人在辽西外围势力大，金守山有恃无恐，领着他的绺子越过中立界，混入辽西，打家劫舍。

张作霖探知此情之后，一拍屁股笑了。"哈，我报仇的机会到了！"于是，带领他的一营官兵，在金守山出没的苦柳沟柳树林中设下埋伏，瞅准金守山出窟的时刻，打他个措手不及。

金守山没想到他扎入的这一片地区会来官兵，措手不及，一接火，手下人便七零八落，大败而散。金守山正想寻路逃遁，张作霖却跃马拦住。张作霖举着匣子枪，在马上大喝一声："金守山，你还认得我么？真是冤家路窄，今天看你往哪里跑？"

金守山光杆司令，一见大仇人张作霖立在面前，知道逃也逃不脱了，便说："张作霖你小子不要神气，你不就是投了官爹了么。是好汉，你放了我，半年后我金老五还到这里来跟你较量！怎么样？"

"做你娘的美梦吧！"张作霖说，"你张爷爷如今是官兵营管带，我要为民除害。想再跟我斗，到那个世界去等吧！"说罢，"乒乒乒"连开三枪，金守山趔趔趄趄倒地——横行一时的"花膀子队"俄国人别动队，最后被消灭在辽西苦柳沟。

张作霖灭了金守山，报了庙儿镇的深仇，心里自然高兴。辽西地区少了一股土匪，官府去了一块心病，当然免不了对他嘉奖一番。此事也该平息了。也该着张作霖时运红，不想此事又被小题大做起来——日本人利用此事，又大做起文章……

日本驻军司令部有个叫福岛的参谋，负责辽西的拉拢工作。此人三十六七岁，一副武士派头，却满肚子商人本领，是个最善于察言观色、无孔不入的家伙。张作霖被收，委了营官之后，他曾打定主意把他拉到身边，几次派员与张通好，并且还送去金票千元，以示敬意。张作霖一直坚持着"观望态度"，尚未对日本人表示亲疏。正是福岛焦虑不安时，张作霖一举消灭了土匪金守山，他觉得时机到了，马上动身到新民，找到日军驻新民军政署头子井伍，匆匆忙忙去拜会新民府知府增韫。先给增韫送上一份厚厚的仪呈，然后说："日军司令部司令长官让我们特来向贵府致谢。贵府营官张作霖协助皇军消灭了俄军雇佣的花膀子别动队，足见对睦邻日中友好的诚意。本司令部已打算重奖张营官，以表示谢意！"

增韫虽是大清知府，其心早向日本，想为自己觅一座靠山，留一条别路，正愁投靠无门，忽然有人送上门来，心中十分高兴：我何不利用此事，一来表白自己对日本的诚意，二来也想趁机送给张作霖一份人情。日本人有意拉张一把，他知府若也能顺水推舟，一定会对自己有好处。于是，满面陪笑，说："贵军及各位如此热心邦交，敝人自然万分敬佩，我会极尽努力，为张营官请功。今后地方上的事，多有求助阁下，务请协作！"日本人也嘻笑点头。

增韫送走了日军代表，颇费思索：日本人想扶植张作霖，张作霖是我的属员，我何不趁机提调他一下，将来也是个心腹。思索已定，便把张作霖叫到面前，说："张营官，本府素来十分器重你，一定为你的前程做做我能做的事。你消灭金守山，为地方除了一大害，我现在就为你请功。你还有什么要求没有？"

张作霖忙说："承蒙知府大人厚爱，请功已是感激不尽了，哪敢再要求什么。"

"好，好，我是不会亏待你的，今后只要好好干，我随时都会提携你。"

送走了张作霖，知府便亲自动手，为张作霖写了一个请功报告送沈阳将军衙门。不久，即接到批示，除赞扬张作霖灭匪有功殊堪嘉勉之外，答应将张作霖的新民游击马队营扩编为三个营，提升张作霖为三营管带，增发军械、军饷。自此，张作霖的队伍在辽西便举足轻重了。

张作霖连连腾达，自知其重要原因，是受到日本人的抬举，得恩不能忘报，他便想着法儿要对日本人作一番表示。

一天，他偷偷地把张景惠叫到自己房中，关起门来，对他说："景惠，有件事想和老弟你商量一下，说不定还得请老弟辛苦一趟。"

"说吧，看着我能办的事，我一定尽心尽力。"张景惠也开门见山。

"咱们自从靠上了新民府，路子还是走得很顺利的。"张作霖有些儿转弯抹角了。"知府大人厚爱是一，还有……你明白么？"

张景惠本来是来接受任务或谈心的，没有"应变"准备。张作霖半道儿丢一个"题"，张景惠有点茫然。他用迟疑的目光望着张作霖，没有说话。

张作霖又说："是这样，咱兄弟们发达，日本人从中帮了大忙。咱不能过河拆桥。我想让你单独去沈阳一趟，代表我去谢谢福岛先生，顺便也谈谈今后。"

"这个……"张景惠有些犹豫。"怎么能见到他呢？""有办法。"张作霖说："你还记得有个叫赫特的人么？"张景惠思索一下，说："记不得了。"

"不就是驻新民日军的翻译官！"张作霖说，"你忘了，那一次奉命给咱们送一张金票的，不就是他！几乎被你砍了脑袋。"

张景惠想起来——那一次，赫特化装成日本人"呱啦呱啦"来到张作霖营房，比画着一定要见张作霖。张景惠怀疑他是日本特务，硬是用枪口对准他说话。他这才亮明身份，说明来意。"噢，原来是他！他怎么样？"

"他帮你串通一位朋友，也是搞翻译的，他会把你送到福岛面前。"说着，张作霖又具体交代了任务，然后拿出备好的礼物，把赫特的亲笔信交给张景惠，又说："你务必化装成一个商人，千万不能露出真相貌；万一出事了，千万不能说是我派去的！"张景惠一一答应之后，才走出去。

新民到沈阳，快马只需大半天的时间。张景惠进了城，太阳还老高。他找了一家客栈住下，一夜没事，第二天早点之后，他才按着地址找到赫特的同行——一个叫王升山的人。张景惠送上信的同时，厚厚的附上一份礼品。

王升山看完了信，笑了。"小事一桩。我也久慕张作霖的大名，只恨无缘相识。赫特兄所托，小弟照办。只是这礼物，我是万万不能收的。"王升山对礼物，早已左一眼、右一眼，恨不得一口吞入肚里，但他有"身份"，怕露出贪财的马脚；再就是，像张作霖这等人的礼物，收下了是否安全？他有顾虑。故不得不作一番姿态。

张景惠也得算作"里手"了，他望着王升山那副滴溜转的鼠眼，那两条微弱的寒光死死不离礼盒，便知他已动了心。忙说："王先生，我们管带说啦，初次相托，微表心意，今后麻烦先生处还多。愿交个朋友呢，王先生就别见外；王先生若觉得我们管带不可相交呢，也别勉强。"

王升山怕弓拉得太紧弦会断，忙说："恭敬不如从命了！其实，我对张管带是敬佩有余的，怎么能不愿交这个朋友呢！说真话，小弟也是一心想混个出人头地，结识一帮知己。对于钱财之类身外物，从不放在心上。中国人帮中国人办事，以'礼'而论，哪还是中国人啦。"话虽慷慨，礼还是悉数留下，然后领着张景惠去见福岛。

福岛已为张作霖费尽心机，今见张作霖派心腹来密见，知道情不一般，急忙密室接见。

香茶、好烟摆上之后，福岛用一口流利的中国话对张景惠说："请转告张管带，日本皇军驻在中国的东三省，绝无吞东三省之意。东三省太落后、愚昧了。作为邻邦，我们有责任帮助东三省繁荣、兴旺，让有能耐的中国人来治理中国的东三省。咳，发现一个治国安邦的中国能人不易呀！"他给张景惠点燃了香烟，又说："你们的张管带……"他翘起拇指。

张景惠明白了，知道日本人看中了张作霖，忙说："我们营管带也知道日本是真正的朋友。管带受日本朋友的厚爱，铭记在心。派景惠特地前来亲见福岛阁下，就是表明这番诚意。今后，福岛阁下如有用得着我们管带之处，虽力量微薄，但也愿肝脑涂地！"

日本人高兴了，在中国找帮凶，那是他们政府的既定方针，小得可怜的日本国，想吞掉比它大数十倍的中国，不采取"以华治华"的方针，那是实现不了的。所以，只要愿意当汉奸的人，日本人无不欢迎，何况在东三省初露锋芒的张作霖！福岛忙说："我佩服张管带的锐利目光和远大抱负，在今后共同的利益中，我们会极尽其力和他合作好的，包括他想得到的一切！"

张景惠的沈阳行，为张作霖闯开了另一条腾达之路。只是日本人和张作霖一样，都想从对方那里多得到些什么，利害常常发生冲突。最后，日本人不得不对张作霖下毒手，这是后话，暂不说它。

张作霖自从靠上日本人之后，觉得腰板硬了，胆子大、气也粗了，他更加明白"后台"的威力。不过，他也知道，日本人是不会直接提拔他的，台阶还得靠顶头长官来赐给。张作霖自知，他在官场上，还没有一个硬邦邦的后台。是的，赵尔巽对他有个好印象，这个柱子也很大。可是，张作霖心里不扎实，他自觉投这个门子的路不妥当。赵尔巽的三姨太无论如何感激他，都是纸包火的事，一旦他们明白了当初劫他们的也是他张作霖，说不定大帅一恼怒，便会宰了他。所以，张作霖的这个靠山，他一直不敢靠得太紧，更不敢理直气壮地上门索取。现在，他做了三个营的管带，官不小了，再升腾更难了，必须做出更大努力，靠向另一些大人物。

张作霖运气好，一直走着心想事便成的道路。他想靠山，竟有山可靠。这一天，新上任的奉天巡防营务所总办张锡銮来到新民。小小的新民地方，来了个大总办。一时热闹非凡：官场上宴会接着宴会，民众间街谈巷议，预测着祸福，全城上下沸沸扬扬。

张锡銮是个才子武官，诗书画都有一番功夫，骑射也是名震四方的。此人平生有个嗜好，特别酷爱好马，马上功夫也不一般。

一天，新民地方社会名流聚会于钟楼，唱着"以文会友"的口号宴请张锡銮。张锡銮脱去戎装，长衫礼帽，俨然以文士身份赴宴。张作霖是营管带，知府怕坏人闹事，便派他改装暗地保护。张作霖也一身文士打扮，附庸风雅。这天，时为初秋，天高气爽，辽西虽已渐寒，人们还是春风满面，笑语喧哗。

一个曾经中过举人，名叫李公的，绞了一阵脑汁，先开口："久闻总办大人诗酒风流，又挥得一笔刚劲潇洒的好字，大人光临新民，新民将有万古不灭之可传诗墨了。学生特地携来文房四宝，即请大人随兴挥毫！"

张锡銮谦推，说："下官对诗书本来平平，仓促之间，更难有佳品。请诸位见谅，此次就免了吧。"

"免不得，免不得。"那举人又说，"难得大人光临敝乡，不留墨宝，岂不憾事。"又有人说："听说大人乃当今伯乐，素来善任知人，麾下名士辈出。我等能与大人一会，也是三生有幸，诗书是不可少的。"

张锡銮也是个风流场上惯出风头的，口里虽然再三辞谢，并说："今日是朋友相会，应以谈心为主，开怀畅饮，这诗书么……"还是半推半就，为钟楼题了"萃斌阁"三个碗口大小的行书字，然后说，"献丑，献丑！"

人们齐说："不凡、不凡！到底大手笔！"

举人摇头晃脑，连声"啧啧"："书如其人，果真不错。字里行间，均见大人之功力及洒脱性格。新民之荣幸，钟楼为之增辉！"张作霖对诗文书画，一窍不通，随人笑而笑，随人点头而点头。但他却反复琢磨张锡銮这个人，就像当初他盯准一个肥户花费心思那样：值不值得下手，从何处下手？是一步成功呢，还是先来个敲山震虎？顶重要的，是这位总办大人喜欢什么，最喜欢什么？张作霖，别看他平时粗，细起来，简直像个高超的绣女。没多久，他便摸清这位总办特别喜欢马，并且知道他有一身高超的戏马绝技。张作霖竟自笑了：老天爷给我张作霖一个千载难逢的机会，论调理马、耍戏马，我也得算是数一数二的高手。好，投其所好，来它个以马为媒！

张作霖回到营房，选出亲兵几名，对他们说："立即出去。四乡走走，给我挑一匹最好的马来。"

亲兵出去两天，个个扫兴而归，说是无好马可得。张作霖十分焦急：难道这新民辽阔地区，竟然找不到一匹好马？他发怒了："你们是不是偷懒了？我不信找不到好马。"

一个亲兵说："马市上，我们走遍了，实在是没有见着好马。""为什么不到各乡各村走走？""乡村也去了，就是……""又没有？""不是。"一个亲兵说："有好马，是人家玩的，不卖。""多给银元！"

"凭给多少，都不卖。""什么人，敢如此大胆？"

"高台山的财主高士彬，他家有一匹好马，是从蒙古花了大价钱，用两年工夫，才挑得这匹好马，通身似雪，矫健能飞。高财主视为宠物，形影不离。"

张作霖锁着眉，轻轻地叹了声气，心想：算了，算了。君子不夺人之美！人家既然爱如明珠，我何必非夺不可呢？再说，我如今也是官府的营管带，夺人之好马，事传出去，总碍名声。他挥挥手，对亲兵说："你们去吧，人家不卖咱不买，有钱还能买不到好马？！"亲兵刚抽身要退出，张作霖又发了话，"回来，回来！"

亲兵转回来，张作霖说："你们再去一趟，拿着我的帖子，好言好语，就说我十分羡慕他的马，做梦都想着他的马。然后，送上一份厚厚的礼品，就说我跟他交个朋友，作为互赠礼品，以后我有好马了，定当奉送与他。"

亲兵只好抱着重重的银元和名帖、礼品到高台山高士彬家。这位高台山的财主高士彬，并非财大气粗，横行乡里，乃是一位颇具傲气的花花公子，还不到三十岁，琴棋书画，无所不精。可就是不贪仕途，几任知府邀他出来做事，他都婉言谢绝，只守着老爹留给他的一份殷实家产，白天斗鸡走狗放黄鹰，晚上掌灯作书画，累了就琴棋解乏。爱马，一身好骑技；爱枪，能够百步穿杨。老爹殁了不到十年，那家业已被他耗去五分之二。这高士彬，也算是社会名士：若是慕名赶来高台山的，要耳朵可以割一只奉送；若是依官行势地找他，能办的事也别想办成功。这一天，他正在家中同朋友下棋，听说门外马厩里有人来偷看他的大白马，还指手画脚。便不耐烦地走出来。一见是两个官兵，便认为是来讹诈的。摇着芭蕉扇，说："你们围着我的马想干什么？""好马，好马！我们看看。"

"废话！不是好马我买它。是不是想偷？"

"我们堂堂官兵，怎么会偷马呢？"一个亲兵说，"我们官长刚刚荣升营管带，想买一匹好马。我们是来买马的。""噢，你们说的，是不是那个张作霖？""是，是！就是他。"

"你们回去告诉他，我这匹好马，凭给多少钱不卖！"说罢，让人把马牵回院中，将大门关了起来。

这便是第一次买马不成的情形。

现在，亲兵捧着张作霖的名帖、厚礼，第二次来到高台山。谁知那高士彬的大门竟闭得死死的，凭你怎么呼叫，连个人出来答话也没有。张作霖有交代，务必"好言好语"，以交朋友的方式去买马。如今，没有人搭茬，又不能发作，只好打道回府，如实向张作霖作了汇报。

张作霖是绿林出身的好汉，历来信奉"拿来主义"。他想得到的东西，不管是谁的，伸手拿来了，心安理得；伸手拿不来，特别不安，仿佛自己吃了大亏！那高士彬的白马，买不来，换不来，这本身就得算是他张作霖的耻辱；再说，若没有好马，便无法结识这位堂堂的新贵——张锡銮；结不上他，便无出路可求。再寻这样的机会，不知何年何月。所以，张作霖听了亲兵的回报，眯上眼，闭起口，陷入了不知什么滋味的沉思——

虚算着，张作霖已经到了而立之年，立身立业，他要做成功一些自己想做的事，自己该做的事。

前几天，就是那个为他争得三营管带的知府增韫，把他找到面前，给了他一个很艰难、不可接受的任务，说："三界沟的巨匪杜里山常来骚扰，三天之内，你去消灭他。"张作霖心里一沉，头脑立即眩了起来——当初，尽管关艳红对他张作霖不恭，有仇视态度，那位杜里山可是对张作霖有救命之恩的。庙儿镇那一场，若没有杜里山及时赶去，他张作霖早成了金守山的刀下鬼！救命之后又拉了他一把，是杜里山的三界沟使张作霖东山再起的。我今天去灭杜里山，岂不是恩将仇报！这样做，还算不算人？！可是，他再望望增韫那副严肃的脸膛，看看身上穿的军官服，想想今后的前程，咬咬牙，接受了任务。"是，三天之内消灭三界沟巨匪杜里山！"

张作霖出兵的时候，产生了一个幻想，觉得造造声势，赶走了杜里山，回来交令也就算了。哪知那杜里山一听说是张作霖带官兵来剿灭他，也产生了幻想——他对夫人关艳红说："张作霖虽然背我去了，毕竟是个绿林豪杰，说不定这一次会回心转意，趁机跟咱们重回三界沟。"

关艳红不这样想。她说："当初张作霖离开三界沟时，我就知道他是个忘恩负义的东西，我真想宰了他。而今，他绝不会重新和咱和好，我们必须同他血战到底！"

杜里山说："可以先礼后兵，以礼争取不了他，再同他血战也不迟。"

仗一打起来，两军一交锋，关艳红一马飞到张作霖面前。仇人相见，分外眼红，泼口便骂他"忘恩负义，是江湖上的败类，今天奶奶非杀了你不可"骂着，直奔张作霖开起枪来。

张作霖急急应战，忘了出兵时应酬的想法，再加上他也是立功心切，便向关艳红开了枪。

杜里山一看张作霖来真的了，立刻大怒；同时也怕夫人吃亏，便跃起战马，冲到中间。

张作霖是官府供养，还有日本人做后台，身边又有三营兵，真是兵多枪好，杜里山哪里战得过他。正是步步败退之际，张作相等人赶到。杜里山觉得再战必败，便虚应了一阵，选个有利的退处，逃之夭夭。

杜里山真的跑了，张作霖立即又后悔得跺脚。跑的不是杜里山，而是他张作霖的高官、纱帽，何况他是在知府面前表了决心，知府也向他暗示过奖赏。灭不了杜里山，无功有罪。

张作霖无可奈何地回到新民，也不敢去见知府，只闷闷地和几个兄弟商量下一步怎么办。此时，张作霖已经感到派兵去剿是剿不灭杜里山了。山水之阔，地域之广，哪里藏不下一支土匪！土匪在暗处，官兵在明处，这样打起来，只有官兵吃亏。他摇着头对兄弟们说："硬的办法对杜里山不行了，只得更换软的。"

机灵的张景惠马上想出一个机灵的主意："大哥，你不是曾经认过杜里山的老叔杜泮林为义父么，何不从这个老头子身上想想门路。"张作霖脑门一亮，笑了。"对！我竟把他给忘了。"

话还得回过头说几句。当初张作霖投奔三界沟的时候，杜里山的老叔杜泮林也在那里，他不是土匪，是想劝侄子改邪归正、脱离绿林的。这个杜泮林是个快六十岁的人了，原曾在辽中县中过举人，一副儒士派头。劝侄不行，也曾帮助侄子出过计谋。张作霖为了对杜里山表示亲密，便磕头认杜泮林为义父。那杜里山虽然没听叔劝，对这位老叔的感情却深，十分信任他，在伙伴面前总爱提"我老叔说啦"，似乎他的行动还是老叔的教导。

张作霖想起了这位义父，立即派人把他接到军营，烟茶酒饭，十分热情。杜泮林感动了，瞅着没人在场时，便对张作霖说："雨亭呀，队伍中这么多事，你怎想着把我接来？好像有点什么事似的。有事你就直说，老朽能办的，我尽力。"

"义父呀，是有件大事才找您的。"张作霖说，"您是知道的，总督大人和知府大人都是下了决心要清除地方匪患的。这不，担子落在我头上了。日前出征一趟，正是去消灭里山。官命，我不能违。说真的，官兵剿土匪，还不是十打十胜。我怎么能那样干呢？当初我跟里山一炷香前磕了头，就跟一个娘肚生的一样，虚晃一枪，我放他走了。不是想让他还去当土匪，是给他留下退步，看看能不能争得他归正……"

杜泮林是个明白人，忙插话："当初我也是这样想，才去三界沟。现在情况变了，你又这样想，再好不过了。"

张作霖又说："我收兵了，还没向上司报告，只是给知府大人报了个密信，想趁着总督大人还没有彻查之际，让里山走招安这条路。只要投过来，不光生命家产安全了，还会有官做。请您老来就是为这件事。如果您老同意，请您出面邀他前来，我俩密谈，一来是免得发生误会，二来也好以后共事。"

杜泮林听了张作霖的话，捋着八字胡思索着，觉得张作霖够朋友，这个办法也是出于诚意，便慨然应允，立即亲笔写信给侄儿，要他马上到新民来。

杜里山一见叔父亲笔信，又正处在被围剿之中，也觉得张作霖还是位朋友。便对夫人关艳红说了。关艳红极力阻止，说："张作霖流氓成性，绝不可轻信。"杜里山意志已定，夫人劝也没有用，他只带两个随身保镖便去了新民府找张作霖。

张作霖在他的营房四周早布下了天罗地网，然后独自出来迎接杜里山。刚一照面，张作霖便态度大变。他冲着杜里山说："我奉总督知府大人双重亲命，立即处决匪首杜里山！"

杜里山想抽家伙，早被张作霖的亲兵"乒乓"两枪打倒在地，脑浆四溅，顿时亡命……

杜里山被杀的消息传到关艳红耳里，她没哭，狠狠地摔碎了一只大茶碗，骂道："狗娘养的张作霖，只要奶奶还有一口气喘着，不杀了你为里山祭奠，我永不为人！"

消灭了杜里山，新民府又为他报功请赏，好不热闹。可他张作霖，总觉抬不起头，从不在人前谈灭杜之事……

连恩人都杀了，可见张作霖官心多重！现在，一个小小的财主，竟不配合他的升官举动，张作霖不再讲什么夺美不夺美了，一不做二不休，不用土匪的办法抢，他要用官兵的势力去夺！"第一营立即集合，跟我去高台山！"

顷刻间，一队人马出了新民府，浩浩荡荡飞奔高台山。张作霖的兵马未到，高台山早有人报知高士彬。

那高士彬正同几个玩友在荒野狩猎，一听张作霖发兵来了，便知是来夺马的。立即大骂。"大土匪张作霖，打家劫舍，早已造下了滔天罪恶！今天又领着官兵明火执仗来抢马，灭绝人伦的东西，我非当面骂他个狗血喷头不行。是朋友跟我走，我凭着正义去迎战他，看他敢对我开枪？"

朋友中有人忙拦住他，说："高先生，光棍不吃眼前亏！张作霖何时讲过理？讲理就不是他张作霖了。你何必拿着鸡蛋往他石头上碰呢！莫说你，当初救了他命的杜里山，不是活活死在他的枪口下？忍着点吧，不就是一匹马么，值不了多少，让他抢去了，咱们以后再买。多行不义必自毙！看他张作霖有好下场？"

也有朋友说："张作霖在官府正红，纵然有理，官府也不会惩处他。官匪本来就是一家人，何况今天张作霖已是堂皇的营管带。躲他一躲，破破财吧。财去人安乐，也就算了。"

高士彬是个好名誉的人，听了朋友之劝，也觉当面论战得不到什么好结果，最后，他还得抢走马。便长长地"咳——"了一声，折转马头，领着狩猎的朋友躲到一个山沟里去了。张作霖的兵马来到高台山，先派人四处声张，说："高士彬窝藏土匪，搅乱社会治安，必须处治！"又说，"高士彬买马买枪，招兵练武，准备反对朝廷……"然后，便亲率马队，进了村庄。

高台山的百姓不知怎么回事，各自关门闭户；高士彬家已有准备，能做主的人全走了，把个兴旺的大家也丢下不问了。张作霖的兵马咋呼半天，见村中冷冷清清，劲也消了。张作霖带几个贴身兵士来到高士彬家，人是找不到了，他想的是那匹好马，于是，匆匆走进马厩，见那匹白雪似的大马正悠闲地闭目养神，便急急走上去，解下绳子，牵了出来——至于"窝藏土匪"、"招兵造反"等事便不再提及，一队人马浩浩荡荡，押着一匹大马凯旋了！

——不要以为，为了一匹马张作霖就小题大做、兴师动众，不值得。殊不知，就是这匹普普通通的牲畜，不久，便给张作霖带来了腾达的好运。

第五章
送白马心想事成

新民府知府衙门一侧，有一座十分豪华的驿馆，高高的门楼，两进院落，五台阶的门槛，一对石狮守门；透过紫红色的大门，便是一堵画着山水画的萧墙，萧墙后是一株高出院墙的塔松。远远望去，十分威严。这是专门接待上峰官员的馆驿，平时冷冷清清。现在，由于奉天巡防营务所总办张锡銮光临，驿馆陡然热闹而森严起来：大门外设上四人的岗哨，门外还有流动的散兵。过往的百姓大多迷惑不解地想：里边是关押着钦犯，怕跑了，还是住着赃官，怕人杀了？

这天上午，约莫十点钟光景，张作霖领着一个亲兵，牵着那匹雪白的大马来到驿馆门外。举目一看，守门的不是自己游击马队营的兵，而是张锡銮从沈阳带来的巡防营务所的队伍。他知道进去有困难了，停步迟疑，随即想出应变之策。来到门旁先递上一副笑脸，而后送上门包，这才说："地方营官管带张作霖有事求见 总办大人，劳驾请给禀报一声可以吗？"

门房早将门包接到手，又见张作霖军官打扮，便说："请官爷少候，我这就去禀报。"

张锡銮是个生怕冷清的人，无论到哪里巡防、视察，都想尽多地会见各方人士，不求"招财进宝"，只想听听歌功颂德。所以，大凡来拜者，他一概欢迎。凭他这身份，到属下任何地方，会见任何人，谁能不好话说尽，谄肩献媚！这是一种享受，张锡銮觉得比金银有价值。门房禀报"张作霖来拜"，张总办顺口丢一个"请"字。

张作霖听到"请"，通身一颤，这时才忽然想起"尚不知究竟该用什么礼节晋见总办大人才好？"但已无暇再思，只对亲兵交代两句，便匆匆走进去。

张锡銮竟也不拘官场礼俗，却在上房接见张作霖。如此亲昵的"家礼"，使张作霖受宠若惊！进得房来，手脚无措，连施一个什么规格的晋见礼也不知，慌张之中，竟深揖长跪，喃喃道出："小人张作霖拜见总办大人。"

张锡銮微笑着说："张管带，咱们都是带兵的，一家人。家不序礼，请坐吧。"

"谢总办大人。"张作霖在一旁坐下。

张锡銮以居高临下之姿态，笑而非笑地说："新民府的知府对我提到过张营官，说你为人精明能干，很会打仗；任职之后，还算尽心。看来，前途无量呀！"

张作霖站起，垂手而立，说："作霖无能，多靠总办大人栽培。""这就不必说了，有机会，我是会帮你说说话的。"

张作霖自知官小位微，不便在这个地方久坐，忙把话题转入正道，说："卑职久闻总办大人喜爱马，我营中正有一匹好马，特牵来想孝敬大人，不知大人看了会不会中意？"

张锡銮正在纳闷中：一个营官管带，军职自然不够接见，文墨又一窍不通，他匆匆忙忙赶来干什么？现在，一听说送好马来了，精神一抖，忙说："好，好，在哪里？让我去看看。"

"就在大人门外，"张作霖说，"我去让人牵过来。"说着，急走几步来到影壁墙边，招招手，对牵马人说："牵过来吧。大人叫牵过来给他看看。"

亲兵牵马进来，张锡銮也走到院中。抬眼望见那马通身的纯白，已是十分惊讶，又见它头高昂、蹄直立，一身精神，便知是一匹好马。"好一匹雪球！蒙古货，地地道道的好马！"

"卑职平生无他好，独爱好马。"张作霖说，"所以，处处留心，十年才挑这么一匹。"

"眼力不差！"张总办说，"就凭这一点，咱们完全称得上同好了。"

"卑职不敢，卑职不敢！"张作霖忙搭躬，说，"我是何等微贱，怎敢与大人相提并论。大人如赏脸，就请将此马收下。"

"算你理解我。"张锡銮说，"人说东北有三宝，你若拿人参、貂皮来送我，我连看也不看它。什么三宝？粪土！这样的好马，求，我都求不到，怎么能不收！"他转过脸去，命人将马收下，牵到后院，"我回头再仔细看看。"张锡銮得了好马，心情高兴，命人赏给牵马人二两银子，打发去了，然后对张作霖说，"张营官，你就别走了，我有便宴，再好好聊聊。"

张作霖正怕没有谈心的时间，听说留饭，心情大振。但还是说："大人公务众多，卑职不敢打搅。"

"哪里有什么打搅，咱们得好好谈谈心。"

酒菜都是现成的，只在上房里摆张桌，张锡銮就和张作霖对面开怀，边饮边谈起来。那张锡銮因得好马，心里十分欢喜，便有心想为张作霖说些能够有用的话。所以，一开杯，他就直筒筒地问："张营官，我这总办就像个云游僧，走过去就过去了。有时候，只能为人说两句话，起不了大作用。不过，有的人还得听我的两句话。官场就这么回事，像曹雪芹说的，把事当真了呢，说不定是假的；当假的对待呢，反而会成真！这样吧：真也好、假也罢，我想听听你的身世，说不定有一天会有点作用。"他端起杯，又说："随便聊聊，借以下酒。"

张作霖有些难为情了，他那个身世是不光彩的，瞒是瞒不住的，说又羞口。额头顷刻热辣辣的。但是，他想投靠山，不实说怕日后露了马脚，无法收场。于是，只好把拉绺子、打家劫舍、投奔官府、当了营官的前前后后说了一遍。末了，低着头又说："大人，卑职实在是一个混世无为的人，总有心改邪归正，身上的黑泥污水终生也难洗净。"

那张锡銮不知是心胸开阔，还是因为收了张作霖的好马，听了张作霖的身世，不仅无蔑视态度，反而流露出十分高兴的样子，大大咧咧地说："张营官，你的身世好！如今世界动荡，举国动荡，说不定哪一天、哪一夜就会厮拼起来。敢闯敢杀敢拼，正是大势所需。人人都懦弱无能，逆来顺受，那岂不是国不国、家不家了么。我看，这个时势，就一定会造出你这样的英雄！日后，只要你忠于职责，报效朝廷，我看将来是会有大作为的。"

张锡銮一席即兴话，张作霖喜得通身散了板。端起酒杯，满满地敬总办一杯。说："大人如此高抬作霖，作霖终生感恩。今后多赖大人栽培，有用作霖处，一定肝脑涂地！"

张作霖这个马屁拍得很是地方，拍得张锡銮舒舒服服！几天来，他不断在知府增韫面前为张作霖说好话。官场上，历来就有不成文的习俗：此人在此地哪怕是最出名的坏蛋，只要上峰长官驾临，能为他说几句好话，他就会一夜之间身价百倍；上峰的身价越高，这被夸的人身价增值越大。若上峰再丢下一句"你们若是用不着他，我倒是想用用此人，给他点大事做做。"那么，此人便会马上就有"黄袍加身"。所以，人人都想攀官亲，攀得越高越好！张锡銮是奉天的总办，在他手里，放倒个知府也费不了多大劲；替张作霖说了那么多好话，增韫自然"心有灵犀一点通"。所以，他不含糊地对张锡銮说："大人说得分毫不差。当初，张作霖刚到新民，我就看他是个人才。在众议纷纭的情况下，我独自挡住，为他向将军衙门申报营官。今天，我还会重用他。"

几天之后，张锡銮事毕要回奉天了，知府便再一次送个大人情，以"辽西地方不太平"为名，派张作霖带一营官兵护送。既表示对上峰的忠心，也暗暗地给张作霖一个良机。张作霖心领神会，动身前便先到知府大人的上房重重表示一下。"大人如此器重卑职，卑职一定为大人争光！保证把总办大人安全送到奉天。"

张作霖挑选了精兵强干，又令他们更换了新衣新帽，自己也武装整齐，该交代的都交代完毕，这才紧随在张锡銮马后，耀武扬威又小心百倍地朝奉天奔去。

在明白人眼里，张作霖护送张锡銮，实属多此一举：张锡銮有亲兵一队保护，人强械优，走在"中立区"，任何绺子也不敢来劫；新民到奉天，步行也不过一天路程，而张锡銮的队伍是马队，所以人们认为完全不必派队护送。

事情又出人意料，张锡銮本来可以安然无恙到达奉天的，正是由于张作霖护送，险些把小命也丢在路上——

这里得说说不久前被张作霖消灭的三界沟土匪杜里山余部。杜里山被打死了，关艳红受了重伤，喽啰们也七零八落散了板。偏偏有那么三十来个死心塌地的犟筋，宁死也不离开关艳红，并且表示："非杀了张作霖为杜头领报仇不可！"关艳红很感激他们，说："好，咱们就生死在一起吧！绺子不散板，头等大事就是杀张作霖。派几个弟兄，多费心思，化装到辽西去，随时探听张作霖的消息。探准了，咱们就拼他一场。"

三界沟的残匪化装入了新民府，探明白了张作霖在护送张锡銮去奉天的情况，立即跑回来报告给关艳红。

关艳红报仇心切，从床上跃身跳下，即要率领弟兄到途中拦劫。哪知心急忘形，就这么一跳，刚刚接好还死死包捆的腿骨，又断裂开来，她一声惨叫，倒在地上，便昏了过去。

关艳红不能动了，杜里山的亲侄子杜三留挺起了胸膛："婶娘不必亲去了，侄儿我带人去，保准杀了张作霖！"

关艳红苏醒之后，冷静地想想，说："这一次就算了吧，以后再找机会。"

杜三留说："婶娘，您放心，我带兄弟们去，能办成这件事。"关艳红说："咱有多少人？你知道官兵有多少人？这个仗怎么打才能打好？咱只有三十多个兄弟了，再死几个，那才真的散了板，永世也别想报仇了。"

大伙一听，觉得关艳红说得对，一个个低下头。

在三界沟的绺子中，杜三留年轻却文武全才，是杜里山当作继承人拉巴的。平时不多言语，说出话来，不放空炮。为叔报仇心切，但觉婶娘的话也对。他思索许久，又说："婶娘，侄儿有个新主意，说出来您看行不行？"

关艳红说："你说吧。"

"婶娘说得对，官兵人多势众，咱们拼不过他们。"杜三留停了停，又说："我看咱们不去硬拼，去智拼。学着梁山英雄智取生辰纲的办法，去二十个兄弟，化装成商人，走张作霖要走的道。到时候，无非让他们路，等张作霖来到面前，二十几个兄弟齐动手，不信杀不了张作霖！只要张作霖一死，我们跑了就完了！"关艳红不开口，她思索着：此计可否行？

杜三留又说："婶娘，万一行动不顺利，我们也告诉张作霖是为叔父报仇的，让他知道三界沟的汉子还活着！"

关艳红思索再三，同意了这样做法。她又对杜三留等人作了仔细的交代，要他们务必小心行事。经过一番准备，杜三留他们装扮成贩药材的商人，匆匆赶去新民附近。张作霖护卫着张锡銮正往前走，忽见前方树林边有一队车子，忙命人去查看。查看人回来说"是贩卖药材的"。张作霖说："立即叫他们躲开，就说有大人经过。"

张作霖虽安排人去开道，自己还是轻敌了。他仰仗人多枪好，又是官兵，面前几个推车人即使是顽匪，也奈何不了他，便在马上悠闲无恐。及至到了树林边，那群贩药人突然齐出，有一人——那便是杜三留——大叫："张作霖，你这个狗娘养的，快把脑袋留下来，给我的头领、大叔杜里山谢罪！"说着，乱枪齐发，乒乒乓乓。张作霖的坐马中了弹，张锡銮的坐马也中了弹。官兵们又应战，又保护二张。土匪虽连连开枪，但见官兵如此众多，知道难以取胜，况且张作霖已被人保护起来，再战要吃亏，便一声口哨，丢下车子跑进树林。

张作霖知道关艳红的厉害，又见匪众已跑，也不再追击。忙走过来，向总办道惊、问候。

张锡銮不知内情，还以为是张作霖善战，才使他有惊无险。忙说："多亏张营管奋勇杀匪，才免灾难，我要为你好好记功！"张锡銮经此一战，心里更觉得张作霖是个很有大用的人才，一心想把他提拔上来，加以重用。时隔不久，赶上内蒙古边境不时大乱，匪徒骚扰，民心惶惶，地方请求速派强兵前来稳定，张锡銮自然想起张作霖。不久，张作霖便被任命为巡防五营统带官，驻防郑家屯。

张作霖真算得官运亨通。一个落荒山野的土匪，投奔官府不到三年，便升任了相当于团长的统带官，几乎可以和知府同起同坐，好不光彩！

张作霖在新民业经三年了，如今要高升他去，新民的官员，黎民百姓都产生了不大不小的震动：亲他的，要拍他的马屁，希图今后沾他的光，有个利用，千方百计地想着法子对他有所表示；仇他的，一见他又高升了，怕他匪性不改，将来找麻烦，有的躲闪，有的转仇为欢，也想着法子对他有所表示。张作霖觉得得名得利的机会到了，便有请必到，有礼必收；朝朝暮暮，应接不暇。

张作霖毕竟是一个还有点良心的人，在迎来送往的热闹气氛中，他没有忘了新民地区一个恩人——姜家屯的钟恩。当初，张作霖初入绿林时，没有人愿意接纳他，开当铺的钟恩把他接进镇子，供养起来。后来又送给他一匹好马，张作霖这才闯荡出来。张作霖腾达了，要离开新民高升了，他买了厚厚的一份礼物，带着两个官兵，匆匆赶往姜家屯。

当铺掌柜的钟恩，是个混世面的人，广交朋友，乐善好施，也不知救过多少人的急难。过去了，也就忘到脑后去了。当初帮助张作霖，也只把他当成小流氓看待。后来知道张作霖发迹做了官了，也只淡淡一笑了之。现在，张作霖忽然带着重礼上门酬谢来了，钟恩有点惶恐。

"统带，你这是干啥？"钟恩拱起双手，一边往屋里迎接，一边说。

"三哥，"张作霖也拱起手。"我知道你怪兄弟我了。发了迹，不上门看看三哥，该怪！"

"哪里，哪里！"钟恩说，"我倒是无时无刻不在惦记着你，哪里能怪你呢！"

"三哥，不是小弟不来看你，我是想着有朝一日混出个人模人样来，光光彩彩地来看哥哥！哥哥是何等声名的人？我只能为哥哥争光，不能给哥哥丢脸！"

"统带……不，不，兄弟你如今光彩了，哥哥跟你也光彩！"说着，又让伙计们接马、备办宴席。酒席间，真真假假地说不完的思念、挂心，说不完的捧场、祝福，气氛十分融洽。

张作霖说："三哥，兄弟这次离开新民了，不知有无再回的时刻？日后来看哥哥的时候一定少了。哥哥若有事，只管往郑家屯传个信，兄弟我没有不听的话！"

"兄弟当然该高飞！"钟恩说，"新民小地方，车辙沟怎么能卧下你这盘龙？哥哥甚盼着兄弟能坐奉天、进北京。到那时，我也可以到帝都去逛逛。"

几句话，说得张作霖心里热乎乎的。忙又说："三哥，等兄弟稳定了，一定帮助哥哥变变模样，别只当一个小小当铺的老板，也得风光风光！"

"不瞒兄弟说，我很知足。在新民这片地方，还没有人敢卡咱的脖。知足常乐！"

"人往高处走！我腾达了，哥哥还是老样子，人家骂我。"

——莫道张作霖这是戏言、应景话，不！他在奉天当了督军之后，一下子就在姜家屯为钟恩买了大片土地，又为他设立了三畲成当铺，让钟恩当总经理；后来，又将三畲成当铺和庆畲粮栈、沈阳的三畲粮栈合并，交给钟恩总管，每年年节还亲去给钟恩祝贺，叫儿子张学良对钟恩行跪拜礼。这是后话，一提了之。

中国的东北三省，森林无边，满山遍野的矿藏，又盛产着大豆、高粱，是一片极其富饶的地方。日本人垂涎，俄国人垂涎。日俄战争爆发后，沙俄在哈尔滨设置机关，招降纳叛，组织起自己的势力，渐渐地同清政府为敌起来。也该着东北出乱事，在光绪三十三年（1907 年），清政府竟在内蒙古东部以垦荒种田为名，毁坏草地，驱赶牧民，激起了内蒙古人民结帮拉队，抗击垦荒。俄国人和反民一起，大反清政府。这形势又给张作霖带来了发展的机会。

张作霖率领他的巡防五营官兵开赴通辽剿匪。旗开得胜，一举歼灭通辽，洮南一带匪帮。很受上峰赞扬，不仅答应他将五营兵扩充为七营，还将通辽的吴俊升、洮南的孙烈臣两部均划归张作霖指挥，张作霖的队伍已经增加到三千五百余人。

人多力量大，胜利之师锐气大振，张作霖率队深入内蒙古境内，先后在嘎尔图、三昌盛等地追剿匪徒，把白俄扶持的陶克陶胡、巴塔尔等都赶入了大兴安岭消灭了。残匪逃入外蒙，窜至俄国。一度紊乱的东北边境，又平静下来。张作霖一边上报战果，一边班师回到郑家屯。"王师"凯旋，张作霖的声望一下子响彻了东北三省，从官至民，无不另眼相待。

一天，郑家屯商会会长于文斗来军营拜访张作霖。

于文斗原籍山东海阳县，同治年间山东大水成灾，携眷迁来关东。靠着一辆破车，惨淡经营，渐渐兴旺；光绪初年便在郑家屯办起了"丰聚当"商号。生意兴隆，铺面渐大，经过十几年奋斗，便成了屯子上最昌隆的买卖家。于是，自己将"丰聚当"改成"丰聚长"。商友们见他为人和善、经商有方，便推选他作了梨树县商会会长，那"丰聚长"的商栈，于文斗就委托了代理人经营，自己只管商会事务去了。

郑家屯一带原来土匪猖獗，战祸接连，人心惶惶。张作霖率"王师"驻防，又连连剿匪胜利，百姓十分欢迎，商会也频频向大军有所表示。有时军饷接济不上，于文斗便帮着筹措。一来二去，相处甚厚。张作霖远征归来之后还特地到商会拜望了于文斗。现在，于文斗又特到军营回拜。朋友相逢，自然是开怀畅谈。二人从出师剿匪到商务繁荣一直谈到地方风土人情，越谈越投契，越谈话越多。张作霖命人安排宴席，一定要与于会长畅饮一番。于文斗也不推辞。三杯入肚，张作霖笑了。"于会长，今天我得好好向你致谢一番。大军到贵乡，多蒙百姓……"

于文斗摇摇手。"统带官，文斗今天是私人来访，不想涉军、涉政。说真的，我已有了另一番准备，不久，商界朋友将举行盛大宴会，来为'王师'庆功。到那时，咱们再纵谈天下事。而今……""好好，会长的兴致与我相同，咱们就真的开怀，谈别的。""开杯！"于文斗说，"谈别的。"

二人对干了一杯，于文斗说："张统带，我最近偶尔间碰到一件奇事，有个姓刘的盲人，一定要见我，自称是'钢嘴铁舌'，卜相算卦十分灵准。我平生与这些人无交往，便不想接待他。可他已经走进门来了，我只得应酬他。"

"算命先生？！"张作霖说，"贫嘴多舌！""你说怎么样？一谈下去，还真有学问。""什么学问？"

"你听。"于文斗说，"那盲人坐定之后，就要为我算命。我说'算了，算了。八字相同的人命也不一定相同。'你说他怎么说？""怎么说都是瞎说。"

"不！"于文斗说，"盲人讲了一个很有趣的故事——"于是，于文斗便先学说了这个故事：

刘瞎子说，一个算命先生、一个和尚和一位微服去上任的知府，三人同坐一只船。路遥船缓，无事聊天。知府请算命先生为他算命。八字生辰报出之后，那算命的忙说："好命，好命！官运亨通，上了岸你就可以当知府。"

旁边的和尚说了话："先生，我的生辰八字和他一样，也坐这条船，我上岸不上岸都当和尚，这为什么？"事有凑巧，撑船的舵工生辰八字也和他一样，舵工说："我为啥只有撑船这个命呢？可见你瞎说。"

算命人说："你们三人都是同一天生在公鸡打鸣的时候，就是卯时。不同的是：一个生在公鸡打鸣扬脖时，两个生在公鸡打鸣后伸脖、低头时，差之毫厘，谬之千里。这便是：'扬头知府低头僧，伸脖落地把船撑！'"

听完这故事，张作霖摇着头笑了。"瞎说，瞎说！俺那新民府的增知府偏偏是午夜子时落地，万物都睡死了，啥玩艺也不扬头，他不是照当知府！"

于文斗也笑了。"信则真，不信则伪。不过，这位先生为小女算了一命，倒也不错。"

"令小姐自然是好运气。"张作霖说，"今年多大了？叫什么？""光绪二十二年农历五月生，虚说着，十五岁了，叫凤至。"

"好名字。一定长成大姑娘了。"张作霖说，"那算命的对她怎么说？"

"说的可多了。"于文斗说，"前边有一串串什么丙申、甲午、壬寅，又什么海中金、炉中火、路旁土、剑锋金之类的话，我都不曾听明白，只听懂了最后几句话，说'女命无煞逢二德，闺女的命中无煞且逢德，正是夫荣妻贵的好命'。凭着我那女儿生长得端正的相貌，这一点，他是算定了。"

张作霖对命运本是不相信的，从不算命。有什么好算的呢？无非是劝善、吹捧，他这打家劫舍的经历，算命先生说得再是天花乱坠，恶是作定了，老天看不见更好，看见了，一声天雷击了顶，也只好挨着。现在，他一听到于会长家女儿是个贵夫人命，忽然想起自家儿子小六子："这样富贵的女孩子，若和我六子相配，兴许会带给六子一个好前程。"忙赔笑对于会长说："于会长，我也有个算命的朋友，很有些学问，子平、紫微斗数都十分精通。你把女儿的八字给我，我请他算算，小姐若和我家六子八字相合，把他们俩配成夫妻，你看如何？"

于文斗一听统带官想同他攀亲，自然满心欢喜。一边开出女儿的八字，一边说："难得统带厚爱，只怕小女无那份福分。""这就别客气了，看他们的命合不合吧！"

于会长的女儿即于凤至，张作霖的六子即张学良。又经过两天之后，据说是算命先生说"这俩人成亲，是天合地造的良缘，是上婚，成亲之后，夫荣妻贵"。张作霖便请"丰聚长"掌柜张杏天作伐，订下了这门亲事——于是，在后几十年中还不断引出诸多轶闻趣事。

第六章

大开杀戒

张作霖在东北渐渐发迹的时候，中国发生了翻天覆地的变化：孙中山领导的国民革命，虽然几经挫折，但是，全国范围内的反帝反封建斗争的烈火已被燃了起来，仁人志士，前赴后继，洪涛巨浪，互为促进。腐败的清王朝，已处于风雨飘摇之中。

在北方，在北京，清政府的集权中心，一股强大的势力——北洋派，正在兴起。由于这一派系的出现，一场规模巨大的争兵、争地、争权斗争，又将在全国范围内展开，并将旷日持久地厮杀下去。这里，我们要首先说说北洋军阀的创始人及其总代表袁世凯。袁世凯，河南项城人，曾以世家子弟应试陈州，考进了前十名。不幸被主考官给摈出，一气之下，他跑到天津找到伯父袁保绪。袁保绪是天津的海关道，同当时的直隶总督李鸿章关系密切。一天，袁保绪带着袁世凯去见李鸿章。李鸿章见他一表人才，大加赏识。从此，袁世凯攀上了大柱子。李鸿章是洋务派的代表人物，很想培养一批得力助手。他想派袁世凯干些大事。袁保绪以袁世凯年轻、恐误大事，未让其出去。袁世凯在天津又结识了中国驻朝鲜的军事总统吴长庆，被吴留在幕下。袁保绪顾虑侄子没有功名，怕前途不大，便托好友周馥出钱为他捐了个同知的官衔，以营务处的身份随吴长庆去了朝鲜。在朝鲜，袁世凯颇干出了一番成绩，得到吴长庆的信任。后来，袁接任了朝鲜商务委员的职务。甲午战争结束后，李鸿章退居北京，袁世凯也没有再回朝鲜，二人闲居无事，常常相会。经过李鸿章的帮助，袁世凯竟弄到了一个浙江温处道台的官位。正要去上任，又被新任直隶总督王文韶留下，派他在小站主持编练新兵。

袁世凯最初练的兵，叫武卫右军，规模并不大，新组建的陆军总数不过七千人。但是，那个时候，中国根本就没有像样的军事人才，绿营兵日渐腐朽，新建的这支陆军就成了异军突起的佼佼者。以后，袁世凯又以新建军为基础扩编为北洋六镇。这六镇的高级官员都是小站出身，从此以后，一支打着北洋旗号的军队便形成、壮大起来，袁世凯自然成了旗手，段祺瑞、冯国璋、曹锟、吴佩孚、孙传芳等人，相继发迹，一场大混战也就在中国展开了——他们北洋派，把持中央，割据地方；与南方兴起的革命势力对抗、争斗，从此，中国无一日得安宁。

中国飘摇，东北自然不会平静。四年间，奉天总督三次易人：赵尔巽走了，来了徐世昌；徐世昌的板凳尚未坐热，又换了锡良。封疆大臣如此来去匆匆，可见朝政多么不稳。

在东北地面发生的日俄之战，以日本的胜利宣告结束。但是，日俄的和约却在中国领土上划分了两国在南北满洲的各自势力范围，而日本人又大言不惭地宣布：中国东北已经进入了他们的和平建设时期。

锡良在奉天当了两年总督，不知是功成身退还是走投无路，竟自请辞走了。大约是京中再无干练可派，仍将赵尔巽调回东北。

赵总督二次来奉，东北已是千疮百孔，他自己也年过古稀，老态龙钟了。此时的东北，不仅军政各方互不协调，革命党也已进入，诸多迹象表明不久即要起事。此时，东北的保安会、咨议局都和他总督不合作，并且还有意逼他在某些方面就范。前天，保委会召开大会，居然宣布"奉天官府一切军政大权均由保安会执掌"！赵尔巽惊讶而又气愤，他的官府当然不会理睬这一套。于是，保安会和革命党合作，开始向官府发难；土匪武装也蠢蠢欲动。赵尔巽处境危险了，退又退不出，发兵又无兵，整天愁眉苦脸，坐卧不安。最后，他终于想到了张作霖。仓促之间，便发了一封密电，让他"火速率军来奉"。

张作霖是个野心极大的人，进入官场之后，便终日睁着两只眼睛找机会，只要有利可图，哪怕是微利他也不会放过。自从升了统带官之后，已经有三年没有再升了，他心里很焦急：三年不升级了，这样下去，何年何月才可以出人头地？

赵尔巽的密电一到，张作霖顷刻精神大振："好一个密电，万金难买！"

张作霖虽远住通辽，对奉天的事却一直关心。当他知道赵尔巽有难时，就产生了幻想，觉得总督必然会向他求救。到那时，他就可以向他提条件，要个高高的价码。张作霖心里明白，赵尔巽手下没有多少兵，要对付奉天革命党、议员这一班人，他是无能为力的。但转念又想：赵尔巽毕竟是朝廷命官，不能逼他倒下去。他倒了，将来再寻这样一个靠山就难了。所以，接到密电之后，张作霖便率领自己的三千五百兵星夜兼程，直奔奉天。

张作霖把大兵驻屯城外，自己只带几个随从护卫便进了城。进城之后，张作霖才猛然想到一件大事：该如何对总督大人讨价还价呢？

总督衙门内，寂静无声。张作霖报了名，便被人领进了总督的小书房。

赵尔巽便装小帽，早已迎在书房外。他拉过张作霖的手，亲切地说："雨亭（张作霖字雨亭），时光过得真快呀，转瞬之间，不觉已经三年多了，真想念你呀！"

"大帅还是这么精神，这是东北黎民百姓之福呀！"张作霖也学会了应酬。

"哪里还有什么精神？老了。"赵尔巽说，"这些年来，事事都不顺心，自己也无能为力解脱。总在愁闷。"

说着话，赵尔巽早把张作霖安排在客座上。张作霖谦让一番，这才坐下。

有人献上茶。

赵尔巽大约是心情太焦急了，张作霖刚捧起茶杯，他便说："雨亭，你来得正好，奉天这片地方，给你提供了大显身手的天地——"于是，总督便扼要地把面前的情况向张作霖说了一遍。又说，"这算什么规矩，是人不是人都有了纱帽，有的纱帽还嫌小，还要把我这老骨头也赶走。我实在不惜这顶纱帽，早厌烦了。想告老归田，可朝廷又不允许。不走呢，这口气却又咽不下！"张作霖听着，心里盘算着——

眼下闹奉天、闹总督的这帮人，在社会上是有点儿影响，他们有能力把总督架空，甚至赶走。但他们手里却无兵权。在张作霖眼里，他们充其量只能算是几个小丑。放一排子枪，他们便要屁滚尿流，逃之夭夭。可是，张作霖不表这个态度。话说出去了，赵尔巽让他去放几枪，奉天平息了，他张作霖还不得再回通辽，再当他的统带官？至多赵尔巽打开银库，赏他一笔银子。如今的张作霖可不是当年庙儿镇的时候了。那时候，为一把银子，张作霖可以杀人、可以劫道。现在，他可以大把大把地把银子往外撒——银子算屌！有了兵，有了官，到处都是银子，不夺不抢，自有人乖乖地送上门来！现在得争权、得扩兵。

张作霖呷了一口茶，慢悠悠地把杯子放下来，用手背抹了一把嘴角，淡淡地笑了。"总督这么焦急，雨亭心里明白；总督大人对雨亭的情分，雨亭心里也明白。所以，大人的电报一到，雨亭便率队匆匆赶来。""好，好！我相信你对朝廷是忠心耿耿的。所以，事端一出，我便想到你。再说，除了你，这白山黑水之间，恐再无劲旅。"

赵尔巽如此评价张作霖巡防营，其用心是想给他一顶高帽戴戴，好让他死心塌地地卖命。张作霖得了此话，却觉得自己身价更高了，讨价的资本更大了，可以把弓拉得更紧了。所以，他不兴奋，眉头微皱，大口紧绷，好一阵子才为难地说："总督大人对我和我的军队的信任，我十分感激，自然应该对总督大人肝脑涂地。只是……"

赵尔巽正是眉开眼笑，张作霖突然丢出一个"扣子"，他的脸膛立刻寒冷下来。"咋，张作霖不想出力？"他用不自然的手势捋了捋八字胡须，装出心情平静的样子说："雨亭，你我是何等关系？世人皆知。当初不是你见义勇为，我那三姨太怕早落入虎口；我若失去了三姨太，只怕活不到今天。我对你感激呀！感激不尽。瞧见了么，今儿我在什么地方接见你？衙门里的事你也明白，我给你的，这是师长的待遇。咱们这么不外，你还有什么话不能直说呢？说，直说！"张作霖知道弓拉到十足劲上了，再拉，只怕弦就要断了。现在火候到了，得趁势要价。他说："总督大人，不是雨亭不尽心，是心有余力不足。大人知道，我不过是驻防外地的一个小小统带官，平息奉天的大任恐难担当得起！"

张作霖有"砝码"了，赵尔巽松了一口气。心想：嫌官小，想要官。要官容易。不就是一张委令么，早准备好了——赵尔巽是何等经验阅历的人，官场上混迹快五十年了，赫赫的一个东北小皇帝，难道这一点也糊涂？对于收买一个绿林大盗，他还是胸有成竹的！早在他给张作霖发密电时便把"代价"考虑再三了。其实很简单，只要多准备几顶空头纱帽，到时候一顶一顶往他头上戴就是了。戴到哪一顶他满意，就给他哪一顶。老百姓求官难，他们看着官儿天神一般，有人求之终生，还望尘莫及。放在皇帝、宰相、总督这些人眼里，给谁个官，就像撒把灰尘一样，轻轻一举便成。他们手里的官，就像荒田里的野草、叫花子身上的虱子，太不值钱了，伸手摸摸尽是，高兴放官了，一撒就会放出去一群。所以，赵尔巽早命人为张作霖写了好几张委令。张作霖说自己官小位微，赵尔巽笑了。

"你不说我倒真的忘了。"赵尔巽一派恢宏大度，慷慨自如，"不错，一个统带官来干如此大事，是难担当。"说着，一转身从书桌上抽出一张委令。"雨亭，你瞧，这不是早已准备好了么，给你。"说着，把委令交给张作霖。

张作霖接过委令一看，只见上边写着：

> 兹委任张作霖为奉天前路、中路巡防统领兼奉天国民保安会军令部副部长。

"怎么样？"赵尔巽说，"就暂时屈就吧。"

——赵尔巽不当面宣读委令，只把委令交给他自己去看，是一件颇有心计的做法。这样做，是给自己留有退步。万一张作霖对这个职务"皱眉"，赵尔巽则可以马上改口说"这是初议，后来推翻了，还有另议"。这时，便可再拿出一张"价码"高一点的，所以他说了一个模棱两可的"怎么样"。

张作霖一看委他做"统领"，心已满足。忙站起身来，微笑着打了千，说："为大帅效力，作霖万死不辞！"

赵尔巽一看张作霖要价并不高，第一招他就满足了，心里也高兴。忙伸手将他扶起来说："不必多礼。只要你今后好好办事，我不会亏待你的。"

张作霖坐回原处，又说："大帅请放心，什么这会、那帮，又是乱党的，用不多久，我便要全部收拾了他们！"

"我相信！相信你会马到成功！""请大人指示机宜。"

赵尔巽把自己的打算——无非是消灭反对他的头面人物，限制国安会、咨议局的活动等等——告诉了张作霖，又提供了行动的办法，然后说："张统领，"——他立即称他统领了——"咨议局与国民保安会不同，那个议长吴景濂还讲究个团结，有时也能和我共事，只是被国安会拉拢利用。国安会就不同了，会首张榕可能就是革命党，他是和政府对抗到底的。最近，又以张榕为首组织了个联合激进会，听说他们正在筹集军火。要成立军政府。"

"大人放心，在这个地盘上，没有我张作霖发话，谁想以军队名义如何如何，我决不答应！"

"好，好。"赵尔巽说，"事成之后，我自然会为你申报功劳。"

奉天之乱，是中国大乱中的一层小浪。朝廷为暂缓冲击，公布了《各省议会组织大纲》。奉天省即据此由五十名议员组成了咨议局，推选吴景濂为会长。这样做的本意，是想在督抚监督下作为舆论的代表机构，搪人耳目而已，但政府绝不会照议员的议论去做事。在奉天的革命党，此刻也已公开活动，首领便是张榕。他们在城市、在乡村，又演讲又发传单，并且效法南方各省，发表了《奉天独立宣言》。

新当选的奉天咨议局议长吴景濂，是个精明伶俐，却又老奸巨猾的人，望着风起云涌的南方革命高潮，他在奉天有所倾向，竟表示态度，支持张榕等人的革命行动，又在议会内根据各界人士的呼吁，筹备保安会，以挽救危机。最后，终于成立了奉天国民保安会。当时，国民革命是民心所向，咨议局、保安会和一些社会名士结合一起，又进一步商量搞一个大联合，成立了联合激进会，并且选举张榕为会长。

正是奉天燃起革命烈火之际，张作霖来了。赵尔巽又给了他一个统领官衔，于是，他像消防队一样，操起了指向革命烈火的灭火器！

对于扑灭这场烈火，张作霖本来想明火执仗，大兵一进城，通通抓起来。然后，该杀的杀，该逐的逐，痛快淋漓，速战速决。可是，张景惠、汤玉麟都不同意这样做。

"这样做，痛快倒是痛快，后患很大。"张景惠说，"再说，我们尚摸不清激进会有多少兵马，能不能一举获胜。""有什么后患？"张作霖反问。

张景惠虑事还算仔细，他看清楚了革命潮流来势之大，东北虽然只是星星之火，就全中国来说，当该是熊熊烧起的烈焰，明火执仗消灭革命党，说不定会成为千古罪人。这一层，他想到了，但却不好向张作霖说明。绿林出身的张作霖，什么千古百古，都不是他关心的事。今日有酒今日醉！所以，张景惠避开实际，提了一个就事论事的意见。"出兵硬战，双方都必有伤亡。若不兵取而计取，岂不更好。"

"有什么计？"

"激进会朝朝有会，看准哪一天主要头目都在时，派兵围住会场，然后单独抓几个核心人物拉出去杀了，就说他们反朝廷，该杀！头目一杀，组织自然散板。名正言顺，目的达到。"

张作霖拍着桌子，腾地跃起。"好，好主意。不想老弟还真有点智谋！"

汤玉麟也说："这办法最好。咱如今是官兵了，在东三省跺跺脚，兴安岭、松花江都得摇晃！所以，咱得有个官样子。梁山英雄还打着'替天行道'的大旗，咱们为啥不能吆喝着是'奉圣旨办事'的呢？办错了，让他们去骂圣旨好了！骂八辈祖宗，关咱个屁！"

张作霖瞪了汤玉麟一眼，觉得他的话有点走嘴。但还是说："就这么办，你们去打听消息，打听准了，我去办！"沈阳东关一条小巷子里，有一座形同北京四合院的小房子，灰砖灰瓦，古朴典雅；高门楼外，有两棵青青的塔松，青松外有一片空场地。人们通称这里为周公馆。但并不知道是哪位周公的馆。院墙、房屋都已相当陈旧，庭院中的那棵老槐树更可作证；合抱的树杆，有几处已朽成洞穴，树上的枝杈，大多枯死不生叶了，只有皮层派生出来的新枝条上，还吐着并不旺盛的绿叶，似乎只证明这老树还活着；树的中心干枝，冲向天空，树杈间，悬着一只鸟窠，也早已鸟去窠空。四面房到比北京四合院大得多，正房便是明三暗四的七间排列，且如大雄宝殿般的宽阔。如今，这座院落改成了奉天省咨议局的办公地。正房的西首两间隔墙打去，由暗变明，改为咨议局的会议厅了，联合激进会的会议正在这里召开。由于地处偏僻，加上"咨议"尚不为人知，四合院外依然像往常一样，静静悄悄，两扇发黑的木门，闭得紧紧的。

忽然间，一队兵马朝这里冲了过来。大兵来到塔松下的广场，立即左右分开，像一把虎钳把院子包围起来；一个军官领着几个彪形大汉，踢开大门，昂首挺胸朝会议厅走去。

他就是新上任的奉天前路、中路巡防统领兼奉天国民保安会军令部副部长张作霖。

张作霖军容齐整，腰挎指挥大刀；那几个彪形大汉个个背插大刀，手握锃亮发黑的匣枪，匣枪大张机头，像它的主人一样威风凛凛，寒气逼人！

几个黑煞神的闯入，使正在进行中的联合激进会会场立即乱了起来：个个惊恐不已，其中有几个胆小鬼已蹲缩到凳下，还有人想趁乱溜走。

张作霖冲门站定，大喝一声："谁都不许动！"然后用凶狠的目光朝会场扫去。会场鸦雀无声，一副副惊恐面孔、一双双惊呆的目光，从不同方位投向张作霖。张作霖扫视片刻，然后迈着方字步走进会场。他在会场上绕了半个圈，来到主席台，挺立不动，把手中的手枪放在面前的桌子上，这才大声说："大家不必惊慌，这里不是正在召开包括国民保安会在里边的联合激进会么，我也算一份。咱们先认识认识吧，我就是国民保安会军令部副部长张作霖！"停了停，又说，"开这样的大会，竟连我这个副部长也不打招呼，太不客气了吧！"

主持会议的张榕，早已气得脸腔发青。本来他已得到消息，说总督可能会对他们的会议"不答应，采取点行动"。赵尔巽反对在奉天成立保安会，张榕是知道的；赵尔巽反对国民革命，也是比较坚决的。但是，赵尔巽出兵对待他们，这是张榕没有想到的。后来，张榕听说赵尔巽委任了国民保安会军令部副部长，他还以为赵尔巽回心转意，同情国民革命呢！等到他把情况弄清楚了，知道是张作霖担任了这个角色，他恐慌起来——张作霖大土匪，由土匪投靠了清政府，是个坚决反对国民革命的人，他进入国安会，怎么能和国安会同人一起革大清王朝的命呢？本来在这次激进会上，张榕就想利用机会，宣布"不承认张作霖这个副部长"，尚未来得及，他已闯了进来。看情形，准是凶多吉少，一场搏斗是不可避免的了。张榕挺起胸来，冲着张作霖说："我是联合激进会会长张榕，有事对我说吧，不要扰乱了会场。"

"你就是张榕？！"张作霖冷笑笑说，"有种！我在这里，你还有胆报名字，有种！"

张榕朝他走了一步，提高嗓门说："这是民意机构。议会组织大纲是朝廷颁布的，我们是遵章办事，我抗议你带兵来扰乱会场！"

张作霖朝张榕走过来，瞪眼看了他一下，扬起巴掌，猛地朝他面上打去。"妈的老×，老子就是来扰乱会场的！"他转脸朝门外大叫，"来人，把他给我捆上！我看他这个小王八羔子能上天？"几个大兵闯进来，五花绳索，把张榕捆得结结实实。

张作霖又朝门外招招手，站在门外的张景惠身着长衫，头戴礼帽，彬彬走进。他从衣袋拿出一张纸头，戴上眼镜，慢条斯理地念着一个又一个人的名字。每念一个人，张作霖便大声喊一句："走出来！"被念的人走出来了，护兵便立即动手捆绑。一连捆了八个，张景惠这才对张作霖点点头——这八个人，全是总督赵尔巽点名叫抓的。

八人被捆，会场的人更加惊慌，有的颤抖，有的失色，有的低头，也有的激愤挺身而立，怒目而视。

张作霖示意把这八个人带到外边去，自己拿起桌上的手枪，慢悠悠地插到腰间，微微一笑，开始了讲话。"我已经报过名了。想必大家听清楚了，我就是张作霖！咱们都是一家人，大家不必害怕，刚才抓的人，都是乱党，是坏人。他们要放火烧奉天城，杀人、放火都是罪大恶极的罪人。所以，我要砍了他们的脑袋！"他瞅瞅站坐不一的人群，又说，"有句话在这里不得不说明白，那就是请各位别忘了今天这件事！今后做事心里要放明白些，要守法，要奉公，要老老实实！"会场上鸦雀无声，唯有轻重不匀的呼吸声，震撼着人心！

张作霖走下主席台，大手一挥，说："都去吧，有什么事就去干什么事。今后怎么办，请自便！"

人群怀着各不相同的神态和心情，各自走出了四合院。

投入官府以来，张作霖攀附最高的官，也是攀得最早的官，就是总督赵尔巽。但他却一直不敢攀他太紧，生怕那个拦劫总督三姨太的事底儿被揭开。赵尔巽调往湖广的那两年，张作霖精神轻松极了，他盼着赵尔巽能调得更远，能永远不要回东北才好。张作霖干的亏心事很多，杀人放火，拦路抢劫，不知为什么过去了就丢到脑后去了，连梦都不去梦。唯独劫总督三姨太这件事他丢不下。那赵尔巽走就走了吧，偏偏又回来；回来了，偏偏又和张作霖走得那么近！张作霖呢，也实在离不开他。所以，张作霖暗下决心：一定跟紧赵总督，多干一些令他满意的事，将来万一旧事出来，也好以功抵罪！这次行动，张作霖便是暗暗下着这样的决心。

四合院里的人散去了，张作霖走出会场，让大兵把八个人押上早已准备好的大车上，把绳子勒紧，又在每人背后插上"亡命牌"，大兵押着车，开始了游街示众。一路上，吹军号、宣布罪行，声势浩大，十分惊人。碰到人群多的地方，张作霖还命停车，着人宣传八人的"该死大罪"。全城几乎都游遍了，这才押到中心街十字路口，拖下车来，砍了脑袋。

八位激进革命的年轻人，血溅长街，横尸路上，观者无不痛心垂首！张作霖杀了八个革命党，又在四关八门上张贴告示，说："乱党作恶，格杀勿论！"奉天城更是一片恐怖。

二十世纪之初，反帝反封建的革命潮流，在中国大地蓬勃开展。对此情况，执政者深恶痛绝，要一举扑灭。这便给许多投机分子可"升"之机。张作霖就想在这场扼杀革命的潮流中立功、腾达。

奉天杀了八个"乱党"，企图能稳住清王朝东北形势，哪知这一屠杀，竟招来更大的革命行动；三界沟匪首、女豪杰关艳红加入革命党行列，在庄河县首先暴动，一举袭了县衙，夺了县令大印；革命党人在辽西、辽阳不断举兵袭击官府；辽南也频频出现武装暴动……

作为东三省政权中心的奉天，乌云滚滚，人心浮动；谣言四起，草木皆兵！张作霖杀了张榕等人的第二天，他的密探报告："南方又来了革命党，要在奉天城大暴动！"张作霖即率大兵赶到火车站附近大肆搜捕。结果，一无所获。密探又报："革命党人已进入奉天城，马上要开展行刺！"张作霖更加警觉，连他身边的人也怀疑起来……一天，张作霖路过西城内一条小街，走在一家店铺前，忽见房顶飞来一个球状纸包包，还冒着轻烟。他以为是革命党行刺他呢，马上命随行的几十护兵散开，自己则马上加鞭，飞快躲进安全处。然而，那纸团却没有爆炸。

张作霖回过马来，将这家店铺掌柜的抓了出来，严加拷打——"你是革命党，对不对？"

"小人是地道的生意人，"掌柜的说，"哪知道什么党。""胡说！你明明要谋杀我！""小人不敢，小人不敢。"

"你怎么不敢，那火团不是从你房中放出的吗？不谋杀我想干什么？""火团，什么火团？"

"别装糊涂。放出屋还冒烟呢！"

掌柜的这才恍然大悟。"禀报大人，那是小人的老娘腰疼，用火罐针灸，那是扔出的废纸团。"

"这么巧，偏偏仍到我面前，还冒烟？明明是你狡辩。来人，捆了起来。"

一个平白无故的人被抓了去。只隔两天，小店掌柜的便和其他十多个人一起，被杀在城外。

张作霖在奉天乱杀无辜，民心更加惶恐了，官兵也渐感到不安起来。总督赵尔巽，原想请张作霖来奉天，是让他震慑一下，别叫那些乱党、土匪太跟他过不去。哪知这个张作霖生性太残，一杀不可收！张作霖是他总督请来的，统领官是他总督亲自委的，而杀张榕的事又是他密令张作霖干的。事态扩大，自然由他赵总督承担。七十二岁的赵尔巽这才觉得对张作霖放手放得太宽了。

现在，经过一阵乱杀，联合激进会是不存在了，国安会也有名无实，剩下的，只有咨议局这个所谓的民意代表机关，还处在摇摇欲坠之中。赵尔巽感到形势不妙：这样下去，敌对面多了，我岂不更孤立了！

赵尔巽没有忘记咨议局组成的那一幕，他想：如果咨议局也被张作霖杀垮了，我在东北就无法立足了——当初，吴景濂筹备咨议局时，是向他总督禀明的；咨议局成立后又筹备的国民保安会也是在总督府有案可查的；保安会的领袖人选推荐名单上，会长就是他赵尔巽！他虽然觉得这样做有点挟持他，他毕竟一项项点了头，连声说过"也好、也好"的。这样杀下去，都杀光了，人家不骂张作霖，人家会骂我赵尔巽出尔反尔的！想到这里，他焦急地派人去喊张作霖。

张作霖精神焕发，满面春风，一进门便对赵尔巽说："总督大人，这些天在城里的行动，已有效果了，我觉得没有人敢再动了；明天起，我派人下乡。把四乡再清理一下，砍他一批，也就平和了……"

赵尔巽淡淡一笑，让张作霖坐下，说："你的功劳很大，我心里有数。不过，我看乡下就别去了。"

"不去啦？"

赵尔巽点点头。"网开一面吧，适可而止。咱们还要在这里立足。民心不可丢呀！"

张作霖沉默了……

第七章

攀高枝托人走京师

　　沧海横流，鱼龙纷争。英雄好汉会把个平平静静的世界搅得乌云四起，腥风阵阵，而这个混浊世界又会派生出新的英雄好汉。于是，争战不休，云起云落。

　　到二十世纪初叶，清王朝已是摇摇欲坠，将要寿终了。以孙中山为首的革命党雨后春笋，势不可挡！按说，成败之局已定，谁也不能争议了。却不知其中又出了一个假英雄，居然把明朗的天空又搅混浊了。他就是袁世凯。

　　袁世凯小站编练新军之后，渐渐感到羽毛丰盛了，便拿着这个资本寻找机会，以便上爬。甲午战争之后，袁世凯政治投机，参与了康有为的强学会，喊了一阵子"革新政治，强国富民"的口号，打动了光绪皇帝的心。光绪接受康有为、梁启超的主张，准备实行变法维新。袁世凯因此沾了光，竟弄了一个"侍郎"的头衔。慈禧太后是不答应变法的，以致光绪被囚，康、梁逃往海外，谭嗣同、林旭、杨锐、刘光第、杨深秀、康广仁六君子喋血北京，变法维新只维了一百天便告终。不久，袁世凯成了军机大臣，掌握了清政府的军机大权。

　　1908年，西太后和光绪皇帝相继死了，小溥仪登了皇帝位。那时候溥仪才三岁，什么也不懂，他父亲摄政王载涛掌实权，授命庆亲王奕劻组阁，并借故说袁世凯"脚上患了疾病"需要休息，把他挤出了朝廷。袁世凯窝了一肚子气回到老家河南项城，说是养病，其实，睁着两眼等待东山再起。

宣统三年（1911 年），武昌城头一声炮响，国民革命的烈火熊熊燃起。大清政府的湖广总督跑了，大江南北诸省纷纷宣布独立。朝廷恐慌了，政府军队中能和革命军抗衡的力量，只有由袁世凯编练的新军，而这支新军依然听调于袁世凯。朝廷不得不派钦差去请袁世凯出山。袁世凯正待价而沽，机会一到，自然高高地出了个"价"，朝廷没有办法，任命他为钦差大臣，督师前线。

袁世凯真不愧是一代枭雄，重新握权之后，并不效忠于他的主子，一面以革命军势大来威胁摄政王，向清政府索要更高的价码，一面以自己的地位、军权与革命军做交易，使革命军答应推翻清廷后他为大总统。在朝廷，他首先取代了奕劻的内阁总理大位，并将原内阁成员通通排挤下去；在外部，他操纵前线四十一将领通电主张共和，迷惑朝野。最后，袁世凯终于爬上了临时大总统的宝座——袁世凯一登宝座，却翻起脸膛，首先接收了南京政府，把政府和参议院迁往北京，演了一场先选总统、后立宪法的荒唐戏；紧接着在上海杀害了国民党代理理事宋教仁，又镇压了黄兴等人的"二次革命"，宣布国民党为"乱党"，杀一批、收一批国民党的党政要员，最后将国民党从政府中扫地出门。接下来，便把目光远射，要收拾那些对他不忠的封疆大臣……眼睁睁中国都成了袁氏的天下。

远在奉天的张作霖，一阵大屠杀之后，赵总督的阵脚稳下来，没有人能够赶走他了。他对张作霖重赏之后，又高高地提拔了他一下，把张作霖留在身边，付以重任。张作霖更加领略了升官的门道，同时，也膨胀了野心——他叹惜着想：我的最大后台只是赵尔巽，赵尔巽是奉天总督。我靠他靠得再紧，他总不会把总督让给我去当；我更不能推翻他，自己去夺总督位。他锁起眉，静静地沉思起来。

也莫怪张作霖雄心勃勃，早在他为儿子张学良订婚之时，认识了一位姓包的瞎子。那时候，包瞎子便给他指点了"迷津"——结识瞎子之后，竟谈得十分投机。一天，他关起门来要瞎子为他卜个吉凶，瞎子摇着头说："大人的命，我可不敢乱算！大人是王者将相之相，小人不敢乱卜。"

"还不曾卜一卜，你怎么就知道我是'王者将相之相'？岂不更是乱卜瞎算了么？"张作霖半真半假地说。

"这……这……"瞎子敛口了，那白皙的脸膛也红润起来。

张作霖得理不让人，冷笑笑又说："罢了，罢了。怪不得人说'瞎子的口，无量的斗，想说什么就是什么'，实在信不得。"

那包瞎子到底是一副铁嘴，瞎眼睛朝天上仰仰，眨了眨，便也冷冷地一笑，说："有句俗话，不知大人还记不记得？""什么话？"

"叫'未卜先知'！"包瞎子神气了，"八卦、《周易》，是从远古周文王起就推行了，若是一无是处，都是瞎说胡编的，骗得了一时一事，怎么能骗得千古，连文王也骗得了呢？后世也有不少卜卦大家，三国诸葛亮是，明朝刘伯温也是，虽不能说处处、事事都千真万确，却也十有九准！不然，那诸葛孔明怎么就知道'甲子日，东风起'呢？他若不知甲子日有东风，那么火烧赤壁就不会成为真的了……"瞎子慷慨陈词，张作霖顿时动了心："这么说，算命卜相还真有学问么？""真有。信不信归您。"

"你这一说，我得认真先卜一卜了。"

"既然大人不信，卜也无用。若大人笃信无疑，小人也不怕冒昧了。大人先别说，让小人先说，只请大人验证一下，看看对不对？""好，你说吧。""大人该是乙亥年出生，生在农历二月十二日卯时吧？大人生后两天，即二月十四日辰时初刻五分是春分。这便是个大吉的时刻……"

张作霖打岔说："这不为奇，我是光绪元年生，光绪元年是乙亥年，谁都知道。再说，知道我生辰八字的人太多了，说不定谁多多嘴，你就记下了。不足为奇。"

"大人别着急。"瞎子说，"既然把话说到这里了，我也就只好请大人宽恕我言语尖刻了。说到不恭处，还请原谅。"

"说吧，没有那么多忌讳！"

"令尊张老爷，该是殁于非常吧？"

"这……"张作霖心里一惊。可不是，老爹就是因为赌债纠纷被杀。"丧事草草对不对？"张作霖默不作声。

"张老爷还该有一次水劫……"

"正因为大水将老人家的坟冲没了。"张作霖说，"这几年，我总想把父亲重新厚葬，却再也找不到遗骨了。"

"大可不必，大可不必！"瞎子说，"那水是天水。天水将老人家送到一片龙虎之地，当时虽然还有几尸相争，最后，那个'龙'穴还是被老人家占了。如果我没有说错的话，这场大水正是大人投入新民府那一年。这是天意，大人是必然步步高升的。"

　　张作霖想想，觉得分毫不差——这才几年，自己已经由绿林一盗成为巡防统领，可不是步步高升？忙说："先生（他尊瞎子为先生了）既然这么说，家父遗骨所在，你一定知道了。可否告知，我另行厚葬？"

　　"不必了。"包瞎子说，"令尊既已水葬，占了一片'龙'穴，切不可再移动。移动了，风水就破了。""这么说，我日后……"

　　"不必细说了，我不是早已把话说明了么。只是日后果有应验，大人居了王者将相之位，别忘了我这个没有眼睛的人，我就谢天谢地了。"

　　"当然，当然！"

　　日后张作霖督东三省时，没有忘了这件事，确实曾访寻过包瞎子，想重谢他，但包瞎子已不知下落。张作霖重新葬母时，却真的未将父骨合葬。不知是巧合还是有心安排？一时也无可考证。不再去提。

　　现在，许多事凑在一起了，张作霖又想起了包瞎子的话，便拿定主意，想走走袁世凯这个门子。

　　但是，一想到袁大总统这么大，这么高，张作霖便闷在屋里，叹气了：攀靠大总统，谈何容易！是的，一个绿林强盗，他哪里有京官相知，何况袁世凯这样身份显赫的人！张作霖虽然想了，却不得不无可奈何地丢到脑后去。

　　也算是张作霖官运亨通，正愁着通天无路，脸面前突然柳暗花明起来：有人找上门来为他牵线了——

　　偌大的沈阳城中，却有一个闲散得无聊的人。闲而不丢身架，囊中渐渐羞涩，无门可投，听说张作霖是总督面前的红人，便想走走门子，通过张作霖，向总督打打抽丰，以度日月。

　　此人姓于，名雪斋，浙江绍兴人，五十岁了，消瘦的身材，清雅的脸膛，出入总摆出一副不俗的派头。他原本是锡良总督面前的幕僚，摇羽毛扇的。人老花心不泯，在沈阳又纳了一房小妾名叫何翠花。何翠花是风月场上的名流，很受于先生垂爱。于是，买房置产，金屋藏娇起来。锡良离任，于雪斋便拔不动腿脚。住在奉天，坐吃山空。锡良离任时虽向新来的旧总督赵尔巽有所"拜托"，赵尔巽也只能为他补一个闲员之缺，吃点干饷，加上何翠花挥霍无度，渐渐感到经济不支，想干别的又无能耐，想找赵总督求求助，又碍情面，只好找到老朋友袁金凯，想让他走走张作霖的路子，能否与总督通融一下，以救燃眉。

这一天，于雪斋匆匆赶到袁宅，正赶上袁金凯闲坐，二人便闲聊起来。

"于兄久违，突然光临，必有见教。"袁金凯奉茶献烟，甚表欢迎。"见教倒无，倒是有事相托。"于雪斋也不见外。"于兄通天有途，怎么有事要小弟去办呢？"

"不瞒袁兄说，眼下实有一件难事，唯兄才可帮助……"于是，便把目下生活拮据，拟通过张作霖向总督求帮的事说了出来，然后说，"我知道，张统领最知己的就是袁兄，奉天之大，文人之多，哪一个也不如兄在张统领面前如此受尊。只要兄说得张统领动心，统领在总督面前美言几句，弟的难关也就渡过了。"说着，还面有愧色地晃了晃脑袋。

袁金凯，确实是张作霖的知交。此人四十五六岁，举人出身，是一方颇有名气的文人。诗词典章都有出众的名声，更善于辞令，社交场上，常常语惊四座，锡良作总督时，把他拉出来作了官办的东北咨议局副议长。袁金凯是个玩世不恭的人，哪有心肠做官，一味广交朋友。于是，同于雪斋成了知己。张作霖奉召来奉天大施手段，混杀无辜，不仅没有使袁金凯反感，他反而觉得"此人不凡，必有作为"。因而，便屈尊与他交朋友。张作霖发迹之后，自知绿林那一套是混不下去的，必须得有个有点"文"的头脑的人相助。所以，也极尽心机，结交袁金凯。就是这个袁金凯，后来成了张作霖的一大心腹，第一文笔！

听了于雪斋的来意，袁金凯暗自想到，你于雪斋神通广大，莫说奉天，北京城也能搬动半个！闲居了，还掉不下架子，到京城随便什么地方走走，三年五载也够用，何必总在奉天打转转。他想开导他一下，要打抽丰就打一个大的，也值得伸手，别乞求似的小打小敲。正是袁金凯想推辞之际，猛然想起张作霖最近的"心思"——他正想到京城走门路，巴结大总统，何不对于雪斋说说，也许他有门路。到那时，出一笔活动金给于雪斋，既解了于雪斋的燃眉，也满足了张作霖的所需，岂不是好事。

袁金凯微笑着说："于兄，不是小弟不愿帮这忙。其实，正如《红楼梦》里王熙凤说的话，你这是'仓老鼠向乌鸦借粮——守着的倒求着飞着的'了。"

"此话……"于雪斋实在是不解。

"说明白了吧，只要老兄愿意到京城走走，不仅不需要你去找张统领，张统领必然会多多拜托。活动费用自不必说，还不得有一份厚厚的馈赠给你。求帮哪如收礼舒服！""有此好事？"

"只看兄愿不愿干了。"

"但求明言。只要能为，何乐而不为！"

袁金凯把张作霖想到北京找靠山，攀大总统的事情对于雪斋说一遍，又说："我想，兄在京城旧交甚广，通通这样一条门路，还是不难的。

于雪斋机灵敏捷，老鼠眼一打转，拉起弓来。他呼着袁金凯的雅号说："洁珊兄，论说此事，易如反掌……"他却把话停下来。

"有什么难处，只管明言。人家既然想托咱了，总不惜代价的。""北京宦场，不是小弟说大话，旧识还是有些的：新任陆军大臣王士珍，便是老世交，只是眼下正忙于外边的军事，多不在京；合肥段老总（即段祺瑞）那里，也是弟常去之处，他的小扇子军师徐树铮，是弟至交，只是此人太清高，常不把大总统放在眼里，还有一人，倒是十分靠得住。"

"何人？"袁金凯急问。

"前陆军大臣荫昌。"于雪斋说，"如今他已荣任总统府侍从武官长，与总统关系甚密。光绪中叶，我曾在此公府中为幕僚，关系甚好。他能引荐，大总统一定会重用你这位雨亭兄的。只是……"

"这就不必说了。"袁金凯说，"张雨亭早就是江湖上的义士，而今又是官场上的开明者，一份厚礼，自然有的。""那我就走走看吧。"

于雪斋惴惴而来，高兴而去。

袁金凯有心扶一扶张作霖，今天有了这个路，便匆匆忙忙去找张作霖。开门见山地对他说："雨亭兄，我给你送一剂解愁散来了。""什么解愁散？"张作霖说，"是天上的白云，地上的花香？""走北京有门！"于是，袁金凯把同于雪斋谈的情况以及于其人的情况详细说了一遍。又说，"此人久历官场，结交甚广，只要有一份厚赠，他便会出动；再备一份厚礼，京城之路便会畅通。"

张作霖说："好，咱们就走他的门子。送银票五百两如何？""够了，够了！"袁金凯说。

"走，咱们现在就去找这位于雪斋！"袁金凯摇摇头。"不可过急。""为什么？"

"此人颇为清高。"袁金凯说，"不可操之过急。明天，你派人先送银票去，若他收下，后天你再去登门拜访。""嗯，稳妥一点好。"

"雨亭兄，此事是否向总督赵大人说一声？以免……"

"不可，不可！"张作霖说，"这事得暂时瞒着总督。走北京的门子，他一定不满意，说不定会阻拦。等事情办成了，他即便知道了，那也是另一回事，再阻也阻不住了。"

于雪斋，正在断炊，哪有送礼不收之理。接到张作霖的银票，喜不自禁，忙把妻子何翠花搂在怀中，乖乖儿地叫一阵儿，然后说："你需要什么东西，只管说吧，咱们现在就去买。"

那个何翠花就是为了吃吃穿穿、玩玩乐乐才走进于雪斋怀里来的。最近，老是有求无应，心里渐渐不欢喜。前天还闹了一大场——

"我两个月没要东西了，只要一件旗袍，一副翡翠手镯，你就不给。还说把我放在心上呢，放在心的什么地方了？"何翠花一怒之下，关起房门，躺在床上再也不起。

于雪斋走到床边，又抚又摸，说："小乖乖，别生气，别生气。东西是小事，气坏了身子，病倒了，我可心疼！"

"你才不心疼呢？"何翠花翻过身去，面对墙壁，"你盼着我死。死了，就没有人向你要东西了；死了，我也不用这样寒碜地在别人面前丢人现眼了！"

"别急，我出去想办法，总会有办法的。"

"别说你的办法了！"何翠花更气了，"有酒有肉，狐朋狗友都来了，抱起头来吃喝。现在好，连个鬼影也不见了。这都是你的好朋友？什么好朋友，一群争食的野狼狗！"……形势逼着于雪斋去投门子，他才去找袁金凯。不想一夜间忽然发了大财，怎么能不向小乖乖讨好。

"钱呢？"何翠花怕于雪斋骗她，竟然伸过手去。

于雪斋把一张五百两的银票"啪——"放在她手里。"看看！看看是银票还是手纸？"

何翠花接过银票，揉揉睡意浓浓的双眸，仔细一看，心里惊了：天哪，一点不错，一张千真万确的银票，五百两！她睁着惊讶的眼睛，先是"啊——"了一声，然后，张开双臂，朝于雪斋扑了过去。一下子把老头子扑倒在床上，她抱住他，狠狠地咬他、吻他，死死地搂紧他。

此刻，于雪斋心里郁沉沉地不安起来：三天来，这女人连个笑脸也不给了，摸一摸也不行。五百两银票就变成这个模样。我堂堂七尺男子，满腹学问，一表人才，竟不如一张银票！这才是五百两呀！我连五百两银也不值？于雪斋酸楚楚地抽了一口气。

何翠花毕竟有何翠花的魅力，有打动于雪斋的地方，何况五百两银票贴身，身价高了，何翠花又送来温馨。他转闷为喜，领着何翠花到银行取出银两，先到商铺买了旗袍、翡翠手镯，又到金店买了只戒指，然后拣一个上等馆子，美美地吃一顿。回到家，自然少不了老夫少妻一番温存。

次日，袁金凯领着张作霖来到于宅来访。

于雪斋把他们请到室内，一边献茶，一边说："承蒙厚赐，愧不敢当。张老兄有用得着小弟处，只管明示，何必如此厚礼。"

张作霖很少同文人交往，肚里文词也贫，只有直来直去，干脆利索。忙说："小意思，于先生不必放在心上，日后还有重谢。"

袁金凯一见二人把话挑明了，自己也不必转弯抹角了。便说："于兄京中路广，自然会一举成功。雨亭兄是大场面上人，一派君子风度，绝不会亏待于兄。"

于雪斋肚里有墨水，还是把话弯了一下："二位老兄知道，我还是受次帅（赵尔巽，号次珊，人称次帅）恩惠的，此情是否对次帅有碍？"

"这个……"袁金凯故作惊讶，想作解释，但又把目光转向张作霖。张作霖因为事先已有准备，并不感突然。只淡淡一笑，便说："于兄所虑极是。只是，赵总督待我甚厚，我当然会感恩图报的。于兄更当明白，大丈夫前程为重，不可因小失大呀！""快人快语！"于雪斋说，"张兄不愧当代豪杰！"

"哪里，哪里！"张作霖说，"兄弟粗人，只懂行伍。请于先生办这样的事，其实也是冒失，还请先生谅解。"

于雪斋仰面笑了。"好了，别打哑谜了，说真话，我去找荫昌荫大人，只要他点了头，去见总统并不为难。""多谢于先生。"张作霖说。

袁金凯说："大总统和荫昌大人，均赫赫大名，这礼物么……"他把目光转向张作霖。

张作霖说："我已派人带着四千两银子到吉林去选上等人参，一定要挑选长白山最老的。怎么样，于先生，还可以么？"

"可以，可以！"于雪斋说，"人参是东北三宝之冠，没有比它更好的了。我向总督府告个假，人参一到，立即动身。事情全包在我身上了。"

正是张、袁二人要告辞的时候，一个娇艳的女人从内间走出来，穿着紫红色的丝绒旗袍，戴着绿白相间的翡翠手镯，油头红花，眉黛唇赤，甩着一个丝绣粉红手绢来到人前。没用介绍，便冲着张作霖说："这位一定是张统领张大人，果然一副英雄气概！怪不得我们家雪斋常夸不离口，说大人日后必有高官……"

于雪斋对张作霖说："这是贱内，何翠花。还是一个典型的孩子！"

张作霖只顾微笑，一时不知用什么词才好。袁金凯倒显得风流，他说："'金屋藏娇'么！娇者娇小也！嫂夫人可谓冠奉天之天姿，雪斋兄艳福不浅！"

"你是老熟人了，张大人是客。"何翠花指着袁金凯说，"今儿就别走了，我已安排人备了家宴，成不成敬意不知道，过了饭时再走。"说着，便忙着拉桌子——何翠花有靠山了，有银子用便特别精神。她知道这位张作霖有的是银子，只要拉上关系了，就少不了钱花。所以，今日挽留、款待都特别热情。

张作霖、袁金凯入了客座，于雪斋和小妾是主人，四人坐下，这才推杯相劝。酒喝三杯，袁金凯说了话："嫂夫人盛情，我们绝不会忘，只是还感到不足。早听说嫂夫人的曲唱得特好，又有一副金嗓子。今日都是自家兄弟，嫂夫人定当有曲赠客才会尽兴。嫂夫人，如何？"

袁金凯一句一个"嫂夫人"，何翠花早昏昏然了。一个风月场上的女子，常常是看着达官贵人面色行事的。如今，一个堂堂的副议长，如此尊敬她，又有一个大财主在旁，何翠花早已得意忘形了。她生在东北，本来只会些地方曲调；后来嫁给于雪斋了，于雪斋是绍兴人，喜爱的是南方昆曲，兼好北方昆曲。无事时，为了欢欣，便教着爱妾唱一二支南昆或北昆，并且对她说："你们东北的曲调，无论大调还是小调，都是上不得大雅之堂的，上得大雅之堂的，首推昆曲，其次才是京剧，连我们绍兴越剧也不行。你必须学唱昆曲。"

那何翠花极其精明伶俐，又一心想跟着于雪斋闯荡北京、天津那样的大世界，学得认真，学得迅速，早已通熟了南北名曲，在沈阳大戏院子里打过几次响炮呢！对唱曲有了瘾。哪里还经得起挑逗！于是，便不加推辞地说："议长既然这样高抬小女子，小女子自然不敢推辞。只是，我从来没有名师指点，只跟着雪斋哼哼几句，难能入耳。就怕二位见笑！"

"哪里话！"张作霖说，"谢还谢不及呢，见什么笑！"袁金凯也说："难得一曲，将终生不忘。"

何翠花又说："匆忙间，也没有伴奏，只怕……"

袁金凯马上凑趣。"小弟当初也曾练过几曲琵琶，多年丢下，手是生疏了，但路套还是记得的，不妨我为嫂夫人伴奏。"有人取来琵琶，袁金凯定了定宫商，试了试曲头，何翠花还满意。于是，便先唱了一曲关汉卿的《沉醉东风》：

> 咫尺的天南地北，霎时间月缺花飞。手执着饯行杯，眼搁着别离泪。刚道得声保重将息，痛煞煞教人舍不得，好去者，前程万里。

袁金凯停下琵琶，也是有意让何翠花再唱一曲，便说："不好，不好！咱们今天欢聚一堂，哪里来的'饯行酒'，'离别泪'？要罚一曲，唱个欢快有情的。"

何翠花推辞不得，又重着前令唱一曲：

> 忧则忧鸾孤凤单，愁则愁月缺花残，为则为俏冤家，害则害谁曾惯，瘦则瘦不似今番，恨则恨孤帏绣衾寒，怕则怕黄昏到晚。

袁金凯把琵琶放下，又说："这便是于兄的不对了。家有如此美眷，怎么能让人家'鸾孤凤单'呢？'孤帏绣衾寒'也不对。于兄你到哪里去了？"

于雪斋笑而不答。

张作霖不明就里。侧过身去，向袁金凯问明了原因，也说："对，该罚！罚于先生唱一段。还得喝一杯酒。"

于雪斋推辞一阵，便喝了杯中酒，然后唱一曲薛昂夫的《中吕·山坡羊》：

> 大江东去，长安西去。为功名走尽天涯路。厌舟车，喜琴书。早星星鬓影瓜田暮，心待足时名便足。高，高处苦；低，低处苦。

袁金凯听他唱了一段悲世的曲子，知道此人此时心中不快，便收了琵琶，又饮了几杯，散席告辞。

不几日，于雪斋便携着礼物，匆匆赶往北京。

第八章
山城镇"兵变"

于雪斋带着张作霖为他准备的两包用锦匣盛装的老山参和费了袁金凯三昼夜时间写的向大总统效忠的信，匆匆起程去北京。由于张作霖送给他的可观路费，于雪斋一路行来，光光彩彩；在北京住的，也是头号官商客栈。他在前门大街上买了两套时新的服装、鞋帽，又舒舒服服地洗了个澡，这才抱着礼物先到荫昌家中，然后，由荫昌打通，把效忠信和人参一起送到大总统袁世凯面前……

北京城里，最大的官该属袁世凯了；但是，最烦恼不安的官，也是袁世凯。

袁世凯登上大总统宝座之后，有两怕：一怕中国老百姓骂他篡位，欺侮小皇帝，夺了小皇帝的大权。经过几个昼夜思索之后，他决定做点表面文章，掩人耳目。于是，以大总统的名义炮制了一个《优待清室条例》，皇帝仍居紫禁城，一切礼制不变，民国政府以外国君主之礼待之，每年给生活费用四百万银元。这样，在民国政府的都城中，还有一个清朝廷，并且继续延用自己的年号，王公世爵原职不变，遗老旧臣照旧顶戴辉煌去向他们的君主行跪拜大礼。尤为奇怪的是，小朝廷还拥有禁卫军武装，照样设有慎刑司，能够施用刑罚；民国大总统还要派员向皇宫拜年问好、祝寿吊丧。如此等等只能是欲盖弥彰，不打自招。袁世凯二怕各省督军和封疆大臣对他有异，怕造他的反。

正是袁世凯心神不安地对总督、督军排队分别亲疏的时候，荫昌走进他的密室。

袁世凯见他进来，便说："我正念着你呢。这几天把你忙坏了。这一次的寿辰，我说不庆贺了，可你们……"

荫昌说："那怎么行呢！往年也就罢了，今年总统刚即大位，民心所向，不为您庆贺大寿，只怕国人也心不安。"

"办就小办吧，偏偏又如此大动干戈。这样，我倒是不安起来了。"本来，袁世凯是安排让人为他祝寿的，他想通过祝寿，来检验一下谁对他忠、谁对他不忠。如今却又"谦虚"起来。荫昌心里明白，表面上还是应和他。

瞅着袁世凯心情尚好，便鼓了鼓勇气，点了一把火。

"大总统不知注意了没有？"荫昌说，"奉天总督赵尔巽，此番……""赵尔巽？"袁世凯眯起眼睛，想了想，说，"我知道了。"

"清帝逊位之后，"荫昌又说，"那个赵尔巽便以孤忠自命，何去何从，举棋不定。东三省可是个……"

袁世凯站起身来，一边沉思，一边慢条斯理地说："是的。日前军政执法处驻奉稽查员也有类似报告，说赵尔巽态度暧昧，动向不明。我正想派一个师长、旅长暗地监视他一下。但一时又定不准谁去好。"

"大总统不必愁了，"荫昌说，"正有这样一位合适的人，他昨日便派代表进京来了。知道总统近日万事萦怀，先到了我府。"说着，便先把张作霖的效忠信递上。"这是他呈上的一封信。"

袁世凯用人心急，接过信来，反复阅读，心里倒很震动，面上便露出欣喜。荫昌趁机说："这位张作霖，可是一个有大用之材，当年在新民府与日军较量，打得东洋人落花流水，不得不甘拜下风。目前他手下有五千骑兵，个个剽悍善战；张手下的能人更多，像冯德麟、张景惠、汤玉麟、吴俊升、张作相等人，都是赫赫名将。如今他们驻在洮南、新民、东边道等地，各据一方，实力雄厚。这些人官位虽微，但对大总统却是赤心一片的。如果大总统……"

袁世凯摇摇头，不让荫昌说下去。他就地踱了阵子，颇感为难地说："张作霖无名武弁，怎么能委他如此大任呢？"

荫昌说："大总统可否规章之外施恩，给张作霖一个提升。这样，岂不名正言顺了。"

袁世凯只轻轻地点点头，没有说话。但过了好一阵，却说："张作霖的代表走了没有？"

"没有走，仍在我府。"荫昌答。

"这样吧，你就以师长代表的身份安排招待他一下。还要告诉他：张作霖的信我收到了。"

袁世凯这么一交代，荫昌心中完全明白。忙说："是，我这就去办。"

荫昌把这个大好的消息告诉了于雪斋，于雪斋喜出望外，立即给张作霖发了一封加急电报，说了一句"所谋之事，十九可成"。电报末尾，又重重地敲了张作霖一个竹杠，要他"速汇银千元，以谢客"。

自从于雪斋离开了沈阳，张作霖便无一时心安。他信不过这个清客：于雪斋既然京中如此路宽，哪里弄不到一个实缺干干，怎么就在东北一隅闲居？对于已经花出的银两，张作霖是有些心疼，但毕竟是小事，今天花了明天还可以再搞到。若然此事不成，再败露出来，我张作霖还怎么做人？人家不骂我是拿着银钱买纱帽！他想问问袁金凯"于某究竟可不可靠"，但又觉得为时已晚，那样做，会连朋友也得罪的。张作霖像失了魂一般，坐卧不安。正在这时候，于雪斋的电报到了。张作霖如获至宝，手捧电报，满脸带笑，一遍又一遍地唠叨那句"十九可成"的电文：大总统是何等显赫，他终于知道天底下有个叫张作霖的人！只要他抬一抬手，我的门路就会宽得无边无际！他忙着去找袁金凯，报告了喜讯。

袁金凯说："我这位朋友，是个十分实在的人，办不成的事，他不出头；只要他出了头，准是十九可成。你就听候好消息吧！"

果然，没过几天，奉天总督府即收到北京政府陆军部的命令。命令全文是：

> 按新编陆军制度，授予张作霖陆军中将军衔，任命为陆军第二十七师师长，驻防奉天。

张作霖一下子成为将军，当了师长，整个东北三省都震荡了一下子！张作霖得意忘形，自然免不了里里外外地庆贺一番，张扬一通，恨不得飞到天空让全东北人都看看他……

奉天总督赵尔巽，虽然年已古稀，神志却还清清爽爽。官场上的风云变幻，使他暮气渐重，袁世凯登大位，他料到今后之中国该是北洋派的天下了。他和北洋人物素少交往，与那些虽唱"共和"但却热衷权术的新派，也无深交。老态龙钟，势单力薄，自知再难有什么作为了。另外，自己在东北多年，深知东北之空，日俄虎视，危机四伏，不知哪一天便会出现世变：我不能再恋栈了，应该急流勇退！张作霖的委令一到，又使赵尔巽大吃一惊：如此大事，怎么连我这个总督也不知道呢？！他猛然想到：我该走了，莫等别人赶着再走。不过，他还是立即召见了张作霖，对他客客气气地说："雨亭，我祝贺你高升为师长了。大总统慧眼识英雄，他在北京就知道你是个好军人，英明啊！大总统知人善任，以后还有重任会落到你肩上的。我祝贺你，为你高兴！"

张作霖是瞒着赵尔巽干的勾当，今天成为事实了，他才感到此事有些荒唐：赵尔巽还是总督，他怕赵给他小鞋穿。所以，心里有些儿恐慌，一时不知怎么回答才好。闷了半天，才说："雨亭有今天，全赖大帅教导。今后还得请大帅多多教诲！"赵尔巽仰起面来，"哈哈哈"地狂笑起来。

张作霖摸不清赵总督是高兴的笑还是发怒的笑？按照他自己的性子，若是与赵尔巽对个翻一下，他非杀了赵尔巽不可！若赵尔巽也是这个性格，他张作霖岂不倒了大霉。所以，张作霖十分不安。直到他离开总督府，心里还在扑腾乱跳。

张作霖回到自己家中，突然收到北京密电，要他注意"赵尔巽的动向"，他这才坦然地舒了一口气：我明白了，大总统把我看得重于总督了！他立即给大总统回了密电："奉天之事，再不必虑！"那以后，他对赵尔巽十分"关心"起来，有事无事到总督府走走；该问不该问的事，总想说三道四。那个赵尔巽是久历官场、老奸巨猾之辈，在奉天，业已经感到自己的处境不妙，连行动也少了自由：有人赶我了，我得速速离开。

赵尔巽虽然老眼昏花了，还是戴上眼镜，亲自写了一个辞呈，说自己"年逾古稀，体弱多病，难当重任，恳请准予归里，安度晚年"。袁世凯正找不着理由赶他呢，一见辞呈，正中下怀，马上照准。但是，还是说了几句"前清重臣，功勋卓著；功成身退，亮节可嘉"的话。从此，赵尔巽便归隐青岛享清福去了。

赵尔巽"不战而退"，张作霖"不战而胜"，东北旋起了迷雾。这阵迷雾把张作霖也旋得晕头转向起来，他明知东北已无人做主，却还偏偏正儿八经地给总督递上呈文，要求把他的二十七师扩编两个团。这个荒唐的呈文，自然得不到圆满答复，总督府的师爷一纸便笺，告知"等新总督到任，一定把呈文递上"了之。张作霖无可奈何，只好干生闷气，但他还是积极认真地去挑选任团长、任营长的人选。

赵尔巽走了，东北无主了。日本人、俄国人还都虎视着这个富饶的地方，东北不可一日无主！袁世凯有点着急了。此时，有心腹已在他耳边提醒，说赵尔巽如何，张作霖如何。袁世凯仔细想想，自觉有点失误：咳！那赵尔巽毕竟是前清重臣，又无明证反我，自我标榜"孤忠"有什么不可？我还想当皇帝呢，排斥一位皇帝的老臣，太不应该了！他又想到张作霖：一个绿林强盗，怎么能去充当政府军的堂堂师长呢？还授予中将，他哪里是我的同党！？荒唐，荒唐！

木已成舟，自知荒唐也已晚了。而今是赶快给东北派去一个做得了主的人！本来，派谁去东北都可，今天有了个身上背着中将、头上顶着师长而又是地地道道的大土匪的张作霖，袁世凯不能轻易走这步棋。思索再三，他终于想到了现任直隶总督的张锡銮。只有他去接替赵尔巽了。他最熟悉奉天军务，当年在奉天巡抚督办内又提拔过张作霖，现在去驾驭他，他敢不服？！

不几日，张锡銮即老态龙钟地又到奉天出任总督了。

张锡銮到奉天来了，张作霖十分欣喜。当初一匹白马就换来一个巡防五营统带官，看来，这张老头还是很慷慨的。既有前情，总算有缘。他张作霖已经有了经验，再向老头子屁股上狠狠地拍几巴掌。还不得求必应！所以，张锡銮一到任，张作霖便以师长身份，并且怀着感恩之情匆匆来到张锡銮面前，表现得十分温驯的样子说："大帅再临奉天，是奉天黎民之幸，更是作霖之幸。今后，便可朝朝听大帅训示。当年若不是大帅提拔，作霖哪里有今天。作霖有今天，全是老恩公的恩情。大德大恩，终身难报。"

"别说这些了。"张锡銮摇摇头，"为国家选栋梁，义不容辞！""多亏大帅慧眼。要不，作霖怕永远都无声无息了。"

"就是要识英雄于草莽之中么！"张锡銮说，"英雄都成其为英雄、并为人人所知了，还要你识什么？"说着，张锡銮仰起面笑了，那副伯乐的自得，有点令人作呕。

张作霖有师长的军衔在身，不像当年新民送马那样恭谨了。应酬话一过，便开门见山发起攻击："作霖早时有个请求扩编的呈文，想来大帅已经看过了吧？"

张锡銮人老气衰，连行走都慢慢悠悠了，哪里还有当年跃身上马、一发难收的壮劲。他懒懒地眨眨眼，说："呈文倒是送上来了。你不是刚刚升了师长么，怎么就要扩编？"说着，他轻轻地摇了一下头，"以后再说吧。"

张作霖心里一惊：咋？这老头刚刚还说他有慧眼，怎么又来刁难我了，不许扩编？他心里不是滋味，马上顶过一句："大帅，我的情况您是知道的，不就是巡防营那个烂摊子么，哪里够师的编制。队伍不够师，我这个师长您说算个啥？"

张锡銮猛睁了一下眼睛，颇有点惊讶地说："是这样？那倒可以商量。""还要商量？"张作霖焦急。

"那就按陆军章程办事，"张锡銮决定了，"我让人把你的呈文转到北京陆军部去批吧。"

张作霖又一惊，他知道，此事若报陆军部，说不定会石沉大海；即使获批有望，也不知是一年还是半载。他更焦急了。

"大帅，这点小事，北京哪里管它。"张作霖说，"现在民国刚成立，各省都在大办军务，谁不扩军？听说蒙疆又不安宁，到时候，咱们无兵可出，您说抓瞎不抓瞎？"张作霖连唬带吓，张锡銮六神无主。"那么，你的意思呢？""咱们烟不冒、火不着，先把两个团扩出来。这件事不用大帅操心，兵员有谱，老帅无非给点军械、钱饷，事就成了。"

张锡銮感到既有理、又不费大事，况且以后还得多用着张作霖，所以便答应了。

得到张锡銮的批准，张作霖很快扩编了两个团，他的绿林兄弟如张景惠、汤玉麟等都又升了一层天。他的拜把兄弟吴俊升，此时也被任命为二十九师师长，驻防洮南。于是，在这片白山黑水之间，张吴两师，南北呼应，遮住了整个的云天！

有师的番号了，得有正儿八经的师部。张作霖在沈阳挑选了一片旧时的王府遗址，大兴土木，比着总督府的大衙门，建了一座师部：两进院落，辕门朝南，朱门黄钉，石狮卧前，院前四角还各建一个高高的哨楼；除了砖瓦的颜色不敢用宫廷黄色琉璃之外，俨然是一座行宫。落成那天，张作霖想邀请总督张锡銮，张锡銮早已闻到纷纷议论，气还气不顺，哪有心肠来观光！借故"身体不适"推辞了。张作霖派了快马，把洮南的吴俊升接来，又让张景惠、汤玉麟等人作陪，新师部里顿时来了个"绿林大会师"。

师部正房大厅，一排四开桌的场面，是二十七师的团营长；内间摆一张圆桌，全是跟张作霖磕过头的兄弟。他们关起门来，脱去戎装，坦露胸襟，像当年绿林行迹一般，大碗喝酒，大块吞肉，嬉笑怒骂，比当土匪那阵放荡多了。

吴俊升是远客，他端起大碗，反宾为主对张作霖说："大哥，我敬你第一碗，祝我的大哥有自己的府第，以后步步高升！"

张作霖接过碗，大咧咧地说："罢了，罢了，别这么斯斯文文，太别扭，还像当年混绺子那样，舒舒坦坦。啥师长、啥府第？×！天底下都该是咱们的！皇帝老子也不比咱多一只耳朵，袁世凯袁大总统怎么样？腿裆里不比咱多一个蛋！他们就该成人王地主，我们为什么不能？"说着，仰面喝干了酒，又说，"我可明白了，天下就这么回事：土匪当大了，就是皇帝；皇帝当坏了，还不如土匪。看你会不会混！"

张景惠端起碗，没有敬酒。望了望大家，说："咱们张哥在总督面前，你们说怎么样？要扩编两个团，那总督乖乖地点头……"

"不是乖乖地点头。"张作霖说，"是摆架子，给我难看。说什么'刚当师长又扩兵'，还是'报陆军部去批准'！他难为我，我就给他个'下马威'，我说：'大帅，咱们把话说明了吧，我手下只有巡防老底的五个营，陆军部可是让我当师长的，有名无实，我可得上报！再说，蒙疆又在闹事，我可没有兵出'。那老家伙一听，这才乖乖地点头。"

"好，大哥这一炮打得好！往后就得这样，像西太后说的：谁让咱一次不痛快，咱就得让他一辈子不痛快！"

"对！这才是第一炮。"张作霖说，"我想再放他三炮、四炮，让他知道今天的张作霖绝非当年送白马给他的那个张作霖了！"

吴俊升说："大哥你盘算过没有，这东三省有几师兵？除了你的、我的，还有谁的？从今往后，咱就得在这东北说话算话！咱要东北晴天，东北天上就不能有一片云花……"

狂言、狂饮、狂笑！哪里是一片严肃的军营，简直是一个大赌场，是一群泯灭了天良的狂徒！以深谋远虑著称的张锡銮，到底还是失了一手，他不该回避这帮人。一旦这帮人起了野心，他再想支派他们远远地走开，谈何容易……

几天之后，张锡銮以"军情紧急"为由把张作霖叫到总督府。

"张师长，"总督以温和的态度说，"师部都搬好家了？费用够不够？那两天，我的老病又发作了。要不，你们那个热闹场面，怎样也不会少了我。"

张作霖心里一惊：怎么，我们那个场面他都知道了？果真知道了，可是件麻烦事。他虽然有些心跳，还是说："弟兄们流荡了许多年，今日有了自己的营房，也是一时心里高兴，酒也就喝多了。"

"应该，应该！"张锡銮说，"这样的事虽不可多做，偶尔一次，也是应该的。没有仗打，部队也得欢快欢快。兵也是人，也有七情六欲，喝点酒算什么！我当年管军队时，对这种事就放松些，该让弟兄们乐去，别勉强限制……"

张作霖一听老帅并不知道他们酒中发狂的事，这才放下心来。"老帅有一副菩萨心肠，爱兵如子。有一天，我把弟兄们带到府上来，和老帅一起乐它一阵子！"

张锡銮点点头，这才把话拉入了正题。"张师长，北边边境上又出了事，你可知道？"

张作霖点点头，说："听到一点。那些大喇嘛也不像话，怎么能把牧民压迫得那么厉害！蒙古王爷也不是正派人，心里只有大喇嘛，结着伙儿害百姓。老百姓能不反他们？！杀官造反，活该！"

"仗一打起来，总是要死人的。"张锡銮摆出一副爱民的样子，说，"整个呼伦贝尔大草原都乱了，王爷府、喇嘛庙都烈焰冲天。城门失火，殃及池鱼！咱们东北靠近蒙疆的地方也遭到了袭击。地方官不敢抵抗，丢魂丧胆地跑了。这不，接二连三的告急文书报到我这里……"张锡銮说到这里，把脸转向张作霖，望了望他，不再说话。

张作霖尚不知道张锡銮的用意，他只想表示一下自己对边境的关心，便说："到我们奉黑边境来闹事了？这可不行！咱们得派兵，好好地收拾他们！"

"正是为这件事，我才请你来的。"张锡銮一副信赖的表情对张作霖说，"你曾在洮南驻防四年，对蒙疆情况很熟悉，我想让二十七师到边疆去一趟。你到那里，一定能镇得住！"

张作霖一听要派他北征，立即警觉起来：他感到总督在排挤他了。他装作没听清楚，急忙岔开说："二十九师驻洮南，靠近蒙疆，我看派吴师长最合适。"

张锡銮一愣，摇摇头，说："二十九师比你差远了，只怕难能胜任。我看还是你去合适。"

张作霖一看老头子任性了，忙说："多谢大帅对二十七师的抬爱。只是奉天这地方，一旦我师北上，省防也就空虚了。目前东边也在吃紧，只怕……"

张作霖想借故抗命，一心在沈阳培养他的势力。张锡銮也悉知此情，也是心急少虑，便脱口又说："奉天不会出差错！你走了，还有王彪的混成旅。我了解这个旅，战斗力和装备都不差。"

张锡銮这么一说，立即引起张作霖的嫉恨——王彪是张锡銮的心腹将领。张锡銮在巡防总办任上时，就分外照顾他们。以致，这支以旅为编制的部队装备很好，战力很强，驻在东边山城镇，对张锡銮也特别忠诚。张作霖自然联想到总督要扶持亲信这件事上来。但是，军令如山，他又不能不服从，只得强作笑颜地答应："大帅说得对，蒙疆还是我去合适。我回去调理一下队伍，等待大帅的命令即出发。"

张作霖回到他的师部，屁股尚未沾到板凳，便拍着桌子大骂："他妈拉个巴子，想把老子挤出奉天去，让王彪来顶替老子，没门！"他脱去上衣，扔掉帽子，这才死挺挺地坐下。

侍卫送上茶，他"咕嘟嘟"喝了光，说："去，把张景惠请来！"张景惠来了。张作霖把总督要调出他部队的原委说一遍，又拍起桌子。"张锡銮，老奸巨猾！"

张景惠捧着茶杯，半天不说话。他感到了问题的严重，但却想不出对策——怎么对待？违令是不行的。违令了，总督可以依军法处置；总督还可以免了师长的职，甚至扣押起来。不能硬拼。奉命，等于失去了根据地。王彪果然进占了沈阳，再回来就难了。"张锡銮毒呀！"

"别只管生闷气！"张作霖说，"我是闷不住气才请你来。咱俩一起闷，屁用？"

张景惠说："这是一件又急、又重大的事，容我仔细想想。"

"想吧，想吧！"张作霖说，"三天想不出对策，命令来了，就得拔营！"

"该咱们流年不利，"张景惠说，"奉天要是没有这个王彪，啥事也不会有了。"

"啊？！"张作霖一拍屁股站起身来。"你这不明明有了好办法，怎么还说没有？跟我也来花花套。"

"我有什么办法？"张景惠也迷惑了。

"你说'奉天要是没有这个王彪，啥事也不会有了'。好！咱们叫他王彪在奉天'没有了'。这就是办法。"张作霖对张景惠说，"想个法子，除掉一个人，这还不容易！"

张景惠眨眨眼，说："王彪一个堂堂的混成旅长，怎么除？"张作霖锁起眉，半天才说："想想，再想想。"

绿林出身的张作霖，对于除掉一个对手，他是有办法的：明的不行，来暗的；白天不行，就黑夜；捏个随便什么理由，砍了一个人的头，易如反掌。然而，他也感到除掉一个混成旅长不一般。往天用过的办法，在王彪身上都不一定生效。他关起门来，同张景惠面对面地想：想一个不行，再想；再不行，再想。下午想到晚饭，晚饭想到上灯……他终于扬起巴掌朝自己脑勺狠狠地拍去："混球、混球！用熟了的办法竟忘了……嘿！就这么办。"

"怎么办？"张景惠问。"拿酒来，咱们一边喝一边说。"

……王彪的防地山城镇，突然发生了兵变，一批穿着混成旅兵士服装的队伍，城里城外到处抢劫，一边抢，一边叫骂："老子活不下去了，王彪不发老子饷，老婆孩娃要饿死了，我们不得不出来拿点。要骂你们去骂王彪吧！"这群散兵行动敏捷，劫抢利索：无论多高的墙，一跃而过；无论多坚的门窗，一撞即开；贵重物放在何处，竟像自己放的……这个迅雷不及掩耳的行动，莫说受害的百姓一时惊慌失措，连地方官兵也措手不及。等到王彪安排队伍去平息时，他们早把金银细软装个够，不知飞向何处去了！

——好一批绿林高手！这全是张作霖安排的。用的办法是当年张作霖在二道沟、庙儿镇用熟了的办法，也还是那一伙老手。别看他们有几年不干了，重操旧业，还是地地道道的。何况他们如今又有护身符——堂堂的官兵！所以，干起来肆无忌惮，得心应手。

这帮抢劫的土匪刚走，张作霖便领着全副武装的两个团来到山城镇，把个小镇子团团围住，水泄不通。

王彪的队伍整装待发，但已"发"不出去了。

张作霖身穿陆军中将服，军容齐整，戴着满金双花的肩章，腰间斜披武装带。他来到旅部门外，卫兵忙举枪敬礼。手未举起，早被张作霖带来的队伍下了枪。大门换了岗哨，王彪一见张作霖进来了，忙出迎。

"师长，师长……"

"王彪！"张作霖大声说，"你的队伍叛变了，我是奉命来歼灭你的，你的末日到了！"说着，举枪对准他的脑袋，"乒乒"两响，王彪还未来得及答话，便倒在地上。

张作霖又大声宣布："叛匪首领王彪，已经伏法，混成旅队伍全部编入二十七师。有不服者，以王彪为例！"一支装备精良的混成旅，就这样做梦似的被消灭了。虽有几个军官偷偷逃走了，队伍是不复存在了。张作霖命人割下王彪的脑袋，带回奉天向总督报功去了。

山城镇发生"兵变"的事情，是由二十七师报告给总督张锡銮的。张锡銮有点迷惑，他捋着花白的胡须在沉思：王彪会叛变？！不可能。他的军械、军饷都优厚有加，防地也很富裕。王彪没有理由叛变！正是张锡銮似信似疑之际，张作霖匆匆走进来。

"大帅，山城有变，我已报告给您了。"张作霖对张锡銮说，"因事出突然，卑职不得不火速前往平乱，行前未及禀报。现在，叛乱已被平息，祸首王彪脑袋在此，队伍已经收编，请大帅裁决。"

张锡銮头晕目眩，他颤颤抖抖地坐在椅子上，一切都明白了！他昏沉沉地摇着头，无可奈何地说："你去吧，去吧！我知道了，全知道了。"

第九章
进京前夕

对于中国的人民说来，1915 年算是一个大灾大难的年头，不问你是高高官爵还是平民老百姓，人人感到压抑，压抑得透不过气来——

刚入元月，日本驻华公使，一个叫日置益的家伙，就向大总统袁世凯提出要同中国政府签订一个什么密约。袁世凯接过由日本人拟好的密约条文一看，吓瘫了！这个条文共有五号，分为二十一条——这便是被史家称作对中国污辱最大的《二十一条》。此时，袁世凯从革命党手中篡权不久，一心想稳住大总统宝座，并正在筹谋由大总统转而为大皇帝，无论国际还是国内，他都怕乱。手捧着《二十一条》，心里扑扑地跳着，昏花的老眼还得看下去。真是苛刻的二十一条呀！首先得承认日本继承德国人在山东享有的一切权利，还得扩大。袁世凯锁起了眉头："这场大战（第一次世界大战），德国人被打败了，你日本战胜国该去找德国算账，怎么算到中国人头上来了！"其次是延长旅顺、大连的租用期限及南满、安奉两铁路的期限为九十九年，还得承认日本在南满及东部内蒙古的特权。第三就是把汉冶萍公司改为中日合办，附近的矿山不准公司以外的人开采；第四中国沿海港湾、岛屿不得租借或割让给他国；第五中国政府须聘用日人为政治、军事、财政顾问，中国警政与兵工厂由中日合办，日本在武昌与九江、南昌间及南昌与杭州、潮州间有修筑铁路权，在福建有投资筑路和开矿的优先权……袁世凯昏了，这二十一条等于把中国主权全出卖了：这样，我还当谁的大总统，当谁的皇帝？！

　　但是，袁世凯毕竟不是一个爱国者，他想的只是宝座，只是登上龙位。要实现这个目的，还得依靠日本人的支持。因而，对于这个丧权辱国的《二十一条》，袁世凯还是要接受的。于是，他派了外交总长陆征祥和次长曹汝霖同日本代表秘密会谈，想在"砝码"上能够讨价还价。到了5月7日，日本人竟发出最后通牒，限48小时内答复。5月9日，袁世凯除对"顾用日本顾问和修筑铁路、开矿"的第五部分"容日后协商"之外，其余全部接受下来。5月25日，陆征祥与日置益在北京秘密地签订了《关于南满洲及东部内蒙古之条约》、《关于山东之条约》。袁世凯的卖国及日本帝国主义的侵略激起全中国人民的愤怒。于是，一场大规模的反日爱国运动在全国展开。

　　1915年，袁世凯的事情也真够烦的：《二十一条》焦头烂额，举国沸腾；他更忙的还有改元称帝——这是他袁世凯最大的心愿，五十八岁的人了，做了大半辈子帝王梦，再不抓紧还有几天？所以，他心急。袁世凯想坐轿子，自然有人会去抬：8月，便出来了杨度、孙毓筠、严复、刘师培、李燮和、胡瑛等人发起筹委会，很快便凑齐了以朱启钤为处长、梁士诒等十五人为处员的大典筹备处；交通银行也违背自己"拥袁做终身总统"的意愿而滥发纸币，支持大典经费；10月，袁世凯公布了《国民代表大会组织法》，确定国体问题由其投票表决。接着，各省成立了国民代表大会，并将表决票数报送参政院，委托参政院为总代表，收拢选举情况。一番紧锣密鼓之后，参政院于12月11日向全国公布了结果，说："全国国民代表为一千九百九十三人，得主张君主立宪票为一千九百九十三张；并接各省区国民代表大会文电，一致拥戴袁世凯为皇帝。由参政院为总代表，向袁世凯'劝进'。"

　　什么"劝进"，一切都是由他老袁操纵的，他还怕"进"得晚呢！当然一"劝"则准。于是，万事齐备，确定于12月31日奉"上谕"改民国五年（1916年）为洪宪元年……

　　袁世凯自认为种种做法能够骗得了世界，可以一手遮天。哪知道中国老百姓个个不答应。于是，一场"反对签订《二十一条》"、"反对卖国的北京政府"和"反对袁世凯称帝"的全民运动，从南而北渐渐遍及全中国——

　　东三省是受日本人侵略的重灾区，沈阳城是侵略者的"大本营"：关东军司令部、日本宪兵队、日本守备队、日本警察署和日本特务机关都驻在这里。他们为所欲为，无恶不作。这里的老百姓早已忍无可忍，怒火满腔。于是，他们联络起来，举行一次又一次反对《二十一条》的大游行，反对政府卖国的大游行，反对实行帝制的大游行。

面对这种怒潮，年过古稀的总督张锡銮惊慌失措，他的心情一天比一天坏了。最后，终于整日闭门谢客，不理政事。从政四十余年的老帅，往日也有不顺畅的时候，可是，他从来也没有碰到像今天这么艰难的境况：张作霖应该说是他亲手提拔起来的，连袁世凯都认为只有他张锡銮才能驾驭这个红胡子。可是，老恩公上任不久，就连连挨了张作霖三炮！人老了，老帅想息事宁人。张作霖向他开第一炮——硬是要扩充两个团的时候，他拧拧脖子答应了；第二炮讨价还价，抗命不出征，老帅也退了一步，迁就他一下；最使老帅痛心的是第三炮，假造兵变，杀了他的亲信旅长王彪。张作霖终究还是匪性不改，什么手段也干得出——张锡銮感到自己驭张作霖是无能为力了，于是，像龟似的，采取了缩头政策——不理事了。

和平时期官不理事，尚可混天了日。现在情况特殊了：日本人大侵略，老百姓大游行，沈阳城中烧日货、砸洋行的事情已经发生，火焰日益漫延，渐渐地连日本人的机关也给包围起来，事情闹大了。

一天，日本驻奉天总领事坐着守备队的铁甲车，气势汹汹地来到总督府，找到张锡銮，当面提出强烈抗议。什么严惩排日暴徒啦，处罚负责治安的军警官吏啦，赔偿日商损失啦，保证今后不再发生危害邦交的排日事件，等等。最后宣称：

"为保证大日本居留民一切合法权益，我奉天守备队已奉命进入战时警戒。如果发生任何事件必须由中国政府完全负责。"

张锡銮对日本人一向是采取妥协主义的，平时便是退退让让。现在退不了、让不开了，他只好把文武官员找来，让大家拿主张——一个紧急会议在总督府召开了。

到会的官员都知道，日本人已经前来提抗议。总督到底用什么办法对付，谁也不知道。所以，到会的人无不环顾左右而言他。张锡銮虽然老了，毕竟是军人出身，听着大家扯淡，早气得胡子撅了起来。但是，又有什么办法呢？这是全国大局，奉天不过首当其冲罢了。他不得不吞了吞气，不得不违心地说："各位，各位！今日之事，是由《二十一条》引起的。《二十一条》涉及中日邦交大事，政府自有主张，我辈唯有听命而已。之外，据我所见，今日百姓闹事绝非本愿，必有南方奸党从中煽动。因而，必须严惩奸党。若不然，后果难想。这样，警察总办要立即将'各界反日联合会'解散，拘捕主犯；今后再有暴徒抢烧日商、日货，即以土匪论处！"说到这里，张锡銮望望大家，见人人面上都流露出愁容，知道这个意见并不为大家接受。他轻轻地叹声气，又说："我之所以这样做，也是不得已。大家有所不知，日本兵已经准备开战了。一旦祸起，我等何以自处？前事不忘，后事之师，'甲午'之败，不能不借鉴呀！"大家都沉默不作声。

张作霖烦躁不安——张作霖情绪很反常，自从他对老总督发起一个一个进攻之后，他就梦寐着形势乱。他要在大乱中再显示自己一下。他手下有一个充实的师，一师兵放着干什么？当兵的无仗打，闲还闲死了呢！只有打，军队才有作用。如果眼下能有一场厮杀，最能见威风的，自然数他张作霖。到时候，他张作霖还不得再升升！然而，眼下是日本人惹事，老百姓反对《二十一条》，而《二十一条》又是卖国的，张作霖只能支持老百姓反对日本人。一想到反对日本人，张作霖也有点怕——他的队伍还没有跟日本人正儿八经的斗过，能斗胜吗？果然斗不胜，他张作霖心里明白，到失败时，日子是不好过的。所以，他也是沉默着。

张作霖与张锡銮已经是阵线分明了，自从杀了王彪之后，他知道已与总督处在势不两立的地步：不是老帅吞了张作霖和他的师，便是张作霖挤走老帅和他的兵。因而，老帅对当前的大乱采取什么态度，张作霖极度敏感。他一听老帅对日本人妥协，还要对老百姓开刀，他觉得机会来了。于是，他向老帅开起了第四炮：

"照大帅这么说，咱东三省就得听日本人的摆布了，日本人想租用咱旅顺多久就得租多久；南满铁路、安奉铁路租它九十九年；他们在东北人头上拉屎咱去擦；谁不认这个账，敢动动，大帅就得派警察收拾收拾？！大帅的意思我明白，东北不能蹲了，你们文官可以另找安乐窝，到什么地方少不了官当。可我和我的兵怎么办，向日本人缴械投降？那不行。我的兵都是中国人，我这一群中国人不是软皮蛋；我是死了心了，就是不离开奉天这块地盘！谁有能耐，谁就吞了我，或者把我赶出去。没有这个能耐，我可得做个守土有责的好汉！"

张作霖没头没脑来这么一炮，会场上人人瞪了眼，谁都说不清是对中国总督的还是对日本侵略者的？

张锡銮明白，他知道张作霖把他和日本人划到一个圈圈里来了，但他不说那么明白。张锡銮寒着脸，怔了一阵，才说："张师长这副爱国热忱，那是很好的么！我想，咱们中国人都能这样和衷共济，中国的事情绝不会没有希望。"停了片刻他又说："诸位，诸位！近日我身体不适，精神已坚持不住，那就散会吧。"人们一哄散去，会议毫无结果。

老帅无了主张，正合张作霖的心意。回到师部，就把当年磕头的兄弟都找来，丰盛地摆了两桌席宴，张景惠、汤玉麟、吴俊升、冯德麟都坐了上席。张作霖是主人，他给每人满满地斟上酒，自己先端起杯，正儿八经地说："各位兄弟，今天又是咱们扎在十字路口的时候了，咱不说官话，也不说废话，巷子里跑马——直来直去！你们都看见了，《二十一条》搅得天昏地暗。可是，日本人说日本人有理，中国人也说中国人有理。谁有理没理？咱枪杆子管不了那么多，也不进这个糊涂场合。可是得有一条：二十七师不惹人，也不受人欺侮。日本鬼子真想吃了奉天，咱就得跟他拼！不拼行么？不拼咱就完蛋了。兄弟们得记住一条：注意日本人的动向，该干时不留情！"说着，他仰脖子干了杯中酒。咂咂嘴，又说："我也得向兄弟们说个底作儿，要是真打起来，咱们得豁出命保住地盘。万一失去奉天，大家就都完了。从今天起，咱各人都要切切注意日本人的动向，尤其是南满、安奉两条铁路上日本人的动向。张老帅是没有熊本领了，到时候我下命令，队伍不能散板，地盘不能丢掉，不过……"张作霖叹声气，狠狠地摇摇头。

张景惠以为张作霖有碍口的话，说不出来，便提醒说："大哥，到这个节骨眼上了，什么话都得摊开来了。你说吧，兄弟们都和你一条心，死活拴在一根绳上。有什么不好说的呢？说吧！"

大伙站起来，端起杯，齐说："大哥，我们都听你的，你只管交代吧。我们以干杯表决心！"人人仰起面，干了杯中酒。

张作霖也干了杯，然后说："弟兄们，日本人也不是软皮蛋，万一咱们顶不住了，要记住，咱都往东边大山沟里跑。队伍拉进大山沟，就像龙归了大海，喘喘气，咱们照样可以大干一场。回奉天，咱还是有希望的。"

"放心吧，咱们都是有血有肉的汉子，谁也不是孬种！"

日本人对东北的侵略，在天天加紧；东北人民的反日情绪在天天高涨；总督关上自己的大门，不闻不问；张作霖便稳住自己的队伍，不声不响。

袁世凯同日本人签订的《二十一条》，不仅激起了老百姓的强烈反对，各方军阀也在惴惴不安。那时候，军阀之间矛盾还没有激化，主要敌人是日本，军阀们还表现出有点儿团结。江苏督军冯国璋联合了其他十八九个省的督军发出了一个反对日本侵略，请缨雪辱的通电，一时间，很博得中国百姓的拥护。

张作霖沽名钓誉，也想得到老百姓的称赞。同时，又觉得冯国璋这些人都是袁世凯的北洋弟兄，他们这样发通电了，肯定是有所授意，袁世凯愿意这样做的。自己正投着袁世凯的门子，于是，也动了心。他找到张景惠，说明心意。"咱们坐在奉天，得眼看着全中国，别他娘好名声都让别人顶了去，咱还是一群草莽。咱也发通电，怎么样？""发！"张景惠不加思索，即表同意。

张作霖叫来秘书，让他比着冯国璋等人的"葫芦"拟了一个电文，加急发了出去。

电文说：

> 中日交涉，只可力争，不能让步。天下兴亡，匹夫有责。倘日人欺人太甚，交涉无望。作霖愿率二十七师在关东与日军血战到底，不雪国耻，誓不罢休！

电报发出之后，他得意扬扬。我张作霖也可同冯国璋、段祺瑞这样的大将齐名于天下了！

袁世凯哪里想同日本人战斗到底，他正想借日本人势力做皇帝。签订《二十一条》也是偷着干的。一见各地将军说了话，他怕引起日本人误解，怕日本人说"中国军人要宣战"呢。所以，他十分恼火，立即发出一个告诫电报：

> 近来各省将军及师长就中日交涉问题来电多起，具征公忠。唯该将军、师长等既属军职，自应专志致力于军事，越俎代谋，实非所宜。今后各该将军，应宜尽心军事，不必兼顾外交。如有造谣生事者，仰即协同地方官员禁止，至要勿误！

电报发出之后，袁世凯又觉得"火气"太大了，怕军心不定，立即又以个人名义给所有发通电的将军、师长发了一个密电，借以平息众怒。密电说：

中日协商，渐就和平，不必他虑。各将军、师长总宜劝谕庶
民，持以镇静，一俟交涉解决，各自详告国人。

张作霖连接两电，傻了——"娘呀，我怎么在佛爷调腔时去烧香呢？那
袁大总统不说我张作霖两面三刀么！"

惊讶归惊讶，此次活动张作霖的名声是扬了出去；特别是一个报纸，还
标明他是"反对《二十一条》的爱国将领"。张作霖静下心来算算得失，觉
得还是合算的。于是，他在奉天，又威风了许多。

总督张锡銮，越来越感到招架不了，连连三炮，已使他精疲力竭；一个
通电，简直把这个总督甩到九霄云外去了。军政都是他张作霖了，我这个总
督算啥？废物！想想此番督奉所临的局面，想想眼前，再想想今后，老总督
叹气了：完了，完了。东北没有我立足之地了！他闭起门来，坐在灯下，老
眼昏花地亲自握笔给大总统写辞呈。呈文写好，慎密封裹，又派两个亲信送
到北京去。

辞呈送出，一直不见消息。张锡銮沉不住气了。便以"述职"为名，领
着两个心腹，匆匆进了北京。

袁世凯正处在焦头烂额之际，虽然感到东北问题严重，也无精力去处
置，只让段祺瑞出面去解决，并说："张作霖仗着奉天一伙兄弟，总在为难
总督，给他个将军，然后调他到边远地方去也就算了。"段祺瑞是国务总理
兼陆军总长，身边有高参，高参们知道东北这个红胡子不好调理，便劝他先
以私人名义与张作霖通通气，看看他愿不愿升官远去？张作霖是地头蛇，靠
着奉天发迹，当然不愿远去，颇有点火药味地给段总长回绝了。

袁世凯觉得事情麻烦了，想对张作霖动点硬的，又怕他会兵变，再转回
绿林；也是自己正在笼络人心之际，所以便将此事放下了。现在，张锡銮到
北京来了，袁世凯不能再不问此事了，得先见见他，看如何办才好。再说，
张锡銮又是他袁世凯小站练兵时的老人，当时任着直隶驻军统制。念及旧
情，更不能不见。

袁世凯迎张锡銮至客厅外，挽着老师的手，领进客厅。

"人骏（张锡銮号人骏）兄，有几年不见了，瞧你已是鬓发斑白的人了。"

张锡銮牢骚满腹，多日闷着无处发作，凭着多年的老关系，自不免言语
之中表达出来："我老了，老人！人老了就不中用了。"

袁世凯心絮纷乱，没有心情听他陈芝麻、烂谷子地叙说，忙用话岔开："东三省共和办得怎样，形势还平和么？"

张锡銮虽老，头脑还算清醒，既然他袁世凯环顾左右，他也不客气。于是，文不对题地说："你我多年故知，实情不敢相瞒：东三省防务空虚，日本人虎视眈眈，《二十一条》惹得民怨沸沸，此事不容忽视呀！"他叹声气，揉揉昏花的老眼，又说："也难怪民怨盛旺，《二十一条》东北首当其害，能不……"

袁世凯最怕人说这样的话，最忌人提《二十一条》。于是，不耐烦地说："邦交问题，自有外交部办理。人骏老兄不必过虑。"

"是，是。"张锡銮说，"锡銮老了，难当重任。"又问："日前我派人送来的辞呈，想大总统已经见到了？"

袁世凯点点头，说："以后再谈这件事。老兄稍安忽躁，东北之事，自会妥善解决。"

"二十七师师长张作霖，骄横跋扈，我是驾驭不了他。与其掣肘，不如避开。还望大总统体察。"

袁世凯又点点头。"张师长出身草莽，行为或有不当，自应妥为开导。日内我即调他来京当面训谕，一定命他遵从人骏兄就是了。老兄还是暂返任所，操持政务。"

张锡銮不便再争，只说"身体欠佳，拟在京调养。"便退了出来。张锡銮离开奉天那一天，密探及时报告给张作霖。张作霖心里一惊：无风无火无大事，他进京干什么？奉天正是民心惶惶，日本人也蠢蠢欲动之际，总督一走，出了事怎么办？其实，张作霖并不怕百姓闹事，他是怕张锡銮到北京告他的状。张锡銮和袁世凯都是北洋派的人物，小站练兵时的伙伴，万一袁世凯偏听了他的，一怒之下免了我的职，废了我的衔，虽然治不死我，三年五年我也爬不起来。与其那样，倒不如我先下手，把老家伙扣了起来，让他到不了北京……他立即找到磕头兄弟商量。

别看张景惠、汤玉麟这一伙都是些天地不怕的草莽，手中有了权之后，也知道粗中有细，攻中有退，不能死拼硬战。他们对张作霖说："不可硬干。张锡銮是堂堂的奉天总督，扣押起来，可跟反叛是一样的罪，大总统会调兵来歼灭。千万不能那样做。""那就眼睁睁看着他走？！"张作霖心急。

"现在还不知道老帅去北京干什么？倘若是大总统召见他呢。我们还是等等看动静。有了情况，再说咱该怎么办。"

张作霖细想想，觉得兄弟们的话有道理，也便点头答应。现在，忽然接到袁世凯召见的电报，心里大吃一惊——

张作霖自从攀上袁世凯，便极想见他。但又无理由，只好心中着急。现在，袁世凯要召见他了，他吃什么惊呢？原来张作霖做贼心虚，当了师长之后，光是对张总督那三炮，炮炮都该死罪，向全国发的通电，也够他蹲几年大牢。再说，他想见袁世凯，是为了上天言好事，主动请功；而今天，在老师进京之后大总统召见，这就不一般了，没有仗打，不需出兵，选总统、扶皇帝又不是他军人操理的事，召一个边远军官进京去，除了处治，还有什么好处。张作霖意识到自己要倒霉了。握着电报，锁着眉，在房里踱着沉沉的步子。好一阵，他下了决心：不去，管他妈拉巴子如何？古时候还有'将在外君令有所不受'呢？想着，他把电报揉成团团，扔在墙角。自己回到内间，朝床上一躺，双腿伸直，把两眼闭了起来。有人报："副议长袁金凯来访！"

张作霖一骨碌爬起来，匆匆往外去迎。老远就张开双臂，大声说："我的议长，这段时候你哪里去了？连影子也不见，害得我总念着你。"

"这一段形势这么乱，你军务在身，我怎么好打扰你。"袁金凯很客气。

"别提形势乱了。"张作霖说，"一乱起来，我才更加想你。好多事做不了主，总想向你请教……"

"我会有什么高见？"袁金凯说，"你如今是平平安安，青云直上，会有什么事出乱子？""别提啦，容我慢慢对你说吧。"

二人对面坐下，有人献上烟茶，张作霖这才把发通电、吃批评、总督进京、大总统电召的事，一五一十从头到尾说了一遍。最后说："我已死了心啦，大总统召他的，我就是不去！"

袁金凯一边吸烟、品茶，一边跟着张作霖的话题思索。对于发通电、总督进京的事，他早一清二楚，但是，他觉得这些都是官场上的寻常事，大也大不到哪里去。所以，尽管张作霖十分激动，他却只是淡淡地笑着，既不声也不响。后来听到大总统电召，张作霖抗命，他心一惊，手里端着的茶杯，"咚"一声落在桌子上。眉头紧皱，说了话："雨亭，这么说，你不想去北京了？"张作霖点点头。"是的，不去。""为什么？"

"不能去。"张作霖说，"老师准在大总统面前告了我的状，大总统准会偏信他，我如果乖乖地前往，虎落平川，准得吃亏。落个什么结局尚难说，不如不去。"

"决心下定了？"袁金凯追问。"下定了。"

"跟你的兄弟们商量了？"

"不用商量。我决定了，他们会同意。"

袁金凯深深地叹了口气，把眼半闭起来，拿过烟，慢吞吞地似吸非吸，再不说话。

张作霖性急，见袁金凯不作声，他沉不住气了。急问："怎么样，这样做不好？"

袁金凯缓缓地点点头。"为什么说不好？"

"袁世凯是大总统，大总统是一国之主，他的命令是不能不服从的。""古时候还有'将在外，君命有所不受'呢！"

"那是什么情况？那是指的战争年月，战争情况瞬息万变，朝廷不一定对前方情况十分了解，可能令有所误，将不受情有可原。现在，你这里没有战争，没有特殊情况，不执行君命，那是大逆。"张作霖惊恐了，他觉得袁金凯说得对。

袁金凯又说："无缘无故，抗命不进京，正说明你心里有鬼，胆小无能。凭这一点，袁世凯对你做出任何处理，他都有理由，反而显得他更威严！"

"这么说，一定要去了？"

"一定去！"袁金凯说，"果然是一场祸，躲是躲不了的。倒不如大大方方顶上去，还有个回旋的余地。""我是顾虑失去地盘。"

"那好办。"袁金凯说，"你走之后把后方认真安排好，作好退路，不就行了。"

张作霖想了片刻，说："幸亏阁下指点，要不还误了大事呢！去，我一定去北京，也让北京那些人看看我老张并非软弱可欺之辈，也可探探京城到底是个什么地方，能人有多能！"

送走了袁金凯，张作霖又请来了各位磕头兄弟，还把二十八师师长冯德麟请来。对他们说明情况和进京的决心，然后对冯说："大哥，我看，大总统只不过把我当成一个难缠的硬疙瘩，想训训我，以后安分点，未必敢把我怎么样。所以，我决定去！""万一老袁有歹意……"冯德麟心里不安。

"不怕。"张作霖说，"今天请大哥来，就是为这件事。大哥说的万一，咱就有个万一的打算。我到北京若有个三长两短，大哥，你先把二十八师开到奉天城。但不必开战，拉个架势，以便好同老袁讲讲价钱。同时我留下一条密令：一旦出事了，请北边的吴俊升、东边的张景惠和二十七师全部都往西调，贴近山海关，找个碴儿给我狠狠地往里打。别把袁世凯看得怎么雄，拼它一家伙，他照样害怕。大哥，真到那时候，只有这一拼了，不这样拼，咱这帮绺子就没有好果子吃，别人就会来收拾咱。各位兄弟，这是绝对的秘密呀！到时候，你们就大干吧！"

冯德麟想了想，说："也只有这一条路可走了。不过，我得提醒你，袁世凯可是个又阴又恶的人，你千万把火候看准，见机行事。你走了，奉天的事全由我包了，你只管放心。"

张作霖说："有诸位兄弟在东北，我会放心的；也是因为有诸位兄弟在东北撑着我的腰，莫说到北京，到天边，我也不会出事。"

话虽这么说，张作霖还是作了另一手准备的，他还想着要去高攀袁世凯。往日，是袁世凯给他师长当的；设或袁世凯并无意灭他，再奉承他老袁一下，岂不关系更密了。想到这里，张作霖找了个紫檀木匣子，把从蒙古王府弄来的那尊半尺多高的赤金天地佛装好，准备作为晋见礼，到时候送给袁世凯；又让汤玉麟挑一营敢打敢拼的队伍跟随他身边，从银号里取出大把银子，这才择日进北京。

第十章

进京后事

改元称帝，把袁世凯闹得焦头烂额；张锡銮来到北京，又带来了东北的动荡消息。他真后悔当初为什么一冲动竟给这个红胡子一个师长当？这不是助长他兴风作浪么！他更后悔不该把老总督赵尔巽草草处理。现在，他接受教训了，他要保护老帅，才能稳住东北，稳住天下。然而，这个红胡子出身的张作霖该怎么办呢？

袁世凯近来总想杀人，他曾经暗自排过他身边所有能够兴风作浪的人，谁亲他、谁疏他、谁反对他？他早有了详细的名册。他想把那些疏他的人通通远贬边疆，让他们用武无地，终老他乡；把那些反对他的人通通杀掉，户灭九族。让谁来办这件事呢？能够帮助他干这件事的人，只有段祺瑞。他是陆军部总长，握着巨大的兵权。他找到段祺瑞，不明不暗地把这个想法流露出来。

段祺瑞反映不激烈，他淡淡地一笑，说："历来做帝王者，无不爱土亲民，所谓得人心者得天下，失人心者失天下！改元，我是赞成您的；把身边清理一下，我看还是缓行，甚至不行。那样做了，会更加激起大怨的。"

"这么说，就眼看着一些人跟我作对，作对到底？"

"惩治某些人，办法还是有的，大事办成之后，天下皆王土，天下皆臣民，办几个反对自己的人，还不易如反掌。"

袁世凯沉默了。他想想段祺瑞的话，觉得有道理——其实，他袁世凯何尝想不到这个简单的道理？他早已想到了。只是自身的利害关系他想得太大、太沉重了，连头脑加眼睛都"封闭"了起来，他忘乎所以了，即所谓的"当局者迷"。经人指点迷津，他也觉得对。便点点头说："好，把这口气暂时吞到肚里，压一压，以后再说。"

大行动不干了，小行动得干！张作霖在东北连总督都不放在眼里，这还了得！将来，他什么时候想反我，不是照样兴兵！袁世凯有点动怒了——

袁世凯毕竟是书香门第，当初若不是主考官有偏见，他很可能在金殿上闹个三甲。儒家风度，历来都标榜着"万般皆下品，唯有读书高"，他怎么能同一个闯荡绿林、打家劫舍的红胡子为伍呢！张作霖不是治国之才、兴邦之辈，留着他，肯定是一个祸根，袁世凯想杀了他！

张作霖是他召进京来的，随便找个什么理由便可以杀他。杀了吧，以除后患！

决心刚下，神还未定，他又犹豫了：杀张作霖么？能杀干净么？当初，是他授命陆军部破格给他中将衔、师长职的，如今，张作霖的二十七师何止一师人马，实际上两个师还多；二十八师冯德麟，二十九师吴俊升都是他的磕头兄弟，这些人都是天地不怕的大土匪。杀了张作霖，他们一起反了，东北不是要大乱了么！袁世凯心惊又后悔起来：心惊是怕这些绿林英雄造他的反，他无力平叛他们；后悔的是当初他不该一个一个地把他们都委了师长，现在，反而养虎为患、尾大不掉了。

袁世凯刚愎自用，但近来乱事太多了，多得令他眼花缭乱，六神无主。就这个张作霖，他不想去想他的事了，却又丢他不掉。

正在此时，承启官——一个儒气、奴气都很足的老头走进来，打千来个半跪，说："禀大总统，奉天二十七师师长张作霖奉召到京，听候大总统召见。"袁世凯心里一惊，他没有想到张作霖会来得这么顺当、来得这么快，他还怀疑他不一定会来的呢；惊的是，他自己对张作霖该采取什么措施尚未定夺，他来了，怎么对待？威，大训斥他一顿，有什么效果？德，再恩赐他一番么，一个师长的头衔他就连总督都不放在放里了，再提升，他岂不……张作霖既然应召来了，得见他。袁世凯对承启官说："告诉张师长，明天上午十点在居仁堂见他。"

承启官应了一声"是！"便退了出去。但却偷偷地把张作霖送来的紫檀木匣子放在门后的一张小桌上——这是承启官干熟了的事。外任官进京，谁能没有晋见礼？送礼是明明白白的事，但收却极有讲究。若禀事官把礼物放在明睁眼见的地方，再说一声"某某人晋献！"十有八九得挨一顿训，原封退回。都说明了，岂不是送礼有了见证人，收贿也可证了。所以，常收礼的官都在客厅、书房或密室门后、房角摆一张空桌，来客或承启人、侍用只需把礼物朝桌上一放，说声"某某来了"，收礼人便自然明白。这都是官场上的公开秘密了，总统府的承启官对这些事自然更明白。

承启官退下之后，袁世凯微闭起眼睛在屋里踱起步子——他要决定如何对付这个红胡子出身的师长？然而，张作霖毕竟既是红胡子又是师长，难对付呀！袁世凯踱来踱去，还是下不了决心。无意间来到门后边，见小桌上有个紫檀木匣子，便明白是张作霖的"意思"。暗自笑了。这个红胡子，还有这份心。但又想：东北会有什么好东西呢？无非是人参、豹皮，或大财主家中的瓶瓶罐罐。他端起来，放在八仙桌上，打开来，一道金光耀眼。原来是一只足有半尺高的赤金天地佛！沉甸甸的，形象秀美，做工精细，面部和手背的皱纹都雕刻得十分细透。袁世凯心里一惊：张作霖哪里来的这件宝贝？这不是寻常百姓家会有之物，非将相即王府才会有！他捧在手中越看越心喜。这是一个极好的兆头，天地对我生金，我将光照天地！这么一想，袁世凯对这个红胡子顷刻间竟产生了好感：张作霖……

张作霖也是一宿未眠，京中接触的事虽皮皮毛毛，他便感到与他当年闯荡绿林十分相似。他来京之后，连京城的面目都不敢光顾一下，便匆匆忙忙赶到总统府去"报个到"。他身着中将礼服，胸挺头昂，还像在沈阳似的拿出派头。谁知公府门外那个门卫便不理睬他，只用嘴噘了一下，示意他去承启处。张作霖来到承启处，见一老朽坐在那里，连眼皮也不翻他一翻，只扯着腔调问："干什么的？从什么地方来的？"

张作霖真想抬脚给他一家伙。但转念一想：不行，这是京城，是天子脚下。这里，放个将军、免个总督，只是寻常一杯茶，一个中将能算屁！"宰相的家人七品官"！大总统的承启，还不得是将军！张作霖收了收火气，说："兄弟奉天二十七师师长张作霖，奉召来京拜见大总统。恳请能为通禀一下。"

承启官只欠了欠身，还是那个不协调的腔调说："近日来，大总统正忙着和日本公使谈判，有话传出，抽不出时间会见外边来的官员。"张作霖一听，心里凉了。他知道，这是承启官不愿给传禀——昨日，京城中的朋友还告诉他"京城之路，也是有钱才可通的。"他听了还有点不相信：堂堂一国之都，会有如此鸡鸣狗盗，敲诈勒索之事？现在，他碰了一壁。忙从随从身边要过一张五百现洋的银票朝承启官面前放去。"不成敬意，还请笑纳！"

承启官还怕是假的，拿过来反反正正地看一阵子，脸上才露出笑意。

张作霖忙将大红绸子包的紫檀木匣子递过去。"备有薄礼，请承启官先向总统呈上，不胜感激。"

有五百现洋银票，承启官脸膛和语言都变了，让座，待茶，然后说："请张师长稍候，我马上去禀报。"

张作霖气得肚子疼：妈拉个巴子，五百现洋才买一个笑脸，好贵的价码！

得到答复之后，张作霖回到住处，思索明日见大总统该说些什么去了。

对于赵尔巽、张锡銮，张作霖已经有点经验。往日，敬也敬到点子上，骂也骂得痛快，打也打得顺手！如今要对付的是袁世凯，袁世凯是大总统、是皇帝，这可是至上权威，弄不好一个示意，便砍了脑袋。伴君如伴虎么！张作霖有点害怕了。他自知这次来京是被召进来的。总统既召，一定有事，是吉是凶？尚难断定。所以，他一夜之中，反反复复，不得安宁。

次日，十点未到，张作霖便来到总统府承启处。承启官脸膛更不同了，微笑、打躬、立站着，一句一个"张师长"——原来上头有交代，对于张作霖，要以外省督抚觐见述职之礼相待！既然张作霖有了诸侯身份，承启官怎敢怠慢。

十点整，承启官领着张作霖进入居仁堂大厅。承启官指着一个椅子让他坐下，点着头对他说："张师长，请稍候。"说罢承启官推开一扇玻璃门朝里走去。

张作霖有点心慌，他坐在椅子上，觉得十分拘谨；抬头看看这个大厅，只觉得满室金碧辉煌，闪闪发光，梁栋雕画些什么？一时也分辨不清；大厅正面一个屏风倒是十分壮观，上面画着许多条龙；屏风前条案上放着陶制的、铜制的瓶瓶罐罐，还有几只"嘀嘀嗒嗒"走动着的闹钟；壁上满悬着字画。对这些，张作霖不感兴趣，只扫了一眼便放过了。他心里想：袁大总统这大厅不怎么的，只比奉天总督好一点点。张作霖没有进过皇宫，他不知宫廷的摆设，但他曾想过，他想象传说中的水晶宫，四壁都散发出耀眼的光芒，五光十色，使人眼花缭乱。但袁世凯住的，不够劲……张作霖正慌慌张张胡思乱想时，承启官走出来。轻轻地说一声："大总统到！"张作霖心里一跳，急忙站起身来，朝客厅门边退去，身子站得笔直，瞪着两眼望着那个敞开的玻璃门洞。

袁世凯今天穿戴很特别，竟穿着天蓝色陆海军大元帅服：金线绣的嘉禾满袖口领口，佩戴着宝星垂金大元帅肩章，头戴白缨元帅帽，胸前挂着大小勋章。他本来身个不高，这一打扮，简直像个不倒翁；葫芦似的胖脸膛，没有一点儿笑意，摆着方方正正的八字步，走到大厅中间，便坐在一个洒满金星的沙发椅上，活像一尊木偶。

不用指名，张作霖便知道他是袁世凯。赶紧摘下军帽，用右手托在胸前，迈正步向前行两步，一个立正站稳，向袁世凯深深鞠一躬，颤抖着声音说："奉天二十七师师长张作霖奉召晋见，请大总统训示。"说完，行以注目之礼。

袁世凯只淡淡一笑，便和颜悦色地指着一张椅子说："坐下吧，坐下讲话！"

张作霖应了声"是"，倒退着走两步才转过身，坐在门边一个椅子上。

袁世凯朝他招了一下手，又指着身边一个西洋沙发对张作霖说："坐这里吧，坐近些。"

张作霖拘谨地挪了过来。

袁世凯微笑着对他说："张师长，二十七师在东北很不错么，说明你治军很有方。很好啊！"

张作霖忙站起来，说："承蒙大总统夸赞。二十七师办得不好，还请大总统多加训示。"

"奉天形势如何？东北靠近日本，又是日本人特别注目的地方，有许多关系交错，不知现状如何？"袁世凯慢条斯理地说。

张作霖有思想准备，一是曾经挨过袁世凯的训，那个"军人不要管外交"的板子打得他还疼，二是来京前袁金凯曾提醒他，在大总统面前绝不可议论《二十一条》，最好连中日关系也不谈。所以，袁世凯的话一落音，他便说："东北形势很稳定，请大总统放心。中日关系和睦，作霖谨遵大总统教诲，军人不宜过问外交，只是保护地方平安。在东北，不管是东边，还是北边的，不管是大鼻子、小鼻子，只要他欺侮咱了，我决不答应，一定同他们血战到底！"

袁世凯只微笑，半天才说："你这样做很好，军人的职责是守土，其他事不管为好。我还想问问你：咱们国家要建立民国，实行共和，你对这事有什么看法？"

张作霖轻轻摇头，说："作霖是个小小的武官，又无学问，总统说的这样的大事，作霖不敢胡说。"

袁世凯见他谦虚了，又说："你对国家大事持谨慎态度，很好，很好！不过，你的部下对这件事会有些议论吧？"

张作霖又站起来，说："部下是有议论，作霖听了，总劝他们莫谈……"

"他们说些什么？"袁世凯说，"你只管说么。今天咱们是家庭式的会见，不必拘谨。"

张作霖是故意卖关子的，他心里明白，袁世凯正在做着皇帝梦，千万不能破了他的美梦。因而说："部下议论可多了，但是，稍有见识的旅、团、营长，他们还是有同样看法的。他们说，咱中国几千年，文明天下第一，靠的是什么？还不是靠君主！共和，无父无君，各干各的，中国只怕不行。大家说，还是君主立宪好。"

袁世凯听着，心里十分高兴：一个武人能如此说，可见还是应该实行帝制的。但他却不说出来，转过脸，对侍从说："给张师长斟茶。"

侍从倒茶——在总统面前，能领此一杯，该算殊荣，张作霖起身致谢。

袁世凯既得张作霖的支持，也不亏待他。忙说："张师长今后要好好治军，要率领军队好好打仗。取得成绩，可进取公侯之位！"

"谢大总统夸奖、鼓励。作霖只有一个心眼，忠君报国，听大总统指挥。前程也全靠大总统栽培。"

一抬一捧，心领神会。袁世凯这才把话题转到张锡銮的事上来。

"张师长，有件事我想对你说明，张总督是前清重臣，如今也是民国大员。人老了，远非当年，自然有许多虑事不周处，你要多多辅助他，同心协力，以国事为重。张总督对你还是很器重的，他在我面前就谈过你不少长处。"

张作霖心里一惊，知道张锡銮真的告他状了。忙说："我是军人，讲服从，绝不敢怠慢上司。只是，人嘴两面皮，有些事还请大总统明察。"

袁世凯有些不耐烦地冷笑笑，说："我久有所闻，心中有数。"张作霖心惊了：难道我对老师那几炮他都知道了？果然如此，大总统先入为主了。张作霖此刻感到袁世凯是向他敲了警钟，心里不是滋味。

袁世凯站起身来，走到条几边，手指着张作霖送来的赤金天地佛说："张师长是位有心人，你送的东西我十分喜欢。见到了，我就放在这里了。据说天地佛又叫欢喜佛，终日嘻嘻哈哈，天地交泰。有人还送过一副对联给它，叫什么……'大肚能容天下难容事，开口常笑世上可笑人'，就这么个乐天派！"

张作霖在诗、文、联这方面，一窍不通。只管傻傻一笑，说："小意思，这是从蒙古王府弄来的，大总统若喜欢，我派人再到那里多弄几个，孝敬给你老人家。"

"不必了，不必了。"袁世凯急忙说，"你此番来京，我十分高兴。张师长若无其他事，在京应酬一下之后，还是速回奉天吧。"

张作霖知道自己该走了，忙又端起帽子，连声"是，是！"深深一鞠躬，又随承启官退出居仁堂。

袁世凯送走了张作霖，心里陡然不安起来：这个张作霖是个不安分的将军，张锡銮治他不了，东北可怎么办呢？老帅是不能再去东北了，难道把东北交给这个红胡子不成？不行，若让张作霖督理东北，不仅我无法驾驭他，国人也会骂我用人失策。谁去东北能行呢？袁世凯陷入烦躁之中。

正在这时候，湖北总督段芝贵进京述职，闯进居仁堂，连常礼也不顾，便急急忙忙、声泪俱下地讲述了在湖北如何受第二师师长王占元的排挤，表示"如不另行调遣，决不再回湖北。"

段芝贵，是袁世凯小站练兵时的旧人，但位卑职小，只是一个候补同知，很想巴结袁世凯。他跟袁世凯的文案阮忠枢是好友，经过阮的指点，段芝贵出资在天津平康里买了个名妓叫柳三儿的送给袁世凯。这柳三儿是个资色俱丽、琴棋书画皆精的妞儿，又是个不出名的"隐秀"，此花送给袁世凯，既中其意，又免了社会上一番风波。袁世凯十分欣喜。不久，便当上了袁府的四姨太太。柳三儿对段芝贵自然会十分报答；段芝贵攀上了高枝，经常到袁府请安。有一次，竟跪在袁面前，低三下四地说："袁大人对小子栽培胜过父母，如不嫌弃，小子愿做义子。"说着，连磕三个响头。由于柳三儿的纵容，袁世凯一笑默认下来。袁世凯当上大总统，段芝贵便当上了湖北总督。段芝贵有"干殿下"的身份，哪里瞧得起一个师长。那王占元也不是个省事的人，论出身，他也是个乡间小流氓，比张作霖好不了多少。现在，仗着手里有军权，随时给段芝贵掣肘，弄得段芝贵行动都不方便。所以段芝贵进京请调。

袁世凯正愁没有人去东北、也愁着张锡銮没处放，灵机一动，索性来个张、段对调。不日，即发布了如下命令：任命张锡銮为彰武上将军，督理湖北军务；任命段芝贵为镇安上将军，督理奉天军务，并节制吉林、黑龙江两省军务。

发布命令的当日，袁世凯对段芝贵说："就这样吧，你到奉天去。张作霖虽然桀骜不驯，对你，他是不敢放肆的。当初令尊任总兵时对张是有恩的，不是他作保，张也不会入官。凭这一点，他也不敢对你如何。"

段芝贵也觉得该这样，何况自己又有袁这个大后台，便欣然前往。

张作霖从北京回来，飘乎乎地等待着更好的消息——袁世凯对他恩宠有加，居仁堂赐茶，已属殊荣；在他离京前，袁世凯又派专人到张的住处来颁发奖品。而奖品又是十分贵重的一台二尺多高的西洋座钟。这钟，通体镀金雕花，镶有红蓝宝石；钟顶上有楼上楼，还雕刻着精致的八角舞台；台上有四个手拉手的西洋女子。开动发条，立刻就传出"叮叮当当"的响声，四个子女便翩翩起舞，妙极了。颁奖人特地告诉他："这是宫里的西洋贡品！"张作霖抱着西洋钟回到奉天，他觉得抱回的，不只是四个美人，还有一顶显赫的纱帽。

可是，张作霖等来的并不是纱帽，而是一个新来的总督段芝贵！张作霖漏气了，他软溜溜地坐在太师椅上，心中狠狠地骂道：妈拉个巴子，段芝贵能比张锡銮怎么样？

生气归生气，段芝贵督奉天是千真万确的事实，他得准备迎接他，跟他共事。

段芝贵也是个怪人，离京前竟在北洋新军中挑选了六百名精壮卫队，都给他们换了新军装，佩带东洋刀，短枪也是东洋造，很是神气。段芝贵到奉天之后不去总督府，竟传下话来："到二十七师师部下榻！"

正是张作霖生气的时候，听到段芝贵要到他师部下榻，心里一振：啊！？这位新总督怎么要下榻我这里？他给我这么大面子！是不是还有"旨意"？张作霖当然知道段袁关系，所以这么想。想到这里，原来的怒气也渐渐消了，忽儿又增添了喜悦：好吧，盛情接迎！忙命卫队团全体集合，到衙门外列队欢迎；张作霖也换上陆军中将礼服，领着旅、团、营长到门外迎接。

段芝贵是坐着新从美国买来的小汽车进城来的，汽车上装有踏板，踏板上站着四个马弁，车后跟着六百名卫队，好不威风！汽车来到二十七师司令部门外，马弁跳下车随车慢行。张作霖等匆匆迎来；车子停下，马弁开了车门，段芝贵走出来。

张作霖走上前去，举手敬礼，说："二十七师师长张作霖率部恭迎大帅光临奉天！"

这时，乐队齐奏，鞭炮震天。段芝贵把手举起，向张等还礼，然后去握张作霖的手，说："谢谢各位，谢谢各位！咱们是一家人，何必这么客气。"他又伸过一只手去握张作霖另一只手。"张师长，咱们……就更不必见外了！""是的，是的。"

张作霖把段芝贵领进客厅，旅、团、营长见过礼退去。张作霖这才很客气地说："大家均在院中，稍事休息请大帅训示。"

段芝贵摇摇手，说："罢了，罢了。这是官样文章，咱不干。还不如好好谈谈心呢。"

张作霖说了声"是"，然后告诉部下散去，又命人献茶。

段芝贵素来以文人自居，常常在学子中卖弄一二，以显示自己文武全能。他明知张作霖是绿林出身，不润文墨，今天却偏想以文治武，先给张作霖一个下马威。初一见面，一时也想不出由头，眨了眨眼睛，只好借茶卖弄了。他端起张作霖献的茶，一见是淡绿色，灵机来了，故意品了品，说："哎呀，张师长，你这是地地道道的'双井绿'！对不对？"

张作霖哪知是什么绿、什么红，要献茶，只知拿好的。好茶敬献新总督，会令他高兴。连茶从何来，他也不知道。只好附和点头："对，对！是'双井绿'！"

段芝贵昨日才在一张小报上"结识"了这种茶，今天便卖弄了。他晃着脑袋说："'双井绿'产于江西省修水县'十里秀水'的双井村，属于青散茶类。"他又品了一品，啧啧嘴，又说："北宋诗人黄庭坚是修水人，曾对'双井绿'有许多赞美诗，特别令人不忘的，是那首《双井茶绿赠子瞻》，诗说：

人间风日不到处，天上玉堂森宝书。想见东坡旧居士，挥毫百斛泻明珠。我家江西摘云腴，落磑霏霏雪不如。为君唤起黄州梦，独载扁舟向五湖。

那子瞻便是大诗人苏轼苏东坡，他喝了双井绿茶十分高兴，立即写诗
应和：

江夏无双种奇茗，汝阳六一夸新书。磨成不敢付童仆，自看雪
汤生玑珠。列仙之儒瘠不腴，只有病渴同相如。明年我欲东南去，
画舫何妨宿太湖。

雨亭拿'双井绿'敬我，可见情谊之深！

张作霖忙说："是的，是的。当初作霖受抚的时候，令尊段老太爷正在
广宁总兵任上，多蒙他老人家给我做保官，才得正式授职。作霖得有今天，
多亏段老太爷的恩典。此恩永世不敢忘记。"口中这么说，张作霖心里却犯
了嘀咕：段芝贵这个人究竟想干什么？一杯茶还没进肚，又是古人又是诗，
我管这些屁事做啥？一事未了，又勾起我说他的老爹。你老爹对我有情，难
道世世代代我都得报答？想着，张作霖用眼角窥视他一下，见他有点趾高气
扬，更不耐烦，便收住话题，不再作声。

段芝贵一听张作霖还没有忘了他老爹，觉得自己的目的已达到了，不
必追往了。忙说："雨亭呀，以后不必再谈此事了。做做保官，全是官场上
的例行公事，实在也算不了什么恩典。哪里就算大事了，只怕连家父也不
记得了。"

张作霖忙说："令尊大人能够毫无顾忌地担保，说明老人家有眼力！"

"雨亭毕竟是栋梁之材。"段芝贵说，"你我今后共事，算有前缘。正像
黄庭坚与苏东坡的赠酬诗一样，一个是'玉堂森宝'，一个是'江夏无双'。
你说对呀不对？"

张作霖简直是一头大野牛，哪知道什么韵味、蓄意？只微笑点头。"对，
对！大帅说得极是。"口里这么说，心里还是想：这段芝贵到底是个什么角
色？我得探探他。于是又说："作霖出身粗野，头脑里想的只有领兵打仗保
奉天。今后还得多请大帅训示。"

段芝贵一听张作霖粗人说了细话，忙用话岔开。"张师长对奉天军务十
分通达，结识甚广，又深得将士之心，算得国家干城。今后奉天军务，自

然全赖你了。我此番来奉任职，实在仓促得很，大总统和我本人都觉得应该快与张帅办理交接手续，了却一件公事。因为……"段芝贵用目光望望张作霖，见他听得还算入心，才又说："雨亭不是外人，我也就不瞒你了。离京之前，大总统曾面示，公府有些事情还要我来办。因此今后我的事应多在北京。所以说，奉天总督府的事，就要多劳雨亭帮忙了。我到奉即下榻贵处，便有此意。"

张作霖一听，心几乎跳了出来！段芝贵是袁世凯的心腹，从总统府来的，自然多知内情。心想：这么说，大总统有意要我作预备总督了！但他还是说："只怕作霖难能担当如此重任。"

张作霖昏昏然起来……

第十一章
"盛武将军"——连升三级

　　张作霖回到自己密室，猛然间感到不对劲："我和这位总督素无交往，初次相遇。为什么会有如此亲密呢？他是袁世凯的红人，可是，我和袁世凯也只能算是一面相识，没有深交，他不会有什么恩厚交代。"张作霖最敏感的，还是这个新总督初次见面就跟他大谈诗文，大谈什么茶文化。妈拉个巴子的，明知我与文无缘，拿什么诗来唬我，这不明明将我的军么！张作霖不怨自己没有文化，他只恨别人不该拿文化压他。他感到受了污辱，他想采取措施，报复他。

　　然而，段芝贵毕竟是东北地方的一王，是个能够左右风云的人物，又是"当今总统"的干儿子，不能对他轻举妄动。思来想去，只落得难能入睡，左右翻身，合不上眼睛。

　　第二天，是新旧总督交接，与张作霖无关，总督府无论在干着什么，他只好在大墙之外望空而叹。焦焦急急地等到晚上，他才应段芝贵之请走进段的住室。一照面，段芝贵便有些气怒地说："这个张……"下文他却不说了。张作霖知道这是不该问的事，也装作没听见，只坐在一旁不声不响。

　　段芝贵只沉默了片刻，便收不住了。"当初，我知道奉天极富；这些年也是风调雨顺，怎么一下就穷了呢？""奉天穷了？！"张作霖有点惊讶。"可不穷了！"段芝贵说："那个张人骏（张锡銮字人骏）在交银库时，竟是一座空空的。"

"怎么可能呢？"张作霖说。

"怎么不可能？"段芝贵说，"他知道我要追问他。所以，不等我开口，他就作了回答。""他怎么说？"

"他说得很轻松，"段芝贵说，"这里的银库本来就是空的，当年徐世昌在这里任总督，喜欢讲排场，到处兴建楼台殿阁，把银子全花光了。还说，咱们这个豪华的大客厅便是那时候建的。""那么，他什么也没有交代给你了。"张作霖急问。

"交了，这不。"说着，段芝贵从衣袋中拿出一圈卷得皱巴巴的纸头。

张作霖接过来，在面前铺开，又用手碾平，见是一首诗。字写得还算工整，大体上他还能认全，是专门写给段芝贵的。只见那诗是：

> 武昌开封驰名地，百战功高上将才。愧我筹边无善策，十年忍
> 耻待君来。

字认清了，什么意思？张作霖却弄不清楚。尤其是前两句，他简直如嚼木片；后两句，还多少能理解一点。是不是老东西还有点自知之明，感到无本领把边疆治好。果然那样，还算可以。为什么又说"十年忍耻"呢？有什么耻？这么一想，张作霖自然联系到这位张总督这次来奉与他的关系以及他对他的连连开炮。果然那样的话，活该！权这东西，就得不讲仁义道德，不使点手段还行么！张作霖对段芝贵笑笑说："这个老师也只能留下这点东西了。至于他说'忍耻'，真不知他指什么？"

段芝贵摇着头说："随他忍什么耻吧，是牢骚也好，是自海也好，让他到湖北跟那个新提升的壮威将军王占元去携手解决吧。我们的责任，是共同办好东北的事。"段总督又把让张作霖担重任的话说了一遍，"我今后恐怕无力地方，雨亭将军的担子不轻呀！"

"我是奉天人，奉天人当然应该尽力办好奉天的事。"张作霖口上这么说，心里却是在想：难得你能早点走开！

1915年热闹非凡，热闹得连日本人的连连侵略也顾不得。当了大总统的袁世凯，一心想改元称帝，东北的事，自然列不入卯簿上。

由朱启钤、周自齐、梁士诒等十人联名向各省将军、巡按使发出的密电，告诉他们"主座"（袁世凯由总统向皇帝过渡时期，给自己定了个名位，

叫主座）命令，按内定部署迅速做好选举工作。各省不敢怠慢，都在 10 月
25 日前选出代表，10 月 28 日投票决定国体，11 月 20 日进行皇帝选举——
所谓的选举，只是在早已印有"君主立宪"字样的选票上签上自己的名字，
然后再写上"赞成"二字。由于代表们每人都已收到五百大洋的川资，当然
心中有数，结果，一千九百九十三名国民代表全部投了"赞成君主立宪"的
票。到了这年最后的一天，即 12 月 31 日，根据各省区代表的选举和各省
"国民代表大会"的电报劝进，袁世凯决定改民国五年为洪宪元年，他登上
了洪宪皇帝的宝座。

袁世凯的登基大典是在中南海居仁堂举行的。那一天，居仁堂大厅正中
上首摆设着龙案龙座，可是，两旁却没有仪仗队，只排列着平时伺候他的
几个卫兵；袁世凯也没有龙袍皇冠，只穿着平时的大元帅服。奇怪的是，袁
世凯却光着脑袋，那顶饰有叠羽的元帅军帽他不戴——据说，袁世凯一直很
厌恶这顶元帅帽，厌恶得就像寻常百姓家妻子为丈夫赚来的"绿帽子"差不
多——朝贺的人先先后后鱼贯而入。

主持朝贺大礼的是"干殿下"段芝贵。段芝贵早从奉天回到北京，已经
忙得不亦乐乎。外边的消息他最灵，袁世凯想当皇帝的事，不仅南方的革命
党反对，西南各省的督军、省长也纷纷反对，并且早有以蔡锷为首的护国反
袁组织。段芝贵唯恐袁世凯登基不成，不仅封锁了全部反袁称帝的消息，还
伙同太子袁克定每天伪造一张《顺天时报》送到袁世凯面前，报上尽是些
"国人拥戴君主立宪"的消息，弄得袁世凯心神不定，只想登基。一切就绪
之后，段芝贵传出话来："朝贺礼仪从简，三鞠躬就行了。"然而，那些坚
定的"崇皇派"，还是行三跪九叩的大礼。可是，由于没有人司仪，行礼便
乱了套，跪叩的人把头插进鞠躬的人腿裆里了；鞠躬人的屁股拥落了跪叩人
的纱帽；朝贺人中，有着长袍马褂的，有着便服衣帽的，还有蟒袍乌纱抱笏
的，形形色色，五花八门。

袁世凯笑容满面站立在龙座旁，左手扶着龙座，右手手掌向上，不断地
对朝贺者点头；对于一些老朽，有时也示出搀扶之态……

按照皇家常规，新天子登基之日，是要对臣子封官加爵的，袁世凯却没
有这样做。这便引起许多朝拜者的疑虑。老袁知道之后，第二天即马上弥
补。谁知这一加封，带来了麻烦——

袁世凯封爵的第一道令，是对原副总统黎元洪发出的，册封黎元洪为武

义亲王，并令在京的文武简任以上的官员由国务卿陆征祥率领前往东厂胡同黎元洪家里去致贺。黎元洪却冷笑着拒封。

黎元洪和段祺瑞、冯国璋等北洋派要人对袁世凯称帝，是不同意的。登基那天，这些人全没去，现在册封，他们自然不肯接受。所以，黎元洪意味深长地对陆征祥说："大总统虽明令发表，但鄙人绝不敢领受。盖大总统以鄙人有辛亥武昌首义之勋，故优予褒封。然辛亥起义，乃全国人民公意及无数革命志士流血奋斗与大总统主持而战，我个人不过滥竽其间，因人成事，决无战功可言，断不敢冒领崇封，致生无以对国民，死无以对先烈。各位致贺，实愧不敢当。"说罢，竟调转屁股走进密室。

这对袁世凯，无疑是痛击一棒。袁世凯不能丢这个面子，下午即派衣庄的名师到黎府去为他量体，说是要做亲王制服。黎元洪连内室也不出，只传话说："我非亲王，何须制服？"并随之递了辞呈。后来，连送"武义亲王"府的信也拒收……

北京城也不是所有人均如是，干儿子段芝贵便三跪九叩领受了对他的公爵之封。不想因此与张作霖结下大怨——

袁世凯大封臣子的时候，咬咬牙封了张作霖一个子爵，起先，张作霖还是十分欣喜的，他拿着册封令去找袁金凯。袁是张作霖朋友中第一支笔，大文化人，早在张眼中成了红人，奉天百姓俗语："要做官，去找袁洁珊（袁金凯字洁珊）。"袁金凯看看册封公文，点首笑了："我就知道你会有这一天！不想这一天来得这么快。""洁珊，你快说，这'子爵'到底是个什么位？"张作霖想量量自己。

袁金凯卖弄了。他轻晃着脑袋，说："这就得先来解批一番什么是'爵'。"

"什么是爵？"

"爵，古代酒器。青铜制。有流、柱、鋬和三足，用以温酒和盛酒的，盛于殷代和西周初期……"

"啊？！"还没等袁洁珊把话说完，张作霖便摇了头。"还是盛酒的家伙？这么说，他袁世凯把我张作霖当作一个破酒壶了？他妈拉个巴子……"

"先别骂。"袁金凯说，这是字义解释之一，还有二。""是什么意思？快说。"

"爵位。"袁金凯说，"《礼记·王制》上说，王者之制禄爵，公、侯、伯、子、男凡五等。这就是说，你的官位已经入阁了，算得王公大臣之列了，岂不是大喜事！"

张作霖笑了。"这么说，这么说……""你身居王公大臣之位了！""好，我请酒，我请酒！"

张作霖忙着交代出去："今晚请各位旅、团、营长都来，好好庆贺一场！"

热一阵之后，他又忽然问："洁珊，你刚长说什么，爵还分等。什么等？""不是告诉你了么，爵分五等，叫公、侯、伯、子、男。"

张作霖掰着指头数数："公——侯——伯——子……"他惊讶了。自言自语："我……我是子爵，子是爵中的第四辈，公爵是爵中的头一辈。这么说，我得称段芝贵老祖爷了！"

袁金凯没细想，脱口而出说："可不是。人家是公爵么！大一级压死人。"

张作霖"腾"地跃起，一拍屁股，发了怒："妈拉个巴子，我为什么要给他段芝贵当孙子？闹了这么多年，我在东北只混了个重孙子辈，我不干！我要当老祖爷……"

张作霖对段芝贵的老子虽然感恩，对段芝贵却无恩可感；段芝贵来东北，张作霖最敏感的是阻碍了自己掌大权。所以，张作霖最早萌起的念头，便是瞅准机会，赶他滚蛋。段芝贵来东北之前，是了解张作霖的，所以，一踏上征途，他便思考"如何对待这个红胡子"。然而，他知道张作霖根基很牢，他手下的一帮人很强大。想对付他，必须制造他们内部分裂，相互残杀。东北的军事主力虽说是三个师，但有实力的也只有张作霖的二十七师和冯德麟二十八师，这两个人是磕头的兄弟，目下又是势均力敌，不相上下，还看不出有什么破绽，该如何下手？段芝贵还没有决定。

双雄不能并立，这是寻常的事，他不光容不下段芝贵，他早觉得那位磕头大哥、二十八师师长冯德麟，有与他平分天下的苗头。有些时，这位大哥对他言行举止很不顺和，还不时地顶撞一二。平心而论，这个冯德麟，无论文韬还是武略，都比他张作霖高一筹，凭本领，张作霖得排"小爷们"辈上去。所以，张作霖便产生妒忌之心。因为是磕头兄弟，又不好明火执仗，只得暗下决心，增强自己的势力。一天，张作霖走进总督府，殷勤地对段芝贵问候一番，然后说："大帅，雨亭这些天总在想一件心事，才不安的。想禀报大帅一声，看看该怎么办好好。"

"说吧，"段芝贵大咧咧地说，"我从不把你当外人，你也不必见外。"

"目下，东北局势还是十分不平静的，东邻、北邻都有险。万一出了事，靠别人都是瞎话，还得凭自己……""你想怎么办呢？"段芝贵问。

"我想二十七师增添十尊捷克大炮。"张作霖说，"能添十尊炮，二十七师便可对付任何局面。大帅能不能力呈北京政府，尽快批准拨款。"段芝贵老奸巨猾，听张作霖要买十尊炮，心里顷刻翻腾起来：这个红胡子要扩充自己了。他力量大，东北可不是别人能蹲的地方了。我得打一道坝子，不能让他如愿。但，他又觉得不好明阻。这个打劫成性的人，若悖了他的野心，他可是什么坏事都会干得出的。前车之鉴，我不能像张锡銮似的，成了他的对头。他转念又想：这张作霖和他的磕头兄弟二十八师师长冯德麟已有缝隙，我若利用此事动作一下，使他们疏远一点、分离开来，岂不更好！这是官场上用惯了的伎俩，段芝贵不过抓住了时机，并不出奇。本领只在抓时机。他笑着张作霖说："雨亭，你的想法很好。二十七师是东三省的唯一劲旅，应该好好装备。只有咱们自身硬了，才无人敢歧视。只是……"段芝贵卖了个关子，面上露出难色。

张作霖心里惊了：怎么，他不愿向北京呈报？张作霖脸色一沉，说："买炮这事，名正言顺，我想北京是不会不同意的。只是务必请大帅准为呈报！"

段芝贵微笑、摇首："雨亭，你想错了。这样的事，我怎么能袖手旁观呢！我是想：如果例行公文呈报北京，等待北京政府批复，那就不知要经过多少时日，还不知是准、是否？周折太多了。""这么说……"

"这样吧，"段芝贵说，"先从省里把钱拨出去。需要多少，你报个计划，我和财政衙门打招呼。这样做省时间。办件事就得成件事，拖拖拉拉，说办不成就办不成。"

张作霖没想到事情如此顺利，没想到段芝贵如此慷慨，便忙站起，一边躬身致谢，一边说："感谢大帅关照，感谢大帅关照！"

段芝贵笑了。"自家人么，不必客气。"停了片刻，他又神秘地说，"雨亭呀，此事你知道就算了，我一定给你办妥，就不必对外说了。特别要制止部下的宣扬。"说着，他又朝张作霖靠近些。"冯师长曾对我不止一次说过，他说'二十七师编制、军械都超过我，还请一视同仁。'还提出要我为他增加两个炮兵营。我怕此中有牵连，暂时放下了，只答应以后有机会报陆军总部审批。冯师长为人自视甚高，颇为刚愎，你们可不要因此伤了和气，我也从中为难。"

听了这话，张作霖心中一惊：好个冯德麟，早下手了！但是，张作霖毕竟是同冯德麟磕过头的，论关系，比段芝贵厚得多，即使作为对手，那段芝贵也算头号。如今，这个头号对手把手插进来了，是不是别有用心？别看张作霖粗鲁，脑壳倒还机灵，关键时竟粗中有细。他轻轻地叹声气，微微一笑，说："这件事情大帅放心，冯师长和我，是生死之交。作为大哥，他当面骂我也应该。他的为人我是了解的，正直、任性。过去他就常对我说：'千万别忘了江湖情义，咱们要抱紧，把奉军办得像个样，不能让人拆散、打垮！还要防止被人利用了'。"

张作霖指桑骂槐，旁敲侧击说了一篇话，段芝贵心里吃一大惊。他知道红胡子有回击之意，便应和着说："雨亭这么一说，我就放心了。"随又转变话题说："雨亭，你对帝制不知有什么看法？"

"军人以服从为天职，无论是大总统，还是大帅，有用我处，赴汤蹈火，在所不辞！"

"好好！就得这样做军人。"

如今，袁世凯做了皇帝，段芝贵成了公爵，他张作霖却当了段芝贵的孙子辈，他能甘心？！他想找个机会，把这个干殿下赶出东北。

大典之后，袁世凯即了帝位，改元洪宪，并将总统府改为新华宫——故宫里还有一个皇帝，他进不去。故只好另辟宫殿。袁世凯这一做不要紧，中国立即天下大乱起来——

蔡锷等将领首先在云南起义，组织护国军，兵分三路，北上讨伐；贵州省宣布独立；广西省宣布独立；官反了，匪也趁火打劫：江西、四川、广东一些地方的绿林大盗，便联络起来，依样称王称帝，分封爵位，并纷纷竖起什么"天王"，什么"大帝"的旗号，打家劫舍公开化，兵匪不分；帝国主义不甘落后，英、日联合，先是打着保护侨民利益派兵入侵，后来便发出"五国联合警告！"

宫廷也乱了，冯国璋、段祺瑞各怀心事，像龟似的缩头不理事了；老相国徐世昌自知无回天之才，急流勇退；政府派出去的征滇军一出家门，便纷纷溃散……

袁世凯焦头烂额，六神无主，无可奈何，不得不发出"取消帝制令"，恢复中华民国，要和护国军停战议和。

袁世凯封官加爵的臣子中，风派人物不少，一见形势变了，马上调转屁股，来了个里应；肃政厅各肃政史联名呈请政府严惩复辟派罪魁祸首，并指名先杀"筹安会"的杨度等六人，再杀联络十四省劝进的段芝贵等七凶；云南方面提出的议和条件之一便是"诛杨度、段芝贵等祸首，以谢天下"。

在北京大喜过望的段芝贵，一见此情，慌了手脚，匆匆跑进东交民巷里的德国医院"治病"去了，一方面安排心腹，赶紧收拾刚刚到手的金玉细软，提出各银行的存款，准备逃回奉天去：只要我有东北，局势再坏，也奈何不了我！

张作霖身在奉天，北京还是众多的耳目。当初为他拉线的于雪斋，早已是大内的红人，什么消息瞒得了他？平时，张作霖待他恩情不浅，正图报无门，一见京城如此"热闹"，立即如实报告张作霖，并说："北京政局风雨飘摇，雨公务必作好应变之策。那个'干殿下'有据东北之意，更不可轻视。"

张作霖正因为爵位气恼这个"老祖宗"，一见此情，心中大喜：好啊，机会到了，我要干这个爷字辈的公爵！

怎么干？张作霖犯了愁。这几年，张作霖早已习惯了，碰到难处，即找智囊。他马上派汽车，把袁金凯接来。

张作霖把于雪斋的函电让袁金凯看了个清楚，然后说："洁珊，就这么多事，你拿个办法，看该怎么办。"

"京城的事会影响东北多大么？"袁金凯捋着稀疏的黄胡子，心不在焉地说。

"关系大着呢！"张作霖说，"这个'干殿下'再挤到奉天，事情就麻烦了。"

袁金凯思索片刻，说："别忙，别忙，这事好办。""怎么办？"

"我先在议会上鼓动一下，拾掇他几条，放出风去，给他个当门炮，把他先镇住，然后你再出头，岂不顺理成章了。""我怎么出头？"

"到时候，我自有办法。"

张作霖信得过袁金凯，见他如此胸有成竹，便点头答应下来。隔了一天，袁金凯便以省议会和诸位国民代表的名义另附绅商各界名单向国务院呈递文书，控告段芝贵"在总督奉天期间，侵吞公款二十余万元。奉天财政衙门仍在继续清查。务请政府追究此案，缴还赃款并严加惩处"等。同一天，东北各报都在头版头条发表了这一消息，《东三省公报》还附加了一条消息，说："本报获悉，二十七师师长张作霖将军对段芝贵私吞公款一事，十分义愤，已向所部高级军官表示，政府如不对段严加惩办，张将提出辞呈。"

中国人闹就够乱了，日本人也跟着搅和，日人办的《盛京时报》在《东三省公报》屁股后说："奉天政局大乱，张作霖氏凭借雄厚力量，近日将与各界磋商，准备成立'奉天省保安会'，以决定独立事。日本有关方面正密切注意形势演变。"

看了上述消息，张作霖乐得合不上口，大叫："老天帮我老张的忙了，老天帮忙！"

袁世凯早已焦头烂额，一见东北的呈文和报纸，更是火上加油，先抱怨一通段芝贵，说他太无自知之明，用多少钱我这里没有？为什么一到东北就伸手？这不是自我毁灭么！冷静下来，他又觉得抱怨错了，东北是一片是非之地，赵尔巽、张锡銮都立不住脚，何况段芝贵！这不是段芝贵怎么坏，而是张作霖这个红胡子的心太毒！袁世凯低垂首、眉紧皱，昏昏沉沉地踱着步子，思索着如何对付这件事。

袁世凯恨透了张作霖：我太失策了，没有看透这个大强盗。自从把他提上来，毁了多少国家栋梁？我真该杀了他！但转念又想：南半天已经够乱了，北半天再乱，还得了！得稳住人心呀！段芝贵自然无须处置，只是不让他再去东北，万事就休了；那张作霖，还得要利用他，不能杀他。中国乱了，北京乱了，北洋老班底也乱了，连冯国璋、段祺瑞都不是我的人了，我得依靠这个红胡子了。

袁世凯立即命令陆军总部委任张作霖为盛武将军，督理奉天军务兼任巡阅使，任命冯德麟为帮办。

张作霖连升三级，从此被尊称为"大帅"。

第十二章
姜雨田与冯德麟

也该着张作霖官运亨通，袁世凯给了他盛武将军、督理奉天军务又兼着巡阅使，他成了"东北王"。别管这个王是怎么弄到手的，王是坐定了，东北这片地方他说了算！

天下事就是这样，哪怕昨天你还是个白痴，伸着手向别人讨残羹剩饭，仰着脑袋瞧别人的神色，今天纱帽罩了顶，你的脸色就会变，胸脯就会挺，说出的话就有分量，行动起来也会前呼后拥。当年二道沟一败，张作霖是何等狼狈！关艳红那一枪果真对准他的脑袋，恐怕三界沟连个土疙瘩也留不下。今天，张作霖是盛武将军了，放个屁也会响彻东三省！

袁世凯的皇帝梦是破灭了。他想当皇帝，皇帝当不成，袁世凯觉得活着太没有意思，不如死。死比当皇帝容易，途径多得很。到1916年6月，袁世凯真的死了。

袁世凯死了，黎元洪当了大总统，段祺瑞当了国务总理，北京的大权最后仍在北洋派的手里。天下又乱了。

黎元洪、段祺瑞想稳住权位，虽然觉得东北的张作霖是个"祸害"，但张作霖又毕竟是东北的一霸，不喜欢他却又灭不了他。军阀的处世哲学就是那样，能吞的则吞，吞不了的则拉，比他势力大的则贴。黎元洪大总统的"宝座"是皖系段祺瑞给的，兵权在段之手，政权自然随军权转。他焦急不安地问计于段祺瑞："芝泉（段祺瑞号芝泉），东北的张作霖，你看该怎么对待？"段祺瑞本来是"袁天下"的台柱子，总理兼陆军部总长，一人之下，万人之上。按说，袁世凯死了，段祺瑞当总统是名正言顺。他也想当。只是他的"小扇子军师"徐树铮认为不妥。他认为："天下在乱，群雄争霸，鹿死谁手尚无定局，不如拉出一个傀儡充当门面，自己站在幕后。"段祺瑞同意了这个意见，所以，把大总统让给黎元洪了，他自己只作着军政实权在握的国务总理兼陆军部总长。明着处理国家大事，暗着扩充实力，以待时机。黎元洪提的东北张作霖，段祺瑞是挺厌恶他的：土匪，红胡子！成事不足，败事有余！可是，他又想利用他。果然有一天我执掌天下了，东北能有这个红胡子为我压着阵角，我也省心得多。这么一想，他便对黎元洪说："张作霖还是有能力的。东北不好治理。赵尔巽、张锡銮、段芝贵，都没有治理好，人心却倾向他张作霖。我看，还是可以信任他的。""那么，你的意思？"

"东北就别再去人了。"段祺瑞口气坚定地说，"再说，一时也实在没有合适的人选。"

黎元洪自知自己是傀儡，是替皖系临时撑着门面，索性在大事面前附和段意。便说："这样做很好，那就让张作霖当奉天督军兼省长吧。"张作霖又升了级。至此，奉天的军政大权总算都到张作霖之手了。

张作霖成了"东北王"之后，马不停蹄地组自己的"阁"：先是磕头的绿林兄弟，后是这几年的心腹，真是"一人成仙，鸡犬升天"！有脸面、没脸面的人，都弄顶纱帽戴戴。一时间，白山黑水成了张氏天下！

张作霖毕竟是草莽出身，凶残之外，还留有一股江湖侠义。当了督军兼省长之后，关在密室里狂喜过望，然后躺倒床上，自言自语："我张作霖能有今天，还是江湖朋友捧场，还是地方老乡厚爱，我不能忘了他们，我得好好地报答他们！"他眯上眼睛，从二道沟算起，营口的高坎镇，新民的姜家屯、北镇、三界沟……一处一处排了个遍。张作霖有地盘、有大权了，他要在东北成为英雄！然而，究竟英雄该怎么当？实话说，张作霖还真没有谱。但他知道：绝不能忘恩负义！

此时，张作霖想到第一件不能忘恩负义的事，是灭了三界沟的杜里山：我不该灭了他。杜里山毕竟拉了我一把。要不是他救了我，只怕我连骨头也烂了。现在一切都晚了，想赔礼也找不着人了，他死了张作霖很后悔：当初我杀了关艳红现在也不后悔。那个婊子娘们一直对我另眼相待。

他想起了在营口寻兄不遇、经常给他剩饭吃的客店掌勺常雨农。那位常老叔也有六十多岁了吧，苦命人呀！我得拉巴他一下。想到这里，他一骨碌爬起来，叫来一个小军官。

"交给你一件大事去办办，拿一张银票，到营口的高坎镇去找一位叫常雨农的人。问他需用多少钱？用多少就给他多少。他要是不用钱，你就把镇上那爿小当铺买下，交给他经营。还有，那位常老叔身边还有一个儿子，曾经读过书，让他来这里吧，给他点事做做。"

他又想起了姜家屯永德当铺的掌柜钟恩。"当年我领着绺子进新民，匪首洪福臣硬是不让我立足，幸亏钟掌柜把我领进镇子，我才有机会劫了蒙古马贩的一批马。要不，我怎么拉起绺子呢！"张作霖又派人去新民，为钟恩买了大片土地，设立了三畲成当铺，让钟恩当总经理。不久，又把钟恩请到沈阳，把沈阳的三畲当铺和沈阳的三畲粮栈合并，都交给钟恩管理……

该办的事大都办好了，张作霖这才平静地想理理军政大事。一天，新上任的秘书长袁金凯走进张作霖的内室。这个省国民议会的副议长，脚踩两只船让他踩准了。张作霖当了督军兼省长他十几年的冷板凳再不冷，而一变成了张的主心骨、幕后指挥。他对人说他有眼力，早就看得出张作霖"有伟人相"。张作霖文墨不通，袁金凯出口成章，实实在在地为这个红胡子装点了光彩的门面。近来，袁金凯也以"内务总理"自足，出出进进，说说道道。

"雨帅，"最近，袁金凯总是这样称呼张作霖。在他的影响下，督军署、省衙门的人也都勉为改口，统称张作霖为"大帅"。"现在各要务部门的人事都安排好了，唯独银行总经理，尚未定人。""银行？"张作霖精神一振，"这可是一个致命的衙门。"

"是的。"袁金凯说，"所以我不敢轻易定人，得跟你商量妥了再定。""有个目标没有？"

"没有。"袁金凯摇摇头——其实，袁金凯对这个"角色"，早已眼红，人选早定，他想让他的老舅，一个举人去当。只是，他在衙门里安插的人太多了，他怕张作霖怀疑他有篡权嫌疑。所以，暂时收敛了。但仍有幻想。他幻想着让张作霖开口交代他。到那时，他再把老舅托出来，岂不更好。

张作霖不理解他的心情，只觉得管银行这件事得派个可靠的人，免得日后出差错。既然秘书长（自己的智囊团）还没有目标，那就一起想想吧。张作霖闭起眼睛，缓缓地踱着步子，把脑海里的"名册"一个一个地过堂，一个一个地推敲。

张作霖是靠着钱起家的。当初，绿林结伙，打家劫舍、断山剪径，还不是为了钱！拿命拼着玩，容易吗！？钱多了，才买得来官，才有了权。现在，虽然他觉得权比钱重要了，但是，没有钱，权也不会牢稳。赵尔巽怎么孤立的？张锡銮怎么孤立的？就说那个"干殿下"段芝贵，他一上任不是就先看银库么！没有钱谁也玩不转。张作霖觉得管钱尤为重要，得有一个扎扎实实的贴心人，要勇敢，要坚定。他想呀，想呀！半天还是定不了人。

"这样吧，"袁金凯说，"先别着急，宁缺毋滥。若是派了不合适的人，闯了漏子可不好。"

"是的，是的。"张作霖说

袁金凯看事无头绪，便想退出去。"我先办别的事，咱们都再选择选择。"

袁金凯刚要动身，张作霖却想起了一个人，忙说："洁珊，有人选了，有人选了。"

"谁？"袁金凯转过身来。

"姜雨田。当年新民府的商会会长。"

"他！？"显然，袁金凯是知道此人的，"是不是就是当年拦住你的马为商会讨债，不还债不让你离开新民的那位姜？""是他！"张作霖说。

"……"袁金凯深深地叹了一声气，没有说出可否。但他却皱起了眉头——往日，张作霖同他谈心的时候，常常把自己心中的"好人""坏人""朋友""敌人"排队，又总提到姜雨田。虽然没有把他列入"敌人"范围，每次提到他，总耿耿于怀地说："他在大街上拦住我的马头不放。一街两巷，尽是看热闹的人。我的脸那个热呀，简直火烫的一般。要不是怕群众骂我，我真想杀了他！他让我丢了大人，丢人丢到家了。"现在，他竟然想让他来当银行经理，为他管银库。袁金凯迷惑不解。但是，他也明白，张作霖定了的事，别人很难更改。于是，便说："好，好，姜雨田合适。凭着他办事认真，管银行再合适不过了。"

"这样的话，你就派人到新民去，把姜会长请来，我同他面谈。"两天之后，姜雨田来了。

此人五十多岁，细瘦身条，赭红面皮，一双机灵的眼睛，惊恐万状地来到省政府衙门——姜雨田心里很不安。当初大街上拦住张作霖的马头，实在是意气用事。事后一直十分后悔。心想：张作霖土匪出身，杀人都不眨眼睛。他欠几个钱就欠吧，当作他讹诈也就算了，为什么偏偏得罪他呢？姜雨田有点怕。他曾经幻想着张作霖能够战死在什么地方就好了！然而，张作霖不仅没有死，反而连连高升，竟然升到督军、升到省长。姜雨田害怕了：果然有一天他想起了当年新民拦马那件事，他不得杀了我！姜雨田想躲着走，可又无处可躲。正是他心神不安的时候，督军衙门派人来找他，说"张大帅要见你"，他能不慌张？慌张自知无用，只好前来。

姜雨田也算条汉子，当年能当街拦住张作霖的马不放，就得有一股勇气。现在，既然"东窗事发"，缩头也缩不过去，不如挺起胸来，拿着脑袋顶上去。

姜雨田走进督军府，立在大厅里，也不知是吉是凶，只一心等着张作霖发落。

张作霖出来了。他挺着肚皮望了望他，模样已经记不清楚了。望了一阵，指着一把椅子说："姜会长，坐，请坐！"说着，他在一旁先坐了下来。

姜雨田没有坐。站在那里，冷笑笑，说："张大帅，您把我找来，我心里明白：我有罪。该怎么治罪，您就爽快点。我姜雨田是个爽快人，不想拖泥带水。"

"坐下么，坐下好说话。"张作霖说，"咱们总也是朋友。朋友见朋友，怎么能不坐下说话。"

姜雨田梗梗脖子，在张作霖身边坐下业。

对面坐下了，气氛便自然缓和下来。姜雨田不愿当个孬种"被告"，他一坐下，便说："张大帅，当年新民那件事，我是做得不对，不该让您当众丢丑。可是，我也是万不得已呀！几十家商号揭不开锅，您大军又要开拔，我只能让您还了钱再走。"张作霖摇摇手，说："你还记得那件事？我也记得那件事。不然，今天就不会让你来了。"

"我也知道，今天就是因为这件事您找我。"姜雨田说，"说明白了，更痛快。不过，我有一个请求：我经手的还有几件缠手事情，大帅能不能给点时间，让我笔录出去，转到新民去，也算有个交代。""干什么？"

"等着您砍头！"

张作霖笑了。"哈，哈，哈！姜会长，我张某人要杀你，不必动这么大干戈，只需派两个小弟兄，明火执仗闯进商会，一举手你便完了。你总记得，像张锡銮的混成旅旅长王彪，他可是个威震一方的人！三界沟的杜里山，红遍了东北。我想杀他们，一举手。何况你这个手无寸铁的商会长！""那您找我干什么？"

"想请你出来当我的东北银行总经理！"

"啊！？"姜雨田呆了。他从椅子上"腾"地站起来，惊恐万状地说，"当银行总经理？""是啊！"

"为你管银库？""对！"

"您信得过？"

"废话！"张作霖也站了起来。"东三省这么多人我不找，偏偏找你。不信任你，我找你？"

姜雨田深深地抽了一口气，笑一笑，说："大帅，这样大的责任，我可担不了。"

"什么话？"张作霖，"东北三省我都管得了！想当年你敢拦我的马，勇气肯定比我大。今天，我当督军了，当省长了，我的一个小小的银行你又不敢管了。熊包！当年的勇气哪里去了？""这……这……"

"我就喜欢你那个拦马的勇气！知道你会管钱。就拿出当年那个勇气来管银行吧，我放心！"

张作霖说得实实在在，姜雨田听得认认真真。话说到这茬口，一切都明白了。姜雨田双手一拱，说："大帅，我姜雨田绝不辱命！鞠躬尽瘁，管好银行！"

"这才像个商会会长的样子。"张作霖这才拍着他的肩，握着他的手。"你休息两天，然后先接下职务，走马上任。上了任再回新民府去处理你的那'几件缠手的事'。怎么样？"

"大帅，我佩服您的用人胆略！"姜雨田说，"看样子，我得把小命交给银行了！"

"有人争还争不去。我双手给你了！够光彩的了。"二人紧紧握手，仰面大笑。

中国的历史，常常演绎着这样的故事：闯荡江湖、推翻统治、争取自由的时候，共同战斗的兄弟姐妹，都亲如手足，甘苦与共，不分你我。可一旦天下到手，大权属归，昔日的海誓山盟便通通忘了，反目为仇，争权夺利，不惜相互残杀。据说，这就是人性，这就是文明史。

张作霖是人，张作霖当初磕头明誓的把兄弟也是人。所以，他们都不能超越这种规律。

张作霖连连升级，很快便握有奉天军政大权，他的磕头兄弟、二十八师师长冯德麟心里有些不舒服：张作霖凭什么握有如此大权？在奉天、在东北，我得比他强多了，委屈地说天下也得与我平分！

——冯德麟，算是东北的一个人才，十几岁就中了秀才，机智勇敢，为人豪爽，又能广交三教九流，并且好打抱不平。在乡里很有些威望。所以，乡邻的讼事，也多找他公证或代笔写状。结果得罪了一批坏人，他们给他捏个通匪的罪名被押在县衙的死牢里。幸亏几个江湖朋友的营救，才得以越狱出来，流窜辽西一带，拉起了大帮，结识了张作霖，只是为了扩大势力，才同他张作霖结为兄弟。其实，冯德麟却从不把张作霖放在眼里。后来，张作霖连连上升，升为军务督办的时候，冯只是个帮办，他哪里服气！现在，张作霖成了督军，冯德麟还是个师长、帮办，显然低了张作霖一头，由不服变成了反感，由反感渐渐有了行动——张作霖升督军，冯德麟便把他的队伍暗暗地往辽西调动，司令部设在广宁；锦西、兴城都派驻了兵，不声不响地把京奉交通要道控制起来。兵马布阵一毕，他竟率两团精兵进了奉天城。

来者不善！大兵进了城，他连将军公署一个招呼也没有打，这就很不正常。冯部进城之后，自作主张，不仅扎营故宫，连十王亭、大政殿、銮驾库及配殿、库房全驻上二十八师的兵。冯德麟自己住在清宁宫，凤凰楼、崇政殿住两个保卫营，立即派岗加哨，架上机枪，布置了一个临战状态。

事情发生在张作霖眼皮底下，对于冯德麟的活动，他自然清清楚楚。张作霖锁眉了，他一时不知该如何对待这位磕头大哥。是的，这位大哥不好对付，他不是张锡銮，也不是袁世凯，既动不了杀机，也不能回避。现在，大哥兵临城中了，怎么对待？张作霖没有主张了。沉思许久，他想起了另一个磕头兄弟吴俊升。现在，只有让他出面。无论如何，得平息下来这件事。日子刚刚好转，不能先打内战。

吴俊升接受了任务，也有些犯愁。他这样气势汹汹地来了，来干啥？还不知道，怎么说话呢？

张作霖想了想，说："就是么，他就是再有意见，也得先说一声。对敌人还讲究'先礼后兵'呢，自己弟兄倒是兵刃相见了。"又想了想才说："这样吧，你去呢，主要是探探消息，看他来干什么？话自然不能从这里说起，你就跟他谈谈上任帮办的事，问他啥时候可以脱出身来，要个什么仪式？"

吴俊升点点头去了。

吴俊升来到清宁宫，还没有开口说话，冯德麟便下了逐客令："老弟，你来干啥的，我已知道了。你不必开口了，凭什么事，我是不跟你谈的。张某人若觉得还有点当年磕头的情意，并且有诚心和我谈谈，请他明天到这里来一趟，啥事都好说。他不愿意来呢，也别勉强。以后会怎么样？只好走着瞧了。"

吴俊升被阻了回来。如实地把冯德麟的情况说了一遍，然后说："大帅，冯某人已经撕破脸了。他阻我我不在乎，他可是对你说了许多不三不四的话，现在拉出架势要和你谈判，你得有个准备呀！"张作霖没说话，只默默地沉思。

"大哥，你不能去见他呀！他没有安好心肠。"

张作霖还在沉思。

"不光不能同他谈判，我看，干脆吃了他，免得多事！"

张作霖摇摇头，说："不能吃，二十八师是咱们的主力，力量很强。咱们自己一打，免不了鱼死网破。到时候，一定会有人出来趁火打劫，收拾咱。"

"这……这样说也对，还是大哥看得远。"吴俊升说，"那怎么办呢？""好办，咱们当初能在一炷香下磕头，今天不一定翻脸不认人。明天我去见他。只要能让人咽下去的事，什么话都好说；万一僵了，那就再说僵的事。"

"我派一帮强干的弟兄随你去。"

"不必啦。现在不是拼命的时候。"夜深了，张作霖无法入睡——他睡不着呀！明天，究竟是一场什么的战斗？他心里没有数。平心而论，张作霖的本领不如冯德麟。往天，他是把他当作主心骨依靠的。能有今天这局面，人家冯德麟有汗马功劳。万一闹翻脸，跟他冯德麟火拼，不一定拼得过他。不拼，战局已摆开，怎么收这个场？张作霖犯了愁。

作为张作霖的膀臂，吴俊升只能冲杀。出谋划策，他是不行的。有点智谋的是袁金凯；可是，袁金凯毕竟不是"桃园"中人，在思想上，张作霖还认为冯德麟是兄弟。不到万不得已，还是不让外人插手。思来想去，总无良策。直到东方发白，他还是忧忧虑虑地去洗漱。

简单地吃了早饭，张作霖换了便服，只带两个马弁，便坐车去清宁宫。

车还离清太庙好远，早见戒备森严：街巷之中，三步一岗、五步一哨，全是双岗立站；要紧的楼阁亭台上，也布满着兵士，及至凤凰楼旁，更见垛口上架着机枪，枪口全冲着张作霖的将军署。张作霖一边打量，一边心想：这个冯德麟，动真格的和我摆开战场了！

张作霖在清宁宫前下了车，把马弁留在门外，独自走了进去。有人报给冯德麟，冯德麟坐着未动，只说了声："请！"

张作霖随着侍从人员走进冯德麟的客室。冯德麟站起身来，说了声"请坐"，竟自先坐了下来。

张作霖拱起双手，朗朗有声地说："凌阁（冯德麟字凌阁）大哥到奉天，怎么也没传个信？我该去迎大哥，更应该为大哥安排一番。这样，小弟心里总觉不过意。"

冯德麟冷笑笑，说："我哪里敢如此惊动大驾！老弟是将军了，我得服从。"

"大哥这么说，岂不见外了。"张作霖还是彬彬有礼。"我张雨亭有今天，完全是靠着大哥和众家兄弟捧场。咱兄弟自从新民府磕头那天起，我就当成一母同胞，往后任何时候，你都是我的大哥！"

"新民是新民，奉天是奉天。"冯德麟来火性了。"你是盛武将军，我却只是他妈的帮办，门台不一般高了。"

"大哥，"张作霖又站起身来，说，"论智谋、论勇敢，这个将军都应该由你来当。你当将军，我一万个心服。可是，大总统派到我头上来了，我能不接受吗？大哥当小弟的帮办，我心里也感到不舒服。官面上的事，又怎么办呢？大哥，今天我也表表心思，兄弟我决不亏心，当年咱们在新民发誓的话，我永远记住：'有福同享，有难同当'！如今这局面，大哥你说怎么办？你只管吩咐，凡我能办到的，我一定听大哥的。"

"那好吧，既然你还没有忘了当年的兄弟，我也不转弯抹角了。"冯德麟从案上的书丛中抽出一张早已写好的纸头，舒展开来，自己又看了一遍，然后递给张作霖。说，"不是要我做军务帮办么，好，只要这上面的条件都办到了，我上任就是了。官命之外，谁叫咱们是磕头兄弟呢！俗话还说'上阵还得亲兄弟'，老弟作了将军，大哥哪会袖手。"

张作霖恭敬地接过纸头，一字一句地看起来——这一看，心中大大地惊讶了：那冯德麟苛刻地向张作霖提了四大条件：军务帮办与将军权力相等；在广宁设立帮办公署，编制、开支同将军府一样；将军府拨款五十万元给二十八师买飞机组建飞机大队；二十八师增兵七个营……

张作霖一边看，一边想：冯德麟要和我平分东北天下了；组建飞机大队，增兵七营，要把我压下去，吃掉我！好，咱们走着瞧吧。

冯德麟急不可待地说："条件不高，只需老弟说句话就行了。怎么样？"

"我觉得没啥问题。"张作霖把纸头放下，慨然地说，"我一定照大哥的意思去办。只是，大哥提的条件涉及面太广，请大哥容我点工夫，我也好按官例程序准备准备。"

冯德麟冷冷一笑，说："我知道你得准备准备。那好，我等着你。"张作霖觉得牌已经摊明，便起身告辞。"大哥，我先回去了。""不送。"冯德麟说，"只盼早有答复。"

张作霖回到将军署，屁股没沾椅子即拍案大骂："冯德麟欺人太甚！他要站在我头上拉屎了，我容不得他！我要发兵，我要讨伐！"

怒归怒，怒过之后，他还是把袁金凯和总参议杨宇霆接到公署，在小客厅里密议起对付冯德麟的办法。这是深秋。

松辽平原的深秋，已是冷气袭人；坡坡岭岭的树木，叶落枝枯。将军署被笼罩在凋零之中。

张作霖的小客厅里，气氛显得寒凉而又紧张，除了张作霖的满面盛怒之外，其他人默默地沉思。他们心里明白：张冯之间果然战火发起，东北将是灾难莫大，刚刚形成的奉系势力有瓦解的可能；平息这场战火，又非轻而易举。现在，冯德麟已经大兵压境，张作霖又是重兵在握，弓在弦上，一触即发。形势对谁有利尚不敢说，但一旦打起，东北的局势必然恶化。

杨宇霆素以足智多谋著称，他先发表了意见。

"老冯这番举动，看得出是蓄谋已久、目的坚定的。雨帅应切记不能操之过急，要有一定时间，妥谋良策。我看，现在不是对老冯如何下手，是对他如何把圈子拉大，目标缩小，用缓冲的办法缠住他，等待时机……"杨宇霆虽然言语婉转，但吃掉冯德麟之意已经明白。他说话时，大家都点头同意。杨又说，"现在以忍耐为上，虚与应酬，以免激起内讧，给别人有乘之机。"

张作霖点头赞同。"麟阁（杨宇霆字麟阁）的看法和我相同，我同意拖下去。可是，老冯这边已将了我的军，这口气我咽不下。"

袁金凯捋着那束稀疏的黄胡子，慢条斯理地说："老冯也太狠毒了，不给他点颜色看看，他还以为咱们软弱呢。我看，咱们分两步对待他。第一，把他提的要求向外推，如实上报北京政府，北京政府怎么批咱怎么办；第二等到北京把他的条件驳回了，下一步咱的文章就好做了……"

"好好，"杨宇霆说，"袁老的意思十分好，咱们就这么办。"

张作霖最后点头说："我也觉得这样做好。洁珊兄，还得劳劳你大驾，赶快把呈文拟出，迅速上报北京。请麟阁再去稳住老冯。"

奉天城暂时平静下来了，但弓还在弦上。

第十三章
张冯对峙，黑云压城

对于张作霖的呈文，北京政府的批示很简单，只说"军务帮办另设公署，与体制不符"，便给否定了；但却给冯德麟一个小小的面子，即"每月可由将军公署另拨十五万元作为办公费用，以利军务。"

有了这个批示，张作霖便有了"尚方宝剑"。张作霖命财政厅开出十五万元银票，连同北京批文，一起交给了杨宇霆。说："还得劳动大驾走一趟。至于话该怎么说，你会想得比我周到，我就不必唠叨了。"

杨宇霆到了广宁，话尚未说完，便被冯德麟轰了出来。"杨总参议，你们别来这一套。区区十五万元，打不动我老冯的心。"说罢，便端茶送客。

杨宇霆一回奉天，空气立即紧张起来——

张作霖知道冯德麟要同他较量了，立即给驻防安东的邹芬第十五旅发急电，命他火速向新民、黑山转移，以防辽西突变；又把张作相旅调进奉天城，加强城防警备。

冯德麟也没睡大觉，一方面把十八旅长周起雄调奉天坐镇，故宫兵马不动，冯德麟在广宁召集了谋士，商量对策。一时间，奉天城内外空气又紧张起来……

在奉天城，令张作霖头疼的还有一件事：姜雨田就任银行总经理之后，既惊又喜，决心为知恩相遇的张作霖管好这个摊子。于是，他全心全力，去操理银行大政。

天下的事情就是这样，无论谁抓住了军政大权，都要有强大雄厚的经济作为后盾，没有钱，想办事也办不成。张作霖握权之后，发现流通东北的钞票种类太多，名称复杂。就让姜雨田整顿一番。姜雨田深入一了解，发现了大问题：几乎每天都有许许多多日本人、中国人拿着洋票到银行挤兑现洋，致使银行应付困难，朝朝发生冲突，打斗伤人事件层出不尽，大有闹翻银行之势。

姜雨田无能应酬，亲自去见张作霖。把情况汇报之后，说："银行库存现洋不足，兑换不能如愿，许多人就压票价、抬银价，金融很快就乱了。"

"多准备些现洋不就稳住了吗。"张作霖说。

"困难哪！"姜雨田说，"我们现在的现洋情况是，要通过东汇（日金）把款调到天津、上海，再由天津、上海运回现洋。路途遥远，手续繁多，缓不济急呀！"

张作霖对姜雨田的工作还是十分满意的，上任不久，便了解如此多情况，也很难得。随口表扬他几句，又问："往天似乎没有这种情况，是什么人刮起这股风呢？"

姜雨田想了想，说："还能有谁，是日本人干的。他们唯恐东北不乱……"

张作霖沉默了。

对于日本人，张作霖的心情很矛盾：他恨日本人，日本人当中，总有一些人跟他作对，反对他，甚至想灭了他。早几天，他去沈阳火车站迎接东京派来的日本贵宾，回来的路上，竟在两个地方遇到炸弹爆炸，几乎把他炸死。后来他探明白了，是驻沈阳的日本现役联队长上井干的。上井的目的，是想干掉他让清室老人出来干。张作霖恨死他了，他想把沈阳的日本人全杀光。可是，他又要依靠日本人。段芝贵去职之后，张作霖就十分清楚，要在东北立足，不靠日本人是不行的。日本人有势力，日本人中间有些人是支持他的。比方说上井要炸死他这件事吧，就是一个叫町野的日本人告诉他的。町野是日本政府派到中国东北作为执政者的顾问的，有权有后台，是个举足轻重的人物。据说日本人以南满铁路为阵地，阴谋消灭张作霖的时候，曾秘密地开过一次会，商量灭张的办法。在这个会上，町野就站出来，以政府代表的名义说："谁要动张作霖一根毫毛，我头一个不依！"结果，一场杀机被制止了。张作霖心里明白，别看他握有东北大权了，日本人想整治他，还是易如反掌的。所以，他便想尽一切办法，贴近町野，给日本政府一副好脸看。直到以后许多年。张作霖一直把有影响的日本人奉为上宾，町野之外，本庄、松井、滨面，还有仪我等这些有影响的日本人，都做过他的顾问。实话说，张作霖是想借助日本势力稳住他东北政权的。

现在，东北以银行为突破口的经济方面开始乱了，他很害怕，也很恨日本人，但却不敢对日本人做出应有的反应。

姜雨田见张作霖沉默不语，又说："日本人在这次金融混战中，捞了不少，他们手里的钞票全都换成现洋了，反过来又拿现洋在市上卖高价。"

"他高价卖给谁？"张作霖问，"谁能买起这么大数量？""有。有人！"姜雨田说："银行界就有这样的人。""谁？"张作霖问。

"我这里有一份别人揭发的材料，名姓都有，您看看吧。"姜雨田说着，就把一封信交给了张作霖。

张作霖接过来一看，见是揭发奉天兴业银行经理刘鸣岐的。说刘鸣岐大量收购日本人手里的现洋，转手高价出去，换回现钞，已经谋利十余万元，并还与日本一批浪人拉上关系。张作霖一见此情，兴致来了。"我治不了日本人，治东北人还是有办法的。何不在刘鸣岐头上开一刀，杀鸡给猴看，借机稳一稳金融的混乱！""雨田，你先回去吧，容我想个处置的办法，然后再商量。"

姜雨田走了。张作霖立即派人把奉天兴业银行经理刘鸣岐找来。

刘鸣岐，细瘦的身条，消瘦的脸膛，一双灵闪闪的眼睛，给人一种极其精明的印象。他身穿深灰的长衫，头戴八角棱的黑缎子帽，脚上着一双礼服呢的青色的布鞋，一副文人气派。右手提着长衫的衣襟，满面春风地走进总督衙门。"大帅，你找我？"

张作霖细眯着眼睛，偏着脑袋望了望他，说："你就是刘鸣岐？""是，是。""办银行的？"

"是，是。小字号：奉天兴业银行！""听说你的银行办得很不错，是吗？"

"大帅夸奖了。"刘鸣歧知道张作霖是个很残暴的人，进来时精神十分紧张。现在，见张作霖态度并不可怕，还有意夸奖他，轻松了。笑笑说："办银行，是为了繁荣地方经济，为振兴地方经济做出点奉献；其实，也就是为大帅的军事、政治做点贡献。当然了，做得还不够。"

张作霖冷笑了一声，说："这么说，你是繁荣东北的功臣了？""不敢，不敢！"刘鸣歧猛然感到张作霖的话音不对。便急忙改口，"小的做得还很不够，请大帅多多训示。"

"你做得已经很够了。"张作霖变脸了。"市面上小洋票兑换小现洋，目前很是热火。你的兴业银行没有闲着，并且还和日本人勾搭，大大地赚了一笔……"

"大帅，这是没有的事。小的办银行，完全是自力做事，没有分毫外助。当前兑换中，我也是想着为百姓办点好事，方便他们，绝没有干黑心的事。"

"你不清白！"张作霖说，"出银票换小洋，拿小洋又兑换日本人的银票。你这一出一入，油水不小啊！"

刘鸣歧听张作霖说到"根基"上去了，知道他对兑换的事情已经全部掌握住了，不敢再隐瞒——他知道这个胡子出身的督军心残手狠，杀人不眨眼，见钱眼就红。不如卖个人情给他，也求点安逸。忙说："不敢对大帅隐情，小的银行从这次挤兑中，多少有些好处。我正想……"

"有多少好处？"

"有……有……"刘鸣歧吞吐阵子，才说，"几万元吧？"

"十几万元吧！"

"我查查账再实报。怕是没这么多。赚了油水这是真。"

"这么说，我请你来是请对了。"

"请大帅吩咐，请大帅训示。"

"我想向你借点东西。"张作霖说，"挤兑风一刮，刮得我焦头烂额，我应付不了啦，所以……"

"大帅只管说，"刘鸣歧觉得该出血了，破财免灾，不能没眼色。"我刘鸣歧一定尽全力。您说要多少？洋票还是现洋？小的马上送来。"

张作霖冷笑了。"洋票、现洋？刘经理，你该知道'瘦死的骆驼大过马'，你银库里那点小玩艺，压不动我的戥子；我银行里漏漏缝也比你多！"

"那……那……"

"我想借你的脑袋用用！""啊？！"刘鸣歧一下子瘫了。"来人！"还没待刘鸣歧转过向，早冲过来三四个壮军，紧紧架住了他。张作霖说："拉出去，毙了！"

一声枪响，这个混迹金融业二十年，满身铜臭的机灵鬼，两手空空地到另一个世界去了。

张作霖以督军署、省政府的联合名义发出告示，把当前市上金融混乱，挤兑成风的责任都推到刘鸣歧身上，说明刘鸣歧该杀。然后又说："今后谁再敢以兑换谋利，扰乱金融，将一律以刘鸣歧为例，格杀勿论。"

挤兑风渐渐消了。

金融形势暂时平稳之后，张作霖在袁金凯、杨宇霆和姜雨田的蛊惑下，强行接管了奉天兴业银行，又把几家小的官银号加以合并，建立了自己的统一银行，发行大洋票，实行统一币制，总算把乱局稳了下来，为巩固他的东北政权打下了良好的基础。

东北的百姓吃尽了币制紊乱之苦，对张作霖的这一措举十分欢迎。张作霖又买得了人心。

安顿金融虽大见成效，可是，张作霖同冯德麟的矛盾，却渐渐达到白热化。双方调兵遣将，布置对峙，炮火虽然没有打响，但箭在弦上，一触即发，形势还是十分严峻的——

冯德麟毕竟是个头脑不简单的"鲁莽"，尽管手下有一个势力不小的师，但拼起来，却不一定拼得过张作霖。真正一败涂地，连个立足的地方也没有了，这可不能轻举妄动——冯德麟告诫自己。可是，他又不能咽下这口气，想着非和张作霖拼个你死我活不可。

也该着事情恶化，就在这期间，奉天省警察厅稽查队破获了一个贩卖烟土案子，审讯结束，四个主犯都是自己队伍十三旅汤玉麟的部下，他们从热河省运来烟土，准备发大财。警察厅长王永江一见是涉及军队的案子，又是张作霖的属下，便不声不响地将四个主犯移交给张作霖的督军署处理。张作霖不好说别的，只是将四个主犯暂时关押。至于汤玉麟，自然不便再审理下去。

汤玉麟知道烟土案犯了事，提心吊胆，生怕有一天张作霖翻脸不认人，狠狠地处理这件事。

汤玉麟是张作霖二十七师十三旅的一个老牌旅长了，驻扎在新民。原来也是绿林出身，跟张作霖、冯德麟都是磕头兄弟。张作霖发迹之后，他作了张的直属旅长。近年来，有点不太满足，觉得官小了，对张作霖有点意见。现在，张作霖扣押了他的四个兄弟，这四个兄弟又是贩卖烟土的，果然闹了出去，他汤玉麟也不得安生。

就在这时候，冯德麟钻了空子，他想分离张汤关系，以便吃掉他，便派了心腹去说服汤玉麟。并且许给他"消灭了张之后，由汤来当二十七师师长。"汤玉麟鬼迷心窍，竟答应和冯德麟合谋，共同反张。

汤玉麟把他的十三旅队伍火速向新民集结，准备拉到广宁，和冯德麟一起反张。

　　张作霖派驻新民附近的十五旅知道了这个情况，旅长邹芬立即报告给张作霖。张作霖大吃一惊：老冯真的和我较量了，要挖我的墙根。他马上和杨宇霆、袁金凯商议，决定让邹芬立即行动，抓来汤玉麟。

　　一天深夜，邹芬派一个营长拿着张作霖的密令，带着队伍把汤玉麟的司令部突然包围起来，营长领着二十几个护兵冲了进去。汤玉麟还没有转过神，枪口便对准他的脑袋。

　　"汤旅长，对不起，使您受惊了。我们是奉邹芬旅长的命令，来请汤旅长去见盛武将军的。请汤旅长到奉天议事，由我们保护，马上就动身。"

　　汤下麟知道事情败露了，想动也来不及了。只得扫兴地说："我汤二虎栽了！"此时，冯德麟派去说服汤玉麟的说客王胡子也被拉了出来。这个王胡子叫王大虎，原来和汤玉麟一起拉绺子，后来不愿当官，只在新民一带仍然打家劫舍，是被冯德麟请出来的。汤玉麟一见他被绑，知道事情更无退步了。

　　此时，邹旅长领着卫队进来了，他先对卫队说："奸细王大虎，挑拨我军队关系，分裂军队，罪该万死，就地正法。"两个卫队同时动手，枪声一响，王大虎脑袋开花。

　　邹芬来到汤玉麟面前，说："汤旅长，我们是来执行盛武将军命令的。汤旅长不要误会，咱们是一家人，我绝无恶意。贵部可以原地不动，听候调遣。张将军命我暂兼贵旅旅长，绝对不会亏待贵部。请吧，去奉天。"

　　汤玉麟冷笑一声，说："老子完了！"说罢，绝望地上了邹芬准备好的汽车。

　　汤玉麟也是个老牌绺子了，入伙于张作霖、冯德麟，为绺子出了不少力；只是此人太粗鲁，不可大用，张作霖给他个旅长觉得已经对得起他了。不想他竟出了事。汤玉麟也有怨气，现在事出来了，他害怕了。他知道张作霖是个残暴成性的人，谁得罪了他，他能十倍的报复。连那个与他素无瓜葛的银行经理刘鸣岐，他说杀就杀了，何况他汤玉麟，直接参与反对他，还能有好果子吃？汤玉麟准备掉脑袋了。

　　汽车到了将军署停下，一个迎接他的副官却向他恭恭敬敬地行了个军礼："汤旅长，请。"

　　汤玉麟下了车，昏昏沉沉地进了辕门，一排门岗也向他立正敬礼；他抬头一看，张作霖却笑嘻嘻地站在大客厅外等候。

　　正是汤玉麟心神不安时，张作霖却迎了过来。拉着他的手，说："兄弟，你还好吧？"说罢，挽着手，往客厅里走。汤玉麟不含糊，边走边说："大帅，讲究昔日的交情，就爽快点；高抬抬手呢，给我留下的孤儿寡母一点生活门路，我忘不了你的大恩大德。"

张作霖拉着他坐下，转脸对副官说："给汤旅长倒茶！"他拿出烟袋，装上烟，递给汤玉麟，说："兄弟，我对不住你。早该让你办点大事，我却没有给你。后来的人都当了镇守使，你还是个旅长，真过意不去。"

"大帅……"

"别大帅、大帅的，"张作霖说，"喊声大哥多好听。往后还是喊大哥。"

"……我，我对不起大……哥。"汤玉麟垂下头。"您杀了我也是该杀的。"

"别瞎说了。咱弟兄们有当初也有今日。这次，我派你去安东，去做安东的镇守使，你的十三旅还是你的，原封不动，你照当你的旅长。我已经命令你的队伍向安东转移。自己弟兄，别的话就不用再说了。至于邹芬，他只和你换换防。"

汤玉麟扑通跪倒，呜呜咽咽地哭起来。

张作霖走过去，双手把他拉起，说："兄弟，我信得过你，你放心。你的家眷随后即到奉天，住在我公馆里，你们好好玩几天，然后再去安东。"

汤玉麟跪着没起，鼻涕一把泪两行地说："大帅，大哥，往后我二虎再反你，愿遭雷劈、碰子弹头！"

"别瞎说了。快去洗把脸。"张作霖说，"我已经为你摆好了洗尘酒，也算祝贺你升了镇守使。"

汤玉麟爬起来，揉揉泪眼，抹去鼻涕，又拍拍腿上的泥土，说"大哥，你让我先去灭了冯德麟怎么样？他太不是个东西了，留着他后患无穷呀！""不！"张作霖说，"冯德麟还是咱的兄弟，有意见以后会慢慢解决的，不能动枪刀。"

冯德麟策反汤玉麟失败之后，又惊慌又疾恨，他怕恶名传出去，怕张作霖会对他兴师，他恨张作霖了，反张的活动更加升级。

一天，冯德麟探听出黑龙江将军毕桂芳正在吉林同吉林将军孟恩远商谈事情，他觉得这是一个可以利用的机会；毕、孟二人都与张作霖有隙，互为防备，很少交往；冯德麟又同孟恩远有过几次交往，关系还算可以。要是能把这两个人说活了心，和我一起反张，张作霖便站不住脚。于是，他偷偷地只带几个随身保镖便匆匆赶往吉林。

在吉林将军署门外，冯德麟递上帖子，坐候接待。

孟恩远一见是奉天二十八师师长冯德麟到了，心里便明白二三。忙拿着帖子去见毕桂芳。毕桂芳笑了。"孟将军，冯张是磕头兄弟，任凭怎么闹，一窝狐狸不嫌骚。咱们宁可看看热闹，万不可往里卷。"

"我也是这个想法。"孟恩远说，"张冯都是野心不小的人，帮了谁，谁得了地，都不会分惠与别人，何况他们早就看着咱们了。"

毕桂芳说："我就不见他了，你随便应酬他一番，打发他走了完事。"孟恩远轻装便服在小客厅接待了冯德麟。

"凌阁将军，是什么风把你吹到吉林来了？欢迎，欢迎！"

"病入膏肓了，想起你的长白山老参。"冯德麟一语双关地说，"来求求孟将军给几支，以便起死回生。"

"凌阁将军开玩笑了。"孟恩远也打起哑谜来，"瞧你那副奕奕的神采和满面红光，恐怕正是吉星高照了吧。"

二人哈哈一笑，这才捧起茶杯。冯德麟是有目的来的，奉天还在剑拔弩张，他不能慢条斯理。一杯茶未尽，他便开门见山摆出了"目的"。"听说黑龙江毕将军现在贵处，小弟有点共同利害的问题，何不请出一起聊聊。"

"你说毕桂芳将军？"孟恩远摇着头说，"他呀！流星似的，在我的客厅里，板凳还没坐热便急急慌慌走了。""毕将军走了？"

"走了！"孟恩远摇着头。

"形势很严峻呀！"冯德麟说，"事关咱们三省之安危，故而不能不先同将军通个信息，如今，张雨亭被封为盛武将军，又是督军、又是省长。按说，也够他的了，却又不满足，非想统有东北不可。孟将军，我和张雨亭是一炷香下磕过头的，我不该不赞成他的做法。可是，他太过分了：我不计较个人。张作霖发展了，对我没有害处，他会高升我的。可是，你会怎么呢，毕将军会怎样呢？亲疏是小事，这股气不正，不公道。所以，我不忍心坐视二位被吞……"冯德麟一派大义凛然，慷慨激昂！

事情更明白了：张作霖、冯德麟已经水火不能相容了。这位将军本来就不想卷进他们把兄弟的拼争。现在，灵机又动了：这两兄弟果然能火拼起来，两败俱伤更好，一死一伤也只是他们自己损失；到那时再出面，该扶谁该踩谁，一目了然，还怕他任何一家不感激。于是，孟恩远笑笑说："凌阁，奉天的事，据你说来，是够严峻的。不过，那也只是奉天。东北作为一个整体，还不至于引起多大风波；再说，也总是咱们东北内部的事。当今天下，北洋握权，关内已经够乱的了；袁项城（袁世凯）是死了，段合肥（段祺瑞）也不是个心术正派的人，有机会他还是想吃掉东北的。据我的看法，咱们还是应该团结一致，目标对外。早几天，我也同毕将军谈过这件事，他很同意我的看法。今天，我也把这个意思转告将军，希望将军能理解并且支持这个意见。改日我将同毕将军一起去奉天，也把这个意思给张大帅说说。想来他也会同意的。"

冯德麟一见孟恩远谢绝了他的拉拢，只好扫兴地回到自己的防地。

军阀们既钩心斗角，又相互利用。孟、毕二人把冯德麟去吉林的事，很快送到了张作霖耳朵里，张作霖对吉林将军孟恩远、黑龙江将军毕桂芳表示感谢，对冯德麟更加痛恨：走着瞧吧，我饶不了你！

说来事又凑巧：一天，张作霖率领马队去视察北大营防地，走在大北门地方，暗处竟向他投掷两枚炸弹。幸亏他发现及时，跃马冲了过去，结果只炸死了他的三名侍卫。张作霖立即下令"就地抓人，全城戒严"。抓什么人呢？张作霖手里有情报，说是"冯德麟勾结南方乱党闹事"。先抓南方人。张作霖传出口谕："三日内，各机关把本部门南方人名册一律报将军公署，他要把南方人全部撤职，交军法处严加审理。"奉天城顷刻间大有山雨欲来风满楼之势。

杨宇霆听到此事，觉得十分不妥。急忙找袁金凯，二人一同去见张作霖。

"雨帅，"杨宇霆说，"南方人通通撤职审职，我看不太合适。这样做，把握不大，树敌太多，闹得人心惶惶，军心也会大乱。比如咱们的军法处长严百川吧，他就是南方人，要是把他也送军法处，合适吗？"

袁金凯也说："大帅，人心不可背。我们的目标是冯老阁，对旁人都该以友情为重。树敌太多，人心相背，不好。"

张作霖沉思片刻说："二位说得对。你们就想个理由把原来的命令撤销吧。不过，现在弄得风声这么紧，老冯又到处活动，咱总不能坐等挨打呀！"

"加强防备，这是当然的事。"杨宇霆说，"赶快让工兵在将军公署院子四角造起炮台，密切注意二十八师就是了。"

张作霖同意这样做了。冯德麟的队伍也不放松，东华门到西华门全部戒严，断绝行人，十王亭高高垒起沙袋，变成碉堡。两下隔街对峙，战火一触即发。但是，谁都没有首先发起攻击。

第十四章
冯败张胜，德麟进京

就在东北乱糟糟的时候，直隶省城保定发生了一件事，跳出来一个人，因为都与张作霖有关，不得不单篇叙述：

1917年春。保定城。直鲁豫巡阅使曹锟的衙门外，车水马龙，鼓乐喧天。几个身着长衫、外罩马褂的人物，点头哈腰，面带微笑，迎接着一批又一批盛装艳服的男男女女；几个便装短打的武士，双手反剪，瞪着饥饿寻食的眼睛，迈着八字步，游神般地晃动，仿佛要捕捉突然出现的猎物。

突然，来客中出现一个不军不民、浪浪荡荡的高个儿，此人约莫三十七八岁，光着脑袋，短装束腰，足上穿着一双抵膝的马靴，脸仰上天，大咧咧地朝衙门中直闯。

"站住！什么人？"守卫用大枪挡住了高个儿。

高个儿立住脚，勾起浓浓的双眼朝门卫打量一下，冷哈哈地笑了。"什么人？俺是什么人还用得着你盘查？"说罢，又大跨着脚板往里直闯。

一个武士箭步来到他的身后，轻轻地拉了个架势，上搭手，下抬腿，企图玩他个狗晒蛋。不料那高个儿只轻轻地一甩手，"啪——！"那武士便摔出三尺之外，随之发出一声尖叫："娘呀！"几个武士应声而至，将那汉子团团围住，一个个摩拳擦掌。"嘛？是打架还是抢劫？"只见他两条腿一立，脖子一挺，树桩般地竖在那里。"不是俺吹牛，你们这一套，全是老子娃娃时代耍的把戏！莫说你们这几个人，去，再喊十个、二十个来，老子用两只手都不是好汉！"

一个着长衫、戴礼帽的白皙脸的人看出来者非同一般，忙走过来，赔着笑脸说："尊驾别生气，今天是老爷五十五岁寿辰，来者都是客，对不起。敢问……"

"嗯！这还像点人话。"那汉子活动了一下腿，说，"请传禀一声，就说俺掖县张效坤来给大帅拜寿！"

那人一听是张宗昌，心中一怔。但却忙说："请，请！先请客厅喝茶，我马上去禀报。"

张宗昌进了待客厅，那白脸膛匆匆朝内宅跑去。

曹锟正满面春风待着客人，听说张宗昌来了，又是那个模样，马上把脸冷了下来：是他？张宗昌！张宗昌随着张怀芝到江西、湖南去打陈光远了。听说他被陈光远的弟弟陈光遑打得一败涂地，只身跑回北京来了。今天到这里来干啥？他皱着眉，思索半天，对来人说："张宗昌无家可归了，趁着我大喜日子，准是来打打抽丰。那好，拿三十两银子给他，就说我没工夫见他。"

曹锟的话刚落音，参谋长熊柄琦在一旁劝道："大帅，不可这样。那张宗昌也曾经是暂编陆军第三师的师长，今天落魄了，大人应该以礼相待。这样，岂不声望增辉！依我之见，隆重接待。"

曹锟身居帅职，草包一个，但对沽名钓誉，还是心有灵犀的。听了参谋长的话，顿时改口，连说："请，请，请！快请张师长！"

张宗昌被领进了小客厅，猛抬头，便见一人长衫马褂，满面带笑迎出来。张宗昌不曾见过曹锟，但他知面前就是曹锟。为了解解进门时的被阻之恨，他却大咧咧地站着不说话。

"效坤师长，大驾光临寒舍，仲珊蓬荜增辉，只是迎接来迟，还望海涵。"张宗昌心里暗暗一笑：怪不得人说曹锟不怎么的，原来就是这副熊样。不够帅料！但他还是恭恭敬敬地鞠了个躬。说："愿大帅长寿无疆！"

曹锟握着张宗昌的手，并肩来到大客厅，正想向早到的客人介绍这位落魄师长，那张宗昌早已拱起双手，报起家门来。

"俺，山东掖县张宗昌，如今落魄了。听说大帅做寿，俺想啦，都是武行出身，和尚不亲帽子亲，俺得来为大帅拜寿！"他转身又对曹锟说，"曹大帅，你是知道的，俺没有人马了，目下手里穷，送不起厚礼。千里送鹅毛，表表心意吧，您可千万别嫌礼太薄。"说着，自己把背上的包袱解下，打开——

张宗昌这一解包袱可不要紧，竟吓得在场男女个个目瞪口呆，呆若木鸡！张宗昌从包袱里一个一个摸出的，是纯金的仙寿星，一拿就是八个。光闪闪，金灿灿，满屋放着光辉！

曹锟知道张宗昌是土匪出身，从不愿与此人交往。刚刚听张宗昌说他们"帽子亲"还老大的不快，正想寻机训他一番。一见光灿灿的八个金仙寿星，顿时心花怒放：厚礼，厚礼！少说也得值大洋十多万！他这样想着，心里所有的气怒全消了。立即拱起手来到张宗昌面前，大声说："效坤弟，你这样做三哥生气。多日前我就想差人去北京找你，想委以重任，觉得你这样的名将不能闲着没事干。只因我忙活的竟没有抽出手。三哥的喜日子你来了，我万分高兴。带此厚礼，大哥确实不敢当！"

"小事，小事！"张宗昌说，"平时想孝敬大帅，还没有机会。今日大帅喜日子，小弟只是尽尽心罢了。"

——张宗昌江西一败，成了光杆师长，真是没有立足之地了。他哪里又落得一笔巨款，可以做八只金仙寿星呢？原来他率领陆军三师去江西时，军饷未领完，存在北京陆军部一个朋友那里了。败回北京，这笔钱便成了他的私产。若拿着这份私产回山东掖县，能买一片像样的田产，够他张宗昌享受三五代人的。张宗昌他不，他想买枪，想拉兵。这年月，有了队伍就会什么都有。正在他尚未寻到门路的时候，忽然得知曹锟在保定做寿，他动了心。曹锟是直系军阀的首领，直系势力是当今之雄！若能投上他的门子，何愁发迹无日！所以，张宗昌把二十万大洋倾囊拿出，做了八只金仙寿星作为敲门砖。果然，八只金仙寿星打动了曹锟的心。张宗昌拱着手说："大帅有用着效坤处，只管吩咐，砍脑袋、开肚肠，刀山火海，寒脸是孬种！"

曹锟留下了张宗昌，但久久地不给他队伍，他只好坐着冷板凳。张宗昌是个坐不住的人，他沉不住气。思来想去，他不得不去找在曹锟军中的一个朋友——许琨（星门）。

"老弟，我虎落平阳了，你得帮我拿个主意呀！"

许琨是曹锟军中漕河军官教育团的教官，权力虽小，人很正直。他也为张宗昌八只金仙寿星换一条冷板凳抱不平。张宗昌找到他，他很认真地说："张大哥，我去找找曹大帅。我想他不会忘了你的。"

实话说，曹锟是没有忘了张宗昌，他想拨一批武器给他，让他去组织一个师，去当师长也就算答谢了那八只金仙寿星的情。这事还没有实办，就被吴佩孚知道了。吴佩孚以儒将自居，标榜自己是正统的官场代表。他气势汹汹地对曹锟说："听说你要拿枪给土匪出身的张宗昌？枪给他了，他要组织队伍。土匪组织队伍还是土匪。那不行，一支枪也不能给他。"吴佩孚派队伍把要给张宗昌的枪全收走了。

吴佩孚是曹锟的主心骨，吴不同意办的事曹绝不敢违。曹锟无可奈何地对许琨说："门星，你不是不知道，这军械上的事，还得子玉（吴佩孚，字子玉）说了算，效坤当初手下能有队伍，我把枪械给他也就罢了。可他又只身一人，这事就不好办了。"

"大帅，"许琨说，"组织队伍哪里是一朝一夕的事。现在既然这事办不成了，是不是在军中给效坤个位子，别管大小，也好有点事做做。"

曹锟还是摇头。"张宗昌的名声不太好，无论给他一个什么差事，军中总会有人反对。这事也难。"许琨吃了一惊："这么说……"

"效坤的厚意，我是永远不会忘的。"曹锟说，"这样吧，他就在我府中住下，日后瞅着机会了，我自会提携他。"

许琨有点气怒了：曹锟只把张宗昌当成上门讨饭的人了！人家八只金仙寿星三五代人也吃不了，怎么能只坐你家里吃闲饭！他觉得此事无希望了，便默不作声地回来对张宗昌说了。

听了许琨的话，张宗昌立即跳了起来，把帽子往地上一摔，骂道："我×他曹锟的祖奶奶，原来他还是冷着眼看我的！有朝一日我有人马，不挖他天津的祖坟我不姓张！"

许琨也火上加油地说："此处不留爷，自有留爷处。日前你不是结识了张学良、张少帅了吗，我看那人是个正人君子，他老爹一定也不坏，你何不下关东！"

张宗昌眯着眼思索着，虽然觉得只和张学良一面之识，倒也觉得他诚实坦率，谈吐不一般，况且自己又处在无处可归之际，便说："好，下关东！"

"我陪着你。咱不在这个鬼地方了！"

张作霖在奉天正在广招天下人才，听说张宗昌来了，立刻盛情接待，一场酒后，先给了个宪兵营长。

张宗昌听到委任，眼珠儿几乎瞪破："嘛，要我当营长？妈的，我一个师长只管一营兵？"

"效坤兄。"许琨解劝道，"八只金仙寿星只换一只冷板凳，你一到奉天就有营长当，还是宪兵。有收别嫌薄。凭老兄的本领，这偌大的关东，难道还少了出头之日？有个营长先当着，骑着马找马，比守空房强多了！"

张宗昌想了想，觉得许琨的话有道理。便点头答应了。"好，先干着。"

张作霖官大势大，事情也越多起来，政事、军事、家事，事事缠着心身。就在他和冯德麟对峙时，家中又出丑事一桩，弄得他不仅杀了人，还丢了姨太太——

张作霖的原配，二道沟的赵大姐，早已亡故了，新民府受降时娶的二太太，生下学良、学铭两个儿子之后，也早已人老珠黄，托不到场面上去了。张作霖步步高升，当了督军，怎么不想有一个才貌双全的女人为他里外撑撑门面。就在这时候，他的一位军需处长的侄女儿有件疑难官司要拜托他：那女子叫谷幽兰，一个高雅的名字，人长得更出奇的美。谷女士的舅表兄、未婚夫王志洪，以"赤化"嫌疑，被张部郭松龄团长抓了起来。他原本是郭部的一个连长，北京陆军学堂的高材生，当了连长之后再进讲武堂深造时被捕。张作霖原本无心问这些事，一见那女子长得十分出众，便动了"趁火打劫"之心。

"哎呀！'赤化'这个问题，那是非治罪不可的。只怕我也说不上话。"张作霖推诿不给讲情，那谷姑娘流泪了。

"我那表兄实在是冤枉的。张大人若能救出他，幽兰我将不惜一切来报答张大人。"

张作霖正盼着张女子有这样的态度，一听她主动说出口了，便故意冷着脸问："怎么不惜一切？"那姑娘说："哪怕倾家荡产！"张作霖摇摇头。"你们那个家……"

姑娘的家叔、那位处长心里明镜，忙说："大帅，请您放心，我一定令小侄女做到让大帅满意。"

"那好吧，这件事就包在谷处长身上吧。"张作霖一语双关，谷小姐还疑为放他表哥的事包在她叔身上呢，便点头答应了。

三天之后仍不见放人，谷幽兰着急了。忙去找叔父询问。叔父对他说："幽兰，大帅的条件高呀！""什么条件？"幽兰问。

"要你答应嫁给他，他才出面放人。"

"啊！？"谷小姐吓得几乎昏倒。半天，才咬着牙说："叔叔，您复命去吧，我愿意去给他做妾。但有一条，既然我嫁给他了，我求他今后不许杀害王志洪。"

张作霖口头答应了。随后，一边张罗着明媒正娶，一边要郭松龄放了王志洪，把他仍然送回讲武堂。可是，暗地里却指示讲武堂的堂长：不许王志洪外出，不许会友，不许通信，一切交往必须严查，稍有破绽立即报告。

那位谷幽兰勉强嫁给张作霖，心上却忘不了王表兄，忧忧闷闷，大病在身。无可奈何，偷着给表兄写了封信，千言相劝，万句痴情，最后还说"海誓山盟，只有来世实现了。"

这封信当然被人密查，随时报于张作霖。张作霖十分恼怒，他立即下令让军法处派人把王志洪"就地枪决"，刑后专报送来，另方面把谷幽兰找来，拳打脚踢，痛打一场，然后送入一座黑房。

谷幽兰一见表兄已被杀，自己也不想再活。便自此水米不进，谁说谁劝也不改变态度。最后，这位如花、多情的女子，不得不到大悲庵作了尼姑，守着青灯去了却一生……

最令张作霖揪心的，自然还是同冯德麟的关系。老张不想同他打仗，尤其是不想同他在奉天打仗。地盘是他张作霖的根据地，政权军权的中心。仗打起来，毁坏自然是不可避免的，即使是张作霖胜了，他的中心也被毁坏了。

张作霖不想在奉天城里打这一仗。奉天毕竟摆开了一场战争——

冯德麟策反，游说连连失败之后，并不死心，凭着和段祺瑞有点老关系，挖空心思，编造了诸如贪赃、卖官、纵军害民、克扣军饷等罪名，向国务院和陆军部告了张作霖一状，并表明"如不对张严加惩处，本人将割辽西而独立"，报告送出之后，久不见消息——段祺瑞是何等人，京中之事他已周旋不了，哪有心思过问地方——，便迫不及待地自己又率三个精锐团开到奉天城外，摆出一副进击的架势；同时到处宣传，说吉林、黑龙江的军队都来支持他。

张作霖不示弱，立即派人四处打听。原来吉林、黑龙江两省根本没有支持老冯的意思。他放心了。经过与心腹商量之后，决定用软硬兼施的办法对付冯德麟：一方面调遣部队，偷偷地把老冯的老巢广宁监视起来，一方面给冯德麟点定心丸吃，表示友好。

张作霖从军需处提出二十万元大洋对杨宇霆说："麟阁，这项'友好'工作只有你去做了。这钱你给老冯送去，只说是慰劳他，别的什么话也别提。看他是什么态度。"

杨宇霆拿着二十万元去见冯德麟，给他造成了一个错觉，他认为是北京政府给张作霖压力了，他才这样做。于是，接过银票看了看，说："钱送来了，我收下。替我谢谢吧。不过，这只能算姓张的一点小小表示，我上次提出的条件还是不能分毫减少的。你既然代表他来了，咱们就好好谈谈吧。"

杨宇霆心中有数，不慌不忙地说："冯师长，你们二位的事，我看还是和解了好。说句真话，自从你们不合之后，雨帅心里也不好受，曾多次对我流露，想急流勇退，解甲归田。你看是不是这样，这几天他身体不舒服，过几日好了，你们再谈谈行不行？"

冯德麟冷笑笑，说："怎么不行。这么说我就再等他几天吧。"冯德麟一连等了七八天，不见张作霖有任何表示，他还以为张作霖"软了"，不敢见他呢，他要发起进攻了。于是，像最后通牒似的给张作霖写了一张纸条，说："限三日内由财政厅拨款五十万元，以作二十八师扩军费用。逾期不付，将采取行动。"

张作霖看了纸条，朝地上一扔，大骂起来："他妈拉个巴子，给老子下战表了！要抢我的财政厅？好，有种你就来试试。"他马上命令卫队一团团长："你亲领两个连进驻财政厅，都换上警服。财政厅发生事故要随时报告。"他又给北大营、浑河堡等城外驻军下达命令"立即戒严。加强所有道口警戒，冯军如向城里活动，务必卡住并及时报告"。一切布置停当，张作霖又把杨宇霆找来，说："看起来，要撕破脸了。这一撕，就不是长疮害眼，是要伤筋动骨了。"

"我看也是如此干。"杨宇霆说，"老冯既自不量力，也欺人太甚。得给他点厉害看看。"

"你在队伍中多做做安排，这次我是要拼了。拼好拼歹？拼拼再说。""放心吧，奉天城还得是咱们的天下！"

"这几天，你多注意点财政厅里的事，出了毛病，你只管大胆处理。哪怕捅破了天，由我来顶着。"

冯德麟的三天期限过去了，张作霖对他索款的事毫无反应，他心里慌了：就此罢休吧，又觉得面子不好瞧；就此发难呢，也不一定抵得过张作霖。何去何从？他一时没有主张。冯德麟毕竟不算草包，手下有一师队伍，在这白山黑水之中也是个举足轻重的人物。他思索许久，决定来一次试探性的进攻。他把住在故宫的旅长周起雄找来，对他说："你带一个连去财政厅，要那个厅长王树翰务必拨出五十万元，否则，麻烦是他自找的。"周起雄挑选了一连大兵，耀武扬威地开进了财政厅。但见财政厅一片静悄悄，大门口站着守门的是两个警察。警察在他进来时还向他恭恭敬敬地行了礼。周起雄知道没有抵抗力量，便去找厅长。结果，所有办公室都空空荡荡，三两个办事人员没精打采地守着办公桌；问厅长呢？他们只说"开会去了"。去何处开会也不知道。周起雄一时无主张了。

正在这时，忽然听得人呐喊："大兵在抢财政厅喽，大兵来抢财政厅喽！"喊着，便"乒乒乓乓"地打起了枪。转眼，院子的四面八方闯出一群群大兵，荷枪实弹，气势汹汹；四周房顶也"稀里哗啦"架起了机枪，形成了包围阵势，周起雄想飞也飞不出去。

一个军官站在庭院中发了话："我们是奉命来镇压兵变的。谁是头？快站出来，其余人一律缴械投降。"

周起雄傻了，众兵包围，他也不敢动手，一边命令自己的队伍后退，一边假镇静地走出来，说："放肆，我是奉二十八师师长之命来执行公务的，谁进行兵变？"

"这里是将军署管辖，我们不管你奉谁的命令，你还是乖乖地缴械，跟我们去见大帅。否则，我们将采取行动了！"

周起雄还是"气壮如牛"地说："见张作霖又怎么样？去就去！"但他还是不得不命令自己的部队"把武器先放下"。

这时全城已戒严，只有巡逻的大兵。张作霖的卫队团这才走出来。团长一见周起雄，才笑嘻嘻地说："兵变的原来是周旅长？误会，误会。对不起，对不起！"说罢一摆手，各人走各人的。

周起雄虽然没被带去将军署，那一连人却被缴了械。

冯德麟挨了张作霖一闷棍，反而软了下来；他的城外队伍知道财政厅被缴了械，也开始内讧。冯德麟有点怕了：果真闹下去，奉天我是立不住脚了，倒不如稳一步看看再说。

冯德麟稳住了，张作霖却进攻了。他要趁机把老冯赶出奉天城去。

张作霖素与日本人勾勾搭搭，这次他也想借助日本人的势力，以便给冯德麟一个重大的打击。于是，他编造了理由，说"冯德麟在奉天城里制造紊乱，已影响到中外居民生命财产的安全，本将军保证不在城内行使武力，请日方配合"等等。派杨宇霆去见日本领事木村。

对于奉天城中的张冯对峙，日本人是高兴的，他们想趁火打劫，扶一方、压一方，从中得利。现在见势大的张作霖要动手了，立即表示："我们对张将军所持态度十分赞赏，并愿意大力支持。"

有了日本人的支持，张作霖态度更硬了。他决定先在舆论上搞臭冯德麟，继而把他挤出去，乘机最后吃掉他。没有几天，奉天各报纸先后发表重要新闻，大多是一个腔调，说什么"二十八师冯德麟师长突然兵发省城，以武力威胁向张作霖将军提出种种无理要求，进而哄抢财政厅，造成军队内部战争危机，人心惶惶。日本领事馆为保护日侨生命财产安全，已向张将军表示，全力支持他平息行动，并警告冯师长，不得再有越轨行动，否则，后果自负"等等。不久，奉天工商各界，社会名流也联合在报纸上发出呼吁："请冯师长撤军，勿以奉天城为战场，内部分歧以协商解决，以免众多居民死伤于战祸"等语。

东北内乱那当儿，全国局势相应平静，袁世凯死了，帝制不再实行，护国运动也消沉了，黎元洪新任大总统，好坏尚看不出。新闻舆论自然也相应地平静了。有些记者便感到了困倦，想找点事做做。一见东北起了火，纷纷来了兴致。于是，京、津、沪等各地报纸相继争发"奉天消息"，自然是各显其能，大肆发挥；一些小报还独出心裁，爆出"惊人"之作，说什么"张、冯大军云集奉天，城内城外重重反复包围，一场恶战即将打起"。还有的说"张将军已与日本守备队达成密约，将共同对冯作战"……战争舆论，铺天盖地，一时弄得冯德麟晕头转向，不知进退。

就在这时，张作霖高姿态、宽肚量，打着"息事宁人"的旗号给北京政府发出电报，请求派员来奉解决战争危机，并说："事在燃眉，势在激化，引起国际干预与交涉，本人难负此责。"

此时的北京政府，已经处在由平静向不平静过渡之中，黎元洪的总统府和段祺瑞的国务院，渐渐出现了同床异梦。为了权，"府院之争"已经明朗，只是因为大权新握，谁也不想首先撕破脸面，但却谁也不放松明争暗斗。因而，无论是总统还是总理，他们都没有闲暇的时间去光顾一下奉天。谁去解决——协调奉天这个矛盾呢？推诿再三，觉得有三个人选：段芝贵、张锡銮和赵尔巽。然而，段芝贵因为活动帝制问题早已臭名远扬，不知潜伏到什么地方去了；张锡銮一听到去奉天解决矛盾，忙摇着头说："奉天我是伤透心了，那个张作霖我领教过，他们任凭怎么争斗，争斗他们的去吧，我还得留着老命多活几天。请再派高明吧。"现在只剩下赵尔巽了，段祺瑞只好登门求将。"赵老你是德高望重的人，又曾经是东北救星，调解张、冯纠纷，非你莫属，只好劳劳大驾走一趟了。当然，这两个人都各存私心，调解起来有困难。怎么办呢？总不能看着他们火拼。还请赵老别推辞。"

赵尔巽自从被袁世凯委任为清史馆馆长之后，虽然每月有千元现洋的干饷，却是一个闲得无聊的差事，更加上平生喜欢戴高帽。段祺瑞这么一奉承他，口头上虽然说："张、冯二人都是骄横成性的人，未必能够作到真正和解。"但他最后还是说，"我尽全力去办就是。只我一人恐怕不行，是不是让吉林的孟恩远、黑龙江的毕桂芳也一起参加？"

老段当然答应了。这样，赵尔巽作为"钦差"去了奉天。

赵尔巽、孟恩远、毕桂芳三人来到奉天，张作霖盛情款待，姿态高高的，一切听从他们安排，不提什么条件；冯德麟却步步紧逼，条件也步步升高。赵尔巽不愿偏一向一，以和事佬逢迎双方；孟、毕当然都是得过且过，乐得哈哈欢笑。所以，协商几乎是毫无实质。

冯德麟眼看争军权无望了，争地盘有困难，争经济又无意义，结果，做梦似的提出来要当省长。心想：军力与张作霖不相上下，如能兼省长，把行政大权抓到手，有权可以安排人事，然后再同张周旋。

张作霖不动声色，但却暗暗地调兵遣将，城内在故宫后、鼓楼前布置重兵，又命邹芬驻新民的旅立即开赴沟帮子、闾阳驿一带，卡住广宁门户；又命吴俊升、张景惠部速开广宁西、广宁北，以对冯德麟老巢及祖坟进行全面包围。

正是冯德麟津津有趣想争省长位子时，他的老巢却送来了十万火急的报告："广宁已被重兵重重包围，请师长速返广宁主持军务！"

冯德麟立时脑涨眼花，他软瘫瘫地坐在床上：我完了！我完了，我没有想到会惨到如此境地？！软瘫半天，他才穿上军装连夜去找赵尔巽。

"张作霖逼人太甚了，我只得打他一场。请赵老能体谅我。"赵尔巽却摆手说，"冯师长，现在就不要再说谁逼谁了。眼前的局势我心里十分清楚，要打你是打不胜的，千万别轻举妄动。你也不必担心，我在奉天，张作霖还不至于把事情闹大了。该怎么办？我看，得请示一下段总理了。"

冯德麟尚有自知之明，只好忍气吞声。

两天之后，张作霖收到段祺瑞的电报，电文是：即调冯德麟来京述职。

电报发给张作霖，已经是给张一个极大的支持。张作霖胜定了。而冯德麟述职，实际是给他一个体面的台阶下来。所以，连老奸巨猾的赵尔巽看到这个电报，也连声说："好！"张作霖此刻心满意足，大咧咧地对冯德麟许了许多愿，如二十八师原封不动，地盘照驻，薪饷分毫不缺，又送给他十五万元银票送行，再送赵尔巽等厚礼作为酬谢。冯德麟只好灰溜溜地将部队撤回原防地，然后独自进京述职。段祺瑞给了他面子，立即召见了他，对他嘉勉一番，仍命他为二十八师师长、奉天军务帮办，只是要他暂留北京，听候新的任命。

奉天平静了，但仍是暂时的。张作霖还没有得到最后满足。他，不吃掉二十八师是心不甘的……

第十五章
张督军镇压学潮有方

北京城里的"府院之争"，越演越激烈，渐渐地总统、总理不能坐在一起谈事了。又赶上世界大战的战火波及到中国，因为中国对德国宣战的问题意见不统一，黎元洪和段祺瑞的矛盾升级了、公开化了。段祺瑞是亲日派，在日本内阁的支持下他主张对德宣战；黎元洪是亲英美的，他怕日本独占在华利益，便取得国会支持，反对对德宣战。这么一冲突，段祺瑞纠集一批督军，在北京组织"督军团"向国会施加压力，包围国会，殴打辱骂议员，继而蛊惑各路军阀独立。黎元洪一怒之下，利用合法权力，免了段祺瑞国务院总理的职务。

段祺瑞哪里是这么好欺侮的，总理职务免了，他还是陆军部总长，他要调动军队推翻黎元洪这个大总统。段祺瑞问计于徐树铮，徐树铮却狠狠地摇摇头。

徐树铮是段祺瑞的"小扇子军师"，足智多谋，能言善辩，是皖系军阀灵魂式的人物，世称"合肥（段祺瑞）魂"。段祺瑞的所有惊人之举，无不出自此人之谋。段祺瑞一见他的军师摇头，便急问："怎么，我就服服帖帖地听从他黎宋卿（黎元洪号宋卿）摆布？"

徐树铮胸有成竹地笑了。"反对帝制之后，国人更倾向共和。黎元洪是共和总统，您推翻了共和总统，岂不成了国人共同的敌人，您愿落这个千古罪名？""啊？！"段祺瑞吃惊了，"这么说，我就得服输了？""自然不能坐以待毙。""有什么办法？"

"最近您知道徐州发生的事情吗？"徐树铮问。

"徐州？"段祺瑞想了想，说，"你说张辫子召开的复辟会议的事。" "是的。"

"那与咱有什么关系？""关系大得很！"

段祺瑞不解地摇摇头。

——张辫子，张勋。前清遗臣。本来是袁世凯小站练兵的老人，山东屠杀义和团有功，升为副将、总兵，曾为慈禧、光绪护过驾；辛亥革命后升为江南提督；又因镇压新军起义有功被清政府加封为江苏巡抚，署两江总督兼南洋大臣。后来又被袁世凯提升为定武上将军，江苏督军。清廷被推翻之后他以忠臣自居，决心复辟，坚决不剪辫子。为了复辟成功，他在徐州召开了三次会议，联络各省督军，准备共同举事。只是因为掌管军权的段祺瑞不答应这样干，徐州会议才一直没有形成决议。现在，徐树铮提到这个人，段祺瑞自然想起他的复辟狂。

徐树铮慢条斯理地说："咱们支持张勋的目的，自然不是为了让小朝廷重新登极。但是，又必须促成小朝廷登极成功。""什么意思？"段祺瑞不解。

"很明显，复辟是不得人心的。"徐树铮说，"但是，复辟成功，就必须先推倒现在的大总统。大总统推倒了……"

段祺瑞恍然大悟。"这么说，小朝廷复位之后，咱们再来个反复辟……" "大义凛然，名正言顺！""好，我就派你去徐州。"

张勋的第四次徐州会议，终于决定了复辟大计。

也该着张勋阴谋得逞。他在徐州决定行动时，黎元洪却以"调停'府院之争'"为名，请张勋进京。这一请，张勋领着六千辫子兵浩浩荡荡打进北京城，推倒了国民政府，扶起了小皇帝，北京城又挂起了龙旗……

在这些活动中，张勋得知奉军二号人物冯德麟被张作霖赶出东北正潦倒北京，便派人把他请到南河沿自己的公馆，邀他一同"复兴大业"，事成后即任命他为东三省督军。冯德麟正是穷途潦倒，急想报张作霖之仇，所以，便满口答应，支持张勋复辟行动。

小皇帝复位了，黎元洪自然下台了。段祺瑞不费吹灰之力首先便把政敌赶下了台。随后，他在马厂誓师，来个声讨逆贼反对复辟。兴师动众，杀向北京。

奉天的张作霖正对复辟观望，却见冯德麟已经插入，便不再热情。但绝不许二十八师出关。冯德麟对张勋空许了诺言。现在，段祺瑞举义旗、反复辟，张作霖立即发通电支持。

张勋哪里是段祺瑞的对手，讨逆军一个总攻，辫子军即缴械投降，连守南河沿的亲兵也跑光了，张勋狼狈之中逃入荷兰使馆。复辟丑剧演了十二天便收场了。段祺瑞重握大权，并且成了历史上"再造共和"的英雄。

复辟失败了，张勋成了罪人。

冯德麟虽然没有调动兵，"复辟要犯"他却脱不掉。复辟一败，他被押进天津大牢。张作霖一见此情，马上把二十八师抓到手，进行重新整编——他终于实现了吞掉冯德麟的目的。目的达到了，张作霖要沽名钓誉了，他变了个手法亲自去北京，为冯德麟求情，并以二十八师全体将士之名保释冯德麟。段祺瑞也乐意送这个顺水人情。冯德麟出了狱，张作霖又走通门路，为他在北京买了个高等侍从武官的空名闲差，冯德麟也毫无办法地过起了寓公生活。张作霖却假惺惺地说："大哥，今后你就在京城做做清闲官吧，老家的一切田产、家室，我全给你保护好。"冯德麟只得认可——一代名将，后来终于老死天津租界。

中国内部之战，总是一波未平一波又起。张勋复辟被讨平之后，应该平静了，却仍不平静：黎元洪不能当总统了，直系军阀首领冯国璋由副总统升任总统，段祺瑞仍任总理兼陆军部总长，掌握军政实权。此时，南方革命党孙中山联合西南地方军阀在广州组织护法政府，反对北洋军阀。南北对峙，又将开战。

对待南方的护法政府，以冯国璋为首的直系军阀，主张通过谈判和平解决；以段祺瑞为首的皖系军阀，则主张武力统一，消灭护法运动。北洋内部自相矛盾了。

段祺瑞的主张历来都是小扇子军师徐树铮拿出的。此时徐树铮既是国务院秘书长管政，又是陆军部次长管军，他对段祺瑞唠叨一番之后竟亲自去了奉天，勾结张作霖率军入关。

张作霖收了冯德麟的二十八师，奉天一统，兵强马壮，又是反复辟的英雄，早已萌生了问鼎中原的念头。于是，打着支持对南方用兵的名义，率领奉军主力浩浩荡荡入关，自任总司令，徐树铮兼副总司令。奉军一出动，由皖系军阀控制的国会便乘机把冯国璋赶下台，选举徐世昌当了大总统。

徐世昌同样是傀儡，段祺瑞怎么说，他就怎么做。不久，张作霖又被任命为东三省巡阅使。

此时一战已经结束，英美等帝国主义怕日本人独占在华利益，主张中国南北议和，反对使用武力，张作霖不得不退出关外。但是，一顶"东三省巡阅使"的帽子他是捞到手了，回东北之后，他就要统抓东三省军政大权。

在对外的时候，东三省还表现得团结一致；在争权这件事上，谁就不让谁。张作霖想先吃掉吉林，他玩弄权术很快就把吉林省督军孟恩远赶下台了。但孟恩远的队伍却不买账。吉林军的主力是孟恩远的外甥高士傧旅。高士傧知道他老舅被张作霖赶下台了，立即联合土匪卢永贵向张作霖发起了进攻。

张作霖瞧不起高士傧这个小人物的发难，只把心事放在扩军强兵上，便决定派新收的张宗昌去迎战——一来是试试张宗昌的能耐，二来是给自己留个退步，张宗昌胜败他都好收场。但是，张宗昌要出发的时候，张作霖却认真了，他一边拨给他两百支打铅丸子的别烈弹枪，以增强战力，一边亲到营中对张宗昌说："效坤，你这次出征可是关系咱们命运的一战！打不好，可就倾家荡产了，万望你尽心尽职。"

张宗昌来到奉军尚未立功，他也没有弄清打不好是奉军倾家荡产还是他张宗昌倾家荡产，便挺着脖子，一个立正说："大帅放心，保证打胜这一仗！"

张宗昌率领他的由宪兵营扩充的队伍，匆匆忙忙赶到前沿阵地。不过，他并没有马上投入战斗，而是派出几个便衣到敌营去探听虚实——别看张宗昌十分粗鲁，战争使他聪明了许多。江西一败，他在困境中作了认真的回首，他看清楚了自己，觉得不能只凭胆量，还得学会用计谋。所以，没打响之前他要先摸摸敌人脉搏。他派出的人回来详细报告了敌情，他笑了。他拍着屁股说："天助我也！我张效坤时来运转，要高升了！"

一直和他相伴的许琨见他这样轻敌，便提醒他说，"效坤，你对面的敌人是卢永贵，他可是个亡命之徒，手下全是土匪。只要有重赏，不要命地干！"

"土匪？嘿……"张宗昌笑了。一拍胸膛说："你瞧，我就是大土匪。当年在东海边上，除了没干过劫皇杠、没日过娘娘，我可坏事干绝了。这不，成了你的好朋友了。"

许琨自知失言，忙改口说："我只是说不可轻敌，免得吃亏。""我明白。"张宗昌说，"明儿你看着队伍，按兵不动。外边凭有多大动静，你千万别开火。我去走一趟。""到哪去？"许琨问。"你别问，自有去处。""危险呀！"

"死不了。我活得仔细着呢。"

第二天，张宗昌换了装，打扮成一个闯关东的穷汉子，马褂子朝肩上一扛，大摇大摆朝敌营走去。

这里，我们还得把话朝远处说说，这并不是无巧不成书——

当初，张宗昌在掖县老家，可算得个穷得叮当响的人。跟着土匪头子混几年，当地贫穷，打家劫舍也没有多大油水，便随同老乡一道到关东逃荒。那时候，帝俄侵略中国东北，到处抓人修建中东铁路。为了有饭吃，张宗昌也去修铁路。在修铁路时结识了一批山东黄县的老乡。不久，许多人看修路太苦，又没有钱赚，便跑出去跟着胡匪闯荡去了。如今，有些人混出了头地，当上了大小头目。张宗昌不干铁路之后，去吃粮当兵了，一分别就是许多年。如今他想：胡匪还是当年的胡匪，说不定其中有老乡混好了，成了头目，我去找他们，总不会杀了头。动员他们归正，岂不免了动刀动枪。

张宗昌在敌区跑了半天，打听到一个叫程玉山的老乡如今当了团长，正是胡匪的主力。他竟扛着破衣、马褂直奔程玉山的团部走去，指着名要见程玉山。

士兵把张宗昌带到程玉山面前。程玉山瞧瞧不认识。便说："你找我？你打嘛地方来？""这真叫'大水淹了龙王庙——一家人不认一家人'哩。"张宗昌大咧咧地坐下，拿出老旱烟袋，自装自燃自吸。又说，"你不认识俺哩？你才当个团长就不认识俺哩，要是当个师长、军长嘛的，怕连祖宗也不认哩。"

程玉山一听他是地地道道的同乡话，口气便缓和了下来。朝他面前凑凑，说："请问一声，你……"

"正要报家门呢。"张宗昌说，"掖县张家楼，俺是张宗昌。"

程玉山一听是张宗昌，先是惊讶，之后又说："你是掖县张宗昌？""是。地地道道的张宗昌！""早先下江西了？"

"对，被人打得片甲不留！""后来又投了张大帅。""对！一点不假。"

"我的爷，你为嘛到这里来了？"

"奉张大帅的命令，来收拾你们哩。""你？那你到我这里做啥哩？"

"瞧你说的嘛话？"张宗昌拍拍屁股，站起来了。"俺和你不是一块土上的人么。山东人打山东人，俺张宗昌不干。""你想咋办哩？"

"来跟你谈判。"张宗昌说，"看看还是俺投降你，还是你投降俺？"

"这……"程玉山没有精神准备，他不知道该如何对待这位不速之客所提的问题。不得不把眉头皱了起来。

"咳，别皱眉哩。"张宗昌磕去烟锅里的灰烬，把烟袋插进腰里，说，"俺把话掀明吧，那卢永贵不是个正派人，高士傧也不是好东西，靠着老舅欺压人。老舅下台了，他秋后的蚂蚱，跳不几天哩。东三省早早晚晚都得姓张。人家张作霖势多大！？卢永贵、高士傧哪里斗得过他哩！再说，咱们也不能在关外久居，闯荡一阵还不得回山东。要有个正儿八经的名目回去才不丢人。落叶归根，在这里干嘛呢！"

程玉山虽然当了团长，自觉是乌合之众，土匪头子封的，没多大来去，说不定有一天就被什么人吞了。老爹老娘全在山东，是得落叶归根。于是，他对张宗昌说："张大哥，你在这里多住一天，我把咱山东老乡全召来，好好唠唠。我看，要走咱们全走，都跟你。咋样？""好，好。我等你们！"

山东老乡早都闻张宗昌的大名，知道他当过师长，是个大人物，老乡谁不愿跟他。程玉山一团人一带头，其他紧随上，他们不声不响地从卢永贵阵地走出来，又转回头去打卢永贵。结果，卢永贵一败涂地。卢永贵一败，高士傧哪里顶得住。吉林反军一夜之间落花流水。

张宗昌获得全胜，把收编的队伍编为三个团，又任命了团长，然后，凯旋奉天。

张宗昌扫平了吉林叛军，张作霖十分高兴，认为他指挥军队有办法，手下又增加了三个团，于是，便任命他为吉林省防军第三旅旅长兼吉林省绥宁镇守使。

张作霖终于收得吉林省。吉林归顺奉天了。黑龙江不大费力便也成了张作霖的地盘，毕桂芳自动退出黑龙江督军位子。之后，张作霖任命他的亲家鲍贵卿为吉林督军，任命亲信孙烈臣为黑龙江督军。至此，东北三省军政大权终于全到张作霖之手，他成了地地道道的东北王！

张作霖统握了三省之后，踌躇满志，本来该轻松地过几天舒服日子，可总是觉得缠绕头脑的事太多，又排除不了，又无人可以代办，坐卧不安地游动，显得精神也疲惫起来。部下和他的眷属为他筹办的庆贺酒宴，他几乎全推掉了；激动起来，不是找张三就是找李四，被找的人来到面前了，又屁事没有把人家打发走。

张作霖迷了。势大迷了他，权大也迷了他；迷得他昏昏沉沉，手足无措。自从他由关内撤兵回来，就没有一天平静日子，他对段祺瑞很生气——发兵了，就该打到广州去，为啥半途而退！？张作霖不满足他只捞到了东三省巡阅使，他的目光早投到黄河上下、大江南北。可是，他又不能不听段祺瑞的。兵撤了，心里不服。三省大权统归之后，本该安静几日，他又想着北边的蒙古。

张作霖注目蒙古，是从有了黑龙江之后：争霸中原，我一定敌得过北洋几虎；收下蒙古，似乎还有力量。

杨宇霆、袁金凯都不同意他那样做，他们要他把力量积蓄起来，将来办大事。

"这么说，暂时只得放下蒙古了？"

"不能放。"袁金凯说，蒙古是一个可怕的地方，不灭它就得把它牢牢地抓到手，成为亲密的伙伴。"怎么亲密？"张作霖问。"和番！"

"什么？！"张作霖惊讶了。"拿女儿换地盘？""办大事，就不能优柔寡断，更不能只有儿女情长！"

张作霖想了想，觉得拿女儿换疆土还是值得的，便决定将大女儿嫁给蒙古达尔罕王子。那王子其实是个傻得四六不分的人，张作霖只是想把他当作人质拢在手中。所以，他不让女儿远嫁，只在奉天城中建造一座达尔罕王府，把傻女婿"娶"了过来。一切破费自然都是张作霖的。婚事办得十分排场，光是珍珠翡翠、宝玉钻石就把个王府摆设得珠光宝气，五彩缤纷。不久，蒙民纷纷起义，反抗暴政，那个老达尔罕王也携家带眷来到奉天，并且再不愿返回。王子人质变成了大王人质。蒙古领土实际上也归了张作霖掌握。

张作霖有权有势了，享受也高了。于是，他的部下便把大南门里老公馆四合院旁边的空地又兴造了一座三出三进的大帅府。自然是能工巧匠齐出动，大小室厅都建成最豪华、最高级的。附庸风雅的墨客还费尽心机仿制了一些历代名人字画挂在墙上，又把内花园修成山水相映、曲径幽廊、四时花鲜之所。落成那一天，一批随员陪着张作霖去查看验收。设计人和工匠还以为他会大加赞扬呢，结果，闹了人人一肚子气——

大客厅正壁上，悬着一幅八大山人的《山幽图》，虽然是赝品，却十分逼真，举目望去，石老而润，水淡而明，山势崔嵬，泉流洒落；云烟出没，野径迂回，松偃龙蛇，花异草奇；山脚入水澄清，水源来历分明。大气磅礴，十分壮观！张作霖一见便摇头。"黑乎乎的一大片，这是什么玩艺？"

袁金凯笑着说："国宝。八大山人的《山幽图》。""哪个八大山人？"张作霖问。"清初南昌人朱耷。大画家。""大画家，为人怎么样？"

"据说，他是明朝宁王朱权的后裔，明亡一度为僧，不事清朝，有些书画落款为'生不拜君'。此人……""这画不好，要换换。""大帅你看……"

"'桃园三结义'、'封侯挂帅'、'五子登科'哪样不好，山山水水算啥！"办事人立即把朱耷的《山幽图》摘下，又去请画匠改画。

最令张作霖生气的，是迎着正门的那座假山。那是江南名家依照苏州狮子林等处佳景绘成图样，全部采用太湖石砌成的。张作霖只看了一眼便大声吐出一个字："扒！"负责这项工程的一位处长立即瞪了眼。

"大帅，这是请名师设计、巧匠施工建成的呀！"

"我不问谁干的。"张作霖说，"就是不合我的意，我看着心烦。""大帅看看该怎么办？"

张作霖站在高处，指手画脚地说："假山是要的，也该建在这个地方，我说得这样建：山势由西向东，底层全用大石头，洋灰灌上；山体朝外要有高低不一的窟窿，上边插些石笋，就行啦。""这……"大家都有点不解。

张作霖笑了。"你们只知道样子花，好看。我比你们想得高。你们猜猜，这样做啥意思？"

大家听不懂，捉摸不透。但还是异口同声说："好，好！""怎么好？得说个名目。"

谁也说不出是什么名目——这算什么名目呢？从观赏的角度来分析，既不美观又不别致，简直像一条大河坝。所以，大家只管呆笑。

张作霖说："这样的假山，好就好在不是闲摆设。一旦有了事，我就可以凭它抵挡一阵。东西南三面来敌都不怕。你们想想看，有这堵山，前边我就不怕进攻；山后是高楼，万无一失。实在顶不住了，我就绕到楼后，溜之大吉！"

众人这才松了一口气，然后，无可奈何地相对笑了。

又有人说："既然是这么好的山，能攻能守，还能游玩，缺口的高处应当有题字匾额，有名称，大帅何不乘兴定下来。""好，好。这有现成的。快拿纸笔来。"

有人匆匆搬来桌椅，取得纸笔。张作霖站在那里，把笔在砚池里抹抹，不假思索地就写出歪歪扭扭的四个大字：天理人心！看的人虽觉不伦不类，还是点头哈腰地连声说"好！"正是张作霖想着稳稳当当地在东北过几年太平日子的时候，北京的学生竟在天安门广场举行集会，反对帝国主义操纵的巴黎和会通过对中国扩大侵略的和约；尤其是日本帝国主义，他们要继承德国强占我国山东的权利，要强占山东。敏感的青年学生首先起来反对，要求北洋政府派出的专使严正拒绝这种辱国和约。北洋政府的外交总长曹汝霖、驻日本公使章宗祥等亲日派，又都主张接受那个丧权的条约。学生们由游行请愿便变成了游行示威。因为学生们是在五月四日发起示威的，大家都称它为"五四运动"。

"五四运动"的浪潮由北京很快便波及到上海、南京及全国各大城市。

奉天春来迟，但青年们的爱国热忱是一样的。于是，以奉天两级师范学校为旗手，响应北京学生正义运动的浪潮也迅猛发展起来。几天之后，奉天成立了学生会，发表宣言，组织游行，到处张贴红红绿绿的大标语：号召工商各界，父老兄弟行动起来，参加爱国运动，坚决取消二十一条。

学生闹大了，很快报告给张作霖。张作霖把警务厅长找来，问他"是怎么回事"？警务厅长告诉他"是'五四运动'，学生起来反洋人、反政府的"。

张作霖听说学生反政府，马上火冒三丈："他妈拉个巴子，什么'五四''六四'，学生敢反政府，这还了得？无法无天了！快把侦缉队大队长给我找来，我叫他把奉天起来运动的学生给我全查清，都抓起来！"

侦缉大队长黄树良来了。张作霖说："学生反政府了，奉天闹得满城鸡飞狗叫，你们查清是谁干的？"

黄树良献功似地说："查清了，查清了。是一个叫李大钊的人领着干的。""李大钊这小子在什么地方，是干什么的？""李大钊在北京，听说是大学教授。"

"混蛋！"张作霖发怒了。"北京的李大钊碍奉天屁事！我问你奉天谁领头？"

"部下派人到各校侦查了，发现两级师范学校不安分，学生聚集开会。"

"开什么会？"

"开游艺会，发表爱国演说，反对'二十一条'。""反奉天省吗？反我张作霖吗？""没有。真的没有。"

"是谁领的头，知道吗？""待部下细查查。"

"废话！"张作霖骂道，"人家都开会、游行、刷标语了，谁领着干的你还再查查。查个屁！你们只会吃明局，分赃钱，连学生也对付不了。不用查了，从今天起，每个学校都给我派二十名侦缉队伍，白天黑夜严加监视，别问是教员还是学生，只准老老实实上课，谁也不准外出、不准会客、不准向外发信。谁不服管，侦缉队就让学校不开他饭，狠狠地饿他几天。"

"饿？"侦缉队长不解地问。

"是饿。对老师学生不能动刀动枪，免得引起混账们说三道四。校外不用你们管，我另派保安队放岗放哨。"

奉天的学校全被封锁了，一度热起的学潮被压了下去。到了六月二十八日，一个惊人的消息传到各校：《巴黎和约》中国代表就要正式签字了！？北京学生已经连夜宿在总统府门外请愿，要求政府一定拒绝签字；全国工人、农民都在响应。奉天学生不能沉默了，他们背地里计议妥当，决定趁天黑逃出校园，然后会集奉天省长公署请愿。学生们冲破种种阻力，总算把消息相互传递通了。但半夜行动时，出了学校的学生全被保安队抓了去；在学校院中的学生又被侦缉队抓去。全城抓去数百名学生，都用黑纱蒙上脸被送到大牢关押起来。奉天城一场轰轰烈烈的学生运动，被张作霖武装镇压了下去。

对于张作霖的行为，日本人十分高兴。日本关东厅长官林权助特派奉天总领事大酒保向张作霖当面致谢。大酒保翘起大拇指说："张将军，你干得好！你为日支邦交做出大大的贡献，今后我们还要大大地亲善。"

张作霖心里虽然高兴，但觉得大酒保的话太露骨了。忙说："本人为维持地方治安办了点家务事，与你们日本人无关，贵总领事何必如此客气。"

那个姓大酒保的总领事，还是连声对张作霖说："好！好！好！"

第十六章
"调解直皖矛盾"

　　到 1920 年，中国的军阀已经完全阵线分明了：张作霖独自在东北打出奉系大旗，占山为王；北洋集团分为直皖两系。皖系段祺瑞，三任国务总理兼陆军部总长，实操政府军政大权，徐世昌的总统多靠他们拥戴。直系首领原是冯国璋，大约是官至总统无法再升了，复辟事件被平息不久他便猝死北京，曹锟接替了他，成为直系首领。奉、皖、直三足鼎立，各霸一方。

　　张作霖狡猾，暂不想以武力争夺中原，只想爬到高坡上看着别人的马咬，以便来个渔翁得利。实际争中原之主的是皖段（祺瑞）和直曹（锟）、吴（佩孚）。

　　就在这个时候，张作霖碰到一件意外的事情——

　　那是他在天津参加"巡阅使会议"的时候，张景惠领着一位叫宁孟言的人来见他，说是从海外归来的华侨，找他的目的，是商谈开办葫芦岛海港问题。此时，日本人正在大连开发海港，张作霖怕日本人把大连港建成对他是个威胁，想开发自己的葫芦岛海港，以对日抗衡，但他自己却无经济实力。既然华侨愿意投资，张作霖求之不得，立即接见。

　　宁孟言，四十岁上下，中等身材，圆圆的白皙脸膛，穿一身西服，打着墨绿的领带，戴一副浅色金边眼镜，十足地华侨气派。一见张作霖便笑嘻嘻地鞠了一个躬，在伸出手的同时问了声："张大帅好！"张作霖同他握握手，也说了声："宁先生好！"

二人对面坐下，寒暄几句，张作霖说："听你这口音，也像咱东北人。"

"是的。"宁孟言说，"地道的奉天人。虽离家有年了，乡音总是不改。其实是我自己不愿意改，不想忘了故乡。"

"好！宁先生有这个想法，我也十分地敬佩你。"张作霖高兴了，"有的人跑出去没多少日子，混得也不怎么像样，脸膛就变了，声音也变了。好像他妈拉个巴子不是中国人了，我最烦这种人。好，宁先生我敬服。你离家也多年了，应该回去看看，看我张某人把家乡弄得怎么样？"

"久有耳闻！"宁孟言说，"大帅堪称东北人的救星。"停了停又说，"听说大帅有心开发葫芦岛，我是满心赞成的……"

"不瞒你说，"张作霖抢着插话。"我是跟小日本较量的，他开发大连想压我；我就开发葫芦岛。只是……"张作霖经济不足，一时又难开口——一个堂堂的大帅、东北王，怎么好开口向一个华侨要钱呢！

宁孟言笑了。"作为东北的子民，我理解大帅的心情和苦衷。但我宁某实在说也是一个混穷的，拿不出这么多钱。我有一位好友，也是东北人，他倒乐为此事。我带来他给大帅的一封亲笔信，请大帅过目。"说着，拉开手提箱，拿出一个欧式的最时髦的信封交给张作霖。

张作霖刚刚听到宁孟言叫"穷"，以为他来卖嘴皮子呢，现在一见有富翁华侨的信，同样高兴。接过信，粗略地看一遍，也有懂的也有不懂的，并不去细想，却说："难得你和你的朋友热心家乡的事，我会慎重对待、热情欢迎他的。"

——宁孟言，即是宁武，一个贴近孙中山的革命党人。孙中山在南方，正在要去联合苏联，学习列宁的革命方法，在北方"五四运动"的推动下，他想把广大青年组织起来，首先推翻执政的北洋军阀。孙中山知道，在政治舞台上，北洋这伙人还是个庞然大物，推是一时推不垮的，他想利用直、皖两家的矛盾，采取联皖段、拉奉张、打击曹吴的办法逐步吃掉他们。宁武是奉孙中山之命，来促成孙（中山）、段（祺瑞）、张（作霖）"三角联盟"的。一时找不到接近张作霖的途径，只好利用他急于开发葫芦岛海港、想拉华侨投资这个心情来见他。

张作霖欣赏了那封信，宁武觉得有机可进，便说："华侨投资是没有问题的。不过，外面谣传，说直、皖两家又要动刀枪了。时局不定，华侨是不敢贸然来的。他们怕把钱白白扔到海里呵！"

张作霖怕影响宁先生情绪，故意把话撇开，说："他们闹他们的吧。长城以里任发生什么事，我想走远点，我只建设我的长城外。"

宁武说："听说段祺瑞已经和孙中山先生接洽好了，要合力推翻曹吴。如果各方面能协同动作，安定大局，华侨投资就更好谈了。"

张作霖淡淡地一摇头，说："这件事我也知道。我是带兵的，老粗，不懂政治。不过，我很不明白：孙先生是开国元勋，威望极高，革命党怎么能跟老段这号人合到一块去呢？"

宁武听出张作霖对联合反应不积极，便说："孙先生心肠可以理解，不论什么人，只要肯革命，孙先生都愿意联合。"

"好好，我还要开会，咱们改日再谈。"张作霖说，"景惠，好好款待宁先生，让他多住几天。"

对于宁孟言这位不速之客，张作霖动起了脑筋：他不是华侨吧？大约是孙中山派来的说客。若是那样的话，我倒是可以同他磋商一番。自从官位升高之后，张作霖的心胸似乎也开阔了，也聪明了。他分析过孙中山。尽管他对他的理论还没有吃透，但是，他认为孙中山是个了不起的人物，是在办一件翻天覆地的大事。革命党坏不坏还说不清，能有那样巨大的吸引力，谁都不能小看。如果能够和孙中山联合起来，南北夹击，皖、直恐怕谁也抵挡不了……这么一想，他立即又请宁孟言到他下榻处谈谈。

这一次，张作霖态度变得热情了。他说："宁先生一番话，雨亭受益很大。和孙先生合作的问题，我想试试看。这样吧，请宁先生引荐，我派一个代表去见见孙先生，你看如何？"宁孟言："我愿尽力。"

不几天，张作霖回奉天的时候，便派一位叫张亚东的少将副官随宁孟言去广州见孙中山先生。这是孙中山、张作霖的初次接触。孙先生热情接待了张作霖的代表，并对他说："雨亭在东北治理得很好。不过，外有日本牵制，内部又在纷乱，处境是很艰难的。如果国家统一了，建立起革命的中央政府，地方的事自然好办多了。"孙中山又亲笔写了信给张作霖。

张亚东回到奉天，把信交给张作霖，又汇报了见孙先生情况。张作霖十分高兴，马上叫奉军总司令部秘书长宋文林转达他的意思，他要在北京和宁孟言会见。

北京会见是安排在顺承王府的。张作霖提前两天赶到，办完了其他事便敬候宁孟言。

张作霖一见宁孟言，便十分高兴地说："宁先生，我的代表去广州，孙先生很厚待。孙先生看得起我，我很高兴。"

"您能派代表去见孙先生，孙先生也很高兴。"宁孟言说。

张作霖把宁孟言领进一个小客厅，无拘无束地聊了阵子，又说："看到你这个名字，我想起一个人，是你的同县人，也姓宁。这小子一向跟我过不去。是个革命党。我不记前仇，你可以叫他回来，回家看看家乡。"

"他叫什么名字？"宁孟言问。"叫宁武！"

宁孟言心里一跳——因为他就是宁武，辛亥革命之后化名孟言的——但立即撒了谎，说："那是我本家，认识。此人早已死了。"

"死了？！"张作霖有点惊讶，正想说点什么，一个随从来报："曹锟来拜见。"

张作霖说："孟言，你先里边坐坐，咱们回头谈。"宁孟言转入内室。

曹锟进得门，连应酬话也不说，便开门见山："雨亭老弟，咱们兄弟不错嘛，为什么和孙文勾结要打三哥？"

"哪有这么回事？！"张作霖否认着。"三哥，你不要听信外人的胡说八道，我不会干那样的事。"

曹锟很生气。于是，拿出杨庶堪、宋大章寄给宁孟言的两封信，信上提到宋文林找宁的事情和有关张亚东的南行事情。张作霖一看曹锟有了证据，觉得不能再搪塞了，灵机一动，把责任都推到宋文林身上："是宋文林这小子瞒着我干的。我饶不了他。"他转身喊张景惠："立即打电话给奉天，问问宋文林这小子有多大胆，竟敢私通革命党？"又说，"不必问了，先扣押起来再说。"曹锟叹了一声气，又坐片刻，走了。

其实，宋文林正在屏风后陪着宁孟言呢。

送走了曹锟，张作霖转回小客厅，焦急地问宋文林："信怎么会落到曹老三手里呢？"

宁孟言说："奇怪了。信全是由日本邮局寄发的，过去从没有出过差错。"

宋文林说："北京宪兵司令秦华和他们有关系，常派人监视革命党，又和日本人有勾搭，可能信是从日本邮局拿出来的。"张作霖发怒了："他妈拉个巴子，秦华是我派去的人，当我的司令给别人干事，我要办这个小子。"他又说，"往后行事要严密点，免得惹出麻烦。北京很乱，人家的耳目多，不方便，咱们立即回奉天。"宁孟言到了奉天，张作霖极热情地款待他几天，然后对他说："现在国家成了烂羊头，孙先生是开国元勋，谋国有办法，我想派人去向他请教一切。请你打个电报去联络一下。"

不久，张作霖便派一个叫李少白的旅长在宁孟言的陪同下去了桂林，到革命党大本营晋谒孙中山先生。

李少白去桂林的事没有保住密，香港一家报纸忽然爆出消息，说"张作霖派代表某某赴桂林密商，拥护孙中山先生为大总统"等等。张作霖一见这消息，马上动了怒："立即发报，让李少白回来。"此时，李少白在宁孟言陪同下已经离开桂林转香港，他们准备经上海回奉天。路上接到张的电报，更不敢停留，匆匆回来。

张作霖一见李少白就大骂："谁派你为他妈的代表，我只叫你去送信，你胆敢说我拥护孙文做大总统？"又转脸对杨宇霆说："你马上发通电，不承认李是代表和他所说的话。"他坐下来，叹息摇头，说："南边人我们斗不过。什么合作，算了吧。"

宁、李二人在上海时，对此事已了解清楚，这条消息完全是安福系政客造的谣。张作霖骂李，李感到委屈，但在张大怒时又不好解释，只得请宁出面。

宁孟言去见张作霖还没有开口，张作霖便排炮似的发了话："李少白这杂种，胡说我拥护孙文做大总统，岂有此理！现在是共和国，谁都知道，总统是选出来的，不是我张某人一个人说了就成的。为什么要登报造谣？两广遍地是匪，孙文没有力量北伐，至少几个月办不到，怎么能当总统？我和曹锟是儿女亲家，他想做大总统，出卖东三省，我就不答应！他对英国公使说，他上了台，京奉铁路的借款合同可以延长。又对日本公使说，他上了台，二十一条也可以考虑。我姓张的就不赞同。我看还是我自己动手打姓曹的吧，胜败都不管，什么与广东合作，算啦！算啦！"说着，摆出了逐客的架势。宁孟言不急不躁，待张作霖把话说完，火气渐渐消了，才说："雨帅，报上的消息完全是安福系造的谣，目的是破坏粤奉合作，耍的是挑拨离间之计。李少白在桂林根本没有提过什么大总统问题，这样大的事，他没有向大帅请示敢自作主张吗？大帅您想想。"

张作霖低着头思索阵子，若有所悟地说："有道理，有道理。政客们常耍这样的把戏，你不提个醒，我真想毙了李少白。"

"两广的形势不像传说的那样，"宁孟言说，"李少白是亲眼见着的，您可以问问他。孙先生还让我向大帅转达一点意思：革命党是不怕失败的。因此，这次讨直我们是要先发动进攻的，奉天只要扯扯后腿就行了。革命党失败了，还可以再干，孙先生绝不想把雨帅一生的事业给毁了。"

张作霖一见革命党人如此真诚，颇受感动，立即转变了态度，说："请你密报孙先生，只要他行动了，我一定派兵出关。"

有人把中国历史统观之后比较一下，说自从春秋十二诸侯，战国七雄起，及至后来的两汉、魏蜀吴、晋及十六国、南北朝、五代十国、宋辽金等等，任何时期都没有北洋混战时期更乱的，晋时才十六国，各国所霸，弹丸之地。北洋混战时不仅南北对峙，南方各省独立，北方各派独立，东北三省混战之后虽趋于统一，但入关出关，又是波折多起。沧海横流，鱼龙混杂，各种人都浮在水上水下表演一番。到了1920年前后，中国之乱已到顶峰：南方不仅有革命党，闽、桂、粤、滇各派军阀朝秦暮楚，明争暗斗，早已杀得天昏地暗；北方徐世昌当了大总统，本来想过几年"文治"的平静生活，却又不能。徐总统上台之初，有意笼络南方。力主和平谈判，掌握军权的皖系首领段祺瑞却坚持武力统一。为此，徐总统还免了段祺瑞国务院总理兼陆军部总长之职。到1920年初，湘、粤、桂等南方突然出兵湖南，岳州、长沙重镇相继失守，北军节节后退。徐世昌的"言和"主张失败了，只得按照段祺瑞的主张：动武。于是，命令曹锟、张敬尧率兵数万，杀奔湖南。曹军的前敌总司令吴佩孚骁勇善战，节节胜利，很快收复失地，南军退出湖南。

消息传到北京，皖系主张武力派大喜。段祺瑞的小扇子军师徐树铮虽然已经远在军粮城，驻守边陲，但却马上发报迫胁北京政府起用段为总理，"否则，将引兵入京，以'清君侧'"。此时的国务总理是王士珍。王士珍自觉不是皖系的对手，干脆早递辞呈，退了下来。总理换成靳云鹏，但仍由段祺瑞重握军政大权。

南征的首功应该是直系大将吴佩孚，曹锟领了一顶四省巡阅使的帽子北返时，特地把吴留在湖南，想占有这片地方。结果，湖南督军这个位置却给了张敬尧，而只给了吴佩孚一个不值钱的"孚盛将军"称号，吴佩孚生气了。一怒之下，他不愿在湖南为张督军保镖，即匆匆撤兵洛阳。

吴佩孚一走，南军重新北上，先后又占领了衡阳、衡山、宝庆等地。张敬尧只好逃之夭夭。

吴佩孚洛阳驻定之后，即去保定同曹锟密谈。经秘密活动，很快在保定召开了由直、苏、鄂、赣、豫、奉、吉、黑等省代表参加的秘密会议，组成了反皖同盟。一场大规模的厮杀又在酝酿之中……张作霖本来是助皖反直的，为什么一反常态又助直反皖呢？事情就是这样变幻莫测，变幻之中，哪有一成不动的事情呢？不久前的京城"府院之争"以及因"府院之争"发生的复辟，反复辟，张作霖是支持了段祺瑞把黎元洪赶下台的，而他自己也轻而易举收编了二十八师。不久，皖系的骨干人物徐树铮被任命为西北筹边使兼边防军总司令了，徐立即握有节制内蒙古、新疆、陕西军队的全权。一到任，他便在西北增设军政机关，开办银行，发行公债，几乎一统了这片天地。

张作霖一统东三省之后，早已产生了大满蒙主义，连女儿都搭上了，企图控制内蒙古。现在，徐树铮插进来了，而且名正言顺地把地盘抓到手了，张作霖怎会认输。所以，他加入了反皖联盟。

张作霖加入反皖联盟不久，那个糊涂蛋大总统竟请他出来"调解直皖矛盾"，这便给他一个接触两家的良好机会。

张作霖到了保定，曹锟、吴佩孚捧为上宾，招待极为热情，立即在巡阅使署摆设盛大宴会。曹吴心里明白，张作霖是加入反皖联盟来的。此番亲临，一定商谈出兵的事。对于其他几省，无论曹锟还是吴佩孚，都认为无足轻重，出出兵也不过助助威；顶关键的，自然是张作霖。

曹锟既乐不可支、又迫不及待。仿佛他已胜券在握，今日是举行的祝捷宴。他捧着满满的酒杯，挺着胸、微笑着先发了言："各位，各位！都捧起杯来吧，今天是咱们的家宴，没有外人，都是自家兄弟，尤其是我的亲家、东三省巡阅使张雨亭，张大帅到来，这酒宴就显得更亲了。我请大家干杯！干了这一杯，咱们就不改话题再谈如何出兵，如何打翻段歪鼻子（段祺瑞在气怒时常常鼻子歪，有'段歪鼻子'谑号）的事！"

曹锟说着话，仰脸先干了杯中酒。

人们有点惊讶，盛宴开场，作为四省巡阅使，赫赫有名的曹锟，怎么能说这样一番不伦不类且凶相毕露的话呢？张作霖端着杯，双目瞪圆，眉头竟皱了起来。心想：亲家，我素知你鲁莽，竟不想你会鲁莽到这种地步！危险呀！他再看看陪席的几省代表，那脸膛表情似哭似笑，究竟哭笑？却也猜它不出。张作霖立即犯了猜疑：这是一个什么样的盛宴呢？誓师、检阅、结盟？我是来入伙，还是来做调停人？张作霖谨慎啊，他自觉自己不是北洋系统，直皖如何闹，都是他们家事；我得有进有退。于是，他把杯捧起来，不急不躁，不热不冷地说："作霖此来保定，是奉总统之命来做调停人，不敢谈论出兵打仗的事情。我看诸位都来想想办法，看看如何息争才好。中国太乱了，不得了，能少打一仗还是少打一仗为好。怎么样？"

曹锟的脸膛"唰"冷下来，有点吃惊的样子"啊，啊"两声。然后，无可奈何地把目光投向吴佩孚。

吴佩孚素以儒将自居，本来对张作霖这样的绿林出身的人便瞧不起。若不是想利用他，他是不愿同他坐到一起的。张作霖来保定，并未透露有"做调停人"之说，八省反皖同盟他奉系代表又签字了。不谈出兵谈什么？如今张作霖一开口就变了味。吴佩孚勃然动了怒，他以为张作霖是受了段祺瑞的好处，与段有了新的阴谋，出尔反尔。便放下酒杯，很为不恭地说："雨亭公既然来调解战争，你的代表为何又在反段盟约上签字？结盟在先，又倡息争，是雨公戏弄历史还是历史戏弄了雨公？我和曹帅都不是好战之徒，我们急盼和平。国事不宁，人心惶恐；内政失修，外交惨败，段祺瑞结党营私，安福派胡作非为，我等身为军人，怎不焦急。在此存亡关头，即使我等苟安息战，只怕我的部下也不答应。息争之事有何可谈呢？"说罢，怏怏地坐了下来。

宴会猛然陷入了紧张，人人都担心这场舌战会导致不欢而散，继而反目为仇。那些居于陪衬地位的人们不约而同把目光投向张作霖。

张作霖情绪平稳，面带微笑。但心中却老大的不满：你吴佩孚不就是一个小小的师长么，湖南打了两个胜仗，那是你的对手草包，瞧你张牙舞爪的，有什么了不得？！别看张作霖诸事粗鲁，今番竟粗中有细，急中含缓。他不慌不急地说："吴师长不愧是秀才，有见识，不过……"他晃晃脑袋："不过，你对我的来意是误解了。我不怨你对我的指责，这样做只怕有误大局。"

曹锟忙说："雨亭不要多心，子玉心直口爽，为时局所逼，灭段心急，言语自不免流露急躁。其实，他和我一样，对雨帅一直是十分敬重的，只望雨帅信守盟约，共同对敌。"

吴佩孚也觉自己语言失礼，忙趁势转变，说："曹帅说得对，佩孚身为军人，只知信守盟约，不敢取巧投机。"

张作霖摆出一副恢宏大度，他说："这样说来，事情就好办了。世上的事情没有不复杂的，得慢慢来。就说这一桌丰盛的宴席吧，样样菜肴都是好的，一口总吞不了，得慢慢吃。"他转脸对曹锟说，"三哥，你说是不是？"

曹锟忙点头，说："是，是，咱们还是吃菜，多喝酒。"

吴佩孚端起酒杯来到张作霖面前，说："方才语多冲撞，请多海涵。"二人仰面干了杯中酒。

还算平和地结束了这场盛宴。饭后，其他省代表都各自休息去了。张作霖才拉着曹锟、吴佩孚说："现在才是自家兄弟没外人呢。来，咱们好好谈谈，谈个清楚明白。"

三人走进密室坐定，张作霖反宾为主地先说了话。"联合反段，是咱们利害相同所在，这一仗非打不可。你们想想，我怎么能来这里做和事佬呢？打倒段祺瑞，不是一件容易事，要有点计谋才行。大总统让我出来当和事佬，也是个糊涂做法。可对于咱们，却正是好事，我就可以先到北京摸摸底，顺便在老段面前虚晃晃，他就会对我不加防备。仗一开火，我从东路一出兵，让他防都防不迭！我就这个想法。方才席上有几位客人我不认识，我怕是那个诡计多端的小扇子军师做的安排，听说他正往京畿调兵。所以，我只能说是来调解的。我和三哥啥关系，在一个盟约上签了字我怎么能反悔呢？我刚才说的'都来想想办法'哪里是为了息争，而是想想办法对付老段！"曹、吴紧张的脸膛，渐渐松弛下来。

张作霖又说："仗还是缓缓再打，条件还不够。""你想怎么办？"曹锟急问。

"我看先别提打仗，先迫使徐世昌免了徐树铮边防军总司令之职，改编他的边防军，砍掉老段的胳臂……"

"果然能这样，直皖这一仗就好打了。"曹锟兴奋了。

吴佩孚不像曹锟那么冲动，他一边听一边想：好一个厉害的山大王，不光粗野，还有点韬略，今后不可轻待他呢。便笑着一语双关地说："这样一来，东三省先解除了徐树铮的威胁！"

张作霖不假思索地说："对！东三省没有威胁了，奉直两家才可以更好地合作。"

张作霖回到北京，住进奉天会馆。他的留守处就向他报告了一个令他惊讶的消息：北京城盛传奉、直联合反皖，连张作霖去保定密谋出兵的事也纷纷传开。

张作霖慌了。忙问："皖段有什么消息？"

人报："徐树铮活动频繁，段祺瑞已从团河回到北京。"

张作霖沉默着，半天才说："我知道了。卫队团在这一带要加强警戒。"

　　既然奉直联盟的消息已传出，既然段祺瑞已经回到北京，张作霖觉得避他是避不了的。与其等着他找上门来，倒不如自己主动上门，何况自己还有调解的"钦命"，正可以名正言顺地去见段祺瑞。当晚，张作霖便到安福胡同去拜访段祺瑞。

　　段祺瑞一见张作霖突然来到，便有些猜疑，急忙迎出，盛情款待。"雨亭消息好灵通啊！我刚一到京，你就知道了。"

　　张作霖看出段祺瑞的"戒备"之情，又加上早已得知外传他和曹直联合反段，心情自然有些不安。忙说："老总这样的人物，万众心向，行动谁人不知。我知道您行迹匆匆，得到消息后便来拜望，还怕来迟了您又去团河呢！"

　　"你是大忙人，"段祺瑞说，"倒是先到我这里来，这就不敢当了。"

　　张作霖机灵，怕老段对他发难，便先点破了题目。"大总统突然召我来京，派往保定，劝说曹巡阅使平息争端。作霖自知无此能耐，况且此事与东北毫无关系，我便再三推辞。怎奈总统执意让我为难，我便只好匆匆去保定应付了。"

　　段祺瑞奸笑笑，说："有人说，直系要人正为张、曹两家保媒，我还疑为雨亭公是去保定专会亲家翁的呢！"

　　张作霖知道老段话里有话，忙说："纯属谣传。哪有这样的事呢？"

　　段祺瑞感到应酬的事完了，便开门见山地说："直皖之争，积因已久，只怕欲罢不可能了。既然总统有调事委雨公，你就不妨直说。据你所见，谁是谁非呢？"

　　张作霖心里一惊，这可不是和事佬的分内事，老段却拿来为难他。想回避，又觉回避不了，尴尬了阵子，只得说："段公和曹公同是北洋元勋，民国栋梁，国人无不敬仰，似应重修旧好，和衷共济，为苍生造福！"

　　段祺瑞淡淡一笑，说："'树欲静而风不止'啊！"

　　张作霖看得出老段的决心，觉得此时只可顺势说话，不能过于牵强。便微笑对段说："段公历来待作霖情厚，作霖铭记在心；今后仰赖之处还多，作霖心中自然有数。关于直皖两家之隙，我苦劝曹公不要轻言动兵，免得大伤和气，两败俱伤，后场难收。曹公似可通融，只是他手下的师长吴佩孚，凭着湖南小胜，盛气凌人，便自吹他的队伍天下无敌，要和皖军作一决战。更加上苏、豫、赣、鄂等省对吴拥护，吴的决战之心也是极强了。只怕一开战，还是要十分小心的……"段祺瑞只轻蔑地摇头，好像吴佩孚根本就不在他心上。

张作霖又说："段公，据我观察，曹吴对您老总还算敬重，只是对徐树铮意见极大。说他任意扩张势力，野心独霸天下，令人难以容忍。直皖冲突之祸根，实因小徐之为。依我之见，老总如能把徐树铮职务暂时调动一下，事情或可好办……"

段祺瑞忍无可忍了，他"腾"地跳起来，一拍桌子，说："吴佩孚后生小子见过几次阵势？一个小小的师长竟如此狂妄，还了得！湖南之捷有什么了不起？难道他手下都是天兵天将，攻无不克？曹老三有这么一个打手就不念旧交了，对谁都盛气凌人。我看，谁也无法同他共事！"

段祺瑞的鼻子又歪了。他把身子也转过去，只给张作霖一个屁股。

张作霖感到僵局了，慢吞吞地站起身，说："作霖此次受命，本来就十分勉强，果然息争无望，直皖两家的事情我便从此闭口了。在京少住几日，我便回奉天去了。"

张作霖表面上是奉命的，直皖两家接触之后，自然要复命。他在徐世昌面前免不了说些"息争困难"的话，最后还是建议"撤了徐树铮，改编边防军"的意见。徐世昌老谋深算，处世圆滑，不愿倾于一方以免不拔。听着张作霖的话，也只是听着而已。最后仍说："还得烦请你再同老段商量商量。"张作霖只叹息一声。

徐树铮早在总统府里安插下许多耳目，那里的风吹草动，他心里都清清楚楚。张作霖去总统府、干了些什么？随时传到小徐那里。张作霖回到奉天会馆喘息未定，有人便进来报告："边防军总司令徐树铮来拜。"

张作霖一愣：这个小扇子军师来得也够快的呀！？张作霖匆匆迎出把徐树铮领进待客厅。

"一别三年了，还是那样春风得意，红光满面！"

"雨亭兄夸奖了。"徐树铮边坐边说，"久居塞外，备受艰苦，我已是厌倦戎马生活。这次进京，是来向总统提出辞呈的。"

张作霖前番入关，是受徐树铮之邀参与皖军讨直的，奉军原想乘势南下，插手中原。怎奈事不理想，便匆匆缩回去了。那时候，张作霖便了解了徐树铮的为人，知道他诡计多端，心狠手辣，是个怀有巨大野心的人。抓住边防军还怕抓不稳呢，怎么又会突然向总统提出辞呈呢？显系别有用心。于是，笑着说："兄是国家栋梁，威震边陲，你若真的辞退，边陲父老也不会答应，同僚也必通电挽留。"

徐树铮淡淡一笑，说："国中英才济济，哪里就缺不得我一个无名小卒了。"

张作霖不想同他久磨蹭，立即直入要害："又铮兄此番回京，想是为直皖目前之事。我也听了许多谣传。不知兄对此有何高见？"

徐树铮狡黠，只一笑便搪塞过去："事关直皖两大家，想来曹段二公会有妙策，又铮不便介入。"徐见张冷笑，又说，"此番来拜，另有要事。段老总公务甚急，已回团河去了。要我转告阁下一事：靳公因病早已辞去，总理之缺迄无合适人补。段老总已与国会商议，拟请雨亭兄出任，望雨亭兄不必推辞。"

张作霖暗自笑了。心想：上次入关，你有许诺副总统之言，结果，一片泡影；今日又是总理许诺。我昨日才见段祺瑞，他若有此意，为什么却一字不提？为什么又要你转达。可见有诈。忙说："二位厚意我领了。只是，作霖是军人，不懂政治，无理国之才，这样大的担子我实实难担。"

徐树铮脸色变了。"此事乃段公所交代，我无法做主，只好请雨亭兄与段公面谈。我明天陪雨停兄去团河吧。"

张作霖知道小扇子要下手了——在北京城，皖系这伙人想搞掉谁，杀了谁，总是想出做到的。张作霖只带一个卫队，多不过一营人，哪里是徐树铮的对手。辞行是不行，不去也无措辞，只好说："很好。只是明日我还有件急事，待我办办，后天一定请又铮兄陪同去见段公。"

徐树铮已经安排人控制了张作霖的住处，觉得走他走不脱，便点头答应，告辞而去。

张作霖送走了徐树铮，冷静地想想，觉得自己处境十分危险，徐树铮要对他下毒手，得立即逃脱。于是，经过一番紧张准备，张作霖于当夜即搬进了东交民巷的六国饭店，并同时化装成洋人，只带五个随员，便偷偷登上开往奉天的特快列车；进车厢之后他们又匆匆下来，改乘一列货车飞出北京。

当徐树铮发现张作霖跑了的时候，虽于途中的廊坊车站拦车搜查，但张作霖乘坐的货车早已开过去了……

第十七章
渔利直皖之战

北京脱险，看出了张作霖的聪明之处。稍一迟缓，徐树铮是必向他下毒手的——险啊！

张作霖访段的事传到徐树铮耳中之后，小扇子立即劝段"乘其不备，杀了张作霖"。段祺瑞沉思有时，却说："我们还是从长计议吧。张作霖虽然狡诈多变，但说不定他今天反我，明天还会助我。就是目前，他也不敢公开对我们怎么样。留有退步，会有好处。张作霖东北有一帮红胡子兄弟，个个都是亡命之徒，杀了张作霖，结仇一大帮。咱们正面的敌人是曹吴，要想办法对付他们。"

徐树铮觉得老段优柔寡断，索性来个先斩后奏，自己去诱杀张作霖。哪知苦费心机，落了一场空。

张作霖回到东北，这才轻松地舒了一口气。"小扇子，我饶不了你！"不几日，他即把他的二十七师、二十八师以换防的名义向兴城、绥中铁路沿线移动，以待必要时兴兵进关。同时向徐世昌发出通电，说："作霖奉命调停直皖分歧，虽极尽周旋，但仍收效甚微，双方均恃强好胜，恐战争不可避免。局势危急，实难坐视。因此，决议进行武力调解。"同时派出专使去秘密找徐世昌，对徐说："奉直联合，目的是铲除安福系罪魁祸首徐树铮，保证对大总统竭诚拥护。若大总统能顾全大局，早早处理徐树铮，争端自然会松解。"

不久，吴佩孚从洛阳领兵北上，北京、保定、奉天报纸同时发表曹锟、张作霖以及长江三督李纯、王占元、陈光远等联名声讨徐树铮的檄文，历数徐树铮祸国殃民、卖国媚外、把持政府、破坏统一、以上反下和以奴欺主等六大罪状。

徐世昌是瞅着风向走路的，一看反皖势力这么强大，自己无力"挡风"，便对徐树铮采取处理措施：明令免去他西北边筹使职务，留京待命。但又怕老段不答应，同时又给了徐树铮一顶"威远将军"的帽子。和这两个命令同时发布的，还有"裁撤西北边防军司令部，所辖部队由陆军部接收办理"一道命令。徐树铮冷不丁地成了光杆将军。

段祺瑞挨了劈头一棒，冷飕飕地打了个寒战：奉直结合得好快，手下得好狠呀！慌张之中，如何对待这个局面，老段却一时拿不定。

徐树铮冷静，胸有成竹。他淡淡地笑着，说："徐菊人（徐世昌字菊人，又字卜五）'项庄舞剑'。看来，他是已有图谋，罢免我军职不过文章启承而已，只怕大帅连这个边防督办的椅子也坐不稳了。"

段祺瑞怒了，他拍着桌子跳起来："我和徐菊人真心相处数十年，待他无薄处，前年改选大总统我宁可下野也让给他！如今，他竟把枪口对准我了！他不仁，我还有什么义？那就把新账旧账一起算算吧！"段祺瑞马不停蹄带领卫队来到北京，直入总统府。

大总统令发出之后徐世昌正惴惴不安之际，一见段祺瑞气势汹汹闯了进来，明知将有一场大闹，正想借个理由先解释一下，再慢慢谈，哪知"慢"了。段祺瑞屁股不沾椅子便发了话："大总统既已动了杀机，何不利索一点。祺瑞无德无才，自然该当滚蛋，请把我的职务也免了吧！"

徐世昌惊慌失措，又拉椅子又倒茶，推他上座，说："芝泉（段祺瑞号）兄万万不要误会。我昨日所下之令，实属迫不得已，其用意也只是想掩人耳目；待事情稍有平息，自然要另给徐树铮相应位置。我不是还给了他将军之称了吗，请他暂住将军府……"

不等徐世昌把话说完，段祺瑞便紧逼着说："曹锟、吴佩孚拥兵作乱，意在篡夺中央大权，大总统何不把他们免了？"

徐世昌两手摊开，无可奈何地说："这样免下去怎么得了！再说，曹、吴此番南征，夺岳州、克长沙，全国欢呼。我若无故罢他们的职，怎服人心。闹起来，恐怕对大家都不利。"

段祺瑞猛然站起身来，说："大总统这样纵容曹吴，别说我起事了。"说罢，转身出去。

段祺瑞和徐世昌闹翻了脸，徐树铮有文章做了，他立即以段祺瑞领衔起草呈文，要大总统立即罢免曹锟、吴佩孚本兼各职。他先把呈文带到将军府，请一些闲居的将军联名——那些将军大多是段祺瑞的老部下，又在失意轻闲中，怎敢不签名。于是，呈文上便出现了一大串将军的名字。徐树铮拿着呈文闯进总统府，立逼着徐世昌说："请大总统批准吧！"

徐世昌一见呈文，头脑一下晕了起来。半天才说："这……这……我这总统怎么当呀！？"

徐树铮指着呈文说："批不批是大总统的事。边防军数万兵众已云集京畿，大总统不要自己把形势弄紧张了。"

"总该与各方略作商量一下吧。"徐世昌在求情。"好吧，明天上午发也可！"徐树铮退出去了。

次日上午，大总统并未发出罢免曹吴的命令，徐树铮决定逼宫，他率领卫队立即把总统府包围起来，独自去见徐世昌。迎面就问："罢免曹吴的命令发不发？"徐世昌见徐树铮满面杀机，铁青着脸膛，知道形势紧迫，再无退路，只好命文案官起草一份罢免曹吴的申令。申令刚草成，徐树铮便夺到手，说："既然大总统已有明令，树铮先拿去报馆发表吧，总统可以另令陆军部发通令。"先免皖徐，后免直曹吴，两令一下，一场战火迅猛燃起。

徐大总统的第二份罢免令发出时，吴佩孚已率兵抵达京郊，曹锟在天津设立大本营，举行誓师大会，宣布直军为"讨逆军"，任命吴佩孚为总司令，指挥队伍发动进攻。段祺瑞坐镇团河，把边防军改为"定国军"，封自己为司令；徐树铮为总参谋长，依旧掌握兵权；又把队伍分成两路，任命段芝贵为第一路军总司令，曲同丰为第二路军总司令，调动一、三、九各师齐出动，直奔直军。直、皖之战全面打响。

张作霖笃定在这一场直皖战争中有利可图，早已做好了出战的准备。他派出的密探回报了直皖开战的情况，立即命令二十七师、二十八师共七万人，迅速出关，并占领马厂、军粮城地区，形成直军侧翼，摆开了夹击皖军的阵势。

张作霖毕竟不是当年拉绺子的那个鲁莽汉了，他手下有一批高参，他们为这个新兴的独裁者出谋划策、沽名钓誉。在张作霖出师的同时，这些人挖空心思，炮制了一篇像模像样的通电向世人发了出去。通电说：

> ……作霖曾奉命入都，愿作直皖调人，虽屡垂涕利害，人偏充
> 耳不闻。现闻京畿重地将作战场，根本动摇，国何由立？且京奉铁
> 路关系与邻邦条约，若有疏虞，定生枝节。故作霖不得不派兵入关，
> 扶危定乱。如有与我一致者，愿即引为同胞；否则，将视为公敌。

张作霖的通电既不说助直，也不说反皖，只表明"武力调停"，标榜自
己出师有名。

兵动了，战火将要燃起，战区百姓纷纷外逃，携男带女，抛家弃眷；京
城内外，谣言四起，人心惶惶。中国北方，立即天昏地暗，浓云密布。

大总统徐世昌慌了，也愁了。他是一国之君，国中将要出现一场浩劫，
他得向世人交代。可是，他又用什么办法交代呢？明令，谁也不听了；出师
平息，可哪里有他的"王师"？徐世昌缩头总统府里犯了难。最后，只好掩
耳盗铃似的发一纸所谓的命令，云：

> 本大总统德薄能鲜，膺国民付托之重，唯知爱国保民；对于各
> 统兵将帅，皆视若子弟，依若腹心、肱股，不能不剀切申诫：自此
> 明令之后，各路各军，均应恪遵命令，退驻原防，戮力同心，共维
> 大局，以辅本大总统保惠黎元之至心。

徐世昌开他的空头支票，直皖两家照样进行他们的战争。首点战火的，
是皖军段芝贵部，段芝贵指挥东路军第三师马队冲向直系吴佩孚的大本营高
碑店。杀声四起，马奔刀舞，迎击的直军一出战即败退下去。

段芝贵想夺头功，便乘胜追击。但见万马奔腾，尘沙飞扬。哪知吴佩孚
设了一个诱敌深入、加以包围的圈套，段芝贵的兵马刚进入丘陵地区，即被
纷纷跳出战壕的直军包围，紧接着便是阵阵猛烈炮火。段芝贵敌不胜敌，溃
不成军；直军冲锋号起，杀声震天。段芝贵见自己阵势已大乱，即令撤军。
军已溃散，撤之不及了，兵马纷纷倒地，他只得率少数卫队杀出血路，逃之
夭夭。与此同时，边防军第二混成旅及三师两个团，也在蔡村、张庄一带遭
到曹军突然袭击，溃退下来。

徐树铮自信边防军强大，再令全面进攻。虽小有胜利，终又落入直军包围圈；西路二路军曲同丰部虽强先占了涿州，但立足未稳即又同直军大战。由于东路节节败退，曲军军心有动，战力不支，开始后撤；直军猛击，曲同丰只好败缩涿州固守。

入关的奉张见直军占了上风，这才发起全面进击：首先令张景惠旅从侧面猛攻涿州；直军萧耀南部见奉军参战，迅即正面总攻，用火药炸开涿州城墙，打进城去。两军相夹，涿州顷刻成了火海，尸遍地，血成溪，退入关帝庙的曲同丰只好打起白旗。

徐树铮得到节节败退的消息，方才大吃一惊，知道直军厉害。他在大本营杨村尚未决定对策，曹锟已率大军三面包围，他虽下死令"坚决抵住"，怎奈边防军锐气已丧，败如退潮，整个军队已经溃不成体了。徐树铮只得率少许随从突围而逃，结果腿部还是负了重伤。

一场酝酿已久的直皖之战，前后五天，以直胜皖败告终。徐树铮、段芝贵逃入东交民巷住进外国人的六国饭店；段祺瑞潜回天津日租界公馆，不得已，电致直、奉、苏、赣、鄂、豫等省"引咎自劾"，表示"呈请总统府准将边防督办等本兼各职罢免，陆军上将军军衔及所授之勋章勋位一律撤销。定国军即日解散，以谢国人。"张作霖入关是来"捞一把"的，战争大局已经明朗，他马上找到张景惠，乐不可支地说："我的好兄弟，机会到了。这一次，油水大得很呀！咱得先下手了。你马上带二十七师进北京。一到北京你就兵分两路，一路到南苑，把老段的大本营全占下；一路到东直门，把军药库卡死，抓紧接收。咱手下的团、营长们大多是当年的老伙计，抢也好、拿也好，都是老行家。放开他们的手脚，扒到篮里都是菜，别管旁人说三道四。听明白了吗？"

张景惠也是当年绿林的高手，干这一手，是驾轻就熟。忙点头说："大帅，大哥，放心吧，大鱼小鱼蚂虾，通通网起来，漏不了一点。"张景惠飞兵北京，在人不知、鬼不觉的情况下，南苑兵营、东郊军火药库，全被他们"接收"一空。随后，派重兵把守起来。

曹锟、吴佩孚都被胜利冲昏了头脑，他们只顾收缴战场上的武器，收编被俘的队伍。吴佩孚冷静下来之后，才派兵赶到北京。可惜来迟了一步，气得他直骂："张作霖，活土匪！"最后，他们还是从俘虏口中得知"北苑兵营还有边防军新从日本运到的一批新式武器和弹药"，吴佩孚这才从那里得到了一点小小的满足。

张作霖驻北京，立即把汤玉麟、张景惠请到密室，大大地称赞了他们的"接收"成绩，然后说："武器就别动了，当用的钱财，马上都分了，让弟兄们也阔阔，有功的弟兄，可以多给点！"张景惠说："还有一大批现洋，你看……"

"分！"张作霖摆着手，说："咱不想给子孙留田产，钱算×。弟兄们都有老有少，宽敞点心里安。你说呢？"

张景惠点点头。张作霖又说："火车弄好了吗？"汤玉麟说："全准备好了。"

"立即装车，两天内把胜利品全运往奉天！"

汤玉麟率一旅人，封锁东直门，张景惠率一旅人封锁南苑，军车全部调动，把这里的枪支弹药辎重还有十二架飞机全运到火车站，足足装了上百辆车皮，每辆车皮上都架起机枪，派重兵押着，开往奉天。

对于张作霖强夺武库，吴佩孚早已忿忿不平，如今又把军械全部运往奉天，他哪里容得下。急急去见曹锟。不用禀报，也不转弯，一见面便大声叫喊："张作霖太不像话了！此次作战，名为联合，实际上是他派两个师来观阵，只在一旁虚张声势。如今却好，进京接收他却跑在前头。把所有军械运到奉天去了。这样的土匪行径，今后怎么好合作？！"

曹锟乐于胜利，本不想过于计较抢夺武器之事。现在吴佩孚大怒了，他只好说："是的，是的。这次打仗，张雨亭是在观望。胜利了，他占尽了便宜，太不够……太不成体统了。咳！怎么办呢？咱们马上要整顿政府，总不能放下政府不整同他再闹吧。"停了停，又说："绿林出身，禀性难移。东西已经被他抢走了，怎么办呢？我看，算了。"吴佩孚愤愤地，一声不响地坐在一旁。

直奉两家战败了皖系，控制了北京大权。但仍处于实权难分状态，最后只好暂保徐世昌为大总统，拥护靳云鹏再次出来组阁。徐世昌为了平衡直奉势力，确定张作霖仍任东三省巡阅使，曹锟改任为直鲁豫巡阅使，又任命吴佩孚为曹的副使。这样做，总算把形势暂时稳定下来。

不过，张作霖心里明白，此次分赃，曹直肯定不忿，说不定会发难。于是，他进关的队伍全部留在关内，分别驻扎在津浦、京津铁路两侧，以防不测。

直皖战后，张作霖轻松地舒了一口气，他想平静一段，把军队重新整理训练一番，然后再说下一步棋。

1920年7月，经过战争波及的北京城，又呈现出素有的平静，暑气并不炎烈，一场大雨之后，城池被洗涤得一派清新，一座座四合院又进进出出着笑脸；商市热闹，车马渐增，故宫两侧的河沿，又见三三两两的鸟友相聚。

张作霖在他下榻的奉天会馆中，已经秘密住了七八天，会馆以"内部整修"为名被大军封闭了。张作霖不想同外界任何人接触，不露面，不说话。他入关的目的已经超越几倍地实现了，他不必说话；若不是怕曹、吴突然向他发难，他早回奉天去了。这几天，即使在会馆内，他也很少同谁长谈什么，虽然他身边有三五位高级助手，却也不聚起来谈什么事。

一天傍晚，一个自称"至亲"的人闯了进来，说有"相当重要的家事"要和张作霖面谈。森严的守卫一看是一位消瘦老头，赤手空拳，一身便装，料想他不至于是刺客，便传报了进去。张作霖想了想，觉得没有这样的"至亲"，想拒不接待。但是，这些年的争战岁月又使他有了些"心胸"；此番大获胜利，也使他多了些兴致，所以，他决定出迎！

这老头见了张作霖便拱起双手，深深一躬。说："张大帅无恙乎？"

张作霖头脑一蒙：这啥腔调？但还是笑着说："先生有何见教？但请直说。"他已认定这不是他的什么"至亲"了。老汉坐下，有人献茶。

"张大帅，此番出征，您获大胜。有人专程派我来向您道贺。""什么人？"张作霖直问。

"被大帅打败了的段合肥！"

"段祺瑞？！"张作霖有点惊讶，"他向我道贺什么？"

"道贺您接收了南苑、东直门的全部武器装备！"

张作霖笑了。"我知道，这是老段许多年的积蓄。一旦失去，心里是疼得慌。战争么，就是这样，这是没有办法的。"老者也笑了。"大帅您错了。""怎么错？我说的全是实话。"

"若是实话，更见您心胸太狭窄了。""请明教。"

"合肥想得远，胜败乃兵家常事，这次输了，下次还可以再赢。这批武器落到您张帅之手，合肥便无后顾之忧。他最担心的就是……""什么事？"

"怕落到吴佩孚手里。""那为什么？"

"这还用细讲么？"老汉摇摇头，但还是说，"合肥认为，他的对手是曹、吴，他的朋友是您奉张。既然失败了，那批东西落到朋友手里总比落到对手手里好。""这么说……"

"日后会见分晓的。"老汉把茶杯推了推，站起身来，说，"使命已完成，告辞了。"

张作霖忙拦住老汉说："敢问先生……"

"您理解合肥的用心就好了。我——草木之人，日后也不一定会再见面了。"

"承蒙先生指教，"说着，从柜橱里拿出一袋银元，"请先生聊作茶资。""在下无意'打抽丰'，心领了，谢谢！"说罢，匆匆而去。张作霖平静的心情，又荡起了波纹……

直皖战后，张作霖获得了巨大的发展，军事上发展到了高峰，政治上亲奉的梁士诒又将出来组阁。就在这时期，中国最有影响的保定军官学校因为发生了内部分裂。一批原日本士官学校出身的教官被排挤，除少数人投奔广州之外，有二十多人投奔奉张。张作霖开门纳贤，愿来者一律欢迎。一时间，奉天城军政名人齐集，商贾分外繁荣。

张作霖没有麻木，他和他的高参们作过冷静的分析：现在，奉军已不是老二十七师时代了，主管军政大权的也不仅仅是当年绺子那帮磕头兄弟了，家大业大，怎能免得了鱼龙混杂呢？今日有了如此大的权势，即使是磕头兄弟，也并不一心一意了。冯德麟是去了，还有没有张德麟、李德麟？

说真话，到直皖之战胜利时，奉军首领内部已经明显地形成了新旧两派，并且均在各自膨胀，扩大势力；旧派人物，当然还是张景惠、汤玉麟、吴俊升、孙烈臣、张作相等人，他们都是跟着张作霖打天下的那帮好汉；新派人物，以杨宇霆为代表，干将有韩麟春、姜登选、郭松龄、戢翼翘、臧式毅、于国翰、熙洽、王树常、于珍、邢士廉等，还有后来的少帅张学良。派已形成，新派势力在抬头，旧派日感"困倦"，张作霖和他的老帮弟兄都有点忧心忡忡。张作霖决定开展一场自己的整军运动。

杨宇霆，字麟葛、麟阁，辽宁法库人，早年就读奉天省中学，后进日本入陆军士官学校第八期炮兵科。1910年毕业回国，任陆军第三镇队官，1912年改任东三省讲武堂教官，奉天军械厂副厂长、厂长。1915年任奉天盛武将军参谋长。张作霖督奉后他任总督署参谋长。经过认真钻营，博得张作霖宠信，视如左右手，连私人图章都交给他。在直皖之战期间，他与皖系骨干人物徐树铮有密切往来。后来的二次直奉之战后曾任过江苏督办，为孙传芳所驱。另一个本来不起眼的人物张宗昌，在吉林驻扎之后竟然获得了意想不到的发展。

张宗昌驻吉不久，赶上俄国十月革命，白俄纷纷逃到中国，大多投靠了张宗昌，转眼间他就收到了八九千支枪的队伍。这时，张作霖对他又重视，又害怕：一方面亲昵地认他为本家，一方面又怕掌握不住他，会造自己的反。在张宗昌本身，队伍发展了，经济无后援，张作霖从奉天拨给他的资助到吉林又大大贬值。张宗昌没有办法，便发动战士在辖区内种植鸦片烟。张作霖正想找个缺口，大张旗鼓地把军队整顿一番，来消弭已经形成的新、旧间的矛盾，并且控制张宗昌的再膨胀。于是，张作霖决定趁着陆军演习，对张宗昌"采取行动"——

中秋，遍野的高粱刚刚抹去头，吉林大地便落了一场铺天盖地的大雪。转眼间，成了一片白色的世界。

陆军演习如期进行。张作霖把郭松龄叫到内室对他说："此番军队演习，我已决定让你到吉林去做校阅委员，你做些准备，就动身吧。"

郭松龄点点头，说："遵大帅命。""张宗昌粗鲁野蛮，行迹不轨。你要找个借口把他控制下来，队伍么，该整编的整编，能遣散的遣散。""我知道了。"

郭松龄，新派首领之一，以旅长职衔在张作霖周围。对于张宗昌势力渐强，早已嫉恨在心，有压抑或吞掉的念头。此番奉命，正合他的心意。所以，他一到张部便冷着脸膛对待这里的一切。

张宗昌游荡成性，军队缺乏正规操练，哪里受得住冰天雪地上的摔爬折腾，早已歪歪斜斜，溃不成军了。张宗昌穿着马靴，束着武装带，在雪地上操练、爬动，早已皮破血流，他站在雪地里牢骚满腹。"妈妈的，天也欺负俺！"他呆立半天，猛然发现不远处有一个孤零零的小房子，便领着参谋长王翰鸣走了进去。

"来，避避风，歇一歇。"张宗昌走进屋里，朝一块烂石头上坐去，拿出随身装的一瓶酒，一边打开瓶口，喝了一气，递给参谋长。说，"喝。照着醉的喝。"

王翰鸣喝一口又送给张宗昌，张宗昌又喝一口。说："这哪里是演习，这是自杀。"

王翰鸣冷笑，点头。

这时，风紧了。风带着呼啸扑向小屋，雪片不住地从窗缝隙往屋里钻，小屋子有点摇晃，风像刀子般地刺人耳目；屋外，士兵们的呼唤声，伤病员的呻吟和风声一起不断地传进小屋里。张宗昌拿着酒瓶，脸上像六月多变的天空，时阴时晴——张宗昌心里不平静呀！

张宗昌虽然出身土匪，可他懂得治军。三十岁投奔山东民军都督胡瑛以后，便开始带兵。那正是辛亥革命时期，民心沸腾，军心沸腾，官兵关系也在出现新的融洽。后来，他到上海，投靠陈其美任了光复团团长，再后来当了江苏陆军第三师师长，他更加懂得了爱兵的意义。练兵不能害兵！兴兵打仗还"六腊月不动兵"呢！现在，冰天雪地大操练，岂不是害兵！几口酒进了肚，心中的火气旺了起来，不由自主地便大骂起来："我×他的妈妈，这是哪个龟孙的计划，弄得我们这样苦？！"

事情正巧，检阅委员郭松龄在雪地上不见了张宗昌，远远望见一个小屋，便知他躲进来了。匆匆赶去。一脚门里一脚门外，正碰上张宗昌骂街。他便大声问："张宗昌，你在这里骂谁？"

张宗昌抬头一看，见是校阅委员，心中一愣——这家伙来得这么巧。他打算推卸一下完了。

"这是我的口头语，谁也不骂。"

郭松龄哪肯让步，他大发雷霆，指着张宗昌的鼻子骂道："我×你的妈妈！这也是我的口头语。"

张宗昌脸色一变，面上由红而紫、由紫而青，挺胸站了起来，右手迅速插进腰间——参谋长慌张了，他以为张宗昌要拿枪跟郭松龄拼一场呢。可是，张宗昌跳起来之后，立即换成一副笑脸，口气柔和地说道："郭二大爷，您×俺妈，您就是俺的亲爸爸。您是俺亲爸爸，还有啥好说哩！""这……这……"

一场剑拔弩张的血战，瞬息平静下来——郭松龄几梗脖子，终于负气走了出去。

王翰鸣怕惹来麻烦，想拉住郭松龄，再做一番解劝。张宗昌拉着他的衣服，对他摇摇头。

郭松龄走后，张宗昌大咧咧地笑着说："郭松龄那小子是条狗。狗咬了人，人哪能再去咬狗，咬狗还算人吗？再说，我叫他亲爸爸，反正他不是我亲爸爸。"

郭松龄离开了小屋，眉头皱了许久，不知哪根神经被触动了，他竟猛然对张宗昌产生了好感："此人有丈夫气概，能伸能缩！"郭松龄回到奉天，把张宗昌的练兵演习大加捧场一番，最后谈到了他和张宗昌的"对骂"。大约是出于惺惺惜惺惺，物以类聚，张作霖高兴得拍着屁股连连说："好，好，好！这才是办大事的样子。我军中有张宗昌，我兴旺了！"

张作霖马上把张宗昌调到沈阳，改编他的吉林三旅番号为奉天陆军三旅，正规编制三个团，又给他增加一个炸弹团。不几日，又命张学良领着郭松龄到张宗昌营地当面向张宗昌赔礼。

张宗昌也十分识相，立即摆出香案要和郭松龄、张学良结为金兰兄弟……

张作霖又得了一肱股。

第十八章
直奉之战，东三省"独立"

奉天又迎来一个新春。

奉天之春仍然是严酷的，大地冰封，雪压万物，枯枝尚在沉睡，红花依然无踪。张作霖的巡阅使府署内外，还笼罩着浓浓的深冬气息。

早饭之后，张作霖披一件狐皮披风走进小客厅，他想找几个亲信商谈几件他思考了几日的事情。找谁呢？他心里不定：往天，有事他便找袁金凯，他觉得他的智谋还是高超、可取的。自从杨宇霆出现在他面前，他渐渐地觉得袁金凯笨拙了，有时出个主意，并不那么新奇；找杨宇霆么？这个人是机灵得很，但有些感情用事。想了半天，竟是主意不定。他踱了一阵步子，然后坐在太师椅上。

张作霖坐定之后，望了侍从一眼。侍从机敏地转过身去，喊来一个侍女，为他捶背。

近些时候，每每闲暇坐定。张作霖便觉得背酸腰疼，需要有人为他捶捶。四十七岁的人了，征战大半生，雨露风霜，身子还没有捧打垮，算他幸运了。可是，他的腰背酸疼，也常常使他敏感地感到有些儿力不从心了。侍女为他捶背时，他想眯上眼睛，打一个盹。正是此时，院外一阵"咳咳咳"的战马嘶鸣，他陡然振作一下，旋即想到：现在打盹为时太早了！

张作霖揉了一下双眼，挥手把侍女驱去，然后对侍从说："去，速把总参议、参谋长、秘书长、在奉天的旅团长都找来，我有急事。"

什么急事？原来他把这些人找来，是要他们执行他思索了好几天的一件大事……

"我本来想让大家休息几天，增增精神，现在看来，不可能了。还得继续干下去。"张作霖谈吐铿锵，不容犹豫。但是，他却热中有冷，顿了顿，反问一句，"你们猜猜，下一步咱们干什么？"

大家面面相觑，片刻之后，也有说扩兵的，也有说进京的，还有人说出钱修葫芦岛海港的。张作霖笑了。他摇着头，说："都该办，但都不急。"说着，他转脸望望杨宇霆。

杨宇霆是最善于揣摩张作霖心理的人。几年来，通过察言观色，通过对他举止行动的推测和事后的验证，他基本上摸透了张作霖的脉搏，但却没有十分把握。所以，他轻易不表示态度，生怕言多有失；只有在张作霖提着他了，他才婉转、含蓄地流露自己。

"大帅的意思……"他又望望张作霖，说，"趁着徐树铮边防军的溃败，西北边陲的空虚，咱们必须马上派兵占领下来……"

"对！就得这样做。"张作霖不等杨宇霆把话说完，便迫不及待地宣布决定，"我已经想了个方案，现在请大家商量：我军分三路，立即进军察哈尔、热河、绥远。我任命张景惠为察哈尔都统，统辖内蒙、外蒙；任命汲金纯为热河都统，驻扎承德；绥远马福祥已派代表来谈归顺问题，他虽然不是咱老奉的内码，人家想归咱了，绥远都统我想还请他当着，咱们有大兵压着境，料他也不会反了。你们看如何？"

大家都明白了，这哪里还用什么商量，已经成为命令了，何况这命令也是大多数人想到的，便齐声称："好！执行大帅命令！"有的人还吐了几句奉承张作霖"高瞻远瞩，有王者胸襟"的话。张作霖又笑着说："好，好！现在各作准备，我立即发出正式命令！"

张作霖势力雄厚，又是胜利之师，国中谁人不知他厉害！大总统徐世昌一看张作霖把边境的省区统领都委派好了，并且已经派出了自己的军队，虽然十分生气，但也不敢指责，只好以总统名义补了一纸命令，把张作霖独自决定的事情变成政府认定并且任命的正式公事。同时又给张作霖头上加了一顶"蒙疆经略使"的官衔。张作霖这个'东北王'一下子连大西北也管辖住了。

吴佩孚对于张作霖在北京抢收军械，已是怒火三尺，现在见他不声不响地又夺去了察、热、绥三地区，连蒙疆也抢入腰包，他忌恨而又眼红的原来小扇子徐树铮的地盘全落入张作霖之手，怎能不怒火上再泼一桶油：好你个土匪张作霖，钱权地盘你一起抓了！好吧，你抓你的北方，我抓我的南方，咱们就较量一番吧。于是，吴佩孚从他的根据地河南起，湖北、湖南、广西、四川以至云贵他都插手。

正是吴佩孚兴致勃勃地抓南方大权的时候，江苏军务帮办、代理江苏督军职权的齐燮元来到北京吴佩孚的公馆，说"有大事一定要见吴巡阅副使"。吴佩孚心里一跳：他，齐燮元齐抚万？他怎么这时来见我？人既来了，总得接待。吴佩孚一边传"请"一边在小客厅敬候。

齐燮元由吴的副官引进来，见了吴佩孚便恭恭敬敬地行了个军礼，而后说："江苏军务帮办齐燮元问候子玉将军。"

吴佩孚热情迎接着他，让入客座，便说："听说抚万将军业已就任江苏督军，子玉为之正高兴呢！"

"抚万正为此事来拜将军。"齐燮元把刚刚沾椅子的屁股又抬起来，说，"说句真心话，当今中国，最令抚万敬佩的，唯子玉将军！抚万终日思索，中国之安危，子玉将军是举足轻重的。因而，抚万久有心愿，若能在将军麾下听从驱使，终生愿足……"听着这肉麻的奉承话，吴佩孚反而警惕了。这个齐燮元原来是倾向张作霖的，虽对直有好感，并无真实行动。他究竟是一副什么面孔？我得探探他，别是张作霖打入我家院中来的奸细吧？这么想着，他便淡淡地一笑说："齐将军，雨帅待你颇厚！目下正是他兴旺发达之际。军威大震，又有了蒙疆，就连我等，也无不猛生攀附之念。我这里虽还有一副架子，其实中干得很。有朝一日，怕是要请将军在雨帅面前美言一二呢！"

齐燮元见吴佩孚对他有疑心，便先叹了声气，说："子玉将军误会了，抚万即使愚昧，也不会永久弃诗书之理而庸附绿林。张雨亭不失为一将，但论帅才，他已精疲力竭；想将来作为人王地主，怕这样的梦他也不知该怎么做。燕雀有时也会飞得很快、很高，可是，他们永远不会有鸿鹄之志！抚万久慕将军大才，却见将军不过燕雀之腹。告辞了！"说罢，起身要走。

吴佩孚惊讶了：原来齐燮元投归是一片真心！忙走过去，双手抱拳拦住了。"抚万将军莫误会，子玉也有子玉的苦衷……"吴佩孚略提了提此番直奉联合以及战后状态，叹息不已，连连摇头。齐燮元重又坐下，方又转入前番话题。

——齐燮元河北宁河（今天津）人，北洋武备学堂出身。辛亥革命之后，以师长身份出任江苏军务督办。此时的江苏督军是李纯，冯国璋的老部下，北洋老牌军阀之一，督苏多年，且又兼理长江巡阅使，势力颇大，被世人称作"长江三督领袖"之一。在刚刚结束的直皖战争中，李纯本该为曹吴大助一臂。可是，为了保自己，他只虚张声势一番，并未真出力。故而，不仅赃未分到，还使吴佩孚却对他产生了怀疑。正待寻机驱走他换一个心腹，尚未下手，李纯突然暴死，江苏督军这个实缺便由齐燮元代理。

齐燮元原是李纯的心腹，中将师长，年富力强，更擅于权谋，很得李的重用。实际上，早已握了江苏兵权。和每个军阀一样，这位齐帮办也是权心较重的人。他对他的李大帅，表面上很是恭顺，心中早已萌起了取而代之的念头。也该着齐帮办良机天降，正是风平浪静之际，李纯突然死了——当时，李纯之死，是掀起了好大一场风波的，社会舆论哗然，死因传出种种。但归根起来，比较统一的传言，是因他刚从苏州妓院领出的三姜苏秋月的花柳案所致。李纯一妻三姜，第三位苏小姜年轻漂亮，进门不久，便与李的一位姓韩的副官有暧昧关系。事不慎，却被李督军撞上。这位武将当即拔出手枪，要宰了这个副官。苏秋月冲去阻拦，枪响时，枪口猛转，打死了自己。此时，齐帮办正在帅府打牌，闻讯出来查办此事，猛然间灵机大动，逼迫着这对情夫情妇共同编造了一份李督军"自杀遗嘱"。遗嘱上自然摆了一片"理由"，但有一条所属却明明白白，那就是"我死之后，由军务帮办齐燮元代理督军职务，督军署要立即向中央保举，请国务院明令齐燮元继任"等语。人既已死，谁人还再追究那段花柳案呢？但是否有这份遗嘱却不能不众说纷纭。齐燮元怕出意外，忙命他的堂弟、旅长齐燮洪率一团精兵将督军署封锁包围，一方面四处活动，既要掩人耳目，又为自己晋升周游。

齐燮元本来是倾向奉张的，在占江苏督军席位这件事上，他以为张作霖会拉他一把。但是，张作霖却向国务院推荐了他亲家翁、刚获"特赦"的老牌长江巡阅使、复辟狂张勋出任江苏督军。这事不仅首先遭到吴佩孚的反对，也冷了齐燮元的心。圆滑的国务总理靳云鹏，凭着与张作霖、曹锟都有姻亲关系，双方都给情面，只好把此事暂时搁置下来。齐燮元等不得，又觉得奉张无望，便投到吴佩孚怀里。又赶上吴佩孚正注目江苏，所以一拍即合。

"这样吧。"吴佩孚说，"我明天即去见总理，你等好消息。"

果然，即在次日，国务院便决定任命齐燮元为江苏督军——无意间，不费吹灰之力，江苏地盘便并入直系"版图"了。紧接着，吴佩孚软硬兼施，又收复了湖北、湖南、四川。至此，吴佩孚雄踞洛阳，威名大震，成了他"牧野鹰扬百岁功名才半世，洛阳虎踞八方风雨会中州（康有为为吴佩孚五十寿送的寿联）"的鼎盛时期！张作霖见吴佩孚垂手得了江苏，甚是心怀不忿，大发怨言，说："肥肉尽让吴佩孚这王八羔子吞了，我只闹了片没有油水的蒙疆地区。"及见南方诸省尽附洛阳，更忍无可忍，迫不及待做出出征准备。他在自己辖区立即招兵买马，扩充队伍。奉系队伍很快由二十万人扩大到三十万人，他以十万人留守，以二十万人出关与吴佩孚较量……

奉直两家剑拔弩张，均在各寻机会出动。此时的大总统徐世昌却坐卧不安，心事日重。亲奉的梁士诒取代了靳云鹏的国务总理，吴佩孚又是一大激怒；这位梁内阁一就职便赦免了徐树铮等一批战败的皖系骨干，吴佩孚再也忍耐不住了，首先对总统发出攻击，说他"继承了安福国会的衣钵"，骂他是"五朝元老"，呼他为"东海先生"。这无疑等于首先否认了徐世昌的大总统。其次，吴佩孚又活动另开国会，再选总统，同时大肆宣传"梁内阁卖国种种"。他坐镇洛阳，调动南方之兵，偷偷北上。徐世昌焦急了。

入夜之后，徐世昌披上狐皮大衣在室内踱步。御膳房送来的晚餐、另加上他的爱妾沈蓉做的滋补汤，全没有沾唇都让撤了下去。更反常的是，连那尊金黄锃亮的水烟袋他也不去摸它。掌灯许久之后，他忽然命人去找堂弟徐世章。

徐世章时任交通部次长，津浦铁路局局长，是个能言善辩的人物，常常为大总统出谋献策，为大总统解决了不少应急事。

徐世章来到徐世昌面前，轻轻地叫了声"五哥"，便立在一旁。徐世昌指着一把椅子让他坐下，然后说："世章，我想让你到奉天去一趟。"

徐世章对他眨眨眼，没有说话。

"是这样，"徐世昌明白地说，"吴子玉越来越越轨了，欺人太甚。外边的事情，想来你也知道。现在只有这一个办法了。"

"请奉军入关？！"徐世章惊讶了。他知道，直奉两家，均已弓在弦上，战火一触即发，张作霖大兵云集，正寻机入关。现在令其入关，岂不等于挑起战火！所以，惊讶之后，便一言不发。

徐世昌深深地叹息一声，又沉思许久，才说："是的，调奉军入关，不是上策。但是，也只有这样做了。这口气难容、难吞呀！只好走一步说一步。"

徐世章还在眨着眼睛，一声不响。

"你一个人去如果不方便，还可以让秘书长吴芨荪陪你一起去。"徐世昌说，"我已经同他说过了。两人一道，也表示慎重。"徐世章知道事情无法变更，只好硬着头皮问："何时动身？""今晚就走吧。"徐世昌说，"你去找吴芨荪。记住，轻装简从，切不可走漏风声！"

徐世章退出去了，徐世昌又追出来，语重心长地对他说："你对张雨亭说，请他入关，主要是拱卫京师，起牵制作用，别无他意。军费问题，我可以厚助。"

徐世章一一答应，这才退去。

望着堂弟走出的背影，徐世昌深深地舒了一口气——却不知是轻松了，还是心情更沉重了？

一场直奉之战，已经在无可避免之中。

大战之前，直奉双双开动智力，制造对自己有利之势，以争取民心，争取利势；张作霖所荐的梁士诒组阁之后，这位以"财神"著称的总理首先筹到一笔款项，发给京中文武官员，以稳人心；在抑制吴佩孚军饷的同时，向日本借款赎回了胶济铁路，改为中日合办；在军事方面，张作霖调集三个师、九个旅开到前线，在滦州、军粮城等地筹设兵站，备足辎重军械，只待一声令下，便会立即投入战斗。

直军吴佩孚在静观的同时，将分散在湘鄂之军火速北调，并发出通电，揭发梁内阁"与日本勾结"种种罪状，声称"如有敢以梁士诒借日款及共管铁路为是者，即为全国之公敌，凡我国人当共诛之。"要求梁内阁于七日之内下台。

住在保定的曹锟，心里很乱，曹对张作霖并无恶意，且又是姻亲，打起仗来，伤了和气，还不知有什么变故？但他又不得不附和吴佩孚。结果他还是主持召开了军事会议，任命吴佩孚为总司令，张国熔为东路司令，王承斌为西路司令，冯玉祥为后方司令。立即开始军事行动。

张作霖把自己的军队命名为镇威军，自兼总司令，孙烈臣为副总司令，以"保卫京畿"为名，驱十五万大军开进关内，另派五万人作预备……

直奉双方，积极备战，大总统的"息战"通电，像放一个不响的哑屁一般，谁也没有注意。

张作霖仗着官兵气壮、装备优良，首先通电宣战——大战立即在长辛店、马厂、固安几线同时展开。

吴佩孚觉得奉军主力在西路，便亲赴长辛店指挥。大战伊始，火力便十分凶猛。奉军张景惠率一师兵马直迎上去，先令炮兵团排炮猛轰。刹那间，硝烟漫天，尘土飞扬，弹如雨下，血肉横飞！方圆十几里内一派草木枯焦，村庄塌倒。直军伤亡虽重却有进无退。直杀得天昏地暗，日月无光。正是直军打得凶猛之际，背后奉军又上来两个混成旅支援，直军防不胜防，顿时一片大乱。吴佩孚看取胜不能，便立即撤回涿州固守。奉军占领良乡。

第一回合结束之后，双方指挥官均看到了长辛店一线之重要；吴佩孚决定由王承斌率部正面攻打长辛店，以牵制敌军，他自己率部从侧面去偷袭奉军军械弹药集中地——三家店。张作霖除确定原参战军防地不动外，又派邹芬师增援，并下死令："你们丢了长辛店，就不必来见我！"

第二回合迅猛开展：吴佩孚偷袭三家店成功，正想转移，奉军发动前后两面夹攻，直军不得不立即撤退。吴佩孚和王承斌会合后再次发起猛攻……战地上，奉军伤亡甚重，战壕满尸，脱缰之马悲呼，直军又吹起冲锋号！张景惠虽奋起反击，终因伤亡太重，援军未到，而节节败北。他本人死守阵地，吐血晕倒，最后还是突围向芦沟桥撤去。

东路奉军由张学良、郭松龄率领，中级军官多为武备学堂出身，战士又经认真训练，战力很强。开战之后，先后占领了大城、青县、霸县等地。在一次攻坚战中张学良负伤，军队再无大进。加上张作相打得很糟，阵地渐渐失去，很快便溃不成军。最后长辛店失守。

长辛店失去，兵败如山。奉军纷纷向山海关方向撤退。张作霖亲去落堡督战，命督战队用机枪阻后，虽毙攻击无力的团、营长十多人，落堡仍被直军占去。张作霖败军只得顺滦河而下，及至退到山海关，已剩下无几了。

第一次直奉大战经过七天，便以奉张的失败而结束！为这场战争，张作霖准备了一年有余，出兵近二十万。当他把残兵败将撤至山海关之后，张作霖心情特别懊丧，就像当年押上了"黑局"一样，几乎倾尽了家产！

直奉大战序幕拉开之时，大总统徐世昌有八九分把握认定奉军必胜。为此，他还迫不及待地举行了一个盛大的、家庭式的宴会，来庆贺这场胜利。可是，正是他举杯的时候，战争结束的迅速和意外，令他目瞪口呆！消息传到总统府宴会厅时，他手中端着的那只从故宫御膳堂取来的汉白玉酒杯顿时落在地上，摔得粉碎，他也软瘫在太师椅子上——奉张一败，大总统会面临什么样的处境？他自己心里清清楚楚……

晚上，徐世昌发高烧了。烧得他昏天迷地，说了许多令人咋舌的言语。次日黎明，他又迫不及待地把徐世章、吴笈荪找来，瞪着略带红肿的眼睛，语无伦次地说："怎么办？事到如今你们看怎么办？"仿佛这个局面，便是他的堂弟和秘书长造成的，而今必须由他们两人拿出挽回残局、走出困境的办法来。

徐世章低头默坐。吴笈荪只顾吸烟。大总统说的事似乎与他们毫无关系，而他们到这里来该办的事情都办完了，只等着大总统下逐客令，便告辞。

徐世昌急不可耐，他提了提嗓门说："说呀！你们说呀！到底怎么办才好！"

吴笈荪想表明一下自己的看法——他思索出了最好的办法，那就是请徐世昌通电下野！可是，徐世昌却不易做到：总统来之不易，他又刚愎自用、唯利是图，在未见棺材之前，大总统是不会落泪的。所以，这位圆滑的秘书长只对着总统的堂弟徐世章淡淡一笑，希望他能像往日一样，拿出一个锦囊妙计。

徐世章对秘书长回了一个尴尬的笑——他了解他的堂兄，此人无论惹出多大问题，是从不肯认输、不愿认错的。他想顺着堂兄的"惯性"发表个意见——战争是张作霖入关引起的，现在他虽然败出山海关了，应该承担战争责任。然而，徐世章立即想到后果，这是一个引火烧身的办法，世人会唾骂，张作霖会发难。因而，话到唇边他又咽了进去。

豪华的客厅中，依然沉默。沉默得令人窒息。

徐世昌望着这两个敛口如钉的属下，发怒了，他扔掉毡帽，敞开胸襟，两眼发直，口吐唾沫，气急败坏地说："你们都默不作声，好像你们都是没事人，只有我罪责难逃，必须由我拿出办法来解决。那好，我拿意见。我决定了：当初周旋张曹吴关系，挑起这场战争的，是你徐世章和吴笈荪，去东北调兵，也是你徐世章和吴笈荪，你们俩人是罪魁祸首。只有杀了你们俩人，才能平息事态，才算以谢天下。""啊？！"两人同时惊讶不已。

吴笈荪呆了，他觉得徐世昌会那样做。

徐世章惊慌了，他也觉得徐世昌会那样做。他跪着爬到徐世昌面前，大声哭喊着说："五哥，五哥呀！你不能那样做。你的亲笔信还在张作霖手里，他会公布的。杀了我们，国人会骂你。我有个办法，你听我说说。"

徐世昌背过身，一声不响。

徐世章又说："五哥，将来吴子玉对你发难，只会因为奉张入关。现在奉张败了，你何不下一道命令，免了张作霖本兼各职。把张作霖免了，矛盾自然缓解，事态就会平息……"

徐世昌毕竟是到了山穷水尽，再无退路的时候了，只要眼前能过得去，得过且过，明天杀头再说明天的。他沉默许久，便摇着手说："去吧，去吧。你们都去吧！"

不久，徐世昌以大总统名义连发四道命令：解散现任内阁，通缉梁士诒；限奉军即日退出关外；撤销张作霖本兼各职，听候查办；任命吴俊升为奉天督军，袁金凯为奉天省长。

张作霖兵退山海关，正图谋如何挽回这一败局时，一见大总统命令，立即拍起桌子："什么命令？他大总统算个屁！"骂着，把电令通通焚烧，接着在山海关、滦州等地又布置了四道防线，并把损失较轻的李景林部放到第一线。

大总统对奉天的新任命，原来是吴佩孚的诡计，吴佩孚想从奉军内部制造矛盾，以分化瓦解。张作霖作了新部署之后，猛然觉察到了这个问题。"吴子玉好厉害！徐菊人好阴险！"既然人家把"刀"插入内部来了，张作霖决定先摸摸内部的底细。

张作霖对于袁金凯没放在心上，他认为他是摇羽毛扇的角色，无篡权大志，关键是吴俊升。于是，他想单独同吴俊升谈谈。正在踌躇之际，吴俊升专车来到山海关。张作霖心里一惊，匆忙亲去车站迎接。二人在军营坐定之后，张作霖即板着脸说："兄弟，你来得好快呀！如此交接大事，你也得容我略作准备……"吴俊升紧张了："大哥，你这是说哪里话？"

"这是正经话。"张作霖说，"大总统免了我的职，我也想早早交出去，兄弟你好早到奉天就职，安定民心。咱们是自家兄弟，你干总比别人干强！"

吴俊升"扑通"跪倒，急得满脸红紫，忙说："大帅，您这不是骂我八代祖宗么，我靠您拉扯才进了黑龙江，才有今天，我报恩还来不及，怎能出面拆您的台呢？再说，他徐世昌是谁的大总统？北京是在耍鬼把戏，咱们不能再听他的了！""这么说……"张作霖点点头。

"大帅，您有肚量，天大的事都担得起。您想想，把我摆到奉天，顶不了几天就被人家挤走了。北京这帮狗杂种，心毒着呢，咱不能上当！""袁金凯那省长……"

"人家老袁是学问人，啥鬼把戏看不透？他让我回大帅，不理北京这一套。他正忙着活动省议会，看如何走下一步棋呢！"

"兄弟，"张作霖忙扶起吴俊升，说，"照你这么说，下一步我该……""还犹豫啥？"吴俊升说，"大家保您坐东三省，咱干咱的！"

"好！他徐老五坐他北京的金銮殿，我张作霖坐我奉天的故宫，咱们各干各的吧！"

张作霖回到奉天，宣布东三省独立，发表了《东三省独立宣言》，与北京政府正式断绝关系，并宣布他已被"推选为东三省保安总司令"！张作霖还特地发了一个通电：《告全国军民人等》。这份通电先发总统府。

徐世昌以为是张作霖服从他的命令发来的"效忠书"呢，忙戴上花镜，一字一句看下去——

……自内阁问题发生以来，中央陷于无政府状态。作霖远处关外，不欲为若何举动。徐世昌派其弟世章及吴秘书长荩荪先后来奉，谓总统面谕，饬作霖率兵入关，以资镇慑。庶总统对于用人行政得自由处分。当服从命令，率师出关。后欲撤兵回防，徐又派徐吴两人再三挽留，并谓直军徒有虚名，无能为力。作霖与仲珊本系姻亲，岂忍相残，子玉情同袍泽，更非仇敌，苟非丧心病狂，何至兵戎相见。顾以总统之命，违心言战。自恨菲才，以致丧师失地。及明其真相，方知为人所利用，决计兵退滦州，出关自保。徐世昌又遣使来，劝我再战，一面以命令夺我职权，犹谓敷衍表面。此中诡谲，又复谁欺！徐世昌之为人，诡诈多端，唯利是图；臣事满清，欺其孤寡；辅翼项城，辜其所托；唆使张勋复辟，又从而剪除之；重用安福党人，又迫段氏下野；信任曹吴，又使作霖以兵铲除。作霖愚昧，为人所卖。自民国以来，屡次变乱，徐世昌坐收渔人之利。外间不察，误以为和事老人，不知其实为……

徐世昌尚未读完，即昏倒于地。

1922年6月2日，徐世昌不得不通电辞职。

第十九章
整军奉天，窥伺中原

中国的官场，在混战时期，总在演着走过去、走回来的闹剧，你方唱罢我登台：登了台亮了相，还得下台。

大总统徐世昌下野了，中国国家没有了主。国家没有主不行，好歹得弄一个！要谁当国主呢？当然是谁手里握有实权谁是主！军阀混战时形成的"三驾马车"，皖系段祺瑞的一架早散板了，无权争"主"；奉系张作霖的一架，也刚刚散了板，没有他的份了。这两驾马车都散在直系曹吴的手里，直系是当今中国自然的执政派，国主应该从他们车上找出！

直系名副其实的头号人物是曹锟，无可非议的要接任徐世昌的大总统了——

曹锟，总统梦做好多年了。辛亥革命之后，袁世凯当上了大总统。曹锟一下子就"开朗"了起来：看来，中国的人王地主，不一定都得是龙种。袁世凯不也是普普通通的人么，当初他河南项城的老爹袁保中，就是个"白身"，连个小小的纱帽也不曾戴过。曹锟觉得他也够当总统的资格。袁世凯当总统之后，南京政府欢迎他去南京就职，他不去，老袁在北京要曹锟搞兵变。曹锟便在北京烧淫抢掠了三天三夜，最后弄了个虎威将军、一等伯爵。从那以后，他曹锟蒸蒸日上，控制了包括北京在内的中国北方天下。现在，皖、奉两系都被他打败了，正是国家无主，曹锟自然要把总统梦变成现实。奉张退出山海关，曹锟从天津回到北京，屁股没沾板凳便把吴佩孚找来。"子玉，现在咱们首先要办的事，就是赶快把总统大位定下来。定了这件事，还有些事才容易办。你看……"

吴佩孚明白，曹锟迫不及待了，但又不想自己开口。可是，吴佩孚却有另外的想法，他坐在曹锟面前，慢条斯理地说："民国以来，南北分裂起源于法统。目前广东政府仍打着"护法"旗号准备北伐。总统之事，切不可草草确定。那样做，势必引起南方激进，他们会以恢复法统为名号召天下……"

"这么说，"曹锟把眉头皱起来了，"总统这事不好办了？""也不是。""怎么办呢？"

"袁项城死后，真正选举产生的总统是黎元洪。黎是合法总统。段合肥对他掣肘，他不干了。现在，老段败北了，名正言顺应该让黎重登大宝。这样做了，正是恢复法统。"

"让黎黄陂（黎元洪系黄陂人）再登台？！""总比被南方抢了去好。"

曹锟想了想，很觉晦气。但又觉得吴佩孚说的也有道理。何况，一来天下还乱，总统也不易当；二来似乎自己的准备工作尚不足，还得再准备准备。他只得勉为同意："好，那就让黄陂出来先平稳一下。"

曹锟无可奈何地同意国家大总统的位子先给黎元洪，一大批早被冷落的人都从蛰土下出来了：旧参议会的议长王家襄、众议会的议长吴景濂，都感到老店可以重操旧业，纷纷走到吴佩孚面前，说尽了拍马奉承之话。吴佩孚也忙着授意孙传芳、冯玉祥等军人通电拥护。一阵紧锣密鼓之后，吴佩孚自己匆匆跑到天津，去请黎元洪重新出山。

黎元洪已冷落了五年。饱尝了冷落之苦。虽然当初段祺瑞逼他下台，又假惺惺要他复位时，他曾说过"辞条之叶岂有再返林柯，坠溷之花焉能重登衽席"的话，那毕竟是五年前的事了。一听说让他重新登基，他还是十分乐意的。于是，在直奉战争结束不久，黎元洪重又当上中国的大总统。

曹锟表面上赞同黎元洪当大总统，内心里却打着自己的算盘：黎元洪是议员选的大总统，现在就可以冠冕堂皇地承认他。我为什么不能把精力放在议员身上，让他们走走选举这个过场。曹锟想定了这个主意之后，第一步工作便是聘请所有议员为他直鲁豫巡阅使署的顾问，从1912年元月起，每人每月发津贴二百元，并且先送给议长吴景濂"慰问费"三万元、给副议长张伯烈一万元，开始了他买总统的活动。

张作霖宣布东三省独立之后，心里总觉不扎实。他对自己猛然间就自信不足了：我苦心经营多年，兵将三十万，为什么就败在后起之辈吴佩孚手中？他无法解释。他不服气。可是，明明是败了，不服气不行！甘拜下风，他又不服，决定再打一仗。可是，有没有把握打胜？他没有信心。

张作霖此次失败之后，痛苦地感到不是自己兵力不足，而是队伍素质不良。他决定花大功夫整编和训练军队。在东三省保安司令部之外，他设立了东三省陆军整理处，由吉林督军孙烈臣兼任统监，姜登选、韩麟春、李景林为副监，张学良为参谋长。整军计划确定之后，便召开了一次师、旅、团长参加的军事会，要大家共同商量整军事宜。

惨败之后，人人气丧，也都感到军非整不可。所以，人人都拥护。在会议就要结束的时候，张作霖在他奉天的练兵场和他的部将一起举行一次带有宣誓性质的联欢会，大家都兴高采烈地表示了决心，要重振奉军的军威，雪奉军败北之耻！张作霖着元帅服，满面和蔼地出现在人群中。练习兵场一派风和日暖，人们都怀着希望和信心。但当张作霖登上主席台，要发表演说时，气氛却有些异常。但见一队持枪卫队匆匆来到会场，张作霖的脸色也变得铁青。他立在主席台上，瞪着鹰一般的双眼，足足对面前的人群扫视了3分钟，仿佛面前这群军官中，有奸细，有暗探，有曹吴派来的侦探分子。张作霖说话了，声音十分洪亮：

"我张作霖是从绿林里走出来的，拉帮结伙，流血拼命，是为了好日子；投到官府以后，是想升官夺地盘。这都是拿着脑袋往下混的！可是，我张作霖拉的帮也好、结的派也好、今天带的兵也好，都是愿者上钩的。我不亏待弟兄，弟兄也别亏待我！有人说我张作霖的队伍是匪。是匪怎么样！？我自己就是匪。匪也是人……"他停住了话题把头上的帽子脱下来，用力扔到桌上——练兵场上，一片寂静，谁也猜不透张作霖说这番话什么用意，也不知他想干什么。个个呆愣着，等待着"结局"。

"这一次跟曹吴作战，我们失败了。我们的仗为什么打得这样熊包呢？不是曹吴比我们强大，把我们打败的；是我们自己不争气！我们有的人不争气！"他往主席台子前边走两步，又说，"长辛店打起来以后，有的旅长竟在队伍后边搂着小媳妇走不动；敌人的包围圈还没有完成，有的团长竟带着队伍'突出来'，跑到安全地方去了。这叫打仗？这叫毁了我的部署！旅长鲍德山、团长许昌有，走出来！"

张作霖要干什么，大家终于明白了——

长辛店战斗中，鲍旅和许团是不够尽心。但是，总的战斗是全败了，何况鲍、许又都是从二道沟就跟着张作霖南征北战，立过功劳的，事情过去也就过去了。今天，张作霖把他们叫出来，可以为整军作一面镜子，认真检点一番也就算了。所以，大家的精神一时轻松了。鲍德山、许昌有站在人群之前，垂下头来。

"我下一步要整军了。"张作霖继续说，"要把军队整成什么样子？我说要整好，整成能打仗、能打胜仗的队伍！"张作霖走下主席台，来到鲍德山、许昌有面前，狠狠地望了他们一阵，说："你们两个知错么？"

鲍、许齐说："大帅，部下知错。"

"知错就好。"张作霖说，"我的队伍中，今后绝不许再出现这样的事情……"

"部下引以为训，戴罪立功！"

"你们现在就有立功的机会。我要以今日为戒，以你们二人为戒，永不重见此类事情。所以，我今天要处理你们。""部下接受处理！"

"来人！"张作霖一挥手，过来一排武士。"将鲍德山、许昌有就地正法！"

二人正要请饶，枪声早已响起。枪声响处，二人倒在血泊之中。"好了，我希望我的队伍中，今后永远不要出现这样的领兵旅长、团长。"张作霖说，"不愿意跟我干的，可以。但是，得要说明。说明了，我送路费。走了以后还想再回来，还是好兄弟，我欢迎。但不愿走的，必须得拼上命！这是我的规矩，我不想领孬种兵！"在场的军官，个个目瞪口呆，心惊肉跳。

曹锟对于黎元洪重当大总统，本来是不乐意的，当他把议员一个一个地收买为顾问，而且下决心要出钱买一个总统当当的时候，他就觉得黎元洪拦他的路、绊他的脚了。他得搬这个绊脚石。曹锟下手了，手段毒呀！第一炮，他操纵代总理高凌霨辞职，以瘫痪政府职能。高凌霨是直系骨干，是曹吴让他当内阁总理的。曹吴不想让他当了，他只好乖乖地退下来。第二炮，趁着内阁无人负责，曹吴指示直系骨干、陆军检阅使冯玉祥，京畿卫戍司令王怀庆直接向黎元洪索要军饷。总统无钱给，他们便唆使警察罢岗，把总统府守卫士兵撤除，把黎元洪住宅的水电全切断；继而组织"公民团"、"请愿团"包围黎元洪的住处示威，鼓噪喧哗……

黎元洪坐不住了，他知道总统难当了。于是急急忙忙乘上火车，想回天津公馆，暂避这个风头。

黎元洪一离京，曹锟便知道了。黄陂跑啦！？他心里一惊——他一想：这不行，大总统只能有一个，黎元洪躲起来，不露面，就是不想让大总统位子。位子不让，谁也不好顶上去！曹锟马上把直隶省长王承斌找来，气急败坏地说："孝伯（王承斌号孝伯），黄陂走了，你要立即想个办法。"

王承斌笑着说："大帅请放心，跑了和尚跑不了庙！何况天津还在我手里，我自有办法。"

果然，黎元洪的专车刚到天津车站，王承斌便出现在他面前。"请总统稍候，"王承斌颇为礼貌地说，"接北京训示，务请总统把印暂时交下。"

"这……这……"黎元洪先呆、继而怒了。他想：大总统仍是我的，为什么要交印？截车逼印，岂有此理！他想发作。但是，他却只在心里发怒，并不敢出口——因为他对四周窥视了一下，他眼中出现的，军戎整齐的队伍，都不是他总统卫队的人。玩兵玩权的人都明白：就算你再有能耐，只要落在别人大兵包围之中，你有三头六臂，你也得服服帖帖地认输。黎元洪叹息了："要我复大总统职的，是你们直系；今天要我下台、拦车逼印的，还是你们直系。你们这样翻手为云、覆手为雨，难道不怕世人骂你们吗？"王承斌只笑而不答。

"印不在身边。"黎元洪说，"离京仓促，印交给在东交民巷德国医院住院的姨太太了。""请总统电话告知姨太太，把印交给卫戍司令王怀庆就行了。"黎元洪看看没有办法了，只得命他身边的副官唐仲寅去打电话。大总统手中的十五颗印，悉数交给了曹锟，曹锟仰面笑了。

不久，曹锟花了一千三百五十六万大洋从五百九十名国会议员中买到四百八十张选票，他终于当上了中华民国的大总统。不过，令他十分惊讶的是，他收到的头号反馈消息，不是热烈的祝贺、拥护，而是从上海发出的，由孙中山、段祺瑞、张作霖牵头、各省代表参加的"联席会议通电"。通电说：

> 曹锟怀篡窃之志久矣，数月以来，阴谋日亟，逆迹日彰。最近发觉其嗾使部曲，串通议员，毁法行贿，渎乱选举，种种事实，海内闻之，莫不愤激。东北西南各省军民长官暨本联席会议，相继通电，声明此等毁法之贿选，无论选出何人，概予否认。全国各法定机关暨各公团亦相继奋起，为一致之主张，义正词严，昭如天日。

曹若稍知众怒之难犯，典刑之尚存，犹当有所顾忌，戢其凶谋。不意彼辈形同昏聩，怙恶不悛。吴景濂等竟悍然于 10 月 5 日举曹锟为大总统，曹锟亦悍然于 10 月 10 日就职。蔑弃中华之礼仪，沧丧民国之道德，侵犯法律之尊严，污辱国民之人格，一至于此，可胜发指。谨按此次毁法行贿之选举，于法律上则绝对无效，于政治上则徒生乱阶。本联席会议特代表东北、东南、西南各省之公共意思，郑重声明：举凡曹锟所盗窃之元首名义，一切否认。除彼凶残，唯力是视。呜呼！国本飘摇，乱人鸱张，存亡之机，间不容发。凡我国民，共奋起毋馁，最后之胜利，终归正义。

张作霖败回奉天之后宣布独立了，其实他何尝只想独立。东三省早已为他所有，他若满足了，也就不会入关厮杀了；退回奉天之后，若是仍然只想东三省，他不会有今后的征战了。他野心不泯，仍想逐鹿中原。他总觉得长城以内的那些帅，没有一个是他的对手，有朝一日，天时、地利、人和都属于他张作霖，他一定会牵着中原这个"牛鼻子"。所以，他一直把目光投向北京、投向中原，投向远在南国的两广、云贵。

黎元洪"再返林柯"之后，立即发出通电，说"现今国事症结，在于各省督军拥兵自卫"，他要"废督裁军"，张作霖在奉天立即响应："废督裁兵全国一致，东三省岂可独异。"

曹锟贿选总统，全国群起而攻之，张作霖响应孙中山、段祺瑞的倡议，马上派出代表去上海参加联席会议，并在通电上签了名字……自从成立了东三省陆军整训处，奉军的整体素质在逐步提高：各部队采取考试制度提拔军官，师旅以上的参谋长、副团长以上军官，必须是军校出身，军官吃空饷者，必须严惩，军队吸鸦片的人立即免职处罚，官兵每日上两小时军事科学课……经过一年多时间的整训和扩充，张作霖的队伍已有步兵二十七个旅，骑兵五个旅，两个炮兵独立旅和一个重炮团，总兵力又恢复到直奉一战前的三十万！同时，利用接收段祺瑞的十二架飞机，又扩建了空军，设立了奉天航空处，修建机场、机库，培训航空人员，并任命张学良为东三省航空处总办兼航空学校校长，着手从德国、意大利购买飞机……

张作霖的所有努力，都是为了打倒曹吴，报一战惨败之仇，作为自身实力，张作霖已经颇为自信，但从一战失败的教训中，他却看到了争取援军以及政治方面的重要。他想起了早时活动的"反直三角联盟"，他立即告诉他去上海参加联席会的代表，请他继续与孙中山的代表商谈此事。另一方面，秘密派员去天津，与避居在那里的段祺瑞磋商——

孙中山很重视这个联合，立即派汪精卫为他的代表赶赴奉天，与张作霖会面。张作霖利用孙中山的影响也想显示自己实力，便在奉天举行了盛大的欢迎会，邀请各界人士、中外记者参加大会；会后又举行盛大宴会，以示真诚和隆重。宴会后，张作霖把汪精卫领进小客厅，进行了一次十分秘密的、摊牌性的会谈。

"兆铭先生，"张作霖呼着汪精卫的字，说，"我同孙先生神交很久了，此次为反贿选，又情同志合；今日先生专来奉天，我们能够携手合作，将天下无敌了！"

"雨帅所言极是！"汪精卫说，"孙先生历来主张团结奋斗，愿联合国内各派各家，联合世界平等待我之民族！"

"好，好！兆铭先生是否明言此来打算，我们也好共同磋商。"

汪精卫点点头，心里想：有了上海联席会议通电，一切问题都有根据，何必转弯抹角。于是说："孙先生北伐决心早定。雨帅能在东三省响应，这样，广州政府一声令发，奉军东北出兵南下。南北夹击，必将一举全胜。"

张作霖一听，有点愕然，兴奋的脸膛，立即蒙了冰霜："孙中山发命令，我挥师南下……"张作霖有点不情愿……他已经又有三十万人马了，可以同情支持，但更可以各自出兵，何必有主有从之分呢？孙中山下命我出兵，我不是跟着孙中山当配角了吗！这么想着，他对统一行动之事便冷了下来。却又不好不回答。只得含糊其词地说："从目前全国人的心理和武力准备来看，战胜曹吴、推翻贿选总统，是没有问题的。我倒想问一声：战胜曹吴之后，下一步怎么办？"

汪精卫毫不含糊地说："这很明白，立即召开国民会议，解决国家统一问题。"

"嗯，嗯！"张作霖只"嗯嗯"两声，便把话题移到一边去了。

汪精卫见张作霖对两件大事都含含糊糊，便也不想立即再讨论下去，只好说："路途劳累，想早点休息。"便告辞了。

张作霖有张作霖的想法。他认为，当前的中国，北方无论怎么分，北方得算一家；而南方的孙中山，不管他的势力大小，他得算一家。两家相比，张作霖坚定地认为"北方好"！他要搞北方的斗争。至于北方内部谁掌大权？那就自己斗着看吧！但在眼前，他认为能左右中国的人，非段祺瑞莫属！所以，他派代表去天津时，就明白交代："到时候，只要求合肥策动皖系势力声援反直就行了，打倒曹吴，拥护合肥登总统宝座。"

汪精卫在奉天住了三天，联合问题虽成协议，但行动问题并无明确商定。汪精卫告别的时候，张作霖竟然拿出一张五十万元的银票送行。"兆铭先生，作霖目前手中并不宽裕，只算略表心意，助孙先生一点饷薪。"

送走了汪精卫，张作霖马上给去天津的代表打了个电话，请他在同段祺瑞接谈时，请段祺瑞为他们在与冯玉祥的关系中说项。张作霖说："可以告诉冯将军：战胜曹吴之后，奉军不再进关，北京政局可由冯将军主持。"

这些事都办完了，张作霖才觉得轻松一些。他闭上门，躺在床上，想好好地休息片刻。

张作霖躺在幽静的小房子中，平静地闭上眼睛，不想再思索什么了。平时思索得太多了，总不能老是连轴转。他刚闭上眼，还没入睡，人报："五太太来了！"张作霖翻身坐起，穿上鞋子便走出来。

五太太叫张寿懿，三十岁刚刚出头。由于在帅府中她起着执牛耳的作用，装点打扮竟是那样朴素、高雅，一派自然超群的风度。一见张作霖这副困倦的模样，便说："事情不是都办好了么，该静静地休息几天了。"

张作霖明白她说的"都办好"的事，点点头，但又说："南、北方都安排妥了。安排归安排，到时候会不会变卦？谁也说不清。"

五太太是目前帅府中最受宠的人，"内助""外助"都有她的份，而且事事倒也办得称心如意。所以，这"内助""外助"衔上加上一个"贤"字，早已被各方公认。因此，才奠定了这位姨太太的地位。张寿懿见张作霖还是郁郁不振，便说："自己做过的事，一是别后悔，二是有信心。干下去会不会变卦？谁也不是神仙，哪就会说得那么万无一失了。走着看着，变了卦再按变卦的情形办就是了，愁什么？"她见张作霖不声响了，又说，"外边的事我只说这么多了。今儿想跟你说一件家里事……"

"家里什么事？"张作霖从不多问家事。他没有时间问。他觉得有了五太太，家事再不用他操心——对于治家，张作霖的要求却是极严的。他有时候碰上家人齐全时，总是铁青着脸膛，说一通令儿女们颤抖的话：

"你们都记住：我他娘打下江山并不容易，你们得争口气！别他妈的一出笼就成了败家子儿！哪一个鸡鸣狗盗、胡作非为，让别人指着脊梁骂现世现报，我抹了他的脖子！"

长子张学良，从不敢在家父面前放大一步，唯有敬畏，更不敢抗命；次子张学铭，奉天中学毕业后去日本求学，每次回家总遭老爹痛骂，弄得他躲躲闪闪；钱不够用也只有去央求母亲；其余的一些小东西，见了他更像老鼠见猫一般。张作霖的几个女儿，更是默守闺房，从不敢浓妆艳抹，不敢招摇过市，不敢进出歌楼戏馆——可惜她们都被当作筹码，一个一个嫁给了像达尔罕王、曹锟、鲍贵卿等显要军阀的纨绔子弟！这些话外话，不去多提。

五太太坐下之后，却只轻描淡写地说："也不是大事，只是得让你知道知道。免得再扩大了。"

"说清楚吧，只要不把我赶出东三省，都是小事。"

"第四小学的老师，昨儿狠狠地处罚了咱们学思一顿，打了十手板……"五太太说，"四太太闹着要去找校长，还要让校长处理那个教师。"

"怎么！老师打了我的四儿子？"张作霖一怒，跳了起来，"他是妈拉巴子什么人，敢打我儿子？"

"瞧你，一句话又急了！"五太太也有点动气。"你儿子怎么样？还是个大帅呢，你平时对孩子们说什么来着？孩子在学校里，老师不管教谁管教？老师打孩子总是孩子不好，对任何人的孩子都得如此，何况你的孩子。你这么对待老师，老师还管孩子不管？"

"这……这么说……"张作霖笑了，"也是，也是！儿子不好好求学，不教育是不行的。这个教师也是个硬汉子，敢打我的儿子，算他妈拉巴子的英雄！这事就拉倒。""说得轻松，怎么拉倒？"

"还要怎么样？"张作霖说，"不计较不就完了。"

"你不计较，你心明白就行了。"五太太说，"我可得计较。""你想要我拿办法，你去办？"

"这样的事还需你指示办法？我已经办好了。""怎么办的？"

"我先劝消了四姐的火气，又拿出自己的体己，让副官买了四包好礼品，送给那位老师去致谢，让副官传话给老师：'老师对学生严加教诲，大帅很满意。大帅很忙，不然，大帅就亲自来致谢了；明天还要让学生来给老师赔礼。'"

张作霖哈哈大笑。"我早就说你行！这件事办得好，有韬略！比我强！"

——这位五太太原本姓王，叫王桂香，是奉天城大名鼎鼎的王松岩、王太太的女儿。这王松岩是海城大鼓艺人的高足，早年来奉天卖艺，结识了吉林将军寿金鹏，给他做了妾，生下这个女儿。寿将军老了，王松岩耐不得寂寞，又跟一个药堂管账的王先生勾搭上了。寿将军知道后，为保全名声，便断然弃了她。王松岩带着女儿便跟着王先生姘居。女儿也随着老娘学几段大鼓词，后来日月迫了，便在市上亮亮牌子。正被张作霖碰上，又有几位好事的被王太太所托，终于促成了这段美事。王太太机灵，送女儿入帅府的那一天，一定让女儿归宗，成为名将寿将军的小姐，恢复了寿姓；到帅府又在寿前加张字，再添了一个单名懿，便成了今名——张寿懿。这位五太太，是女流英才，胸有韬略，替张作霖办过许多好事，还正在动员那位早已入庵为尼的谷小姐返俗重入帅府呢。只是那位小姐再也不想入帅府这片肮脏之地，这才作罢。这件因为四子在学校挨打的事情，眼看着要在奉天闹起一场风波，经她这么一处理，却为张作霖捞取一块光彩夺目的"爱民""尊教"大招牌！张作霖不仅大大地赞扬了她，还狠狠地训了四太太和学思一顿。从此，这位五太太的声誉也渐渐扩大，先是奉天城，后是奉天省；三传五传，整个东北三省也是齐声称道。声望高，权也高，不久便成为帅府的内总管，连参议、参谋长、秘书长碰到事，也得常向她请教一二，问策寻计。

事情说完了，五太太要退出去了。张作霖说："你先别走，我着人去叫六子了，有几件大事想同他商量商量。你在这里，咱们一起谈谈，岂不更好。"

"算了，算了。"五太太说，"你们张家还没有破了规矩，女人不能管事，我得走。再说，你和学良谈事，我也插不上嘴，在这里碍事。我去厢房，让人为你们准备饭。"她转过身去，忙着又转回来，说："学良都长大成人，早已管理军队了，别张口合口'小六子、小六子'的，也得给儿子留点体面！"

"对对，对！"张作霖又说，"叫六子叫顺口了。再说……"五太太说，"得改改口。"正说话间，张学良已进来了。"爹，你老找我？"

"六子，"张作霖还是这么叫。只是叫时欠了欠身。"有些事我想先跟你合计合计，比如怎样提拔军官，怎样办兵工厂……"

五太太很自觉，听见老头子开口谈起了正事，便想回避。忙拉一把椅子靠近老头子身边放下，说："汉卿，你坐吧！"张学良恭恭敬敬地说："谢谢姨娘。"

五太太点点头，一边退出，一边说："你们爷儿俩谈吧，我出去了！"

第二十章
直奉之战，张冯密约

经过一年有余的卧薪尝胆，奉军大为改观，尤以张学良、郭松龄所部的第二、第六两旅，素质最优，成为各师旅之冠，张作霖视为奉军之基干部队。在此期间，奉军武器装备亦大为充实，奉天兵工厂经总参谋长杨宇霆兼任督办之后，规模扩大了数倍，每年可以生产各种轻重炮一百五十多门，炮弹二十余万发，步枪六万支，枪弹六十余万粒，机关枪千挺以上；经过向德国、意大利购买飞机之后，以张学良兼任航空处总办的奉军空军，飞机已有两百余架，共编为四个大队，机场、材料库也都有了相应的规模；同时，在哈尔滨设立了海军司令部，创办了海军学校，保安司令部内部设立专业管理海军的航警处，以沈鸿烈为处长，负责东北江防舰队之整顿，训练。为了战时动员和后方勤务的便利，张作霖命人一面在绥中、兴城、大窑沟等战略要地的铁路线上增修了待避线和给水、给煤等设备。一方面在铁路线之外各军集中地之间修筑公路，各军之间除有相应的与总司令部直接联系的电讯线路外，并在沈阳、哈尔滨、锦县等地建立了无线电台。张作霖俨然成了中国最大的实力派，最具有才干的军事家！

也该着张作霖碰上了个好机遇，就在这一年，在长江三角洲上开展的一场江苏督军、直系军阀齐燮元和浙江督军、皖系军阀卢永祥的战争（史称"齐卢之战"），由于孙传芳被逼出福建，走投无路，乘杭州空虚，袭了卢永祥的老巢，卢永祥败北逃走，投奔了张作霖，使奉军又多了一份兵力。

此时的直系军阀，由于曹锟一心当总统，精力全在贿选上，而吴佩孚坐镇洛阳，练兵筹饷，只想以武力统一中国，对曹锟的急于当政并不感兴趣。由此，直系中明显地分出了保定派、天津派和洛阳派。

除卢永祥投奔奉张之外（据说，卢到奉天不久，便和张作霖一起和孙中山联手结成"三角联盟"，奉张助卢打回浙江，卢助奉张打倒曹吴，而后欢迎孙先生北上，和段祺瑞共主大政），皖系骨干人物吴光新、王揖唐、曾毓隽以及经常在张作霖、冯玉祥之间走动的皖系人物贾德耀，均云集奉天，进行紧密的政治磋商。

那一天，张作霖和张学良在密室商谈许久，又美美地品尝了一顿五太太派人送来的午餐，心情分外兴奋，谈吐便无拘束。张作霖用手背抹了一把下巴，问儿子："六子，这一仗看起来是免不了的啦。据你看，打到底会怎么样呢？"

张学良轻蔑地笑笑，说："凭我军训练和装备，吴佩孚……"他摇摇头。"不在话下？！"张作霖追问。

"爹，吴佩孚这几年，战皖胜皖，战我胜我，连战皆捷，军威大振，他已飞扬跋扈，不可一世。骄兵必败！我看，胜他是没有闪失了。"

张作霖摇摇头。"怕就怕你这个样子。骄兵必败，你说对了；可是你忘了还有一句话，轻敌必败！前一仗，咱们败就败在轻敌上，你不接受这个教训？吴佩孚不是草包，他手下也不是残兵弱将。个顶个地拼，他妈巴子咱不一定胜了他。"

张学良不敢与老爹犟嘴，忙唯唯诺诺地说："是的，是的。"又说，"爹看该怎么打呢？""咱用你五姨娘的办法。"张作霖说，"讲究点韬略。"他把五太太处理老师打学思的事重述一遍，又说，"怎么样？这里边有学问。"张学良点点头，但眉却锁了起来。

"你愁什么？"张作霖说，"你五姨妈的办法你解不透？"

张学良说："吴佩孚毕竟不是教四弟的那个老师，几包礼品打不动他的心。我怕……"

"我心里有数。"张作霖说，"现在的直系，已不是铁板一块了，保定、洛阳已经有了沟；就是吴佩孚的大将中，也不全是一条心的，比如冯玉祥。"

张学良猛然笑了。"爹，我明白了。"

"明白就好。"张作霖说，"趁着仗还没打，我想让你选个强干的人，先到北京走走，找找冯焕章。该怎么说，要带什么？你自己去办吧。""我知道了。"

张学良退了出来。

冯玉祥，字焕章，祖籍安徽巢县，1882年生于直隶青县（今河北），1896年入保定五营当兵，1902年投袁世凯，想在袁世凯的北洋新军中建功立业。后来，他依附于皖系军阀段祺瑞，段祺瑞的"小扇子军师"徐树铮却容不下他，扣发他的军饷，要改编他的混成旅，还企图把他"流放"边疆，使他无立足之地。一怒之下，他投靠了直系军阀曹锟。第一次直奉大战时，冯玉祥为曹锟立了大功，曹锟心怀感激之情说："我所以能获全胜，全赖焕章。"可是，吴佩孚却容不得他。曹锟怀着报恩之心委冯玉祥为河南督军时，吴佩孚却派了一个叫宝德全的心腹为"河南军务帮办"。其实，是在冯玉祥身边安下了一个监视哨。冯玉祥忍无可忍，结果，在宝德全赴任经过开封时，被冯玉祥枪毙了。自此，冯吴鸿沟渐深，誓不两立。冯玉祥的河南督军无法干了，曹锟贿选总统之后，以升任"陆军检阅使"为名把冯调到北京南苑。实际上，是把冯的军权给控制了。

冯玉祥在南苑驻军之后，原想好好整顿一下军队，待机建功立业，却又获悉，他将要被派去再打张作霖。"张作霖不是已经退出山海关了么，为什么还要再挑起一场战争？"

此时，他的参谋长刘骥从北京回到南苑，秘密地对他说："将军，张学良的代表来了，要见见您。""在哪里？""在北京。"

冯玉祥沉思片刻，说："你明天领他到这里吧，免得在北京耳目多，又生是非"。

次日，刘骥陪着张学良的代表傅兴沛来到南苑。冯玉祥在一个密室里接见了他。

"张总司令和少帅让我问候将军。"傅兴沛彬彬有礼地说。"张帅，少帅都好！"冯玉祥也彬彬有礼。

"总司令已有函件致冯将军，想来将军已见到了。"傅兴沛说："总司令深痛争战对国民之害，在努力消弭战争，各安其地，发展事业，盼望将军理解总司令的这番苦心。"

几天前，段祺瑞受张作霖之托，已派代表到南苑见过冯玉祥，向他传递了信件，并表明"打败曹、吴之后，奉军不再进关，北京政局可由冯主持"。

冯玉祥已经默认了这个意思。所以，傅兴沛一提这件事，冯玉祥忙道："我都知道了。"停了停又说，"傅先生，北京不宜久留，你还是早点回奉天吧。"

傅兴沛点头答应，随手从内衣袋里拿出一张日本银行的汇票，说："冯将军，总司令听说目下您的军饷比较困难，这里有两百万日元，聊作小补，也表示总司令的一点心意，还望笑纳。"冯玉祥只淡淡地笑笑，说了声"谢谢张帅关心！"便命人收下。张作霖紧锣密鼓准备报仇的时候，吴佩孚也在紧锣密鼓准备再次出征。

吴佩孚越来越感到得意了，他虽然不十分赞同曹锟立即主政，毕竟曹锟是爬到大总统的宝座，北京政府完全被直系把持了。这样，吴佩孚便利用中央集权，借口统一军队，积极推行他的排除异己、武力统一的政策。他的努力范围已由黄河流域发展到长江流域；他又把手伸向西南，策动川、黔等军攻掠四川，勾结陈炯明、沈鸿英牵制广东。这些事都办好了，目光便集中北方，派重兵把守赤峰、朝阳和山海关，说是"阻奉军入关"，实为待机而动，消灭奉军。吴佩孚在洛阳已控有精兵三十万，他意气骄盈，野心勃勃，早有雄视中原，威加海内之势了。

不过，吴佩孚也有心思，也有顾虑：他已经觉察到直系大家族并不团结了。津、保两派，拥曹抑吴，处处对吴掣肘，吴佩孚感到了不顺；而津、保内部也因为吴景濂和高凌霨争夺内阁总理位置发生矛盾。吴佩孚闷在洛阳自问自答："果然大战起来，会不会有个统一行动？能不能抱定一个拳头对奉？"他叹息地摇摇头。

长江三角洲的"齐卢之战"，卢永祥败走奉天了，齐燮元原本是直系家庭成员，自然是吴佩孚的主力之一，吴佩孚该对东南放心了。可他却放不下心，因为那里走了个卢永祥却添了个孙传芳！

孙传芳，在吴佩孚的印象中，是个反复无常的人。虽然也是北洋武备学堂出身，是北洋直系的老人，却太不可靠了，和曹吴并不一心。福建败出，乘人之危夺了杭州。虽然他"慷慨"地把上海这块肥肉让给吴佩孚了，吴也派他的亲信张允明当了上海守备司令，但上海总是东南一隅，吴佩孚觉得鞭长莫及，而孙传芳又盘踞在浙江，说不定有一天这个流氓一翻脸，他又夺回上海。吴佩孚特别想到了将要展开的直奉二次大战——孙传芳会不会再干一场乘卢永祥之危夺取杭州的老戏，在我攻奉时他占我的长江三角洲！想到这里，吴佩孚立即派专人去杭州，特地表示跟孙传芳的深厚关系，表明"一定不插手浙江，"并愿意"必要的时候，将上海也交将军统辖"。

孙传芳在直奉一战后看到直系势力强大，正怕吴佩孚借口"吞掉"他，有意攀附还怕不及，今见吴送来一番盛情，立即表示"愿为总统效力，愿为玉帅效力"！

吴佩孚得到孙传芳的应诺，仰起脸来笑了：张作霖呀张作霖，这一次就不是上一次了，我要你连奉天也蹲不住！

吴佩孚大兵压境，赤峰、朝阳、山海关天天告急，张作霖在奉天召开了最后一次有旅长以上军官参加的军事会议，布置了作战计划——又是中秋月明时！

奉天城一派宁静，那座威武、森严的帅府也是一派宁静。

参加紧急军事会议的军、旅长和参谋们，鱼贯走入会场，静静地等候统帅发布命令。会场十分寂静，没有交头接耳，连一个吸烟的人也没有。他们挺着胸脯，双目平视着那个寂静冷清的司令台。

坐在前排座位上的杨宇霆有点焦急："时间到了，总司令怎么还不到？"他侧身望望张学良，张学良也有些焦急。二人目光交流一下，便先后走出来。"总司令呢？"杨宇霆问。"刚才在用早餐呢。"张学良说。

二人赶到餐厅，餐厅悄然无人。二人又超到小客厅，小客厅也悄然无人。他们走进小客厅的内室，发现张作霖躺在一个太师椅上正发出惊天的鼾声。

"总司令，总司令！"杨宇霆急促地喊两声。张作霖扭扭脑袋，醒了。

"啥事？"他把开军事会议的事早忘了。

张学良凑上去说："军旅长们都到齐了，请您去发布……"

"哎呀呀！你们等我开会是不是？怎不早来喊我？"张作霖一边揉眼，一边站起，一边又解释，"这场仗把我折腾苦了。昨夜你们走后，我再也合不上眼，盘算来盘算去，一睁眼，他妈巴子太阳出来了……"但他却仰起脸来，哈哈哈地笑起来。"吴佩孚这小子，我饶不了他！他兔子的尾巴，长不了啦！"

张作霖来到会场。全体起立，他扬起双手招了招，让大家坐下；他把帽子扔到面前的桌子上，说："大家急了吧？别急。我心里有数。上次咱败了，是计划不周到；这一次咱把计划做周到，就得叫吴佩孚这小子大败！这一仗怎么打，回头让麟阁（杨宇霆）参谋长宣布命令，我只说一个要求，你们务必达到，第一期战役，坚决歼灭敌之主力，奠定京津为主要目的。打胜了这头一仗，第二期仗怎么打，我还有新命令！？"说着，把脸转向杨宇霆。

杨宇霆站起身来，宣布了如下命令：

一、主力军使用于京奉线路上之山海关方面，出敌不意，先行夺取山海关；并在山海关迤西地区占领掩护阵地，以便主力军各部门在山海关附近地区集中；若值万不得已之时，亦须有一部在前所附近占领掩护阵地，而以主力军在绥中县以及迤西附近地区集中。

二、以一军使用于热河方面，分别集中于义县及大窑沟二地，主要任务攻取朝阳、建平、承德，到达于凌源以西地区。

三、骑兵集团在彰武附近集中后向热河境内挺进，以占据赤峰为目的。

四、总预备队以主力控制于兴城、绥中之间，一部分置于锦州待命。

接着，杨宇霆宣布了军队组编情况：一、三军组成联合军，任务是攻取山海关，然后向京津前进；但必须与二军和骑兵保持联系，以期协同一致。二军大部在义县，向朝阳进攻，另一部在大窑沟向热河插入，以实现命令第二条所规定任务。骑兵占赤峰之后，视情况由喜峰口或古北口进入长城以内。总预备队以四军任之。空军基地在沈阳，必派出三个大队，两队归一、三军指挥，一队置义县，归二军指挥。各该地抓紧修好升降机场……

张作霖站起身来，说："听明白了吗？这一仗就是这样打！哪里打输了，哪里的指挥官自己处分。怎么样？""坚决执行命令，完成任务，夺取全胜！"

张作霖笑了。他望望站在他面前的一个一个指挥官，他产生了不可动摇的信心——

这一次，张作霖破釜沉舟了，装备足足的，薪饷一次发了三个月，车马炮齐，后患解除，再加上花大力量做了冯玉祥工作，他觉得此次战胜吴佩孚是完全有把握的。

军事会议开过之后，指挥员们都回防地去了。张作霖唯独把张宗昌留下，把他领到小客厅，同他共进晚餐，同宿一夜——

张作霖对他各军都很放心，一军的正副军长是姜登选、韩麟春，二军是张景林、张宗昌；三军是张学良、郭松龄，四军是吉林督军张作相，五军是黑龙江督军吴俊升。除了张宗昌之外，哪一个不是他的心腹！张宗昌也得算知遇。此人江西一败，光杆来投，屈指算来，才只六年，六年他就给了他个副军长，够知遇的。可是，张作霖还是要单独同他交交心。

"效坤，这两年我就想瞅个机会跟你开怀喝一场，总是找不到机会。"张作霖面对张宗昌，守着特备的佳肴美酒说："今天，终于找到机会了，咱们得醉！"

"大帅……"张宗昌有些拘谨地开了口。

"别大帅、大帅的。"张作霖摇摇手，"今天是家宴。家宴！谁让咱们是姓着共同的一个张呢！谁一笔也写不出两个张。"

"是家宴，是家宴！"张宗昌说，"俺张效坤进帅府就是进家！看到你家客厅里边大灯笼上有个'张'字，肚子都挺高哩！"

"这就对了。"张作霖说，"只要我张作霖不下台，帅府永远是你的家！"

"大帅为嘛说这话？！"张宗昌贴近乎了。"东北这片天地，永远得姓张！我看他谁敢换换姓？！"张作霖端起杯，只笑笑。

张宗昌粗中有细。张作霖只留他一人晚餐，他就费了许多思索："嘛意思，刚让我当了二军副军长还不放心，要训训？不放心就别给副军长。"他又想想，觉得不对。我到奉天以后，节节往上升，人家张作霖看得起我，不是曹锟、吴佩孚那号人……一想到曹锟，张宗昌就大怒：龟孙羔子，白白地收了我八只金仙寿星。有一天，我非讨回来不可！想到张作霖待他不薄，忽然明白了：现在要打大仗了，那些军长、师长都是张作霖的老兄弟，我算啥？我得对他有个态度。这么一想，他也忙着端起杯说："大帅……""怎么又大帅了？"

"这一次得称'大帅'。"张宗昌说，"家事归家事，咱军令归军令，说嘛也得分明！不是要打大仗了吗，俺表表心吧……"

张作霖把酒杯一放，脸也放下来了。"效坤，家宴就是家宴。需要你表决心，刚才我就在宣布命令时拉出你来了，我不喜欢那一套，表不表都是一回事。客厅里你说把头给我，到战场上枪一响就溜了，有什么用？我不是要你表决心的。喝酒，拉家常，说心里话。"好厉害的张作霖！谈笑之中便给张宗昌通身上下捆锁得严严实实。

——张作霖对于张宗昌，一直怀着不拿不放的态度。当初，张宗昌跟着许琨来奉天投张时，第一次见面，不是八只金仙寿星。那时候，他没有银钱了，他一身破衣烂衫，一手提着一只烂筐。见了张作霖站立不动，只把烂筐朝面前一放。这个奇特的相见，使许多人哑然，不知道这个老土匪想干什么？偏偏张作霖心有灵犀，一眼就看透了。他走过去，拍着张宗昌的肩，说："效坤，你愿意为我张作霖的事业挑重担子。看样子你是来向我要东西的。好！我给你一根结结实实的'扁担'，让你挑起这两只筐使它有用！"

张宗昌笑了。"您一眼看透了俺的心，俺张宗昌这颗心就交给您了，永远不黑！"

张宗昌为张作霖出了力，收吉林、收白俄散兵，张宗昌都有功；第一次直奉战争虽失败了，张宗昌率领的苏鲁别动队却在苏鲁边境上的大兴镇打了漂亮仗；张作霖全军失败后，张宗昌仍率自己的所部转回奉天，为他保存了一支劲旅，也是张作霖赞赏不已的。自从张宗昌收编了白俄溃兵，得到了大批武器，他就成为张作霖手下的一支劲旅，张作霖任命他为第三混成旅旅长。可是，张宗昌日赌夜嫖，治军涣散，张作霖总不放心；尤其是他那根烟枪，几乎像命一样金贵，"早晚要把军饷也倾在烟枪上"。

听了张作霖的话，张宗昌心领神会地笑了。"好，咱只拉家常。"他端起杯恭敬地双手递过去，又说，"说真的，俺只盼着您长寿，没灾，过几年安生日子。"

"死不了。"张作霖说，"我硬梆着呢！我也说真的，吴佩孚不灭，死了我也不瞑目。"

"那小子值不得一提。"张宗昌说，"有一天，俺会让他吃饭找不着嘴巴。"张作霖似乎醒悟了，忙说："不谈这个，不谈这个。"

"不谈这就瞎口了。"张宗昌说，"大帅，您放心，俺张宗昌死心了，来开会前我就对弟兄们说了，'这回我们要打胜了，什么问题都没有；若战败了回来，奉天不会养活闲人，那就只有找山沟，大伙给我起个年号，咱们就落草去吧！'您说大伙怎么说？他们说：'落草？咱得帮咱大帅到北京去落草！看哪一家敢挡着咱！？'这时我才说，你们有种！你们的种比我大！"他仰起脸，哈哈起来。

"效坤哪，我明白你的心。"张作霖说，"到明儿你回队时，把要的东西留个单子，我让人给你送去。"

"不要，什么都不要。"张宗昌说，"吴佩孚那里啥都有，晚天全是咱的了！"

奉天军事会议开过的第二天，张作霖派在北京看守自己房产——顺成王

239

府的副官马炳南匆匆来了。一见张作霖，就垂头丧气地说："大帅，北京出事了。""什么事？"张作霖问。

"北京警备司令王怀庆强制没收了顺成王府。"

"什么？！"张作霖跳了起来。"王怀庆他妈巴子吃了豹子胆，敢没收我的房产！"

马柄南点点头。

"我要派人拿回来！"

站在一旁的杨宇霆笑了笑，说："何必呢，倒是可以让王怀庆当几天狗。"停了停，又说，"他能给咱们守护几天房子也是件好事。现在别拿回来。"

"什么话？房产是我的……"张作霖怒不可遏。

"这一仗打胜了，连中南海都是咱的；若是打败了，有个顺成王府也没用。""这……"张作霖终于平静了下来。"好吧，这笔账记在本子上，到时候一起算。"

"现在的问题是还要派人去北京，冯焕章这条线得拉紧点，免得到时候风云难测。"

张作霖想了想，说："柄南，你还回北京。再去找张树声，探探冯焕章到底怎么样？"

马柄南说："我离京前见张树声了，他说冯玉祥心情很苦闷，颇有与大帅联系之意。"

"那更好。你对他说，我大力支持他。"想了想，他又说，"听说冯将军近日要在北京同李德全女士结婚，你代表学良前去祝贺，要带上厚厚的一份礼。你再告诉他，军队补给问题，我一定尽大力解决。"马柄南匆匆返回北京，又去找张树声。

张树声是冯玉祥的交际处长，早在他任二十镇骑兵连长时马炳南任团书记官，冯玉祥是二十镇的步兵连长，他们三人都认识。又加上冯、马都是基督教徒，更亲上加亲。马柄南由张树声陪着到了南苑，一见冯玉祥，马便说："雨帅父子极为敬重焕章将军，愿与亲密合作。"

冯玉祥说："这就要看你在我们两人（指冯和张作霖）之间的努力了！"

"雨帅和汉卿得知将军和李女士将要结为伉俪，十分欣喜，本当亲自来贺，怎奈诸多不便，让我代致祝贺，愿二位百年偕老，情投意合！"说着，把一张重重的礼单送上。

冯玉祥笑着说："难得雨帅想着，谢谢雨帅和汉卿厚意。"

马柄南告退出来时，冯玉祥说："北京耳目很多，南苑也不平静，今后的事情，我将及时让树声告诉你；雨帅有事情，你也可以直接告诉树声，他会转告我的。"张树声送马柄南出来，秘密地告诉他："据我们得到的可靠消息，吴佩孚的计划大体定了，将派冯部出古北口，经承德、东蒙绕击奉军后路。胜利之后，许冯以黑龙江省主席职。""冯将军接受了？"马柄南问。张树声摇摇头。

"上次战争所许的愿至今未实现，冯将军心灰意冷了。""他打算怎么办呢？"

"至少是保全军队。"张树声说，"到时候再看情况。请转告雨帅，在不得已的情况下同冯有战争发生时，只可应付，向天鸣枪，切不可实战。"

"我一定将此厚意转告雨帅。"

得到冯玉祥的应诺，张作霖十分高兴，他决定立即举兵讨伐曹吴。宣布：东三省保安军改为镇威军，自任总司令，统辖六个军、三十万人，由张学良、郭松龄、姜登选、韩麟春等分任正副军长。

1924年9月13日，京奉铁路线停开普通列车；9月15日，奉军分两路向山海关和热河方面出动；9月18日，奉军向直军阵地开始发起总攻击……

中国军阀混战中最大的一场战争——第二次直奉大战从此拉开了序幕……

第二十一章
奉军告捷，冯玉祥政变

大战既开，战斗十分激烈。进击山海关一线的奉军联军一、三军，在绥中集结之后，18日即向山海关以东直军阵地渐次攻击；热河一线的二军和骑兵集团，在进击直军王怀庆所属第十三师和米振标毅军时，节节胜利，一周间即占领了开鲁、朝阳，然后向凌源攻进；骑兵由彰武出动，陆续占领了阜新、建平，到10月7日即攻占赤峰。

战争是在千变万化之中，好形势可以瞬间即得，也可以瞬间即失。奉军各路启攻顺利，却不知利中有害，顺时有艰。山海关战线上，由于直军占有有利地形，而且配置的全是嫡系精锐部队，奉军一、三军小获战利，便再难进展。激战至10月7日，奉军第十混成旅旅长孙旭昌始率部攻进九门口，直军第十三混成旅旅长冯玉荣自杀。奉军乘势推进，于石门塞附近占领阵地。至此，直军左侧受到极大威胁，吴佩孚即以强大兵力对奉军进行反攻。反攻部队以靳云鹏之第十四师为主力，吴佩孚亲到榆关指挥，并调大批援军。奉军渐感不支。

奉军一、三军即增派三个旅赴石门一线，一军长姜登选、副军长韩麟春赴前线指挥。自此，双方激战焦着，均无力获更大进展。此时，日本方面传给奉军情报，说直军已征集政记轮船公司轮船十三艘，企图在大沽口附近运载军队三四个师由海道侵入奉军境内，其登陆地点或营口或葫芦岛……

情况万分紧急，张作霖乘铁甲火车来到前沿车站，在车站上召开了军师长会议。他面容严肃、言语强硬："你们都听着，这一仗关系到生死存亡，咱们积累了几年的血本这一次全都押上了，只许打赢，不许打输。吴佩孚这小子不是好惹的，大家都得豁出去！谁畏缩不前，误了军机，别怪我六亲不认；先打进关内的，我封官有赏！"张作霖又说："我决定了，把预备队立即拿到最要害的地方——九门口去，再攻不下来都不要来见我了！"

按张作霖的命令，次日拂晓，一、三联军即发起全线出击。攻势虽猛，又有预备队支援，但终因直军阵势太强，奉军形势并没有能够彻底好转。在这紧急关头，张学良和郭松龄商谈起紧急对策了。

"现在看来，山海关正面再无法突破了，"张学良说，"是不是抽调一部分兵力，增强九门口一线。"

"我也是这样想的。"郭松龄说，"必须先打开一个缺口，再不突破缺口，就没有力气继续打下去了。"

"我看，炮兵两个旅大部分抽下来，另抽下八个团，由你率领增强九门口。"张学良说。"必须从那里撕破口子，打进去。"郭松龄同意这样做。

正在这时候，一、三联军内部突然发生了矛盾：郭部炮兵团营长阎宗周"因作战不力"被团长陈深撤了职。这一决定是报告姜登选、韩麟春批准的。阎宗周是郭松龄的同学，平时关系极好。他被撤职后，便来郭面前申诉，说："并无不尽心这样的事，是陈某借口报复。"郭松龄一怒之下，下命撤了陈深炮团长之职，同时令阎复职。姜、韩本来就与郭有矛盾，近日因九门口久攻不下又在相互埋怨，撤职、复职事情发生后，二人立即联名电报奉天总部，韩麟春并亲自去奉天向张作霖汇报这件事。大战在即，为了稳定军心，张作霖决定"往事不究，陈、阎二人各回原职"。郭松龄得知此事，极为不满。"妈的，告我的状了！好，有种你们去打九门口，攻下来才是好汉！"当天夜里，郭松龄把带过来的八个团全部撤离阵地，向后背转进。

郭松龄将援兵擅自撤出战场，张学良吃了一惊！忙骑上快马带一个副官追上去。

夜色深沉，星月无光，秋虫唧唧，白草茫茫。路旁村舍早因战争而成废墟，连声鸡鸣犬吠也听不到了！张学良追了十五里，尚不见郭的影子。正在踌躇之际，忽然听到一声战马的长嘶，才跟踪寻到。张学良翻身下马，大步冲了过去，拉住郭松龄的手，焦急地说："茂宸（郭松龄号），茂宸！你就这样一切不顾地走了吗？"

郭松龄见张学良亲自追来，已有所感动，何况他已略略省悟，临阵脱逃不是一件小事，只得低下头说："汉卿，我对不起你！那些家伙也太气焰嚣张了，我忍无可忍，才这样做的。"

"我一向敬重您的为人，论交谊在师友之间，您对国家对民众是有远大抱负的，为什么竟因为一件小事而抛弃自己的抱负呢？难道您不痛心吗？！"

郭松龄垂首不语。

张学良又说："这件事您糊涂了，东三省不是他们的，我张学良也不是阿斗！"说着，他指着郭松龄的马说："上马，领着队伍回防地。"郭松龄还是垂首不语。

"茂宸，我请您上马跟我回防地！您如执意不去，咱们只好一起回奉天去见老帅。"

郭松龄不能再执拗了，只好上马领着队伍回去。

姜登选得知了这件事，以退为攻，立即向奉天发了个急电，说自己肝病突发，请张作霖同意他回奉天住院治疗。没等奉天批准，便走了。张学良不再理会，以联军司令名义发布命令，任命郭松龄为前线总指挥，率部主攻石门塞。郭这才组织队伍，重新发起攻势。

在热河一线的奉军第二军，9月22日起，先后攻下凌源、平泉，10月上旬已到达凌源以西地区；稍事休整，即向冷口攻击前进……

9月17日，吴佩孚从洛阳大本营来到北京，接受了大总统曹锟对他"讨逆军总司令"的加委；18日，他以讨逆军最高统帅身份召开军事会议，发布讨伐命令。

这一天，吴佩孚精神不振，他垂着头，只死板地看着面前早已写好的几张纸头，那上面，有军事部署，有行军线路，有战斗要求，这些常规性的文字，似乎并不需要他花费如此大的力气，而且也不一定都得由统帅宣布。此刻，吴佩孚这模样，部将们都有点迷惑不解。有人低声议论，说："我们统帅的'郑州之威'哪里去了？"有人又说："'无可奈何花落去！'此一时，彼一时矣。张作霖毕竟是有三十万人马的东北一霸，不是赤手空拳的京汉铁路工人。"吴佩孚沉默有时，才站起身来讲话：

"此次讨伐叛逆张作霖，我受命任总司令。现在，我宣布讨逆军总司令部命令：

王承斌为讨逆军副总司令兼直隶后方筹备总司令；彭寿莘为第一军总司

令，沿京奉铁路之线出击；王怀庆为第二军总司令，出喜峰口，趋平泉、朝阳；冯玉祥为第三军总司令，出古北口，趋赤峰……"

吴佩孚的命令好像发布完了。但是，会场上有些骚动——有人还没有接到命令。

"报告总司令：海军是否参战？"

"海军怎么不参战！？"不知吴佩孚是被人激怒了还是自检失误，不耐烦地说："这样大的仗，海军能袖手旁观？"

尽管海军的具体任务是什么没有说清楚，但是，海军因为请战受到总司令指责这是事实。所以，空军的头头们也就敛口不言了。然而，却有人嘀咕："张作霖有空军！"吴佩孚听到了，清醒了，大声说："张作霖有空军我们也有！我命令：空军部队全力参战！"散会了，受命之后的军师旅长们纷纷退出会场。

冯玉祥离去最迟，他想单独向总司令申辩一下对第三军的安排。这样大的举措，事先统帅部并没有同他交谈过，而古北口这条道，山岭重叠，道路崎岖，交通极不方便且地方十分贫困，哪一天才能到达赤峰呢？冯玉祥最担心的，还是这条道路上的补给问题：万一粮秣供应不上，千军万马可怎么办？

思来想去，冯玉祥还是缩回来了，他没有去找吴佩孚。他知道他同吴佩孚之间有许多不愉快，他面临的困难，吴佩孚都不会为他解决。杀了军务帮办宝德全，吴佩孚就气病了一场，他恨冯玉祥恨死了；还有，吴佩孚洛阳做寿的时候，连大总统都送一份厚礼，冯玉祥竟带两个士兵送去一坛清水，还大叫自己"是个穷兵"！吴佩孚简直想杀了他。是吴佩孚把他从河南挤到北京来的，纵然，你冯玉祥对这次出征安排有一百条意见，吴佩孚也不会给予解决的。冯玉祥不抱希望，他只按照常规去找后方筹备总司令王承斌。

"筹备总司令，"冯玉祥很有礼貌地说，"我就要开拔了。此去赤峰，不知阁下为我沿途设几个兵站？"

"冯将军，"王承斌也彬彬有礼。"总统和总司令都有交代，此次出关作战，不设兵站。各军给养完全就地筹措。因而，只好请将军自便了。"

"怎么说，不设兵站？"冯玉祥吃了一惊。"我部经过地区，人烟稀少，地方贫困，千军万马，何以自筹？这岂不……"他本来想说"这岂不有意将我部力量消耗在荒寒瘠苦的长城以外吗"，但他转念一想，这个坏主意不是王承斌想出的，对他牢骚也没有用，不如去找吴佩孚。他对筹备总司令冷冷一笑，便告辞了。冯玉祥找到吴佩孚，申辩似的说："玉帅，出古北口去赤峰这条路线，沿途不仅全是荒芜地区，十分贫困，且又是险道，人烟稀少。不设兵站，这给养问题……"

吴佩孚似笑非笑，满脸狡黠地说："焕章将军，给养的事么，我是想过的。但是，你也明白，我们仲珊（曹锟字仲珊）总统有困难呀！执政日短，百废待兴，又是国库如洗。难哪！我们为将者，应该体谅总统之处境，尽力为总统排忧。至于说古北口这条道，是险些。焕章将军你该明白，正因为此道地势险要，攻守不易，才需派一支劲旅。思来想去，这一重任非将军之部不足以取胜。冯将军，我们将期待你的喜讯！"

一个严肃的军事措施，几句半嘲半讽的言语便一挡了之。一怒之下，冯玉祥愤愤而出。

冯玉祥要出征了，他得按照吴佩孚命令规定的路线出兵。

秋高气爽，北雁南飞。冯玉祥率领他的大军从北京南苑起程北上，虽然浩浩荡荡，却是并不紧迫。

三十七岁的冯玉祥，眼看着便到了不惑之年，可他，总还是事事后悔。使他终身后悔的，大约就是投直，就是跟随了曹锟、吴佩孚，尤其是吴佩孚……对于这一场酝酿已久的直奉战争，他不想超脱界外；他跟张作霖的代表有过接触，他对张作霖的拉拢有过默认。但是，那都是军阀混战时人人皆用的手法，不足为奇，也不足为惊。到时候，可以抗敌不力，可以佯作积极，他并不想反自己的主子。可是，王承斌那口气，吴佩孚那脸腔，尤其是他跨上的这条崎岖而贫困的征战之道……冯玉祥心里凉了："这是去战胜敌人吗？不！这是走向坟墓，是去自我牺牲！"

出征的第一天，太阳还在西山顶上，他即传令："就地宿营！"和他并马前进的属将、旅长张之江，有点迷惑地说："总司令，大军行进才二十公里，现在是下午三点多一点……""执行命令！"

冯玉祥在昌平县一个学校里安下了司令部，便独自钻进一个小房子里，想静静地想点什么。想什么？他自己也说不清楚。总之，只觉得自己胸闷，觉得这一次出征太不自愿，也太迷惑。

在他身边隐隐现现的，只有卫队长孙飞，一个标致青年。小孙有点文化，头脑灵活，常常为将军出点小计谋，排解点小苦闷。冯玉祥既把他当成部下，又把他当子弟，什么事也不瞒他。所以，有人说："孙飞是冯将军的第二参谋长。"对于出征后及早扎营，小孙也不理解。他本来想着今晚一定会出长城，过怀柔，说不定明天就到达古北口了。冯将军的作风他是了解的，雷厉风行！现在是打仗，兵贵神速，怎么会这样松松垮垮，早早安营呢？

"将军，"孙飞立在冯玉祥身后，说，"咱们这次出征，我心里总觉得迷迷糊糊，不舒服。"孙飞耍了个花招，他不说冯玉祥迷糊，只说自己迷糊。

冯玉祥轻蔑地笑了。"你迷不迷不关大局，只要我不迷！""我觉得将军也迷。"

"我怎么迷？"冯玉祥故意发怒。"你说不清楚，我饶不了你！""我不怕你处理我。"孙飞说，"我觉得咱不该打这一仗。咱为什么去打张作霖呢？出征了，你又走走停停，你还说自己不迷。"冯玉祥只淡淡一笑，不再说话。

孙飞以为将军没听懂他的话呢，又说："将军，我听了一个消息，觉得挺重要。外边传说，孙中山的儿子孙科，张作霖的儿子张学良和卢永祥的儿子卢小嘉三人在沈阳开会了，决定共同反曹、吴，还订了三角同盟，叫'三公子会议'。这可是大事。将军知道吗？"

冯玉祥对这事心里早已明明白白，可却装作不知道。"没听说。三公子能办什么事，咱们不管他。"

"事大着呢！"孙飞说，"三家果然联合了，咱们……"冯玉祥摇摇手。"闲事，咱不管。"孙飞出去了。

冯玉祥把门闭上，他想独自沉思。他不能不沉思：他的队伍已经到了十分艰难的地步：军费已经十一个月没有着落了，他离开河南时吴佩孚答应每月由河南给他二十万元，但却从不见分文，他连饭也吃不上了。王承斌说的"各军皆不设兵站"，是地地道道的谎话：彭寿莘的一军，是名副其实的"兵马不动，粮草先行"；王怀庆的二军虽说不设兵站，喜峰到朝阳，不仅地域富庶，那里是直军的根据地，处处是兵站。冯玉祥越想越气。最后，他做出了决定：我要按兵不动！

姜登选跑回奉天去了，郭松龄任了石门寨前线的总指挥。他觉得硬拼不了，必须智斗，他立即调整了布局，将前线的赵、齐两旅调出，分向南北迂回，包抄敌后；又挑选了两个精锐步兵团，一个迫击炮营，趁天黑绕道向九门口出发，不声不响地于拂晓前到达口外。部队全部隐蔽下来，准备入夜发起猛攻。这样明退暗进，以迷惑敌人。

石门寨的守军是直军彭寿莘部。战斗激烈之中，彭寿莘忽然得知奉军担任主攻的赵、齐两部已全部撤出阵地，又不见主力军来接替，估计奉军是久攻不下改变了作战计划。彭寿莘动了思索。他知道自己两翼薄弱，生怕奉军从两翼攻入，立即将正面守军调出一个旅，加强两翼小寨和荒沟。也该着直军时运不济，正是这一天，彭寿莘被吴佩孚召到海阳开会去了，守石门的官兵顿觉内外都轻松，索性来个大喝大吃一顿。结果，大部分人喝得酩酊大醉。

郭松龄趁着黑沉沉的深夜，率领队伍深入九门口，沿着山根分成两路潜入自己部队刚刚撤出的战壕，把迫击炮也推入阵地，伪装起来。郭在前沿观察之后，急调一个团从前沿战壕开挖五条地道，延伸到敌军正面阵地脚下，埋上足够的炸药。

这是一个紧张而又平静之夜，直军一个个都渐渐进入了梦境。

东方渐渐泛起鱼肚白。郭松龄发出总攻击令。顿时，霹雳四起，炮火连天：五条地道，犹如五座火山爆炸；几十门迫击炮，就是几十条火龙；阵阵冲锋号，随之便是潮水般的人流，九门口突然间杀声震天，火光映地，血肉横飞！直到奉军冲进直军营房，那些醉醺醺的官兵还死猪一般地躺着不动。闯进去的奉军，个个如同猛虎，他们挥舞起雪亮的大刀片，切菜砍瓜一般杀个不停。太阳刚刚露出笑脸，直军已伤亡大半，剩下的，全部缴械投降——一场疾风暴雨般的席卷战，瞬间结束，奉军获得完全胜利，直军全军覆没！

奇袭成功，郭松龄挥师前进，以猛虎下山之势突击山海关。此时，转移到两翼的赵、齐两旅也奋勇冲杀，迅速占领了先锋营、狼烟台。守敌纷纷向南逃窜，直军长城上所有的口子被奉军全部打开，奉军乘胜直追，沿途小股直军闻风而窜，武器、车辆、粮秣随地丢弃，只顾逃命去了。

郭松龄留下少数部队清扫战场，收容俘虏，集中大军朝重镇海阳攻进！

从热河南下的奉军第二军在张宗昌、李景林率领下，相继占领了朝阳、凌源之后，沿途俘获直军数万。张宗昌随收随改编，均成了自己的队伍，他们以破竹之势，打开冷口，直取滦州……

冯玉祥的第三军从昌平开拔之后，仍然以缓慢的步伐北进。部队开到古北口，已是吴佩孚发出进军令的第十四天，即 10 月 1 日。

古北口，塞外一个重镇，地处宁潮河下游，密云群山的北端，是一个比较荒凉的镇子。冯玉祥的部队没有进镇，只在镇西约一公里的山坡上架起帐篷。军队驻定之后，冯玉祥却领着卫队几个队员朝队伍的后部走去。

冯玉祥的第三军共五个旅，他把部队分成梯队形前进：先头部队是张之江旅，次为宋哲元旅、刘郁芬旅、李鸣钟旅、最后是鹿钟麟旅。冯玉祥来到殿后的鹿旅，只寒暄了几句随时转回来。在他转身往回走的时候，他问鹿钟麟："我布置你的任务，你完成得怎样？""我已安排沿途县、区长了，让他们务必把公路加宽。""检查了吗？"

"检查了。都是依命令办的。"鹿钟麟说，"那些县、区长们都不明白，大军已经过去了，为什么还要把公路拓宽加固。""你怎么回答的？"

"好回答。'明修栈道，暗度陈仓'么！"

冯玉祥笑了。"从今天起，你部要以向着北京方向练习行军为主。可以全副武装，也可以徒手。"

冯玉祥回到自己帐篷时，人报"有一个叫贾德耀的人现住在古北口，要见将军。"冯玉祥沉思了一下，知道是段祺瑞的代表，忙派自己的车去接。二人在帐篷里足足谈了个通宵达旦。贾德耀走时，冯玉祥又派他的心腹田雄飞随贾去天津见段……就在贾德耀走后，冯玉祥派人回北京把他的交际处长张树声和张作霖驻京办事处的马柄南请到古北口……

10 月 12 日，冯玉祥到达热河省的滦平。由于马柄南的传递，奉军赤峰方面的主力已调往山海关，正面战役是不会激烈了，冯玉祥索性在这里安营待变。

正是冯玉祥在滦州思谋下一步棋怎么走时，他留在北京城守备的蒋鸿遇传来消息，说"山海关紧急，吴佩孚出京去山海关了，并将驻长辛店之主力第三军亦调去。"冯很高兴，认为北京空虚了，或有可乘之机。就在这同时，驻在通州的胡景翼派来代表，说"吴子玉已警惕将军，令我部监视你，务请提高警惕！"冯玉祥离京时已与胡景翼和孙岳有约，在反曹吴时共同行动。冯玉祥激动了，他不愿再北上了，他要折回马头，直驱北京。他把旅长们全找来了，开门见山地对他们说："大家跟我这么多年了，历尽了艰难困苦，国家闹到这个样子，我真不知道会把你们带到什么道路上去……"

大家明白了将军的意思，都说："一定跟着总司令干到底！""好！我现在宣布决定。"冯玉祥精神了。"命鹿钟麟部兼程返京，会同孙良城、张维玺两旅开往北苑，再与蒋鸿遇旅会同入京；命李鸣钟率一个旅趋长辛店，以截断京汉、京奉铁路联络线；命已达承德之张之江、宋哲元旅速回北京；通知胡景翼将开赴喜峰口的部队速撤回通州，以防吴佩孚回击；通知孙岳秘密监视曹锟的卫队及吴佩孚的留守处，以防发生意外。封锁京热大道，以防走漏班师消息。10 月 21 日，一支开赴赤峰的部队沿着原路迅速向北京返回。在返京途中，冯玉祥发出反曹吴的政变通电，并将自己的军队改为"中华民国国民军。"

吴佩孚在海阳召开了紧急会议，刚刚布置了全线反攻计划，忽然得到冯玉祥政变的消息，十分慌张又十分恼怒！他决定立即将主力第三师及二十六师各一部约八千人自山海关调出，回救北京，以解老巢之危——

然而，交战胶着，想拔腿亦非易事。奉军自拿下石门寨，又连夺要隘，节节向南胜利推进，吴佩孚的队伍早已被打得溃不成军了。吴佩孚命令他的嫡系部队张福来部在海阳北组织反击，结果，调度未就，早被郭松龄的炮团打得落花流水，立足不住，垮了下来。

吴佩孚亲自上阵，持枪指挥。怎奈他的前线部队正从西、北、东三方败退下来，跌跌撞撞，哭哭喊喊，成了一群惊恐乌鸦！而奉军又飞兵包抄过来。吴佩孚再也左右不住自己的部队了。正是仓皇四顾之际，一辆铁甲汽车朝他飞来。车上有人大喊："大帅快离险地！"喊着，车上跳下几个人来，把吴佩孚推推拥拥架上汽车，汽车朝秦皇岛方向开去……

吴佩孚从秦皇岛败回天津，即将残兵败将集中在杨村一带，自己即向苏、浙、鄂、豫等省求援。孰料山东郑士琦宣布中立，出兵沧州、马厂，并派兵南下，炸毁津浦路韩庄附近之铁道；山西阎锡山亦出兵石家庄截断京汉铁路。吴佩孚所渴望的京汉、津浦两路援军均被阻不能前来，而冯玉祥又逼他甚急。走投无路，吴佩孚只好率残部二千余人登上华甲运输舰浮海南下。第二次直奉大战至此结束。

这天夜里，鹿钟麟和蒋鸿遇磋商之后，即派一个团以接运给养为名押着上百辆大车进了北京城，车中全是武器。他们在旃坛寺留守处集合，至十二时，便将电报大楼、电话局、火车站全部占领。鹿钟麟迅速赶到安定门，孙岳把城门打开，队伍一路进城，一路设防，直到天安门。鹿把司令部设在太庙，随时把总统府看守起来。

第二天黎明，北京城醒了，曹锟醒了，然而，遍城通衢要道和总统府布满了大兵，他们臂上均佩带布章，写着"不扰民，真爱民，誓死救国"。

曹锟得知冯玉祥发动政变，惊慌失措，他想走当年张勋之旧道——逃向荷兰使馆。但他走不动了，总统府四周早被鹿钟麟的大兵团团包围。新任命的国民军副总司令兼第三军军长孙岳率卫队进总统府，将曹锟囚禁在延庆楼。而后，便逼着他做他要做的事情：发布"前敌各军自行停战"令；发布"免去吴佩孚直鲁豫巡阅使和第三师师长，改任青海垦务督办"令。

11月1日，冯玉祥赶到延庆楼，限曹锟二十四小时内辞去大总统职务，迁出大总统府；次日，北京警备总司令鹿钟麟来到总统府，要他交出总统印玺。曹锟惊慌了，他知道印一交出，他的一切都完了，包括他的庞大家产。他哭了。

哭也无济于事，他只得将一年前从黎元洪手中抢过来的大总统十五颗印玺交出来，并发表了如下通电：

> 本大总统承国民付托之重，莅职以来，时切竞竞，冀有树立，以慰国人之望。无如时局多限，德薄能鲜，近复患病，精力不支，实难胜此艰巨之任。唯有退避贤路，以谢国人。谨掬诚向贵院辞去大总统职务，理合咨请查照，此咨参议院众议院。

冯玉祥在北京经与各方协商，商定由黄郛负责组织摄政内阁，然后拟请段祺瑞出来临时执政，并电请孙中山先生北上议政。

冯玉祥政变成功了，他不仅把贿选总统曹锟赶下台，而且把中国最后一个皇帝溥仪赶出紫禁城皇宫。

张作霖在奉天得到北京的消息，肺都气炸了。他拍着桌子，破口大骂："老子倾家荡产打败了吴佩孚，姓冯的进北京坐了天下。他妈拉个巴子，天底下哪有这样的便宜事？老子不答应，我要赶走他！"

第二十二章
入关之后下一步

　　直奉二次大战，张作霖并不只想报一战之仇。要是那样，吴佩孚被赶下海了，曹锟也离开了总统府，张作霖不是如愿以偿了么：你在东三省独立你的，管他谁坐北京！？不，张作霖有野心，他也想坐坐北京。

　　长城内外的炮火都熄灭了，张作霖却把他的司令部移居山海关，他也从奉天来到山海关坐镇，并且立即发布命令，东北各军加速向京津挺进。

　　奉军大举进关，冯玉祥吃惊不小！他知道这个红胡子已经不承认自己"奉军不再入关"的诺言，要趁势来北京分赃了。他虽然十分生气，但还是以息事宁人的态度，想相让一步，便派副总司令胡景翼到山海关去拜会张作霖。

　　张作霖见胡景翼来了，心里一惊：我挥师入关，就是为了给冯玉祥点颜色看看；闹不好，我得赶走他。难道他们猜透了我的心事了么？"他冷静一下又想：哎，眼前局势还很复杂，吴佩孚虽败了，直系还有一定势力，尤其在直鲁豫势力还很强，一时也难铲除；冯玉祥也不是一支弱军，现在又得到了广东孙中山的支持，他还是很得人心的。我得对老冯慢慢来，先得拢拢他。

　　张作霖在司令部大客厅里盛宴招待胡景翼。他高高地举起酒杯说："为冯总司令胜利进京，为胡副司令光临山海关，干杯！"

　　胡景翼一见张作霖态度尚友好，也随机送送人情。忙举杯说："为雨帅一举击败曹吴，为东北军胜利入关，干杯！"

张作霖一听胡景翼还为他的"东北军胜利入关"干杯，心里忽然又乐了起来。忙说："咱打败了曹吴，也多亏冯总司令大力帮助。这份情义，我张作霖绝不会忘。朋友么，总得讲个义气。"胡景翼笑笑，点点头。

张作霖又说："仗打完了，我本该回去。此次所以又入关，是为了收拾吴佩孚的残兵败将，等局面稳定之后，我一定全部撤回。此事请胡副司令转告冯将军，千万不要误会。"

胡景翼无可奈何地点点头，只说"一定，一定！"

张作霖又捧到胡景翼面前一杯酒，说："大丈夫一言既出，驷马难追。我张某一定遵守'奉军不入关'的诺言。至于热河以东地盘，我们已经拿到了，今后自然并入东三省。冯总司令如果认账，我愿出五十万现洋为贵军劳军。这样，我们就能够合作到底了吧。"

胡景翼为之震惊：张作霖粗中有细呀！他变着法子要占地盘！他只得拱手应酬。"二公精诚合作，国家之幸，黎民之幸！我一定将雨帅盛情转告冯总司令。"

送走了胡景翼，张作霖仰面笑了。"哈哈哈！合作？合个屁作！今后咱们和老冯就较量着干了！"张作霖把杨宇霆、张学良、郭松龄等人找到密室，问他们："你们看，下一步咱们怎么走？是快走还是慢走？""你不是答应胡景翼……"杨宇霆犹豫着说。

"屁！"张作霖摇摇头说，"当初谁也没说明打胜以后怎么办？冯玉祥先进了北京，北京城成了他的了。咱不服！"

"出师无名呀！"郭松龄也说，"何况这一仗一打就是两个月，再打下去……""啥名？！"张作霖说，"名多了去了，随便找一个就可以打下去。""找？！"杨宇霆有些迷惑。

"你们糊涂了？"张作霖说，"当初卢永祥曾经求助于咱。他不是名正言顺的浙江督军吗，是齐燮元把他赶出来的。卢永祥跑到咱东北来了。是来找我们求援的。往天，咱们抽不出手来，不能帮忙；现在没事干了，正可以帮他打回浙江去。"

杨宇霆恍然大悟，连声称："是，是！对，对！"

北京城里，风雨飘摇。冯玉祥想请孙中山来主政的打算一时难以实现，张作霖许诺退出山海关又成了泡影，他只得请段祺瑞先出来执政了。段祺瑞野心更大，根本不想只是"临时执政"，他要求名正言顺。所以，段祺瑞一出山就不同意孙中山来北京。这样，段冯又产生了矛盾。张作霖正在气恨冯玉祥，他立即又和段祺瑞拉起手，北方又形成了张段携手对冯的局面。段祺瑞在天津紧锣密鼓，游说活动，很快见到效果。当孙先生 11 月 13 日由广州起程北上时，段祺瑞在天津已先后接到苏、皖、赣、浙、闽、湘、鄂、川、豫等省督理来电，表示拥戴他出山主政。老段认为时机成熟了，要捷足先登！于是，他连电冯玉祥、张作霖，请其赴天津，会商治理大局办法。

战争结束之后，冯玉祥是想召开一个有各方势力参加的主政会议，他原想这个会议在北京召开，最好等孙中山到北京之后再开。所以，他迟迟不对段的电邀表示可否，段等不及了，又连连派人去请，并告诉冯"张作霖日内即可到津"。冯玉祥不得已，乃偕同刘骥、蒋鸿遇、王乃模等到天津。

平静的天津卫，立即展开了一场争权夺位的大搏斗：对于将要产生的新政府冯玉祥积极主张委员制，以防止个人专断。这个意见，立即遭到段、张的一致反对。他们还是要实行总统专权和责任内阁。矛盾双方本来就是二比一，冯玉祥的意见自然被否决了。张作霖积极提出自己的方案，他说："在北京新政府产生之前，暂时组织临时执政府，由段祺瑞为临时执政；执政府不设国务总理，由临时执政主持国务会议。"

冯玉祥惊讶了：这不是把黄郛内阁也否定了吗？他想抗争，但是，一来自己处于一对二的劣势，二来也怕别人说他为个人争权，便只好气怒而默认。所谓的天津会商，只是要冯玉祥承认段张两家的决定。

张作霖到天津时，小皇帝溥仪刚好也被驱赶到天津。他是被冯玉祥驱出故宫的。出宫前，冯玉祥派部下向他宣布了"修正清室优待条件"，把民国元年规定的清室年享受的岁用银四百万两改为五十万两，限溥仪等"孤臣孽子"三小时内出宫。溥仪慌慌张张签了字便偕同皇后婉容、淑妃文绣坐上鹿钟麟为他们准备的车辆告别了凤阁龙楼，到他生父醇亲王府暂住。逐出故宫的小皇上怕人杀了他，派人出面与日本公使联系，又匆匆忙忙躲进了日本公使馆，然后经过化装，来到天津日租界，住在陆宗舆的宅子中一个叫"静园"的地方。张作霖得知这消息后，动了思索：小皇帝在天津了，去拜见他吗？他是潮流的垃圾，去拜他我不是成了第二个张勋了么！张作霖摇摇头。可是，他马上又想到，现在活着的一批前清遗老、洪宪旧臣还有一大帮人，他们极有影响，他们还是心向皇上。若能引起他们的同情，得到他们的拥护，对我进北京还是有利的。想到这里，张作霖决定到静园去拜望溥仪。

这是一次很神秘而又奇特的行动，张作霖便装简从，只派了一个副官开道，便偷偷摸摸地走进了静园。

溥仪从北京逃出，惊魂未定，一听说东北王张作霖来了，立刻手足无措。他想到了被赶出皇宫时那一瞬间的狼狈相和恐惧的心情，立即又想到了：张作霖和冯玉祥是联手反曹吴的，冯玉祥赶我出北京，张作霖又追到天津，是不是要杀我？！他不想见他。但是，张作霖已经入了院子，院子又不是当年警卫森严的皇宫，躲是无处可躲，也躲不及了，他只得硬着头皮走出来。

张作霖曾经见过小皇帝，现在虽然小皇帝的衣着简朴了，模样还没有变。张作霖急忙走上去，双膝跪倒，不伦不类地叫一声"皇上"！

溥仪是悬着一颗恐惧之心出迎的，加上久不享受如此大礼了，慌张得一时不知如何应酬。只好走上去，拉起张作霖。

张作霖站起身，二人对面站定，竟再也不知说什么才好。垂立很久，张作霖才说："冯玉祥这样欺负皇上，真是大逆不道。作霖如能执掌北京，一定恢复民国元年的优待皇室条件，为皇上尽一点孝心。"

小皇上不知道张作霖怀揣什么鬼，不敢表示任何态度，只好支吾着说些应酬话，一边忙命太监取出逃跑时带来的几件"大内"的珍宝，赏给张作霖。又不热不凉地扯些别的话题，总算把张作霖打发走了。望不见张作霖的影子了，溥仪的心还在激烈地跳动。

张作霖从静园回到曹家花园，却见张景林、张宗昌等随他来天津的将领们已经摆好了盛宴，正坐待客人。请什么人呢？他不清楚。但是，张作霖在小院里却发现有几个全副武装的士兵鬼鬼祟祟，行动慌张，使他产生了疑虑。

"你们设宴是请什么人？"张作霖问。"客人到了您就知道了。"李景林说。"外边士兵是做什么的？"

"大帅，"张宗昌爽直，他挺着胸脯说，"冯玉祥这小子太不够朋友，我们心里不服，便以您的名义请他来赴宴……""你们想怎么样？"张作霖说，"千万不许胡闹呀！"

"回头您别出面，"张宗昌说，"天大的事，全由俺顶着哩，您放心吧。"张作霖明白了，他们是设的鸿门宴，想宰了冯玉祥。张虽不同意，但想制止已觉来不及了，只无可奈何地说："你们呀，这个窟窿不知道又捅多大！"

殊不知这个暗算被张作霖的副官长杨敏殉事先知道了。杨与冯玉祥是同乡，便及时向冯告了密。冯不来赴宴了，才免遭这个暗算。气得张宗昌直骂"奶奶"！

张作霖和段祺瑞于11月22日先后回到北京，24日段祺瑞宣布就任临时执政，摄政内阁同时宣布结束。25日，冯玉祥向段祺瑞提出辞呈，同时发出下野通电，即避居京西天台山。

奉军入关之后，便急急忙忙抢官、扩编队伍、占地盘，忙个不停。这里只说第二军，军长李景林首先抢了个直隶省军务督办的职务，张作霖委任张宗昌作为第二军军长。

旗开得胜，连连高升，张宗昌春风得意，满面红光，他在天津天天烂醉如泥。

一天，他的参谋长带进一个人来，秘密地对张宗昌说："军长，我把您的仇人抓到了，您看看怎么处置他？""谁？"张宗昌问。

"陈光远。"那个参谋长说，"就是昔日的江西督军。"

"是他？！"张宗昌眉头紧皱——猛然想起了当年江西的败北。"就是他领着的军队，在江西把我打得片甲不留，逼得我人不人、鬼不鬼地去投曹锟、去投张作霖。不想今天你落到我的手里了！"他微笑着舒了一口气。

"军长，"参谋长又说，"那家伙肥着呢！先把他押到您面前，您可以向他要钱、要枪，然后……""行，把他弄来吧！"

参谋长出去不久，便见两个武装整齐的兵士押着一个人进来。此人五十七八岁，个儿高高，脸膛白皙，不失文雅之气。张宗昌仔细一看，正是江西督军陈光远。他恨恨地吞了一口气，仿佛要冲上去亲手宰了他！但他却把帽子扶正，理理军服，大步流星地迎了过去。

"哎哟，原来是陈督军大人，嘛风把您给刮来了？"说着，伸出双手拉住陈光远的手。又对参谋长和兵士说，"混蛋！怎么能这样对待督军大人？陈督军是我的老相识，请还怕请不到哩，你们干的啥事！"

一通臭骂之后，张宗昌恭恭敬敬地把陈光远让入客厅……从此，陈光远竟在张宗昌军中成了贵客。他的参谋长王翰鸣却迷惑不解，暗暗问他："军长，陈光远不是您的仇人么，为什么竟这样客气地待他？"

张宗昌哈哈地笑着说："大丈夫不记前仇，往事一笔勾销。陈光远现在落魄了。咱要是在天津克人家，人家准说咱绑票哩！俺不干。"王翰鸣暗自笑了：张宗昌终于"放下屠刀"了，也算他积德。这天晚上，张宗昌拿了一瓶酒，单独到王翰鸣房中，两人掰着一只扒鸡，盅对盅地一边喝酒，一边天南地北地聊起来。

"老王，"张宗昌对参谋长亲切地说，"曹锟下野哩，是咱们张大帅赶下去的，为嘛张大帅不当大总统？"

王翰鸣思索片刻，说："论说，雨帅也够总统料。不过，我以为还是不当好。""为嘛？"

"树大招风！"参谋长说，"中国这么大，却只能有一个总统。如今各派都在争当总统。本来还是朋友，一旦您当上了总统，说不定又成了仇人。我看，晚二年当比现在当好。晚二年地盘占多了，势力壮大了，不当总统也是总统。"

张宗昌默默地喝了一盅酒，把酒盅放下，又默默地沉思片刻，才说："对，你这么说也有理。晚二年中国全是咱们的地盘了，到那时候总统更好当。"

酒瓶空了，夜也深了。张宗昌拍拍巴掌，抹抹嘴唇，要告辞了。他站起身走出门，又走了回来。

"老王，我托你办一件事，怎么样？"

"什么事？"王翰鸣说，"是公事，还是私事？""打听一个人。""什么人？"

"有一个叫李藻麟的人，听说就流落在天津哩。"

王翰鸣想了想，说："是不是北京丰台那个叫李伯仁的？""正是他！"

王翰鸣心里一惊：此刻张宗昌打听李伯仁干什么？是想报仇，还是像对待陈光远似的厚待他一番？

——李藻麟，字伯仁，陆军大学五期毕业。张宗昌任二师师长时，李是张的参谋长。张宗昌江西一败，李藻麟便投靠了直系军阀彭寿莘，任了彭寿莘的参谋长。此次直奉大战中，李藻麟率部同张宗昌在长城冷口相遇，把张宗昌打得好惨。直军大败之后，听说李藻麟没有跟随吴佩孚漂海逃走，而是流落天津藏了下来。说来也巧，此人与王翰鸣也相识，王翰鸣并且已经听人说过李藻麟的下落。于是便问：

"军长想见见他吗？""想！真想见见他。""我打听一下吧。"

王翰鸣思索了半夜，心情很矛盾：把李藻麟找来见张宗昌吧，怕张宗昌杀了他。那样，他王翰鸣在中间落个仇人；但又想，李伯仁确实是个将才，张宗昌若能不记前仇用他呢，也可以增强自己的实力，又能为李寻个归途。思来想去，进退维谷。最后，还是偷偷地给李伯仁通了信，只说张宗昌念着他呢，见不见由他自己。

这位李藻麟也是个胆识过人的人，又是自己处在新败走投无路之际，他觉得往见张宗昌虽然惊喜均有，总不至于掉脑袋。假使张宗昌杀了我，只怕张宗昌自己名声也就臭了。这么想着，他决定去见张宗昌。

李藻麟突然出现在张宗昌面前，张宗昌惊讶地说："你？你怎么来哩？""听说你升任军长了，我能不来祝贺你。"李藻麟认真地说。"我正在想捉拿你，你知道吗？"张宗昌瞪着眼睛说。"知道。"李藻麟坦坦然然地说。"不怕我杀了你？"

"我知道你不能杀我。""为嘛呢？"

"因为我失败了，落魄了！"李藻麟一本正经，但却颇为自信。"冷口一仗，你打的就是我！"张宗昌余怒未消。"我叫你打得好苦呀！""两军对峙，我自然想吃掉你。""你今天来有嘛事？说吧。"

"不是你在找我吗？"李藻麟说，"咱们毕竟共过事，得算朋友吧。何况我又曾经是你的部下。我知道你找我了，论公论私，我都得上门来找你！"

张宗昌挺挺脖子，笑了。然后张两双臂，向着李藻麟猛扑过去，将他的双肩死死抱住，大声说："好一个李伯仁，有种！我就要南下了，你还要当我的参谋长如何？我马上就向张大帅推荐你。"

张宗昌留下李藻麟，厚厚地款待他，一边向张作霖请求，请他任命李藻麟为他的参谋长。

张作霖了解了他们的前后关系，十分高兴，一边命人签发李藻麟的任命书，一边对张宗昌说："你——张效坤真乃大将风度！"

张作霖在北京知道冯玉祥提出辞呈、通电下野了，心里一阵高兴。"你老冯也该下野了。"但他却又匆匆去见冯玉祥。

冯玉祥是和张作霖一起从天津到北京的。那时候，冯玉祥的国民军总司令部已经挂出牌子。虽然在天津接触中二人之间有过不愉快，冯玉祥还是邀请张作霖住他的司令部。

"雨帅，请你下榻我的司令部如何？也好在生活上照顾一下。"张作霖疑心重，他怕冯玉祥扣起来他，甚至杀了他。便说："你那里事多，我就不打扰了。我还是到奉天会馆去住。我也想找个僻静处好好休息几天了。"

冯玉祥也不勉强。但心里明白：你张作霖哪里是休息，你是抓紧时间去夺地盘！

张作霖不能休息，有许多大事等他去做，他得统领他的全军，继续向前猛进——

入关的奉军乘战胜之良机，积极扩编自己的队伍：张学良的第三军，在秦皇岛收编直军五万人，其部队已有六个步兵师，一个骑兵师，在天津设下京榆驻军司令部；张宗昌的第二军已经由战前直接指挥的两个旅发展到十二个旅，张宗昌依然坚持兵匪不分，抓俘虏、收杂牌，入山海关之后所部已达十万之众……就在张作霖进京的同时，张学良已率三个混成旅进驻北京南苑；张宗昌率领大军大举南下，迅猛地伸展到黄河以南，逼近长江。

张作霖和冯玉祥在北京还有一次会面，那是一次更不愉快的会面，甚至是促使冯玉祥下野的一次会议——

冯玉祥到京次日，即在他的国民军总司令部召开会议，商讨北京政府首脑问题。那时候，孙中山已经通电北上，冯想就此定下来，请孙中山主持大政，也好有个隆重的欢迎仪式。这次会议不仅有皖系几个头面人物参加，还有张作霖和他的参谋长杨宇霆。当张作霖知道会议是商量迎接孙中山主持大政的问题时，便找到冯玉祥极不耐烦地说："不是已经请芝泉（段祺瑞号芝泉）出山主政了么，怎么还要再商量选国家元首？"

冯玉祥说："此事与段公有言在先，请他出来只是临时主政，元首问题还得慎重商量。何况当初也正处在事情仓促之中。"

张作霖离开座位，大不以为然地说："芝泉是北洋元老，德高望重，我看他完全有资格当总统。"

此时，皖系一些人也在一旁说："段公三任国务总理，故旧袍泽满天下，出山执政必能获天下人拥护。"

冯玉祥的副司令胡景翼一看奉皖两系一唱一和，便十分不忿。也站起来说："芝泉三主国政，派系之争愈演愈烈，北京政局无一时稳定，以致战乱频仍，民不聊生，国家元气大丧，外夷屡屡入侵。前车之鉴，切不可忘！"

张作霖发怒了，他把眼睛死死盯了胡景翼一阵子，气急败坏地说："不必再说那么多了，冯总司令是想让孙中山主政，这个打算谁人不知？想当革命派，这是时兴的潮流，我张某无意破人家兴致。但是，国家大事，谁也不能包揽。孙中山不能说不是个好人，可是，他的一些主张，我就不能赞同。什么联俄、联共？联了一个俄国，就惹了一群国家；联共就得共产共妻。中国绝不能干这些事！冯总司令如果一定要请孙先生来主持中国大政呢，咱们两家那就只好各干各的了！"

冯玉祥见事已闹僵，也不让步。"雨帅所谈之事，只恐是对孙先生的主张不够完全了解的结果。本人同孙先生从无私交，至于说是否由孙先生来北京主政，只恐怕也不是一人就决定可否的，还得广泛商量……"

张作霖不等冯玉祥把话说完，即拂袖而去。

……张作霖见到冯玉祥，却假惺惺地说："冯总司令，怎么说走就走了呢？战争刚停，国家还乱，你这么一撒手，大局怎么办呀？！"

冯玉祥淡淡一笑："焕章自知无理国之才，也不愿充当理国之手。中国之大、人才之众，还能无人管理国家么？芝泉就是一位，雨帅也大有才干。我就不愿滥竽充数了。"

张作霖又假仁假义地问冯玉祥一些生活、居住等事，最后说："我还是十分欢迎和冯总司令合作的。咱们之间有分歧不怕，坐下来谈谈就解决了。你这样一退隐，我张作霖也显得孤掌难鸣了。"

张作霖的戏做完了，他走了。冯玉祥冲着他的背影狠狠地骂了一句："祸国殃民！"

段祺瑞执政后，政局依然大乱。段祺瑞心里很不平静，他以极矛盾的心情窥视着大局，盘算着应酬对策——尤其是对待孙中山。

冯玉祥下野，段祺瑞想留下他，疑他是因为地盘和位置之欲没有达到而退的。但是，他又无能为力满足他，他只得同意他退。可是，段祺瑞又很怕冯玉祥退。冯玉祥退了，必然不会去过隐居生活，孙中山正在北上，他们必然会结合。冯玉祥若和孙中山结合起来，中国就必将是他们的了！想到这里，段祺瑞有点忧心忡忡。

段祺瑞毕竟不是绿林出身的张作霖，他统治过中国，虽然他没有政绩，但他却熟悉中国各种人的心态，熟悉什么人该用什么方法对待。他要拉拢冯玉祥，把冯玉祥拉到自己身边来。即使冯玉祥不能为他出力，也得阻挠冯玉祥与孙中山结合。于是，几番挽留冯玉祥不成，便决定把察哈尔、绥远和京兆作为国民一军的地盘，并准将其部队扩编为六个师、三个旅，另外还继续承认冯玉祥在任陆军检阅使时兼任的边防督办这个头衔。

冯玉祥懒于纷争了，察绥地区虽贫苦，但毕竟可以作为一片发展自己的根据地；而且僻居西北一隅，既可以减少同奉张的摩擦，又可以避免陷入政治纷争的漩涡。冯玉祥在京西天台山几经考虑，最后接受了段祺瑞的这番安排，于 1925 年 1 月悄然离开了天台山前往张家口，开始实践他开发西北的计划和设想。

孙中山到北京时，冯玉祥已失势西去，段祺瑞执政府依然是换汤不换药的军阀政府，孙中山感到处境险恶。段祺瑞、张作霖对他表面上热情，实际想把他软禁、供养起来，并且采取一切手段，限制和抵消孙中山的活动和影响。孙先生忧愤交加，肝病转重，就在他在共产党人李大钊等协助下积极筹备召开国民会议的时候，不幸于 1925 年 3 月病逝于北京。

入关南下的奉军，一路猛打，很快便占有了大片地盘。奉军势力眼看伸到上海，张作霖即开始封官晋爵：除任命李景林为直隶督军之外，又任命张宗昌为山东督军，杨宇霆为江苏督军，姜登选为安徽督军，邢士廉为上海警备司令。这些人尚未到任，即无不大手长伸，狠捞一把。胜利之师，傲慢霸道，随便抢拿东西，任意打人骂人，甚而强奸、抢劫事件也在不断发生，百姓怨声四起，常常出现聚众对抗之事。

在民怨沸腾之际，新上任的浙江督军孙传芳见奉军不断向东南伸展，自己地盘受到威胁，已坐卧不安，便出头与南方闽、赣、鄂、苏南省直系旧部联络，准备联合反奉……

一场大规模的军阀混战，又将在中国的东南地区展开。

第二十三章

江南反奉

张宗昌在天津威风够了，也看清楚了北方的实权没有他的份，正想请战南下，张作霖发来了南下的进军令，要他率二军去江浙。张宗昌高兴了，马上把参谋长、师旅长召集来，他也要下南下进军令。于是，就在他召集部将的时候，思想又动摇了：南下的第一关是江苏，江苏是齐燮元的地盘，这个北洋武备学堂出身的武将，辛亥时便是著名的师长，老军阀李纯都惧他三分，我能赶走他吗？所以，在部将到齐之后，张宗昌又不想南下了。

"那怎么能行呢？"参谋长王翰鸣说，"军令如山！大帅已经命我们南下，抗命是不行的。"

"出兵送死，不出兵大不了也被处死。"张宗昌说，"大帅总不会因为我不出兵就杀了我！"

"军长，这可不行。"王翰鸣说，"将军死在战场上，是万世流芳的英雄！因为抗命死在惩罚的枪口下，这名声……""这么说得出征了？"参谋长点点头。

"那好，传我命令：南下！"

命令是发出了，但他却不积极，一连走了几天才到鲁南兖州。他又发布命令："歇！"便安营扎寨了。

张宗昌有张宗昌的想法：当年江西一败，手里没有兵了，磨难也就来了。那时候，我手里若有今天的兵，我不会丢江西，也不会白白地送给曹锟八只金佛寿星！我得保住手中的兵。有了这个家底，凭到啥时候，得有我的地盘！

张宗昌兵陈兖州，连参谋长也摸不透这是什么战术？

张宗昌一边按兵不动，一边派人打探江苏虚实。两天后，前方来了情报，说齐燮元新近派来守北大门——徐州的，是陈调元。"兵力很强，防地极坚！"

张宗昌听了报告，却咧开大嘴笑了。一边笑，一边拍大腿："老天爷饿不死瞎鹰，我张宗昌有路了！"他打着高高的嗓门，大叫，"参谋长、参谋长，来呀！"

王翰鸣和新任的随军参谋长李伯仁都来了。"军长，要拔营？""我有路了，我胜了！"张宗昌说，"马上进军！"

"啊！？"王、李呆了，刚刚还举步不前，怎么说走就胜了？"嘛？不信俺。"张宗昌说，"不是俺吹，你拿着俺的名帖上徐州，对那个陈调元——陈雪暄说一声，说俺张长腿借他一条路下南京，看他能说个'不'字！"

参谋长不解底细，还在迟疑。张宗昌这才把话说明。"实说了吧，当初俺当陆军三师师长那阵子，他陈雪暄在冯国璋手下当个小小的宾兵队司令，穷得×蛋净光，全吃俺老张。在上海嫖窑子、下赌场，全是俺老张出钱。他看上了那名花妓女叫四宝的，那女的本来跟俺随和，他陈调元要她做姨太太，俺不光让给他了，还出大把银子为四宝赎身。就凭这，他陈调元能不借道？"

参谋长明白了，忙说："军长，您出个信，我派个得力能干的人去一趟。"

"信？"张宗昌摇摇头。"你这是硬赶俺鸭子上架呢。你知道俺斗大的字认不得一石，偏要俺写信。你写俺按个手印不就行哩。"

参谋长写了信，张宗昌按上手印，派人送到徐州镇守使衙门。陈调元一见张宗昌率大军到了，心里有点怕。他知道张宗昌山海关新胜、队伍又扩大了许多，抗是抗不住的。再加上有前番一段情谊，索性顺水推舟给张宗昌个报答，也可避一避锋芒。陈调元便让出一条道，连夜将队伍转移到徐州以西的砀山去了。

张宗昌有了南下之道，长驱直入江苏，很快到达长江边上。吴佩孚山海关之败，齐燮元早已如惊弓之鸟。一见奉军抵达长江，还以为他的徐州守军全军覆没北大门被人闯开了呢！大门既开，家何以保，一枪不发，他便从南京溜之大吉。

张宗昌不费吹灰之力进了南京。既得江苏，复挥师东进、南下，目标是夺取长江三角洲。张宗昌遂令毕庶澄部进驻无锡，吴致臣部进驻常州，褚玉璞部进驻宜兴，张宗昌率领指挥部进了上海。

"齐卢之战"之后，孙传芳渔翁得利，轻而易举便有了浙江、上海。为了讨好吴佩孚，他把上海让给了直系军阀张允明，自己只想稳坐杭州，过着那"山外青山楼外楼，西湖歌舞几时休"的第二个南宋小皇帝的生活。正是孙传芳"暖风熏醉"的时候，张宗昌奉军压境，孙传芳乱了手脚。赶他们出去么，又觉得力不从心；坐以静待么，他知道张作霖、张宗昌都是些贪得无厌的人，得陇望蜀，不会让他的皇帝梦做到底，孙传芳犯了愁。

就在孙传芳一筹莫展之际，南通张謇来到杭州。孙传芳喜出望外，急忙迎至客厅。

"季老（张謇，字季直），是嘛风把您吹到杭州来了？欢迎，欢迎！"

张謇满面微笑，双手拱起，说："苏堤春晓，柳浪闻莺，这么宜人的地方，能不诱人！"

"我正一团愁苦，要登门请教季老呢，上天竟把您老送来了。""我也有事，故而打扰将军。"说着，二人来到小客厅。

这里，是浙江督军署的小客厅，环境幽静，装饰典雅。室内，一色紫檀木的桌椅，镶嵌着锃亮闪光的玛瑙；壁上悬挂着用深红、紫褐色绫绢装裱的字画，再配上那套宜兴紫砂的茶具，满室古色古香。

张謇是前清的状元，曾授翰林院修撰，参与过光绪皇帝预备立宪公会，任过副会长；宣统元年被选为江苏咨议局议长。辛亥革命之后，任过南京临时政府实业总长，后来又任过袁世凯政府的农商总长。因为不满袁世凯称帝，辞官回乡，热心实业和教育。如今已经年过古稀，两鬓尽霜。孙传芳把他让至客席，有人献上龙井新茶，二人这才攀谈起来。

"馨远（孙传芳，字馨远）将军临浙，深得浙人拥戴。"张謇说，"听说将军制有《入浙手册》一册，老朽甚想领教领教。"

"正要请老前辈指正呢！"孙传芳十分高兴。"来人，把《入浙手册》取来，敬请季老指教。"

孙传芳福建一败，醒悟不浅，入浙之后便想沽名钓誉。故而请几个文人为他凑合几条约法、纪律，借以装点门面，堂而皇之命名叫《入浙手册》。

张謇接过手册，一边观看，一边慢条斯理地说："当今中国的军队，最缺乏的就是纪律这东西。大军一过，犹如蝗祸，恨不得杀尽一切生灵！而生为将军督统者，又一味实力至上，穷兵黩武。哪晓得历来兴亡都取决于民心向背呀！馨远将军能以纪律治军，甚有远见，令老朽敬佩！"

张謇骂的"穷兵黩武"分子，其中自然包括孙传芳，只是他那副假面具尚未拆穿，他成了"当今智者"。孙传芳说："季老过奖俺哩！我也在走路中学走路。谁能不是娘养的？谁能不吃五谷，吃穿来自何方？领兵人咋能不想呢。"他笑笑又说："中国老是战争，总是你打来，我打去，黎民百姓苦呀！季老的故乡只怕又是兵连祸结了吧，不知时下民情怎样哩？"

"张雨亭太缺乏自知之明了！自己那个绿林出身，已经够漆黑的了，他不检点。如今，主宰着大东北，又控制着北京政府，也够威风的了！又发兵南下，咋就不想想黎民百姓苦不苦呢？"

孙传芳听了，犹如又夺得了一个富省！他说："季老，张作霖太不像话了，我要惩恶除奸！我举事时，希望季老能率领苏沪名绅为俺说句公道话。"

"这个事，可以办好。"

果然，张謇离开杭州不久，江苏、上海便接二连三地发生由乡绅带头反对奉军欺压百姓的游行活动。

就在孙传芳和张謇聚会杭州的时候，一个叫杨文恺的人，受孙传芳之托，匆匆赶到远在塞外的张家口，搭起了孙传芳、冯玉祥的联手桥梁。杨文恺，日本士官学校时孙传芳的金兰兄弟，是一位能言善辩之士，曾经做过汉阳兵工厂总办，为念及金兰之谊，脱离兵工厂，来到孙传芳军中。这个人在张家口活动了几天，竟然打动了冯玉祥的心，愿意和孙传芳结为金兰兄弟。此时冯玉祥四十四岁，为兄；孙传芳四十一岁，为弟。金兰结成，杨文恺这才提到攻打张作霖的事。冯玉祥说："馨远出兵打奉军，我深表赞成。不过，从目前形势来看，我还不便与张作霖公开决裂。如果馨远在南方对奉军发动攻势，我在北方一定做出预备作战的姿态，钳制奉军，使他们不能抽调队伍南下增援。"为了表明诚意，冯玉祥还派了一位叫段祺澍的人作为自己的代表随杨文恺返回杭州。

得到冯玉祥的支持，孙传芳立即命令李宝章部袭击上海的邢士廉，命令卢香亭部攻击南京的杨宇霆，又命谢鸿勋部假道宜兴直逼南京。孙传芳的反奉战争，旗开得胜，势如破竹，上海几乎没打几枪，奉张的守备司令邢士廉就逃入租界，四千多官兵和弹药枪械全归了孙传芳。而后，孙部卢香亭师沿沪宁线紧追奉军，谢鸿勋师越过溧阳急攻南京侧背。奉张的江苏督军杨宇霆感到了四面楚歌，率少数亲信弃城而逃；安徽督军姜登选，眼看沪宁失利，又苦于自己没有直属部队，无法应战，也弃城而去。孙传芳发动的反奉战争，仅五天时间便获全胜！

上海、南京相继被孙传芳占领，张作霖大发雷霆，他把张宗昌、褚玉璞、施从滨等将领召到面前，具体布置了反攻计划，并且任命张宗昌为江苏善后督办，施从滨为安徽善后督办。重组大军，再度南下。

中国东半部又大乱了！孙军北上，张军南下，一时间，津浦路上的蚌埠地区，成了激战的战场。

张宗昌的五千白俄军，配备了足够的活猪活羊、白兰地酒、三炮台名烟，战斗起来很有种，赤膊上阵，冲锋不停。只见他们一手拿着上好刺刀的大枪，一手拿着白兰地，像野兽一般朝前扑。但是，这种成群成群的"肥猪"哪里顶得住枪炮，他们大部分躺倒在血泊中，一部分被孙军抓了去。重镇蚌埠很快被孙传芳占去了。

战争结束了，孙军冲在前沿的，是马葆珩团。他们伤亡惨重，活着的官兵为了给死难官兵报仇，把所俘白俄军活活吊在树上烧死，有的当成活靶子射杀。一时间，又是血流成河，尸横遍野！直到孙传芳赶来制止，这场屠杀才停下来。

奉军攻蚌埠的施从滨部撤出之后，仍在北部地区凭借着铁甲车作战。哪知孙传芳的上官云相团已绕道北去，在固镇桥以南把铁轨掀掉。可惜奉军这支劲旅和他们七十高龄的师长施从滨一起，都成了孙传芳的俘虏。至此，南下奉军，彻底失败，剩下的残兵败将，迅速往北撤去。

孙传芳坐在蚌埠大本营，看着各路军队送来的胜利消息，眉开眼笑，脑袋紧摇，情不自禁地自言自语："他张作霖也会有今天！""拿酒来！"孙传芳大声命令，"安排盛大的宴席庆贺！""是！"身旁的侍卫齐声答应。孙传芳又喊："灯！"

片刻，他的小房子里宴席、烟灯摆设齐全。他身边的卫兵把酒瓶打开，把烟灯对着，孙传芳拿着酒瓶，躺倒在大烟灯下。

这是一个很反常的现象：孙传芳好烟（鸦片）不好酒，从不拿着酒瓶吸烟。今天，他太高兴了，他想不出最得体的办法来庆贺——想想逃出福建时的窘迫，入冬落雪，大军连条棉裤也不见，一日三餐喝稀的还得长途逃跑。那是什么境况？不想瞬息间，他就轻易得到了浙江，得到了上海、南京，如今又得到重镇蚌埠！他孙传芳丧家之犬成了震撼东半个中国的英雄虎将！他能不昏昏然！孙传芳拿着酒、吸着烟、一时吞、一时吐，究竟是什么滋味，他也品评不出来了。"报告！"

有人在门外喊一声。

"嗯。"孙传芳应了一声。

"大帅，"一个参谋人员进来，说，"谢师长派一位营长押解一个俘虏将军要见您。"

"俘虏就是俘虏，将军就是将军。分不清么？"孙传芳说，"关进军牢就是了。"

"报告大帅，"参谋又说，"谢师长有书信一封，请您过目。""嗯。"

孙传芳接过信一看，解来的俘虏原来是奉军师长、被委派为安徽善后督办的施从滨。他精神一振：是他！？

施从滨是陆军上将，已经七十岁了，算得上中国军阀中的名将。谢鸿勋在信上希望孙传芳能对他优待。孙传芳看了信，心想：若能把施从滨留为我用，实在也是一位难得的将领。孙传芳萌起了爱才之念。但他转念又想：施从滨是张作霖的心腹，他能真为我所用么？万一他成了内奸，身在曹营心在汉，我不是要死于暗箭之下！不，我不能留他。又想：杀一个俘虏将军，这好么？社会舆论会如何对待我呢？

是留，是杀？孙传芳拿不定主意了。他放下酒瓶、丢下烟枪，把谢鸿勋的信握在手中，眯起了眼睛。

孙传芳毕竟是个草莽英雄，胸无大志，他只会从各军阀的一时兴衰去想利害，他笃信武力，武力能有一切。争地盘时，绝不能沾名钓誉！要我高风亮节，只有在我有了天下之后。想着想着，他点头笑了。"传我的话：请那位营长和俘虏将军进来吧。"营长进来了，给孙传芳敬了一个礼。

施从滨随后进来了。见到孙传芳，轻轻地道了一声："大帅您辛苦了！"

孙传芳半仰半坐在烟灯下，抬头一看，那施从滨虽然已是鬓发斑白，胡须如银，那布满皱纹的脸膛，配上一双浓眉大眼，依然不失大将风度！他着一身上将军服，一派虎威，令人肃敬！再加上一副不亢不卑的态度，大有作宾赴宴的神气。相形之下，孙传芳简直是一个马戏小丑。

孙传芳骄横跋扈，最怕别人威风。一见施从滨气宇轩昂，便老大的不悦：成了我的俘虏，还着上将军服？现在你是哪支部队的上将？损兵将，丢城池，还上将军，草包！

孙传芳望着施从滨，笑了。他慢条斯理地说："施老，您好呀！您不是来当安徽督办的吗，为什么到这里来了？"

"战争么，总会有胜有负的。"施从滨坦坦然然地说。

"你永远也没有福气享受胜利的滋味了。"孙传芳狡黠地"哼哼"两声。

"人传馨远将军恢宏大度，礼贤下士。今天看来，完全是一种谣言！"施从滨蔑视地望了孙传芳一眼。

"因为你已不是'士'了，你是我手下的败将！"说话时，那副凌人的盛气，那个骄横不可一世的神态，令人恶心。

施从滨看明白了他的心意，仰起面来笑了："嘿嘿，孙馨远，我明白你想做什么了。对你说来，现在杀一个俘虏，举手之劳。然而，我相信，你损失的，要比我多得多！"

"哈哈哈！"孙传芳狂笑了，"既然张大帅委你去作安徽督办，你马上去上任吧，来人，拉出去正法！"

一个显赫的战将，做了俘虏之后又被杀了头——不想因此事，孙传芳最后死于复仇的枪口之下：那是十年之后（也就是1935年），他穷途潦倒，在天津英租界的居士林佛堂，正在合掌闭目，口诵经文的时候，一个中年妇女朝他连开了三枪，他倒在血泊之中。那开枪的妇女，便是施从滨的女儿施剑翘。

杀了施从滨，孙传芳直驱徐州。他在徐州获得了一百五十多车奉军的补给品。望着堆积如山的物资，他面对着子房山又笑了。当年张良就在这里铁箫齐奏，逼得那个不可一世的西楚霸王项羽投了乌江；我孙传芳今日凯旋于子房山下，张雨亭呀张雨亭，你也该去投松花江了！

孙传芳本来和吴佩孚约定会师徐州，而后联合北上攻张。吴佩孚却未能守约前来会师；西北的冯玉祥也只虚张声势并未行动。孙传芳见盟军各怀心事，自己也不敢贸然北上，便返回南京去了。

江北一败，奉军匆匆北退。张作霖着急了。他想：假若奉军退到天津以北，那么，鲁、苏、皖地方的奉系势力便冰消了。张作霖不甘心，趁着奉、皖暂时和合，段祺瑞正在执政，他便向段求情，要求把由皖系郑士琦管的山东军权让给张宗昌。段祺瑞也正想借奉系势力支持自己的架子，以保持和冯玉祥平衡，不得不免去郑士琦山东督办的职务，改任了张宗昌。可是，事情并不那么顺畅，郑士琦接到免职令，就是不离开位子。大印在握，张宗昌只好眼睁睁地坐等。军阀混战，群魔争雄，地头蛇往往比强龙厉害。张宗昌这一等就是三个月。三个月中，双方都在厉兵秣马，准备一战。

就在这期间，张宗昌要回老家掖县为老母做寿，他犯了嘀咕：是先给老母做寿还是先夺权呢？他怕他远去掖县之后，郑士琦再把他挤出山东去，他决定由许琨带两个旅由枣庄、峄县北上济南，把郑士琦吓跑，他拿了督办印再回老家。谁知郑士琦有防备，许琨的队伍走不进去。张宗昌决定举大兵赶走郑士琦。

参谋长王翰鸣不同意他用武力夺印。他说："您的山东督办，是由段执政正式命令任命的，您何必再动武去夺呢？一夺您就当不成了。""为嘛当不成？"张宗昌有点吃惊。

"郑士琦是段祺瑞的人，把山东督办大权交出来，本来就很勉强。枪一响，他们有话说了，他以维护地方秩序为理由，要求把您调走，段执政必同意，张大帅便得点头。您的督办不就当不成了吗。"听了参谋长的话，张宗昌出了一身冷汗。他暗暗地想：妈呀！这可是真话，我怎么就没有想到？他急着问："那咋办？难道咱还得再等？"王翰鸣说："我有一个办法，只能试试，也许有用。""什么办法？""诈！"

"诈？"张宗昌一愣。"怎么诈？"

王翰鸣说出了自己的"诈法"，张宗昌连想都不想，便拍着脑壳说："对！就得这样诈他。我看准有用。"又说："你今晚就动身。我明早回老家给娘做寿，回头咱们济南见。"王翰鸣临走，张宗昌又问："带兵不，带多少？"

"不带。"王翰鸣说，"一个也不带。"

王翰鸣久混军阀，深知各种人的心态，也熟悉各种人的手段；他也常常把自己的智慧混杂于骗术、流氓行径之中。王翰鸣到了济南，只身闯进军务督办郑士琦的衙门。

郑士琦知道张宗昌的参谋长来了，便盛情款待。王翰鸣一见郑士琦便神气十足地说："督军大人阁下，本人受张军长效坤之命，特来问候大人。"

郑士琦忙答道："问候张将军好！"

"张军长要我禀报大人，我军即将进城。大军到此，人地生疏，请督军多多帮助。张军长怕初到之军扰乱地方，请督军派几个副官为我们安排住处。"

这完全是一派胡言。可是，郑士琦却吃了一惊："张宗昌是大流氓，等印等不及，派兵夺印来了！我是和他战呢，还是走？他一时拿不定主意。"

——郑士琦虽然带兵有年，勇是有点，但谋实鲜，他不过靠着段祺瑞这个大柱子，顺着皖系势力"水涨船高"，弄了个山东督办当当。现在，段执政已经明令他把督办交给张宗昌了，本来就应该早早让出。硬着头皮不让，现在人家发兵来赶了，郑士琦慌张了。他怕张宗昌大兵压境，对他有害，更怕事闹大了，段祺瑞怪罪下来，他不得不慎重对待。

"贵军来了多少队伍？"郑士琦问。

"先到两个旅。"王翰鸣说，"大军随后即到。""好，好！我派人，我安排。"

郑士琦当天晚上便带领家眷、随从从济南溜之大吉。

王翰鸣急报张宗昌，张宗昌即从老家返回，轻而易举便拿到了山东军务督办这顶纱帽。张宗昌得陇望蜀，野心越大。山东军权到手了，他又想山东政权。

张宗昌接了军务督办第三天，不再同参谋长商量，便采取措施去抢省长大权。他坐在自命的"威虎堂"中，饱饱地喝了大半瓶兰陵美酒，心窝里热辣辣，脑门上红扑扑，他把酒瓶朝一旁推去，大声叫："来人！"

"张军长……督办大人——"侍卫一时不知说什么好。

"要参谋长派一营兵，立即把省署包围起来。"他下了命令。"是，大人！"侍卫出去传令。瞬间，参谋长王翰鸣来了。

"督办，您要派兵包围省署，何意思？""我要去拜会省长。"张宗昌坚决地说。

参谋长明白了，这是张宗昌采取措施，要赶省长滚蛋了。便心神不定地说："督办，山东省省长龚伯衡这个人，对咱不错呀！郑士琦的大印不就是他给咱的么！您来了，他还主持欢迎会欢迎您。"说着，王翰鸣转脸看看张宗昌，但见他毫无表情，便知他决心已定。又说："督办，龚伯衡可是段祺瑞的心腹呀！又是段祺瑞的合肥老乡，弄不好……"

"怕嘛？"张宗昌摇着头。"你当我只会用兵呢？我马上就去登门拜访，还有这个——"说着，出示一张银票。

参谋长一看，是五万大洋。心里一惊，但又想：人家惯用先礼后兵，他张宗昌却先兵后礼！这简直是讹诈！但转念又想：一个省长也是个穷官，一下子得到五万大洋，也够他生活几年的了，总算有利可图。这么想想，便说："督办，我看是不是这样，兵缓派，您也暂时别去登门，让我拿着这张银票作礼物，代表您去拜访他，试试看。若不行，您再派兵也不为迟。""那要等几时？"张宗昌耐不住了。

"不要急。"王翰鸣说，"这样做，才符合'先礼后兵'的常规。先兵后礼，是会被动无退路的。"

"你呀，尽是条条框框！"张宗昌摇着头，最后还是说，"好，好，听你的，你去办办看吧。""督办……"

"还有什么事？"

参谋长说："关起庙门赶和尚，人家会说咱不义气。我看，好事做到底，是不是给龚伯衡一个空头职务？""给他什么职务？"张宗昌问。

"境内有一条黄河，以后黄河的事年年都要办，就给他一个黄河督办的头衔，怎么样？好在也是一个有职位没实权的头衔。"

"行，只要他让出省长的位子，那样的头衔别说一个，给他仨俩都行！"张宗昌慷慨了。

王翰鸣一出马，那位龚伯衡就明白了。聪明人不会"敬酒不吃吃罚酒"，省长的位子让了出来，五万大洋收下了，那个黄河督办的头衔却婉言谢绝了。龚伯衡拿着五万大洋到天津过安闲生活去了。张宗昌立即宣布自兼省长。

第二十四章

奉张内讧

1925 年，春。

兵连祸结的东三省，呈现着一派疲惫状态，连冰雪也融化得迟迟缓缓；城乡凋敝，民不聊生；虽然主战场不在关外，没有留下残垣和弹坑，而那村村落落为战争付出的粮秣车辆已经使兴旺的万户千家，穷困潦倒，肚饥衣单了。东三省政治、经济的中心沈阳，也死一般的寂静：商铺闭门，街巷空荡，时而能见到的一二百姓，也慌张而出、慌张而入。

东三省人民饱尝着战争之苦呀！

张作霖不甘心就此罢休，战胜吴佩孚的喜悦他还没有享受尽，他觉得他不应该败在长江边上。孙传芳杀了施从滨的消息传到他的耳中，他认定是谣言，是涣散他军心的伎俩；直到张宗昌败退济南，他才真的感到败了！

失败已成事实。就像太阳坠入西山，夜幕突然降临一样，你不承认天黑，天总是黑下来了！

张作霖坐在他的行辕豪华的客厅中，脸都气肿了，他死死地瞪着眼睛——瞪着谁？他面前早已没有人了。人们都知道他的脾气，气怒起来，谁在他面前他骂谁，"妈拉巴子"之后，说不定再给你两耳光。谁受得了？张作霖想不到他会败，更想不到会败得那么快！吴佩孚调动三十万大军，他还跟他打两个月，孙传芳几个人？齐燮元几个人？他竟败在他们手下，只打了五天，就把长江三角洲丢了，兔子般地跑到了山东。若不是他下了死命令，张宗昌会一鼓作气跑到天津、跑进山海关。

最令张作霖恼火的，是躲到张家口去了的冯玉祥，趁火打劫，又把队伍开到北京城外来了。冯玉祥想干什么？张作霖心里明明白白……

张作霖返回奉天，把他的所有军、师长都叫到大帅府，没有作任何商量，他便发出了新的命令：

"江南这一仗，咱败得出了奇！孙传芳这个王八羔子连施老将军也杀了，我饶不了他！

"咳——，也怪我心急，把嘴张得太大了，没想到东南这片地盘是硬骨头，一时吞不进去；布置不周，这事怨我，大家谁也不怨。别怕，是好汉就得能跌倒也能爬起来。

"现在，咱那个'吃了长江中下游再吃天下'的算盘暂时放一放吧。地盘咱还是要抓的，抓不住全中国咱就先抓半个中国。还得打仗，打下去才有事做，打下去才有好前景！

"现在我命令：姜登选、张宗昌部再度南下，打回徐州去，筑好阵地，别让他妈拉巴子孙传芳、吴佩孚再打过来了；李景林、张学良、郭松龄部，打到北京边上去，这一次，你们的任务是把冯玉祥小子打出华北去！"

命令发布完了，停了片刻，不知是灵感来了，还是良心发现，张作霖没有像往天那样，大手一挥，让大家"去执行吧"！而是目光平和地对部将扫了一眼，口气柔和地说："这样做行不行？谁有意见就摆到桌子上来。"

连年打仗，张作霖队伍内部也有人厌战了。郭松龄就不同意一直打下去。接着张作霖的话题，他发表了意见。

"咱们这一次刚刚在江南打败了，士气大受其伤，队伍也不整齐了。现在要好好把整训一下才对。否则，打起来，也没有战斗力。再说，老百姓也都穷了，再打仗，负担不起。所以，我想还是暂时不打仗吧。"

张作霖一听，就火冒三丈。"不打行吗？冯玉祥把北京都要占了，再不打……"

郭松龄也来劲了——他不想再打仗了——冯玉祥不至于要占北京吧？想占的话，吴佩孚败、曹锟下台时，他在北京赖着不走，不是挺名正言顺吗！我看，冯玉祥还是比较开明的。既然西北、东北的势力范围已经划清了，各守各的，保持稳定多好。大帅还可以做点得人心的事，倡导和平……

张作霖"腾"地站起身来，他想痛斥郭松龄：我干什么不得人心事了？

可是，他却没有发作，深深地抽了一口气，他又坐下来。

二次直奉战争之后，奉军的一些骨干大多满足了地盘欲。这些人当了督军、当了省长之后，还没有来得及享受享受，所以，大部分人都同意息战。新任直隶督军李景林趁着郭松龄的话题说："前番打曹吴，冯玉祥毕竟帮了咱的忙。现在有分歧了，可以谈判解决吗？当前的大敌还是吴佩孚。他跑到南方去了，不知道哪一天还会卷土重来。咱们应该把主要力量用来对付这个敌人。"

张宗昌刚夺了山东军政大权，但他知道很不稳。再加上他的鲁军已经和李景林的直军结成直鲁联军，所以，他赞成李景林的意见。他说："孙传芳这小子最可恶，他和吴佩孚联手了，不消灭孙传芳不行！"

意见分歧了，争论激烈了：姜登选主张立即讨伐冯玉祥，以阻止他和南方的革命党结合；杨宇霆则认为：孙中山死后革命党必和共产党争天下，趁他们尚未动作，主张先肃清革命党影响……

张作霖本来是假意让大家侃侃，不想引起了尖锐争执，这争执又关系到打不打仗的关键问题。他坐不住了——张作霖有个习惯，他的意见从来是不许别人动摇的。他站起身来，摆摆手，让大家静下来，然后说："大家别再说了，你们的意见我都听明白了，让我再想想谁的好、谁的不好。现在还得听我的。我的部署不变，你们去照着办吧！"不过，张作霖心里已经很明白，郭松龄、李景林是不支持他打冯玉祥的，这两个人的举止已使张作霖反感了。但他还是藏在心里暂不作进退。

郭松龄离开会场，没有回家去，他去找张学良，想再争取一下，请大帅暂缓发兵。郭松龄觉得他和张学良的关系不一般：二次直奉战前，他们共领着奉军第三军，张学良是军长，郭松龄是副军长；大战期间，奉军组织一三联军，他们还是一正一副。九门口一战，郭松龄一怒撤出战场，是张学良把他追回来的。回来之后，郭松龄打了一个扭转战局、稳夺胜券的漂亮仗。长期来，由于思想上的一致，他们早就情投意合，成为奉军新派的关键人物，并且形成了比较一致的意见；他们都主张不打内仗，少打内仗，争取和平统一。

郭松龄来到张学良的住处，二人对面坐下，郭便开门见山地说："汉卿，今天会上，已经出现了明显的分歧。大帅没有让大家争下去，你也没有说话，我不知你的看法怎么样？"

张学良本来是支持郭松龄息战观点的。但是，他在老子面前却又不敢表明自己的态度。郭松龄上门来了，他犯了思索：在这之前，本来已有人在议论，说张学良组织新派奉军，要和老子的老派奉军抗衡。张作霖曾经骂过他，说他太狂。现在怎么办呢？支持郭松龄，显然与老子的意见相背，新旧派更加壁垒分明，老头子会怒而采取行动；支持老子的出兵意见，显然不是出自内心，又觉对不起郭松龄。思索好久，才说："茂宸，这个问题，实在说，我还未曾细想过。事关全局，我想大帅自有大帅的主张。""这……"郭松龄愕然了，他没想到张学良能说出一句模棱两可的话。他很生气。但他又不好同张学良再争执，只好快快告辞。

郭松龄，字茂宸，沈阳城郊人，自称是唐朝汾阳王郭子仪的后裔，远祖于明初迁来东北戍边，后来由本溪迁至沈阳。家贫，十六岁即给地主打小工，人叫小鬼——郭鬼子。1905年3月投考赵尔巽创办的"奉天陆军小学堂"，两年后毕业，分到北洋陆军三镇见习；后来加入四川新军任了营长。辛亥革命后离川返回奉天，参与了同盟会会员张榕的"同盟会激急会"活动。张作霖镇压了同盟会后，郭被捕。经同盟会营救才出狱，又去考北京将校研究所，后来以优异的成绩出任北京讲武堂教官。郭松龄因为支持孙中山护法运动，便投奔了广东护法政府；1918年5月孙中山被迫通电辞职，郭便重返奉天，在督军署任少校参谋。张作霖篡夺奉天军权之后对他甚为怀疑，曾当面质问他："汝曾作革命党，今日来此为何？"郭不答。当夜即写诗表白：

月至天心处，风来水面时，一般清意味，料得少人知。

郭在讲武堂任教官时同张学良情投意合。张学良任巡阅使旅长时想改革旧军队，苦于身边无人，便请求父亲将郭调至身边，任了旅参谋长兼二团团长。从此，同张学良关系更密。1921年郭升任第八混成旅旅长；1922年一次直奉战时，虽奉军大败。而郭部却打了几个胜仗。在以后的整军中，由于他的大刀阔斧改革，军队素质很快大为提高。郭的部队有"模范部队"之称。郭实力增强了，杨宇霆总揽军权的状况就改变了，杨便在张作霖面前拨弄是非，离间关系。事又凑巧，正是这时候，张作霖派他的私人账房栾贵田到郭部任军需处长，郭又以"无缺额"拒收。从此，张作霖便对郭颇有记恨。二次直奉战时，张用人在急，更有张学良保举，才勉强任命郭为第三军副军长。战斗中发生的郭带队脱逃事，虽未造成损失，张学良追回后又创建奇功，可张作霖还是对他不满意。现在，在继续出兵问题上，郭同老帅有意见分歧，又没有得到少帅支持，他很扫兴。正在这时候，有人来报，说："大帅请郭军长有急事面议。"

什么急事？郭松龄心里一惊。"除了继续发兵之外，没有其他急事了。"他不安地嘀咕着："是吉是凶？"

赶去大帅府的路上，郭松龄首先想到了凶：张作霖反复无常，逆着他的人，很少不受到打击的，难道他要对我下毒手？郭松龄又觉得不可能：他又要南北双方用兵了，我还得算他的膀臂，现在他还要用着我，不至于杀掉。郭松龄猛然间又产生了幻想：二战之后，该升官的都升官了，该占地盘的都占地盘了，连姜登选、张宗昌都督军的督军、省长的省长。论功行赏，我比他们谁的功劳都大，为什么不赏我呢？也许大帅发现了不平衡，现在做点弥补工作。

郭松龄胡思乱想、心神不安地来到帅府。张作霖在小客厅会见了他。气氛十分融洽，张作霖便装免冠，满面带笑，迎至门外，还挽起郭松龄的手。

"茂宸，有件事，我要和你单独商量。来来，快坐下。"二人对面坐下之后，张作霖把早已泡好的清茶推给郭松龄，又说，"我昨日接到日本领事馆和关东军总部的公文，日本陆军要举行秋操了，邀请我们派一位高级将领去参观。这个面子不小呀！""好呀！日本人对我们友好啊。"郭松龄不假思索地说。

"茂宸，这趟体面的差事我决定让你去。到东京之后，你还可以代表我去拜会日本首相，感谢他们对我们的多方援助。怎么样？另外，到了日本之后，观操完了，别着急回来，顺便到东京、大阪、名古屋一些地方去好好逛逛，轻松轻松。"这确实是一个体面差事，郭松龄也早想到日本去看看那里的军队，研究点问题，以便借人家的经验，自己也带出一支好军队来。但又转念：在这个大兵再举的紧张关头，派我去日本，并且让我'别急着回来'，是不是觉得我碍他的手脚了？他立即想到了刚刚结束的、争议不休的军事会议。心里暗暗笑了：好啊，采取措施了。但郭松龄还是说："感谢大帅厚爱，把这么体面的差事给茂宸了，茂宸一定不辱帅命！""好吧，那你就做做准备，收拾点该带的东西，抓紧动身。"

郭松龄不得不匆匆去日本。

张宗昌夺得山东军政大权之后，又奉张作霖之命抢守徐州。张宗昌便把他的中校参谋孙钵传安排为徐州镇守使。孙率军南下的时候，张宗昌在家里为他送行，盛情之中，只说了一句话："伙计，徐州可是我的南门哩。出了门都是敌人。你守不住，我就全完蛋哩。"孙钵传挺着肚皮，说："督军请放心，有我就有徐州！"

孙钵传其实并不是什么将才，也不是由于治军跟张宗昌搭上关系的。当年张宗昌在吉林五站因为穷，广种鸦片时，他是经济行的一个跑腿伙计，曾经替张宗昌卖过大烟，很有功劳，便被张宗昌拉到军中来了。不久，便混了个中校头衔。此人买卖行里有点小能耐，带兵打仗，镇守边关，他实在没有这种本领。

孙钵传到徐州不久，河南国民二军便配合国民一军逼李景林出兵山东。首当其冲的，便是徐州。孙钵传慌了手脚——张宗昌一见徐州大兵压境，知道孙钵传不是个"顶门"的料，便想自己亲临前线。果然他在济南尚未动身，孙钵传一枪不发，早已逃之夭夭。

大门敞开，群狼入室，南军北上，济南也乱了。弄得张宗昌焦头烂额，一时不知如何是好。

"他妈妈的个臭 ×！一枪不响，大门敞开了，算什么熊军人？！"张宗昌发怒了，"我非毙了孙钵传不可！"

大门敞开之后，敌军长驱直入，张宗昌费了九牛二虎之力，损失极为惨重，总算把济南保住了。事态平稳之后，张宗昌把徐州逃回的散兵游勇收拾一下，又扩充了一些人，仍编成一个旅，任命他在教育团时的学生杨秀峰为旅长，让他组织反攻，争取打回徐州去。同时，派人四处打听孙钵传的下落。"务必抓住孙钵传正法！他妈妈的，老子这次散板，全是他造成的。我再花两年工夫也回不了元气！龟孙，坏了我的大事！"

不久，张宗昌便打听清楚，孙钵传把队伍拉到山东博山整编去了。张宗昌不手软，派了两个旅去围剿。

围剿的大军拉开阵势，刚接上火，孙钵传便吓得屁滚尿流，匆匆跑到张宗昌的参谋长、已经任了十一军军长的王翰鸣那里，跪倒就哭。

"督军要惩办我，一道命令我敢不来吗。为啥把我当成敌人，派大军围剿？这好，有多少兄弟死于非命。"

王翰鸣一见孙钵传这个狼狈相，帽子丢了，大衣也烂得露出棉花，知道已经吃了苦头，心里有点怜悯。想了半天，劝了一阵子，最后又说："钵传，我有个办法救你，不知你干不干？"

"只要督军不处死我，啥办法都行。"孙钵传还在乞求。王翰鸣说："我现在就派人把你押到督军面前去……"

"啊？！"孙钵传呆了。"他连我的部队都要消灭了，我见了督军，他还不得杀我的头？"

王翰鸣微笑摇摇头——他了解张宗昌，什么军令、政令，只要他张督办一开口，什么都是屁！张宗昌混迹土匪多年，养成了江湖义气：天大的事，高帽子往他头上一戴，趴在他面前磕个响头，烟消云散。所以，王翰鸣对孙钵传说："你放心，我把你押到督办面前，只要你亲自向他请罪，准保没有事。"孙钵传只好勉强答应，胆战心惊地跟着王翰鸣来督军衙门，见了张宗昌，什么话也不说，"扑通"跪倒面前，头触着地。

张宗昌正怒气冲冲地等着"消灭孙钵传"的消息，一抬头看见孙钵传狼狈不堪地跪在面前，立即火上加油，"唰——"从腰间拔出手枪，"哗——"子弹上了膛，一个箭步……

王翰鸣也吃了一惊：张宗昌真要杀了孙钵传？——张宗昌是个杀人不眨眼的土匪，气头上，他杀了孙钵传，举手之力。孙钵传立刻魂不附体。

可是，张宗昌举枪的手却在空中迟疑起来，好久又放下。

"嗯——"他用鼻音哼出声。"孙钵传你到底是个孬种！我张宗昌杀孬种，我也是个孬种了。"说着，他把手枪重又掖进腰窝。然后说："你滚吧，我手下是不收留孬种的。"

张宗昌不杀孙钵传，孙钵传已是感恩戴德了。虽然还想说什么，觉得不是说话的时候，连忙爬起来，退着身子往外走。刚退到门槛，听到一声呼唤："你回来！"

孙体传疑为张宗昌反悔了，又要杀他了，站着不动，通身发起抖来。抖着抖着，瘫在那里。

"别害怕。"张宗昌态度温和了。"我问你一句话：你是来认罪求死的，还是来装熊包糊弄我求活的？"

"我……"孙钵传不知该怎么说才好。

王翰鸣一直没插上话。张宗昌赶走孙钵传时，他虽想求情，还是不曾开口。现在，孙钵传不置可否了，他得说话。"督办，孙钵传在路上还对我说，徐州丢了，他有罪，求督办给他一枪！"

"是，是！我有罪，我有罪！我是来请罪求死的，哪里还敢求活呢！"孙钵传清醒了。

"好！凭这一点，冒死前来，也该赏一个旅长。你回去吧，把队伍收拾一下，还去当你的旅长。"

郭松龄到日本之后，利用参观日军秋操，一方面考察日本军事状况，一方面更广泛地与军政界人士接触。渐渐地，他得知一些张作霖与日本勾结的内幕，引起他无限的愤慨："东北将亡，张作霖还引狼入室，百姓苦啊！"郭松龄自觉身为军人，不想再助纣为虐，成为千古罪人。他在日本便萌起了反奉思想。

——自1916年段芝贵去职以后，张作霖取得了奉天省军政大权，他就坚定了一条升官之道：要在东三省保持地位、发展自己，日本是得罪不得的，并且要想尽一切办法争取日本人做靠山。

张作霖上台不久，东蒙保皇分子巴布扎布在日本的策动下在辽北闹事。闹事不成，日本人又挑起郑家屯事件，威胁张作霖就范。张作霖既不甘心把政权让给保皇党，又不敢得罪日本人，就派菊池顾问到郑家屯调查。说是调查，实际是要菊池做调解人，大事化小，小事化了，把紧张的局面缓和下来，跟日本人不破脸。菊池活动的结果，张作霖没有出兵，也没有对巴布扎布追究责任。藏在郭松龄心里许多年的谜终于解开了：我说呢，郑家屯事件东三省人民那样深恶痛绝，为什么官方就不处理？原来是张作霖属于日本人的势力。后来，张作霖一直持着这样的不抵抗主义顺从日本人的指挥。驻东北的日本现役联队长少将上井，曾于1916年在沈阳满铁附属地区召开秘密会议，拟密举杀掉张作霖。那以后不几天，张作霖从南满路沈阳车站迎接日本客人返回途中，便有两处炸弹爆炸，几乎把他炸死了。这便是上井指使清室余孽干的。事后，一个叫町野的日本人（张作霖聘为顾问）却对他说："这可能是上井指挥干的。我在上井召开的秘密会议上曾坚持反对他敌视你，我说过：'谁要动张作霖一根毫毛，我头一个不依'。他们还是这样干了。"张作霖听了，很受感动，觉日本人不全是坏人，有好人，何况他们有势力。从那以后，张作霖把町野当成亲信。每年派町野去日本一到二趟，由町野帮他联络日本朝野各派要人，并且向日本人表示，愿做他们的"忠实外藩"。

这项活动连参谋长、秘书长全不知道，一切事宜均由五夫人张寿懿主办。町野为张作霖勾通日本，长达九年，共用了东北百姓血汗银近百万元。后来，还是通过张作霖的资助，町野在日本买了个众议院的议员。

日本人很想让张作霖在中国主政，天下成了张作霖的也就成了日本人的。张作霖在北京顺承王府密谋二次直奉大战时，日本人町野便对在座的人说："下一次咱们将在新华宫会见了！"

张作霖依靠日本人，杨宇霆也依靠日本人。日本参谋总部的菊池，就跟杨有过六年的秘密接触。菊池袭有男爵爵位，是贵族院的议员，这个人对东北地盘十分感兴趣。后来，日本本部决定派土肥原贤二来接替町野……张作霖碰到任何问题，都要向日本顾问请教，看着日本人的眼色行事。

郭松龄是同盟会成员，他想靠孙中山创自己的事业，不愿为张作霖争权当千古罪人。所以，在日本期间，郭松龄就产生了脱奉、反奉的思想。

其实，郭松龄想反奉，并不单单因为奉张和日本如何，那只能是原因之一；另一个原因，或可说是主要原因，还是二次直奉战中郭松龄与姜登选发生矛盾引起的。那一次，因为炮团事件郭带队伍走后，就想同冯玉祥联合倒奉；战后张作霖奖罚不明，又使郭反感，想趁奉军南下时与冯玉祥合作。孙中山病逝的时候，郭松龄感到中国政局必将陷入混乱局面，只有与冯玉祥合作，中国前途才可有为。于是，郭松龄便通过陆大的同学、京汉铁路局长（当时属冯玉祥管辖）王乃模与冯玉祥取得了联系，愿意合作。冯也表示乐意与他合作。郭松龄认为反奉成功之后，便可与冯一起，由国民军统管中国了。郭松龄从日本回来后，只在沈阳小停，向张作霖做了仪式性的汇报，便匆匆回到天津。那时候，张学良正在天津成立第三方面军司令部。三方面军共辖三个军，是奉军中唯一的精锐部队，由张学良任军团长，郭为副并兼任三军的军长。张学良兼职很多，不常在天津，指挥权便交给了郭松龄。郭松龄大权在握，利用组织司令部机会，积极整顿队伍，大批提拔进步军官，把冗杂人员作了清理，做好了反奉的准备。

奉军经过准备之后，张作霖又要大举南进了。张学良给郭松龄发了急电，请他做好进军准备。郭松龄见内战已难避免，毅然抗命不做进军准备，并即将几位亲信将领请到面前，对他们说："我同各位已相处多年，肝胆相照，不敢独断。我已决定不再做张作霖的帮凶，不再为张的抢夺地盘去卖命。希望诸位能以国家民族为重，共兴大事。"

这些人都是郭的亲信，又都刚刚被提职封官，正想跟着他步步高升呢，哪一个不从。于是，齐声说："愿随郭将军重走新道，共同反张。"

郭松龄把队伍安顿好，自己便称病住进了租界内的外国医院，并将夫人也接到天津。

郭松龄夫人叫韩淑秀，奉天女子师范学堂毕业的。思想进步，为人正派，热情社会事业，曾经是奉天一座贫儿学校的教师。韩淑秀与郭松龄志同道合，她对穷兵黩武也是极不赞成的，曾规劝郭松龄弃张另谋生路。

郭松龄把自己的打算对夫人说了个详细，又说："淑秀，这样做，风险极大，身家性命都要拼出去了。我真怕连累你，给你带来不幸。"

"茂宸，你这是说的哪里话？"韩淑秀立在丈夫对面，说，"你的想法我不是不明白，更不是不支持。现在要举事了，我该为你庆贺，怕什么连累！这次来到天津，我就决定再不离开你，纵然上刀山、下火海，我同你并肩。"

郭松龄听了夫人的话，又惊又喜。忙道："这样我就放心了。咱们重新走一条路吧！但愿能走到一个新的境界！"

第二十五章
奉日勾结，郭松龄身亡

郭松龄有变，是姜登选向张作霖密报的。起初，张作霖有些儿不相信，他觉得郭松龄是儿子张学良信任和推荐的，即使对我有成见，也得顾及他与我儿子的关系，不至于有大变。可是，张作霖也深知他和郭松龄之间的矛盾。二次直奉战结束，论功郭松龄该是首屈一指，张作霖不厚赏，就是怕给他权位太高了，驾驭不了他。

张作霖也不是完全不相信郭松龄有变，他熟悉争权夺利人的心态，莫说一个部将，父子兄弟，照拼得你死我活。张作霖要试探一下。

张作霖给郭松龄发了一封急电，召他"速回奉天，研究军事大事"。郭松龄接到电报，便回了个急电，说："病势沉重，不便前往。"张作霖心惊了，他立即把儿子张学良找到面前，严肃地说："六子，郭鬼子可要闹事了，你知道么？"

"不会吧。"张学良皱着眉头，说，"我从来没有发觉他有异。""你……"张作霖瞪了他一眼，"等你知道了，说不定脑袋都掉了。""那……"张学良不敢再申辩。

"你马上到天津去一趟。"张作霖说，"郭鬼子不是说他病了么，还说重得不能起床。你去探探虚实。若是见了他，也探探他对当前局势的态度。""是，我马上动身。"

张学良到了天津，到了租界医院，一见郭松龄并没有患病，心里便一惊：难道郭茂宸真的要起事？他坐在郭松龄面前正要探问情况，郭松龄却先开了口。"汉卿，一切都不必细叙了，现在不得不摊牌：老帅脑筋太陈旧了，杨宇霆这帮小子把老帅包围得太紧，老帅一意孤行。东北局面已不堪设想。我决定用兵谏请老帅下野……""兵谏？！"张学良抖身站起。

"汉卿，你不要误会，茂宸此举绝无私心，只要求老帅让贤，父让子继，由你汉卿接任镇威军总司令，来改造东北政局。这样，茂宸愿竭诚拥护。"

张学良同郭松龄志向相一，情同手足，亦早有改变东北政局之志向。可是，一说到以武力夺其父之位，却不能下此决心。"茂宸，如此行动是不是太鲁莽了？""别无他策。"

"这样做，我不能同意。"

"关键时刻，汉卿你不该这样顾虑重重，可能要吃亏的。"郭松龄便不再强迫他。

张学良留下一封信，便离开天津去了北京。

此事被冯玉祥知道了，冯即告诉郭松龄，他要在北京扣下张学良。郭立即表示不同意。"我和汉卿相处多年，深知此人此心，务请放手！"并命令自己部队保护张学良，一定安全送他出关。

张学良回到奉天，郭松龄谋反已经证实，张作霖一阵大怒之后，决定由姜登选、张宗昌两部出兵："务必全歼叛将，包围三方面军"。

郭松龄知道事已暴露，不可再迟疑。他立即从医院出来，亲自率领部队东进，并决定以滦州为临时大本营。到滦之后，即在滦县某地召开了军、师、旅各级首领会议，首先宣读张作霖召他回奉天的电报，而后说："我以国家多难，民生凋敝，不堪再战，故力主与国民军讲和，不料大帅不谅，以我通敌嫌疑，调我回奉治罪，此去必难幸免……"郭松龄历数了张作霖、杨宇霆、姜登选等人罪恶之后，又说："我已拿定主意，此次绝不参加国内战争。我这里已拟好两个方案：一是移兵开垦，不参加国内战争；二是战争到底，武力反张。何去何从？请大家自愿签名。"

此时，老派人物副军长赵恩臻、高维岳、齐恩铭等人不愿反张，只在第一方案上签名；其余人皆在第二方案上签名。

郭松龄冷笑着说："不愿参战者，只好先委屈了，你们先返天津，由李景林督军安排吧。"说罢，命人将这些人押出。郭松龄随之宣布：接受冯玉祥的委任，为东北国民军总司令，共辖五个军：第一军刘伟，第二军刘振东，第三军范浦江，第四军霁云，参谋长魏益三兼炮兵司令（不久又任他为第五军军长）。对外仍以第三联军军团长张学良的名义发号施令。同时发出通电，通电主旨有三：

一，反对内战，主张和平；二，要求祸国媚日的张作霖下野，惩办主战罪魁杨宇霆；三，拥护张学良为首领，改革东三省。

正在这时候，人有来报，姜登选来拜见。"他？！"郭松龄一愣。"来得好快呀！"

郭松龄想出去会他，有人劝阻说："大事已定，通电也发出，此番姜登选是奉命来剿的，何必见他！"但也有人说："姜登选新被任命为第四军团长，早已离奉，恐尚未受命来剿，可以见他。相机行事，果然不行，便将其扣押。"

郭松龄早已恨姜，二次直奉战中姜攻九门口却按兵不动，且乱行军令，乱处理下级军官；郭松龄一怒把兵带出，就是想让他败死前线的。后来张学良追回他郭松龄，而姜登选又借故逃离战场。九门口还是郭攻下。结果，逃离战场的姜登选竟受到重赏。郭松龄一股怨气再难忍受。这一次，仇人上门来了，莫说他有没有来剿任务，平白相逢了，郭松龄也不会饶了他。"姜登选现在何处？"郭松龄问。"现在滦州城外车上。""请！"郭松龄传出话。

来人见了姜登选，说："郭副军团长请军团长城中一谈。"

姜登选带几个随从下了火车跟随来人进城。这里，姜的其他随员亦先后被"请"进滦州。姜被请进城后，立即解除了卫队，关押在一个秘密处，禁止与外人交通。姜这才吃了一惊。

"我是奉张大帅命，有急事来见郭军长的，你们为什么扣押我？"

一个负责看守的军官对他说："军团长，别这么威风了，我们反的就是张大帅。"说罢，递过去郭松龄刚刚发出的通电。"请军团长过过目。愿意在上边签上名字，自然一切话都好说了。不同意也不勉强。其后果，军团长自然可想而知。"

姜登选接过通电一看，见是反对张作霖的，立即扔到地上。"胡闹，胡闹！你们简直是自取灭亡！我要见你们郭军长。"

"郭军长有令：在你没有表示接受这个通电之前，他不会接见你。""我永远也不会赞同他反奉！"

隔了一日，又有人来问他："军团长，你想好了么？我们军长还是愿意和你合作共事，再创大业的，请你别误了良机。”

姜登选依在椅子上，闭目不语。经再三催问，他才摇着说：“没有好说的了，我决不反奉！”

看守的军官也不再问，朝门外招招手，喊道：“执行！”四个卫队应声而入，马上把姜登选架了出去，就地枪决。

郭松龄发出反奉通电之后，冯玉祥亦于11月25日发布讨张檄文，痛数张作霖罪行：“不顾国家安危、人民死活，一味好强，祸及直鲁，近逼京畿；沪案发生，忍心为虎作伥，纵兵残害学生、工人，违背人道……效法张勋、袁世凯，对忠于民国者，视为仇雠，赞称帝制者，引为同类”等语。檄文发出，随令张之江部进驻丰台玉落堡一带；令宋哲元部迅速集中多伦，直取热河、赤峰；冯本人即返抵张家口，指挥人马行动。

李景林亦与同日发出通电讨张。但通电内容模棱两可，为自己留了后路。

郭松龄立即发出进军令：刘伟部率先行动，直向山海关；刘振东部沿京榆大道徒步行军向山海关；魏益三部两个团和工兵营先行……

举兵同时，郭松龄把他的九十团团长张廷枢找到面前，对他说：“廷枢，我和令尊关系一向甚好。现在要对峙了，我想派你先到山海关去一趟，说我甚盼令尊能和我共事，脱离奉张。”

张廷枢是奉军守山海关的将领、张作霖的族弟张作相的儿子。张廷枢对郭说：“我一定按照军团长意思去说服父亲。”哪知张廷枢一到山海关，便向其父说明了郭松龄的全部部署，张作相一面调整自己的部署，一面上报张作霖。张作霖及时把自己的部署也做了全面调整——这样，便给郭部进军带来了困难。

郭松龄突然起兵，张作霖措手不及，仓促做了布置之后，也相应地采取了些政治措施，他知道郭松龄等新派人物最忌恨杨宇霆，便要杨立即辞去所有职务，以去掉郭松龄反奉的口实；一方面让张学良再去见郭，劝他息战，商谈解决分歧。张学良自知去了也无益，还是率几个得力助手前往郭松龄处。张学良先到锦西，然后改换水路抵达秦皇岛，通过日本顾问仪峨再联系上滦州的曾经为郭松龄治病的医生守田，最后找到了郭，说张学良要见郭。郭松龄请守田医生传话，说：“所有的话，已在天津与汉卿说完了，不必再见了。”张学良又写了一封亲笔信，诚心相劝，希望郭松龄能和解。郭松龄看后，半晌无语。送信的守田也劝道："郭将军，少帅之诚，亦属难得，是不是请将军更改动兵之举？"

郭松龄思之再三，觉得事端已起，即使暂和，张作霖也不会善罢甘休。不如照原意干下去。"守田先生，此次举兵。经过深思熟虑。若上将军下野，由汉卿接任，吾愿下野，静度闲云野鹤的余生。"

如此这般书信往来数日，各执己见，至11月29日张作霖才做出"讨伐"郭军的决定。30日正式发出讨伐命令。郭松龄见张作霖无意下野，张学良也不愿和他一道举事，便不再用张学良名义发号施令，而以东北国民军总司令的名义通电全国，而后大军出关。

此时，张作霖能调动的主力，只有张作相的第五方面军，且战斗力很差。张作霖便把希望寄托在日本人身上，并悬赏八十万元捉拿郭松龄活口，提头来见着赏八万元。

郭军出关后，原计划直取锦州，而后乘胜夺取奉天。不想进军伊始，李景林倒戈，使郭军腹背受敌。郭松龄一面电请冯玉祥以实力支持，一面准备在奉军尚未部署新阵之前发动总攻，以求突破奉军的连山——锦州防线。

连山是锦西咽喉，京奉铁路重要通道，面对葫芦岛，有铁路支线通达，其地理位置对陆战、海战都十分有利，向为兵家必争之地。奉军前线指挥是张学良。张学良和张作相下令官兵在连山抢做工事，以阻郭军。

12月2日、3日两日，辽西天气突变，降了一场百年不遇的大雪：山川平原，一片皑皑，海面结冰，人马皆可通行。郭松龄利用这一有利时机，遂发动全线攻击。郭军反奉情绪很高，官兵个个奋勇当先。结果奉军大败，张学良和张作相乘火车退向高桥镇。退前下令炸坏了女儿桥，力图阻止郭军再进，以便屏河据守。

连山一战，奉军全线崩溃，死伤千余人，一个师降郭，一个旅被俘，大炮全部被夺。

郭军攻取连山之后，乘胜进取高桥镇，并包围了葫芦岛；5日，郭军又攻打锦州。锦州守军一片慌乱，官兵互不相认，指挥顷刻失灵。张作相一见大势已去，夺路北逃。7日，郭军占领了锦州，其先锋占领了沟帮子，逼近沈阳；8日，郭松龄发出告捷电。

奉军连山惨败时，张作霖已惊慌失措。他面色如土，坐卧不安，大有城池陷落，即将被俘之状。他急急下令，"帅府做好转移准备。"一时间，帅府内外，一片慌乱；奉天城中，更是乱成一团，文武官员，绅商富户，纷纷忙着收拾细物、提取存款，觅车寻道，把眷属送往大连、旅顺。城中的萃号、增盛、鸿兴等几个大银号、大金店首先停业"盘点"；一些较大的商号也把贵重商品下架，小商号有的关门，有的抬价；谣言四起，歹徒横行！

大帅府里的张作霖，一夜间脾气就变了，变得异常暴躁，易怒，爱骂人；白天一直躲在屋里，像关在笼子里的狐狸一般，不停地踱步；夜间，总是和衣而躺，仿佛随时都会发生意外，他随时都要准备逃脱；身边两只手枪，都压上了顶门子弹，又好像帅府中随时都会有一场肉搏战。

张作霖六神无主了，有时，他大声叫："饭！"可是，饭送到面前，他却瞥也不瞥一眼；有时，他大声叫："来人！"可是，人来到他面前，他又挥手叫"滚！"

12月5日，入夜了。夜很黑。西北方向吹来的风，卷着地面上的雪粒，带着呼啸的怪叫，不时敲打着封闭极严的门窗。张学良到前线去了，在他身边的，只有已经被他宣布去了一切职务的杨宇霆——张作霖对于杨宇霆的去职，决定得太勉强、太惋惜了。所以，虽然堂而皇之发出了通电，似乎只给郭松龄等看看，他还是绝对不允许杨宇霆离开帅府的。仗打起来之后，特别是前线节节失利之后，张作霖更觉得杨宇霆不能离开他的身边；一眼看不见他，身上便会打战。

"麟阁，"他呼着杨宇霆的字说，"万一不行了，我是向大连去躲躲呢，还是留在这里硬挺着？"

杨宇霆垂着头——他一直在垂着头。自从免他职的通电发出后，他的头就再也没有抬起。他虽然知道那个通电在内部是一张废纸，可是，他的精神却随着电波消失了——心神不定地想：果真去大连，就不是躲了，而是潜逃，是顶着许多罪名潜逃；挺，怎么挺？有力挺，现在就挺下去了。兵临城下只有打出白旗，还有什么力量可以挺？不过，杨宇霆是不会敞开心扉说实话的。他振振精神，还是说了一通鼓劲的话："大帅，您放心，我了解郭鬼子，他没有多少后劲。冲一阵子之后，自然会败下去。"

张作霖摇摇头，心想：你又在哄骗我了。郭松龄有多少劲，难道我不清楚？我多少年积蓄的'家当'，几乎全被他带走了！张作霖背过身去，叹息着说："大势已去，我决定下野了。""下野？！"杨宇霆十分吃惊。

"别无他路了。"张作霖说，"你通知能来的人都来吧，我要向他们……"

杨宇霆垂头丧气把在沈阳的军政要人都找来了，张作霖没精打采地说："现在什么话都不必说了。你们也不必问了。路只有一条：我下野。有两件事，你们去办：一，责成张学良收拾军队，速同郭松龄议和；二，前方郭军仍驻原防，静待侯命。我——今夜去大连。"说罢，软瘫瘫地坐在椅子上。

到会的人没有人说话，他们只用不同神色的目光逼视着杨宇霆，仿佛在指责他，他应该承担这场战祸的主要责任——对于大局，在沈阳的军政要人早都看明白了，张作霖是无力战胜郭松龄的。所以，他们有的人，早已暗中与郭军联系，寻一条后路；有的觉得无法同郭联系上，也已做好了他图的准备。大局如何了结，谁还有兴趣？

杨宇霆在张作霖说完了话之后，只把手挥了挥，便把所有的人都驱走了。

"大帅，您等我想想，我觉得不至于到了山穷水尽……"

"咳……唉！"张作霖摇摇手，把他杨宇霆也驱走了。宽敞的帅府客厅，如今只剩下张作霖只身子影在暗淡的灯光下垂首。

12月6日，当张作霖获悉郭军已经占领了锦州时，他一下子昏厥在床上！

"六子，小六子，我叫你他妈拉个巴子害苦了，害苦了！"

"大帅，"杨宇霆又出现在他面前。"该做最后准备了。""你也逼我？"张作霖气急败坏了。"你让我如何准备？""总还是有办法吧。"杨宇霆反而变得沉着了。

"我下野。立即发通电！"张作霖说，"你们去组织各法团代表迎接郭军入城吧！"

"大帅，真是那样的话，我就不来找您了。""还有办法？"

"那就要破釜沉舟了！""说说看。"

杨宇霆伏在张作霖耳边，把新打算说了一遍。张作霖愣了。"这……我得想想。弄不好我成了他妈巴子卖国贼了。"

"大帅，日本人一向是敬重您的，他们不会看着您这样下野，他们会尽全力帮助您。""什么条件？""时至今日，还讲什么条件！"杨宇霆说，"再说，这样的事也不是您开的头，'二十一条'是袁世凯签订的，那时候他是大总统，国人骂卖国贼也只能骂他袁世凯，哪就骂到您头上了。再说……"张作霖摇摇手。"且慢，你等我想想——"

杨宇霆是要张作霖把"二十一条"上关于东北（满洲）的部分，长期悬而未决、未能实施的条件都接受下来，作为向日本求救的条件，请求日本派兵保护张作霖。张作霖思来想去，不能决定。原来，在当初国人大反签订"二十一条"时，张作霖是向全国表示过态度的，他不能接受"二十一条"，并且不许在东北实施任何一条。现在，几乎是墨迹未干，他张作霖拿出卖东北去换取自己地位，他知道罪恶不轻。所以他犹豫不决。然而，张作霖毕竟是利欲熏心，视权如命！现在，形势逼得他走投无路了，他只有下野滚蛋了，所以他想：东北都保留下来，日本人毫不染指，又与我张作霖有多大好处？与其灰溜溜地滚蛋，倒不如借助外力保住地位。日本人在东北的权利再大，东北还得是我张作霖的！平分天下，我还得有一半，总比一无所有好。

"麟阁，"张作霖叹息着说，"你去办吧。要争取日本人给我一条能走得通的路，只要我东北还是独立的东北，具体利益，可以给他们一些。要是他们的心太狠，非让我做傀儡不可，我就宁愿败在郭松龄手下！"

杨宇霆一见张作霖回心转意了，自己也觉得重见了天日。忙说："大帅放心，我会争取得更好的。今后若有任何问题，全由麟阁一人承担。"

东北依然是白雪皑皑，阴云密布。辽西平原正在进行着一场激战，郭松龄部节节胜利，大步推进；张学良的讨逆奉军，焦头烂额，败如退潮！猛然间，一切都无常地变化了：日本政府向郭松龄发出干涉警告，令他立即停止战斗，不许前进；日军驻东北的军队和守备队，紧急调动，大部集中于奉天城及附近地区……

张作霖有精神了，他立即改组了讨逆军，宣布自任讨逆军总司令，已经免去一切职务的杨宇霆再任讨逆军参谋长，张学良为前敌中央军司令，张作相为前敌左翼司令，吴俊升为前敌右翼司令，拼凑了七八万人马，把省城驻军全部开赴前线，建立了巨流河阵地防线！

张作霖虽然又鼓起了斗志，但是，奉军毕竟在节节败退。12月18日，郭军攻占了白旗堡；20日夺取了辽河西岸的重要战略要地新民。奉军立脚不住，纷纷退向辽河以东。然而，此时的辽河早已冰封三尺，连铁甲车也可通过，辽河已无险可守！张作霖闻知辽河失守，再度陷入慌乱之中。

大帅府死气沉沉，张作霖又把密室的门窗闭紧，重新思索他的"下野通电"。

就在这时候，一个年近花甲、长袍马褂的细高个儿来到帅府。人们一看，是张大帅的老朋友、奉天城著名的卜卦先生包文明，人称包瞎子的。包瞎子其实不瞎，两眼明睁。因为人们惯于把卜卦者称作瞎子。所以，他也得了这个"美名"。包瞎子常来帅府，当年少帅张学良和于凤至合婚就是他算的"年命"，帅府人都知道他，故而无人阻挡。

张作霖一见包瞎子来了，忙说："你不是去哈尔滨了么，怎么就回来了？"

"特地回来给大帅卜卦的。"

"啊！？"张作霖一惊。忙又说，"山穷水尽了，没有什么卦要卜了。""我在哈尔滨就算到这一点了。"包瞎子故弄玄虚地说，"我就怕大帅想不开，特匆匆转回。""我有转机？"

"有，有！怎么没有？"包瞎子说，"我已卜定，大帅前程远大，无妨！""真无妨？"

包瞎子取出一个黄布包，说："大帅请您抽个帖儿，我再为您卜一卦。"

张作霖叹息着，又搓了搓手，把手放到唇边吹口气，这才从包袱里抽出一根签儿，交给包瞎子。瞎子一看，笑了。"大帅，我说您前程远大，果然没错。瞧这帖……""大吉？"

"大吉！"说着，便把帖上的言语读给张作霖听：

> 乌云遮月不久长，桃红柳绿好风光。关公五关斩六将，谁是乌
> 江楚霸王？

这和抽帖把戏中所有帖子一样，本来是几句模棱两可的话，包瞎子却说："大帅，乌云不久了，转眼就是您桃红柳绿！郭鬼子以为您是乌江边上的项羽呢，可是，说不定他会死无葬身之地！"

张作霖懊丧的情绪，获得了一剂强刺激。"好，好，若到我桃红柳绿那一天，一定盛宴请包先生上座！"——后来，由于日本人的参战，张作霖果然转败为胜了。机灵的新闻记者探得了包瞎子在困难时为张作霖卜卦一事大感兴趣，于是，便在《盛京时报》上发表了《应战中占卦志闻》文章，大吹包瞎子是什么"神仙"。此是后事，一提了之。

郭松龄进占新民以后，迫于形势，须速战速决。21日夜，郭即下总攻击令，向巨流河东岸奉军阵地发起全线进攻。奉军阵地迅速被突破；次日拂晓，郭军之精锐部队——霁云的第四军以迅雷不及掩耳之势对大民屯黑龙江

军发动猛烈攻击，晨时占领了大民屯。然而，形势却发生了巨变……

就在郭军进占锦州时，日本关东军派大佐浦田由旅顺乘汽艇来秦皇岛，即去见郭的五军长魏益三，向郭军提出一项通牒：

国奉两军在南满铁路两侧及其两端二十基罗米达以内不准有军事行动，违者解除其武装。

数日后，日本关东军又送补充通牒，把原"二十基罗米达"改为十基罗米达。实际上，日军只限郭松龄军队的行动，张作霖的军队不仅不受限制，而且尽量给以便利。

郭军刘伟部派一个旅到营口，去消灭驻在那里的奉军鲍英才营。日本驻营口的领事立即出面干涉。该领事一面宣读关东军的通牒，一面说："你们不要以为此间只有鲍英才一个营，我们日军在南满有两个师团，在朝鲜有两个师团，随时都能开到。"

最令郭松龄气愤的是，他在沟帮子和日军还是那个姓浦田的大佐的谈判。一开口，浦田就以凌人的气势说："郭将军，帝国的通牒，想来你已经看到了。有什么感想？"

"中国人在中国领土上打仗，无须任何外人在一旁指手画脚。"郭松龄也理直气壮。"讨伐张作霖，是为了改革内政，复兴东北。这完全是中国人的事，与贵国无关。"

浦田一副侵略嘴脸，冷冷一笑。"将军该知道帝国与'满蒙'的关系吧，如果关东军不乐意，你们是战胜不了张作霖的。""这么说，关东军要干涉中国的内政了？"

"请将军不要误会。"浦田说，"如果将军愿意和我们友好相处，我们自然也乐意对将军帮助。不过，那是要有条件的。"

郭松龄已经明白了，日本人所以帮助张作霖，是因为张作霖答应了他们的"条件"。他便说："说说你们在我身上想的条件。"

浦田从衣袋里拿出早已准备好的文稿，念道："一，承认张作霖在满洲与日本签订的一切条件；二，保护帝国在满洲的一切利益；三，不许在满洲进行赤化宣传及反日活动；四，划金州、复州、海城、盖平为日本租借地……"

郭松龄笑了。"大佐先生，你不觉得可笑么？张作霖签订的条约，我有什么责任保护和承认？你们在满洲的利益我为什么给你们保护？至于中国人赤化不赤化，与日本有什么关系？莫说辽东四城，即使一寸土，只要到我手里，我也不许任何人染指！"他站起身来，又说，"大佐先生，我要打仗去了。有什么事情，等我打完了仗，再通过外交途径谈判吧。"

浦田走了，日本则出动军队在南满线阻止郭军前进。

22日夜，奉军从日本那里得到情报，知道郭军两翼空虚，张作相遂率部从右翼出击，占领了高台山等地，对郭军从后路包抄过来。吴俊升根据飞机侦察获得的情报，率两师从左翼出去，将郭军停放在白旗堡、柳河沟的粮秣、弹药焚毁，切断了郭军的后路；张学良从正面发起总攻，郭军顿时陷入三面包围之中。

粮弹不济，伤亡惨重，郭军士气一蹶不振，渐渐有人开小差、有人投向奉军。重围孤军仅剩万余人，且与外界切断联系。郭松龄不甘心失败，他几次组织突围，亲立前线，与奉军展开肉搏，终以寡不敌众，不堪再战。

郭松龄率少数机要人员和卫队，把司令部撤到辽河岸上一个无名荒村，住定之后，他心中冷静了，方觉东北已无他立足之地。他决定只身南下，联络反奉势力，东山再起。

半夜之后，郭松龄夫妇带两名可靠随从，化装成难民，乘一辆庄稼院大车，冒雪潜出荒村。此时，大雪在飘，北风呼啸，旷野茫茫，鸟雀尽无。郭松龄用破棉被裹住身子，韩淑秀伏在他身边，随着骨碌碌缓缓滚动的大车，向南走去……

天亮之后，吴俊升骑兵搜索队发现郭松龄夫妇已逃走，遂派人四方追踪。终于在辽中县老达房村的一个菜窖中将郭氏夫妇捕获。时距郭松龄滦州起义仅一个月时间。捕郭氏夫妇的是红胡子出身的旅长王永清。王将郭夫妇的双手钉在车辕之上，说是押回奉天，途中即被杨宇霆派来的人杀害。时郭松龄四十二岁，其妻韩淑秀三十五岁。

郭松龄夫妇的尸体运到奉天，张作霖亲到尸前去看真假，然后狰狞地笑着说："把这两具尸体送到小河沿摆上几天，让大家看看，谁再敢反对我张作霖，就是这个下场！"

郭松龄夫妇在小河沿一座青砖石上暴尸三天，事后只给一张遮脸破席。幸有郭生前知己张医生仗义出头，购白棺两口将郭氏夫妇草草埋葬于荒坡之上。

第二十六章
左支右绌，东三省经济凋敝

一场大战结束了，东三省又恢复了平静：蓝天、白云、皑皑雪海，人们平静地对天舒出了闷在胸中许久的气，依着祖上传统的方式，继续生活下去。

张作霖据说是累病了，帅府的大门紧紧闭了起来，整顿军务的事情全交给了杨宇霆和张学良；连大帅的内室，也变得神秘起来。

张作霖确实躺倒床上，连天带夜地不起。就是特别受宠的五夫人，也不敢去敲他的门。

张作霖却没有睡，他总感到头晕。郭松龄朝他头上击的一棒太猛了，把他击晕了。虽然郭松龄的尸体在小河沿暴晾了三天，张作霖还是恢复不了平静。"我的奉军——我的奉军原来也不全是忠臣良将！我的眼珠浑了，我没有分清忠奸！"张作霖掰着指头算了一笔账：跟郭松龄内讧这一个月，其损失远远超过两次直奉战争，他经营了十几年的"家底"几乎兜底耗光了！最令张作霖寝食不安的，是和日本人签订的密约。应急之举，急应过去了，怎么结局呀？搪塞日本人，显然是不行的；依约行事——他想到了包括"二十一条"在内的东北人民几次反政府大行动。袁世凯、段祺瑞都无能抗拒得了百姓的造反，我张作霖又如何？他怕了，怕招来东北人民，乃至全中国人民的唾骂。在冷静地思索之后，张作霖觉得这一"失招"比损失多少兵将都大。兵将损失了怕什么？输了再赢，丢了再找；名声臭了朝哪里去

"赢"？记在老百姓心上的卖国罪万世也洗不清！不过，张作霖毕竟只是张作霖，那个土匪的"底"儿总是丢不净。沉默了三天之后，忽然就兴奋了，他挺起胸脯，走下床来，推开门窗，朝着蔚蓝的天空深深地舒了一口气。我张作霖就是堂堂的张作霖！什么他妈巴子的名声？不求日本人我比郭松龄死得还快！我胜利了，就得办我胜利后的事！

"来人，把参谋长叫来！"他对着冷清清的大厅高喊。杨宇霆来了。张学良也来了。

"抓紧办两件事。"一照面，张作霖便对他们说，"让军需处立即拨出五万元为姜军团长治丧，要把声势搞得大大的；还要让财政厅拨专款，来为姜登选修一座像关公那样的庙。其次要在奉天举行一个盛大的庆祝会，庆祝'讨逆胜利'。"他略微沉思一下，又说："我们一定得要忠奸分明，奖罚分明，可不能再一窝子好好了。该记功的你们要记功，该晋升的要晋升！让他们明白跟我张作霖真心，没亏吃。"

杨、张退出去，立即遵命照办。于是，在为姜登选大办丧事的同事，一大批在战斗中败得无处逃的人都挂了红花、晋了官职。

一天，张作霖在帅府摆了盛宴，专门请晋升的军官和绅商巨子，答谢他们的贡献。盛宴大开，嘉宾云集，那些新升了官的部下，换了新装，修饰了脸膛，个个精神饱满地在张作霖面前躬腰点头，笑面甜语。张作霖长衫马褂，头戴八方帽，俨然一副绅士派头。只是，他的脸膛却苍老、消瘦了许多，那双眼睛也呈现着无限疲惫。

"今天，我没有败，也没有死！"张作霖举起酒杯，说，"大帅府还是我的，东北的天地还是我的！我请各位喝酒。各位都敞开量，喝足。来，干杯！"

大家都仰起脖子。

正在斟酒、吃菜的时候，杨宇霆来到张作霖面前。"大帅，人带来了。""带到我这里来。"

一个狼藉不堪的军官被带到张作霖面前。"你就是'东北国民军'司令部的副官处长？"

"是。不——我是您的第三集团军司令部的副官处长，任洪仁。""任洪仁？"张作霖笑了。"你的这个官还是我委的，对吧！""我……我辜负了大帅的培养。"

"不，你没有辜负了我的希望。"张作霖说，"听说你把郭松龄的文书材料全保存好了，并且带来了——"

"是，大帅。"任洪仁说，"还有所有人私通郭鬼子的密函、密电，大部都在。请大帅过目。"

任洪仁话刚出口，宴会场上立时震惊起来，那些在战争中私通郭松龄的大小官儿，一个一个都变白了脸膛。他们都明白，只要张作霖一见函电，便会一个一个"点名出列"；再一挥手，便要一个一个掉了脑袋。

张作霖笑了。"任洪仁，算你立了一大功！回头你到我那里去领赏。现在我宣布：任洪仁仍是我的副官处长，归队管军。不过，你得先完成一项任务……"

任洪仁一惊，那些脸膛仍白的通郭分子更惊。他们疑为张作霖要下处决令了。

张作霖指着任洪仁带来的文书、材料和一批函电，说："把这些东西通通拿了下去，你亲眼看着全烧了。少一份、剩下一份，我杀了你！"他又提高了嗓门，说："叛军之罪，在郭鬼子一个人。杀了郭鬼子的老婆韩淑秀，我已觉得过了；其余所有的人，一律不究！该干什么的你们照旧干什么。"停了一下，又说："怪我不善用人，郭鬼子才能兴风作浪。现在，幸好这一仗打胜了，我也算尽到责任了。今后还有许多事要做。我是个武人，自知无能为力，我决定引咎下野，请大家另选高明。"说罢，即要离席。

到场的都是他的老部下，大多数人明白他张作霖是做戏；但也有不少新贵怕丢了靠山；还有不少曾与郭松龄有瓜葛的人，刚吃了定心丸，怕再变卦；还有一些有心人，知道张作霖此次与日本人签订的难以实施的密约，怕他走了留下一本烂债。于是，纷纷离席，恳求"上将军继续留任本兼各职，俯察民意，以挽时艰"。

张作霖本来就是走走过场，现在一见众人如此"厚爱"，只好仍坐帅位。接下去，仍是着手他的"问鼎中原"壮举。

现在，北方暂时平静了，张作霖的"中原梦"刚入梦境，还是回头看看南方吧。

孙传芳由徐州退回南京，住进江苏督军府内，心情激动得不知先去做什么才好？思索许久，他想举行一次盛大的庆功大会，广造舆论，以振军威。可是，他心里不扎实，觉得自己名声臭，贵宾不一定好请，新闻界不一定会捧场。不得已，他决定发通电，通告反奉的胜利！他虽然觉得这样做未免有点自吹，通电还是发了出去。

十分意外，孙传芳一个通电，召来了半个中国的热烈回应；江苏自不必说了，江西邓如琢、安徽陈调元、就连当初赶得孙传芳无家可归的福建周荫人，也都纷纷发来极尽吹捧奉承的电报。他们不仅祝贺，并且一致表示"愿听驱使"。

"愿听驱使"！孙传芳醉了——一枪一弹不发，这些军阀都愿意俯首听命，孙传芳能不醉！周荫人呀！你终于也有今天！不过，我并不计较你，难得你能有今天。

但是，孙传芳冷静地想了想，他又觉得"愿听驱使"这个词太空。驱使算什么？现在我孙传芳还稀罕你几句好话？我……我……孙传芳究竟稀罕什么？他自己也说不清楚了。孙传芳掰着指头算算，他手下毕竟有了可以"驱使"的苏、浙、赣、皖、闽五省再加上海，可以称得上有中国"半壁河山"了。这些地方地大物博，能养天下之兵，并且可以无敌于天下！"财大气粗"，孙传芳仿佛觉得他应该做大总统了。

孙传芳穿着恪威上将军的军服，双手扣住茶杯，光着脑袋立在明净的窗下，一抹柔和的阳光洒在他面前。他轻轻地晃着脑袋，举目远眺；巍峨的紫金山映入眼帘，他忽然想到，南京是个虎踞龙盘的地方，曾经是六个朝的都城——难道我就不能再给她添一朝，成为七朝古都么！孙传芳并不清楚南京是哪六朝的古都，他也不知道这六朝的兴兴衰衰。但是，他却觉得他应该成为这里的一朝：袁世凯不是成为一朝了！黎元洪、冯国璋、徐世昌、连曹锟都当了大总统，我为什么不能呢？他很有信心。

孙传芳把杨文恺找来了。二人一商量，意见马上一致。孙传芳说："咱们打头，成立一个统一指挥军队的衙门，先管它半个中国，叫南京陆军总部，你看如何？"

杨文恺想了想，摇摇头。"名字不错，就怕惹是非。""惹嘛是非？"孙传芳追问。

"北京有个陆军部，握在段合肥手里；咱们在南京再搞一个陆军部，这不明白的表示与他分庭抗礼么？他身居'执政'有兵权，惹恼了他，他会讨伐咱。""那你说咋办？"

"叫督军联合总部如何？"

孙传芳想了想，说："那就叫五省联军总司令部吧！"

不久，他们便在南京开了大会，发出通电，向天下表明"五省联军总司令部"成立。孙传芳还宣布，自己出任总司令兼江苏总司令，他的把兄弟卢香亭为浙江总司令，陈调元为安徽总司令，邓如琢为江西总司令。孙传芳虽然恨周荫人，但他们毕竟是在一炷香前结为金兰兄弟的，福建总司令还是给了周荫人。弄得周荫人惊喜各半地匆匆跑到南京，跪在孙传芳面前请罪。孙传芳却摇着手说："嘛事？我早忘到九霄云外去哩。我只知道俺跟你有一张'兰谱'。你不记得了？"说着，孙传芳也"扑通"跪倒。"好，咱哥俩重新再拜！"

周荫人说："永生永世，小弟再不做那样使'亲者痛，仇者快'的事了。"

"别这么拍胸膛。"孙传芳说，"该打鞭子的时候你只管打！我这个人，就跟兔子一样，不急不咬人。福建是个富地方，我本来想在福建安居下来呢。老弟在我腚上打了一鞭，把我打出了福建。没有地方蹲了，我不得不发奋哩。这样，才有了今天。这该是老弟的功劳呢！"

五省联军总司令部在南京成立之后，接着，孙传芳又在联军会议上宣布了各省的省长、镇守使名单。他咧着大嘴笑了。

"这，你们看看吧，这就是我的'内阁'班底！到时候，牌位一换就行了。"孙传芳说，"凭我这个阵势，他张作霖的东北坐不稳了！"

不久，孙传芳以"五省联军总司令部"的名义再次发出讨奉通电。

张作霖被东北军民"挽留"在大帅府之后，他忽然间觉得该办的事情太多了：地方秩序、财政金融、军队整顿，特别是与日本签订的密约，样样都要抓紧办理。密约诸条，更不能不问——日本人是不客气的，借了鬼子的力量打胜仗了，不还鬼债，那是不行的！张作霖冷静地想想，叹息了。咳！我打胜这一仗干啥？这个烂摊子留给郭松龄，我随便跑到哪一个国家享几年清福多好呢？本来这一仗就不该打。郭松龄要我下野时我就下野，也免得遭了这么多罪。张作霖有良心了，忏悔了——然而，这又是天真的和儿戏的，他根本就不会那样做。现在，他要解决面临的一堆问题。东北，连年混战，穷兵黩武，花在战争上的钱太多了！对付郭松龄时，张作霖还向日本正金、朝鲜两大银行借款一千四百万元，另由奉天财政厅发行"公债"五千万大洋。这样还不够，他又在东北广种鸦片，开设专卖局。东北困乏极了，物价直线上升，百姓嗷嗷待哺，眼看着一批一批人被饿死；商业倒闭，小职员、下级军政人员只好弃职外逃。为了控制金融危机继续发展，张作霖先是枪毙了几家银行的经理。结果，连一阵冷风也不曾刮起，穷困潮引发的金融紊乱，依然滚滚沸沸，吹得物价一天几涨。张作霖不得不痛下决心，采取大的行动了——

一天，他把奉天最大的、也是他张氏所官办的银行——兴业银行督办刘洪升找到帅府来了。极为热情地款待之后，张作霖说了话："洪升呀！你看咱们的经济该怎么办呀？"

"大帅"，刘洪升欠欠身，说，"洪升一个银号，就焦头烂额了。这通盘的经济大事，还得靠大帅统帅。"

"嗯。"张作霖把怒气往肚里吞吞，说，"现在市场上，我奉票的身价大跌，你知道么？奉票与现洋的兑换竟降了十倍；听说这两年奉票发行量你增加了三十多倍。这件事该你管吧？！

"洪升都是遵大帅命干的。"刘洪升胆战了，忙站起辩解，"所发奉票，全部用于军费了。"

"这么说，你是清白人了？"张作霖也站起身来。

刘洪升是张作霖面前的红人。早年，张作霖的金融是由原来的新民商会长，就是当年那个敢于在大街上拦住张作霖马头索债的姜雨田管着的。一个小商会长眼光毕竟有限，工作上难免出差错。刘洪升是姜雨田的助手，平时，芝麻、黄豆、谷子都给姜雨田记在小本子上，瞅着一个机会，在张作霖面前全兜了出来。姜雨田失宠了，刘洪升抖身一跃成了银行总经理。那以后，他确实为张作霖的金融做出了贡献。现在，金融出毛病了，尽管刘洪升都是"遵大帅命干的"，他还是逃脱不了责任。所以，当张作霖发怒时，刘洪升还是真诚地说："大帅，您看该怎么办？您吩咐，我去办。""我想向你借点东西用用。"

"可以。"刘洪升以为是借银元，他库里还有些。所以他答得很利索。

"来人！"张作霖大喊一声，进来四五个彪形兵士。"把刘洪升给我拉出去，到四关八门去游街，告诉百姓说，就是他扰乱了我的金融，乱发钞票，罪责难逃。游行完了，在中心广场枪毙！"这一交代，刘洪升立即瘫了。

枪毙刘洪升的同时，奉天城中，到处贴出这样的告示：

一、严禁高抬现洋、金票行市；

二、严禁散布奉票毛荒谣言；

三、商民出省者携带现洋不准超过五元；

四、私运现洋出省者严惩不贷；

五、军人利用职权私运现洋者按军法严惩；

六、在各要道路口设置岗哨警卡，发现私运现洋者立即逮捕；

……战争引出的东北金融危机，暂时被平稳下来。张作霖也轻松地出了一口气。

一波刚平一波又起：日本人上门来了，要张作霖落实"密约"各款。张作霖惊慌了，几度搪塞无用，只好硬顶上去。他妈拉个巴子，日本人也太不够朋友，我要……他要干什么？他又慌张了。

对待日本人，现在张作霖心情极其矛盾，论公论私，他都感到棘手：

对郭战争紧张的时候，张作霖认为自己输定了，他为自己安排了退路，准备逃往日本。所以，他偷偷地把帅府内的大批财产都运往日本满铁地方事务所的仓库里存放。现在，战争结束了，他胜利了，这批东西还在日本人的仓库，万一闹翻了脸，日本人不认这个账了，我许多年的积蓄便一场空，连一声响也不曾听见，更不能说出一句抗争的话。张作霖有苦难言呀！

尤其令他不安的，是那个密约。当时我为什么那么糊涂呀？日本人不好惹——张作霖想想那个密约，心里跳动特别厉害：

那是一个十分紧张的时刻，郭松龄占领锦州之后，即派代表去旅顺和日本关东军联系，要在营口暂住部队，同时要通过南满铁路，由营口往奉天运送大兵。日本人把这个消息告诉了张作霖，张作霖沉不住气了，他没有同任何人商量，就自己赶到满铁事务所楼上，和旅顺关东军司令官派来的代表签订了一项密约。密约主要内容是：承认日本人在满洲享有土地商租权和杂居权；在东边道、洮昌道等重要城镇设置日本领事馆等等。这比早几天杨宇霆同日本人密商的条件更进一步，而日本人则答应出兵帮助张战胜郭松龄。

现在，郭松龄被灭了，日本人要讨这个账了，要得十分急。没有办法了，张作霖只好把新任奉天省省长王永江找来，对他说："王公，现在情况十分紧迫，日本人那边的事不好办了，还得请阁下出面。"

王永江是政治、经济方面的老手，主管奉天财政多年。奉天紧张时代理省长，最近才将"代"字去掉。早在战争紧张时，王就得知了张同日本人的密约内容，他大为吃惊。他曾去找张作霖，说："大帅，怎么能答应这些条件呢？答应土地商租和杂居这两条，就等于承认日本向中国提出的'二十一条'！"张作霖只说"以后再说吧。"现在，"以后"到了，该怎么说？王永江心里没有数。"大帅，事到如今，您有何打算？"

"啥打算也没有。"张作霖说，"办法由你想。目的要达到：推下去，设法挽回。"

"不承认密约了？""就这个意思吧。"

王永江头脑蒙了——"张大帅呀张大帅，这样做后患大了！"——让王永江说中了，以后关东军炸死张作霖，主要也就因为此密约未能实现。

王永江还是去见日本总领馆副领事吉田。

这是一次十分奇妙的会见，双方似乎都明白了各自的用意，故而，尽量避重就轻，只谈了些枝节：

吉田："省长在百忙中，今天来临本馆，我们感到非常光荣。我们总领事船津先生到上海去了，大约几天后才可回来。今天由我暂时代理。"

王永江："我早想到贵馆来拜访，因为总脱不开身，所以到今天才来。为的是这些日子郭军闹事，日本方面对我们的同情和支持，张上将军让我来致谢。"

吉田："省长太客气了。如果有什么事情需要我们帮忙之处，我们会尽力而为。"

王永江："好！那么我来谈一谈省城的情况吧。现在省城的治安，我还能勉强维持下去，但只靠一千多名警察已感到不敷分配。为了保护贵国侨民在城里开设的各商号，已占去了相当人数，在各关厢就显得空虚了，确有照顾不到之处。"

吉田："对于城里住的日本居留民和商店，我可以派日本警察去保护。如另有需要时，我可以向守备队商量，派些日本军队去协助。"

王永江："这好极了，是我最希望的。至于办法，可由交涉署和贵领事馆协商。"

吉田："请问贵省长，关于土地商租权和杂居权问题，不知上将军作何打算？"

王永江："上将军没有交代。不过，据我所知，上将军还需向北京政府请示以后才能决定。"

吉田："这是什么话？！当初是上将军签了字的，怎么能不作数了呢？"

王永江："我可以向上将军回报。"

吉田："请……"

王永江满头大汗地被日本人逐了出来。

王永江把会见情况向张作霖作了汇报。张作霖对于日本人的这一个"请"字，心惊肉跳。但一时又拿不出办法，只好借故说"待同各方会商后立即办"来应付日本人，一边找省议会的议长张成箕，请他背地里召集议员开会，反对这些条约，借以把杂居和土地商租问题拖下去。然而，张作霖的心却是高高地悬了起来。

张作霖怕就怕与日本人签订的密约被国人知道，偏偏这样的事情又瞒不住国人。正是他缩头不了之际，全国各大城市迅速掀起一股强大的反日反张潮流，示威游行，广造舆论，怒潮迭起，声势越来越大，这时"东三省公民团"向日本关东军提出强硬抗议，反对日本侵略，反对缔结变相的"二十一条"；东北留日学生停学回国进行反抗活动，发宣言、撒传单，号召东北父老奋起救国……

张作霖恼怒了：他妈拉个巴子，我那一头尚未压下去，这一头又起来。这么一闹，他妈拉个巴子日本人采取措施，谁抗得了？！他马上要发动军警，来个"防暴"行动。

王永江赶来了，他怕事情闹大不好收场，忙说："大帅，对学生和其他一般游游行、呼呼口号的人，千万不能动武。那样做了，东三省势必不堪收拾，到头来可能同归于尽！"张作霖怒气冲冲，说："那你说怎么办？"

"大帅可不可以做点实际工作，以减少民怨。""什么实际工作？"

"比如：裁减军费，兴办实业；自建铁路，兴办交通；兴办教育，培养人才；节约开支，以苏民困……"王永江的话还没有说完，张作霖就摇起手。

"你不懂！你糊涂！你说的这些事我一条也不能办。我没有那么多从容的时间去办。你去吧，再不必提这些了。"王永江心冷了——

王永江在财政厅长任上，为奉张的财政复兴是费尽了心血，有过公认的成绩，张作霖很满意这个文官。当初要提他当省长时，张的绿林兄弟无不反对，可是，张作霖却坚定认为王能理好大政，力排众议，把他推到省长位子上。现在，王永江越来越感到形势困难，大帅独断，他无用武之地了，不得不推腹陈辞，请求归里：

自民国六年，以财政重任勉竭愚枕，不避劳怨，得以财政日裕。乃卒因军事之牵动，致金融紊乱，则一切希望将难达到。民生日蹙，复何以固根本而图繁荣。请开本兼各职，另荐贤达能人。

张作霖不是不愿听王永江的话，而是不能听。他已自知银库空空，且负债累累，莫说兴办实业、交通、教育、节约以纾民困，连饭也眼看着吃不上了，要不是杀了几个金融界的替死鬼，早已乱了大套。拿什么去兴办这些事呢？再说，郭松龄死后，吴佩孚正重整旗鼓，兵发河南，张作霖连派密使往来，他们已经就"张吴直奉联合"共同"反赤讨冯"初步达成协议，他将重率大军消灭冯玉祥，以夺取中原。他哪有精力只顾东北！张作霖恨冯玉祥呀！他知道郭松龄反叛时冯玉祥同郭有联合密约。果然当真出兵助郭反张，即使打败了张作霖，他心里也服，那是明枪明刀。而冯玉祥却不，他未按约去支持郭松龄，却乘奉军失利之机，调动他的国民军重入京津，又夺取了河北、热河，继而进攻山东。张作霖虽战胜了郭松龄，而奉军既得地盘却大片大片地失去了，这个仇他不能不报。为此，他宁可低三下四去找吴佩孚，也不会放过冯玉祥。

张作霖收到王永江的辞呈，马上派杨宇霆等人去慰留。王永江去意已定，更以"积劳成疾，无力效劳"为由，坚决退回故里。王永江走了，张作霖又委任莫德惠为奉天省长。

几经起伏，东北的形势暂时平静下来了，连日本人也不那么强逼了——他们明白：自从小皇帝下台，皖段势力减弱，中国便没有了他们真正能靠得住的人。张作霖比较起来，还算可靠。万一把张也逼紧了，这个红胡子一翻脸，来个回马枪，闯进中国来的日本人岂不孤立无援了。所以，他们还是对张作霖"手下留情"的。只要帝国主义不逼了，国内什么人咋呼都没有用。"别看我张作霖元气大伤了，对付学生、对付民众还是绰绰有余的！"中国的学潮、民潮、工潮、商潮差不多都是一个结局：叫嚷你去叫嚷，轻则执政者不理或哄骗，重则瓦解分化，出兵镇压。闹什么潮都成其不了大事，因为你手里没有武装，人家不怕威胁。

张作霖平静了两天，把一个叫于国翰的高参叫到面前，对他说："国翰，我想派你到山西太原去一趟，那里正在酝酿一件大事。阎老锡有电报来，请我们；听说吴子玉也有代表去了。""我的任务是……"于国翰谨慎地问。

"看看形势吧。"但停了停，又说，"我们的情况你是知道的，吴子玉愿意和咱们合作，咱们也前仇不记；阎锡山是死守山西的，这一次他愿意帮咱们，咱们自然乐意和他合作。当前，最令我头疼的，当然是冯玉祥。他欺人太甚了。我饶不了他。"于国翰说："我明白了，一定不辱使命。"

"到了太原，你先去找阎锡山的炮兵司令周玳，他是我老相识。该怎么办，他会同你商量。"

于国翰接受任务之后，匆匆赶往太原。

第二十七章

"中华民国陆海军大元帅"

张作霖稍事喘息之后，东北形势渐稳，便决定收拾残兵，入关再战——他要报冯玉祥抢他地盘之仇。

1926年3月，张作霖以讨伐郭军残部为名，率八万大军入关，一举攻克九门口、山海关，进占滦州、唐山。张宗昌、李景林部，从侧面发动夹击，占领马厂，逼近天津。就在这时，吴佩孚出兵进攻河南，相继占领郑州、开封，直取石家庄。

冯玉祥的国民军节节败退，陷入奉直两军的团团包围之中。冯玉祥见大势已去，再无战力，便随机应变，通电下野，把自己的国民军改为西北军，由张之江统领，把津浦、京奉线上的军队全部撤往南口至大同一线，不久，又向西北撤去。冯玉祥不再涉足中原了。

冯玉祥败走西北，张作霖占据京津，他的前敌总指挥张宗昌便率领大军进入北京城。执政段祺瑞一看奉张又兴旺了，大流氓张宗昌进了北京，便立即把笑面给了这个大土匪，马上授张宗昌为义威上将军。张宗昌神气了！他把在山东的暴政全部搬入北京，委派各级税官，大肆搜刮民膏；强迫商号、居民使用不值钱的奉票、山东军票，封闭进步报馆，杀害进步报纸主笔……北京城横遭飞祸，暗无天日！就连日本人办的《顺天时报》也惊讶地说："直鲁联军暴行，有甚于庚子八国联军之蹂躏北京。"张宗昌在北京安定之后，立即电请张作霖、吴佩孚二帅进京共议国事。张作霖首先来到北京。

为了迎接这位土匪大帅，北京城内一片森严：从前门车站到大帅行辕顺承王府，全线戒严，岗哨如林，行人绝迹。在前门车站，张作霖下了铁甲车，匆匆走到张宗昌面前，双手拉着张宗昌，连声说："效坤，你干得好！你真是文武全才！好，好。干得真漂亮！"

张宗昌咧开大嘴，哈哈两声，才说："大帅您夸奖俺哩，俺有啥新鲜玩艺？还不是打打捞捞，搜搜罗罗这一套。不想还真顶用哩！"

在北京的段祺瑞，是被冯玉祥赶下台的，但却没有去职通电或文书。如今，冯玉祥跑了，张作霖来了，段祺瑞不忘当年捧他上台之情，又恋栈这座执政衙门。于是，急急匆匆在执政府大花厅设盛宴迎接张作霖。冷清了数月的大花厅，顷刻文武高官满座，灯红酒绿一片。段祺瑞萎靡许久的双眸又大睁，他举起酒杯，颇有精神地说："首先为张雨帅讨冯胜利干杯！"

酒杯高举，甜言四起。张作霖大口咧开，连说："谢谢执政，谢谢各位！"

段祺瑞又端起一杯酒走到张作霖面前，满面含笑地说："雨亭此番入关，声威远震！北京政府诸事待兴，还要请雨亭鼎力相助。"

张作霖一听这话，心中老大的不高兴：我怎么是入关？我是进了北京！我进北京来干什么难道你还不清楚？北京政府待兴不待兴的事，应由我来决定，怎么要我鼎力相助你？你还想赖着不走？于是，他只淡淡地说一声"不敢当"，便把脸转过去，对着左右人群说："目前，战事暂停，局势未稳，本军刚进京津，一切事情刚要入手，自然要请大家多多帮助。雨亭在这里先来表示感谢。干杯！"人们齐声应道："理当效劳！"

段祺瑞顿时心慌意乱：张作霖到北京抢权来了，不是他助我执政，而是他要人们对他'多多帮助'。看来，我这执政是坐不稳了。

吴佩孚到北京之后，比张作霖"激进"，他立即派随行直军把段祺瑞严密监视起来——他对老段宿怨未消，进京前又探知老段有联张拒他之意，所以他不手软。监视段的同时，逮捕了一批皖系党羽。

段祺瑞知道已临穷途末路，只好狼狈下台，隐入天津，给自己起了个"正道居士"的雅号，从此结束了政治生涯。

张、吴在段祺瑞走后，又开展了权利的明争暗斗。吴佩孚毕竟不是"八方风雨会中州"的时候了，他只得退让，由颜惠庆出来组织临时内阁，暂守执政府，大总统宝座先悬着。

四十一岁的孙传芳做了五省联军总司令之后，春风得意，壮志凌云，他以南京为大本营，努力做起"创大业"的准备。

就在孙传芳紧锣密鼓壮大自己时，吴佩孚从武汉给他发来了求援电报，说蒋介石兵分三路北伐，三个军进攻两湖，武汉吃紧。孙传芳拿着电报，左右掂量起来：派兵援吴，倒是有兵可派，从江西、安徽调三五个师去武汉，还是可以的。可是，孙同吴的关系，历来都是同床（同是直系）异梦，孙也曾向吴求过援，吴却袖手不理。现在，他想：发援兵救武汉，败则损失惨重，胜利也只不过沽名钓誉，绝不可能从吴佩孚手里分权。如其这样出兵，倒不如等革命军占领武汉之后，我再派大军去收复。到那时，武汉自然是我的了，我便可以由五省而变七省。这么一想，孙传芳便默不作声，连个支持的电报也不曾发给吴佩孚。

孙传芳的如意算盘并没有打成，他只知道蒋介石的第一路军攻武汉，忽略了蒋介石的第二路军的攻击目标就是他孙传芳。蒋介石以第二、第六两个军进兵武汉，又令第一军杀向江西。江西督军邓如琢的师长谢鸿勋战死，南昌失守；浙江卢香亭一看江西完了，兵不敢战，逃之夭夭。孙传芳的五省转眼失其二；又听说福建也危在旦夕，孙传芳慌张了。他匆匆忙忙从江西前线回到南京，坐喘之后，才明白"自己是斗不过革命军的"！他又想联络段、吴，来个"三角联合"。怎奈这两家又都处在风雨飘摇之中，且都觉得孙传芳反复无常，自私太重，只应酬他一番，便不了了之。

"三角联合"成了泡影，蒋介石大军逼得又急，孙传芳没有办法了，他不得不把目光转向奉张。于是，他把杨文恺叫到面前，对他说："你作为我的代表，到山东去见见张效坤，尽量地说些好话，请他转致雨帅，我想去拜望他。"

杨文恺明白孙传芳要投奉了。这是一趟又苦又为难的差事，只得说："我试试看吧，只怕张作霖心胸狭窄，事难奏效。"

"你代我向他赔罪就是了！"孙传芳说，"何况咱们也曾帮过他。"

杨文恺到山东，见了督办张宗昌，说明了来意；张宗昌不敢做主，及时报告了张作霖。张作霖此时正做着总统梦，想握有天下，自然想使所有的人都能成为他的臣民。他愿意和孙传芳一见。于是，孙传芳冒着严寒北上天津。

那一天，天津刚刚落了一场大雪，大地皑皑，寒气袭人。孙传芳身着裘袍，头戴毡帽，一条长巾围着脖颈，心神不安地朝蔡家花园张作霖的住处走去。他的心情是那么沉重，他一再告诫自己"要沉着，要忍耐"。但是，他下了车却又慌张起来，昔日不愉快的事情，都涌上心头：征战厮杀，攻攻退退。当他想到蚌埠杀害施从滨的时候，他猛地停步不敢再前了。施从滨是张作霖拔萃出类的师长呀！征战多年，屡立战功，称得起骁将。他计较起这件事，岂不麻烦。他想退回去，不再见张作霖了。可是，已经来不及了，张学良和张宗昌已经向他迎过来。孙传芳只好硬着头皮朝前走去。二张满面带笑，握手欢迎。然后把孙传芳领进院内。

五十三岁的张作霖，气宇轩昂地站在客厅门外迎候孙传芳。孙传芳来到他面前，深深鞠躬，而后垂首，说："我——我对不起大帅。"

张作霖先是爽朗地"哈哈哈"大笑，而后伸出双手将孙传芳拉住。说："馨远，你辛苦了。过去的事情就不要再提它了。今天你来了，一切都从头做起。"说着，挽手入室。两人对面坐下，余人也各各落座。

有人献上香茶。寒暄之后，张作霖开门见山地说："馨远，你那个联军还有多少人？"

"直属部队有五万人。"孙传芳说："五省联合，共有二十几万人。"

张作霖淡淡一笑，心想：你孙传芳哪里还有五省？也没有二十几万人了。有，你就不到这里来了。他颇有点财大气粗之势，说："我们东北三省的部队有八十多万人，连同直鲁联军，不下百万之师。"

"大帅，"孙传芳说，"此次闽赣一战，来得太突然，我的装备损失较为惨重，是否……"

"我知道了。"张作霖摆摆手。"我尽力给你补充吧。这事可以同学良具体商量。"

孙传芳站起来，又是深深鞠了个躬。"谢谢，谢谢！"

张作霖摆手让他坐下，又说："馨远，现在我的部队就要改为安国军了，我是安国军总司令，你和效坤任副司令吧。阴历年关已近，你不要在天津过年了，赶快回南京整顿队伍，准备反攻吧。"孙传芳立即表示："是，是！"

反奉著称的孙传芳，转瞬间又成了张作霖的鹰犬。就在张作霖用鹿肉、熊掌、紫蟹、银鱼盛待孙传芳的时候，天津大街小巷的报童都在高声喊叫："'号外''号外'！"那是一张用大号铅字印刷的孙传芳会见张作霖的消息，套红的大字标题是："孙传芳拜山！"

这是孙传芳有生以来，名字第一次以最醒目的字号见诸报端。

广东革命军再次北伐，中国两大势力孙传芳、吴佩孚均无力抵挡。张作霖一看机会到了，便以"援吴"名义南下作战。他的先头部队势如破竹，一路下去，夺取了华中地盘之后，沿京汉路南下。很快便进占了吴佩孚控制下的保定、大名。张作霖又兴奋了，他即在天津召开奉军、直鲁军将领会议，邀请吴佩孚、孙传芳及闽、陕、晋等省代表参加，讨论如何联合起来对抗北伐军进攻问题。会上决定以奉军为主，联合长江南北各省区反对北伐军。

孙传芳已经附奉，自然要望着张作霖的脸膛说话。他说："联合作战，不能群龙无首。咱们得推选一个为首的领着咱们干。"说着，他把目光投向张宗昌。

张宗昌据有山东，手下握有十四万人马，最近又与直隶总督李景林联合，组成了仅次于张作霖权势的直鲁联军，腰杆自然很硬，抢话还怕抢不到手。一见孙传芳把话递给了他，大着嗓门说："对，对！俺看啦，就请张大帅为首。还有，现在北京政府还没有个正头，打起仗来也不好办，咱们一锅煮，也请大帅为主吧！"

张作霖满面含笑，双目慢闪，盼了几十年的心事，总算到了该实现的时候了。可是，他却假情假意地说："效坤这个意思只算效坤的，我可从来不想当总统、不想执政。目前，还是团结北洋各派，与孙、吴二帅合作抗击革命军要紧。至于联合以后要有个首领，这个问题确实极为重要，请大家再仔细琢磨琢磨。我一定听从各位的主张就是了。"

张作霖话外有话，其他人心照不宣。大家又胡乱扯了一天，最后，由孙传芳、吴俊升、张宗昌、阎锡山、商震、陈高元、张作相、陈仪、褚玉璞等十六名将领联名劝进，并以直、鲁、豫、皖、苏、赣、浙、闽、陕、晋、察、热、绥、吉、黑等十五省区名义，拥戴张作霖为"安国军"总司令，统驭各部。张作霖再三"推辞"，才欣然接受。12月1日，张作霖在天津身穿大礼服，跪拜祭天，以帝王登基之盛典就任安国军总司令。然后，发表长篇宣言，又任命孙传芳、张宗昌、阎锡山为副司令，杨宇霆为总参议。不久，张作霖又仿照"帝王临幸"之举，在黄土铺地的仪式下，再度进入北京，控制了北方大权。

张作霖进了北京，首先把他的安国军编为七个军团，任命孙传芳、张宗昌、张学良、韩麟春、张作相、吴俊升、褚玉璞为第一至第七军团军团长。这样，还觉得不过瘾，于是，又择定吉日在北京怀仁堂宣布就任中华民国陆海军大元帅职。张作霖穿上自制的元帅服，拿着稿子，还发了一通誓词：

作霖忝膺中华民国陆海军大元帅之职，誓当巩固共和，发扬民治，刷新内政，辑睦邦交，谨此宣誓。

宣誓完了，部将们向他三鞠躬。一切仪式都完了，大家以为没有事，该入宴猜拳了。谁知张作霖竟又从兜里拿出一张纸头，舒展开来，以大元帅名义，任命了内阁成员：潘复为内阁总理兼交通总长，沈瑞麟为内务总长，王荫泰为外交总长，何林丰为军事总长，阎泽溥为财政总长，张景惠为实业总长，刘尚清为农工业总长，姚震为司法总长，刘哲为教育总长……人们都愣了：这算什么？大元帅任命内阁，中国还没有先例！

没有先例可以创！张作霖就创了。创了你就得承认！冗杂事情总算办完了，张作霖在中南海他的新居猛然便感到累了。腿酸了，腰疼了，两肩像是挑着千斤重担。他伸了伸懒腰，然后躺倒在床上，顿觉通身轻松。

张作霖许久没有这样轻松地睡过了。一倒床上，便入梦。他先是梦见自己一身龙袍登上了金銮殿；举目俯视，一片垂地的脑袋，一片震山响的"万岁"欢呼！忽然间，在人群里发现了包瞎子。包瞎子手里拄着一根柳棍，柳棍上缠着白纸条；一步一躬腰，渐渐地听出了哭泣声。张作霖恼怒了，他跳起来，大骂："包瞎子，你他妈的这是干啥哩？给我哭丧！我进京之前，你硬是要为我算命，说我只有两年好运。现在，我步步高升，当了皇帝了，我是万岁！"

包瞎子哭着说："大帅，您只有两年的好运了。可惜您自己明白，我说了您又不承认。就是这两年，您还要办坏事。""我活到第三年的时候，我要首先杀了你……"张作霖猛醒了，他坐起来，一身冷汗。

——张作霖此次进关之前，包瞎子给他算过命。算来算去，说他还有两年好运。张作霖是崇拜包瞎子的，每逢遇到决难不举的事时，他就要包瞎子为他算算。这一次，包瞎子是不请自到的。包瞎子说："大帅，我没有记错的话，您是光绪元年农历二月十二日卯时生。这一年是乙亥年，正月是大尽，二月小尽，二月十二日天干为庚，地支为辰，是庚辰。因此，大帅的八字是乙亥年，己卯月，壬午日，庚辰时。"包瞎子把指头拨弄一阵子，说："光绪元年的打春日是同治十三年的腊月二十八，丁酉午正初刻四分。同治十三年为甲戌，大帅的起运不是生的那一年乙亥，而是前一年甲戌。这样，大帅只有两年好运了。"

往日，张作霖深信包瞎子的卦真；今天，他却盼着它假。他暗骂："混说！怪不得人家说，'瞎子口，无量斗'，一派胡言。"可是，包瞎子的卦昔日都很应验。所以，张作霖心里闷闷不乐。今日又梦见此事，却又愁烦起来。他在床上坐了半天，也想不出解闷的办法。只好缩进小屋里，点起了大烟灯……

北京的事办完了，张宗昌便匆匆跑回济南——他的大本营在济南，他不能离开那里。在济南，他的军队已扩编至十四个军，军政大权都握于一手，他成了山东的土皇帝，他想让谁"切开晾晾"（把人头当西瓜切开晒太阳），谁就得脑袋分裂；他想让谁"听听电话"（把人头挂在电线杆上），谁就得身首分家；代表民意的省议会，噤若寒蝉；蓬蓬勃勃的学联会，销声匿迹，优秀青年相继逃亡；所有报纸不仅不能说一句公道话，凡不颂扬张宗昌的，即被查封；不准结社，不准集会。张宗昌在山东滥发纸币不下数千万，商民苦不堪言。张宗昌还时常向各银号借款，逼得银号大多关门。张宗昌在山东已是人所共知的三不知军阀：不知军队有多少，不知金银有多少，不知姬妾有多少？山东城乡民谣迭起，说：

张宗昌，坐山东，山东百姓受了坑。
不怕雨，不怕风，怕的是兵来一扫清。
张督办，坐济南，也要银子也要钱。
鸡纳税来狗纳捐，谁要不服把眼剜。
也有葱，也有蒜，锅里煮的张督办。
也有蒜，也有姜，锅里煮的张宗昌。

张宗昌回到济南，兴奋得一时竟不知干什么才好。张作霖是大元帅了，执掌国家，他张宗昌得算中国第二号人物：一人之下，万人之上！"我张宗昌终于有了今天！"饭饱酒足之后，又对着烟灯躺了半天，随便拉个小妾睡了阵子，忽然想起要写诗。"咳，我得再写几首诗，好把我的诗本本凑够。"他听了一个文人的劝告，想出一本《效坤诗钞》，已经有不少首。他忙着翻箱倒柜，终于找出原来写好的诗稿。像往常高兴时一样，拿出来一张一张地大声朗读。他先拿出一张，题目叫《笑刘邦》，他又念起来：

听说项羽力拔山，吓得刘邦就要窜，不是俺家小张良，奶奶早已回沛县。

"好诗，好诗！"他自夸起来。他又拿出一张，题目叫《俺也写个大风歌》，念道：

大炮开兮轰他娘！威加海内兮回家乡！数英雄兮张宗昌！安得巨鲸兮吞扶桑！

"好诗！好得不得了！"再拿一张，是《游蓬莱仙阁》：

远看泰山黑糊糊，上头细来下头粗。若把泰山倒过来，下头细来上头粗。

"有味！有味！"再拿一张。是《天上闪电》：

忽见天上一火链，
好像玉帝要抽烟。
如果玉帝不抽烟，
如何又是一火链。

"人说我张宗昌粗得像烟筒似的，我就得细给世上人都看看。妈妈的，谁能说我的诗不好？他敢！"张宗昌很自信。他相信他的诗天下无人可比！"不看啦，再写。"他掌起灯，拿来文房四宝，闭起目来。

然而，张宗昌今天文思极不佳，他构思了好几个题目，总是想不出好句子。想出的，写在纸上再瞅瞅，总觉得缺乏"吓得刘邦就要窜""好像玉帝要吸烟"这样的"神笔"。半池墨抹完了，脚下扔了一片废纸，还是不见文章。他发怒了："妈妈的，诗哪里去了？张大帅当了陆海军大元帅，我张宗昌成了他的'副'，该有诗呀！怎么就出不来？散熊，不写诗了，想别的。"

别的想什么？想了半天，他忽然想起了冯玉祥，由冯玉祥想起了一个人——郑金声！

郑金声，冯玉祥部第八方面军副总指挥，山东历城人。早时冯玉祥率国民革命军第二集团军与张宗昌的直鲁联军大战于陇海线上的河南马牧集一带。当时冯方的中部防守由刘镇华的第八方面军担任。刘镇华原是冯玉祥的对头，后来在西安解围中被冯玉祥、杨虎城、李虎臣联合军打败了，不得已投降，其部下并不完全归心。当双方战事胶着时，刘镇华的旅长姜明玉忽然与张宗昌暗通，倒戈内变，并将冯玉祥派来的亲信将领、第八方面军副总指挥郑金声诱擒，解往济南，作为向张宗昌的晋见礼。由于张宗昌部刚刚归降的王鸿恩师又倒戈反张，张宗昌大败而还，人马被冯俘去一万有余！张宗昌恼怒了，决心杀掉郑金声，以泄心愤。只是天津、北京事急，他匆匆北上，未能暇及。现在，北方事完了，他又马上把这件未了的事想起来。"来人！"他大喊一声。"大帅。"有人应声进来。

"把那个国民军八方面军的郑金声给我叫过来。""是！"

郑金声来了。依然一身将军服，挺胸昂首立在张宗昌面前。张宗昌瞪着眼看他好大一阵，才说："总指挥官，你到济南也有些天了，就是眼下这情况，你有嘛想法？"

郑金声淡淡一笑。"我眼睛不明，错看了姜明玉这个坏蛋！""给自己算命了吗？知道自己会咋样？"

"早就听说张宗昌是个大流氓！"郑金声说，"我已抱定死的决心。""我要不杀你呢？"

"你能放下屠刀，立地成佛，也算是一件好事。"

"你又想错了。"张宗昌说，"放下屠刀就不是我张宗昌了。放下屠刀我那死在战场上的成千上万的士兵谁来偿命？""可是，我会想到，有一天你也会死在屠刀下！"

"哈哈哈！"张宗昌仰面笑了。"只怕杀我的人还在娘肚里还没出来呢！"

郑金声不再说话。

"把郑金声拉出去，枪毙！"郑金声死了。

郑金声没有儿子，过继了亲侄郑继成做儿子。张宗昌要斩草除根，又悬赏捉拿郑继成。所赏价格是，生擒三万元，杀死一万元。郑继成无奈，只好远走他乡，后来又飘流日本、英国。张宗昌失势后才回国。郑继成的继父亲郑金声生前与韩复榘友好，同是西北军的。韩复榘当了山东省省长之后，便给了郑继成一个省政府参议的职衔。郑继成有了安身，日思夜算，为父报仇。五年之后，即1932年9月3日，郑继成在济南车站终于将张宗昌杀死。这是后话。

杀了郑金声，张宗昌心里轻松些了，他把几个参谋人员找到面前，说："他妈的，赤化党天天打胜仗，这是什么道理呢？你们都说说。"

大家心里有数，知道张宗昌杀人如割草，怕说错了话掉脑袋，一个一个不敢开口。

张宗昌急了，把桌子一拍，骂道："我×你们的祖宗，都他妈的哑巴啦？！"

一个参谋战兢兢地说："帅爷，革命军打胜仗，不单靠军队，他们会宣传。宣传得很得人心，士兵们唱着'打倒列强'的军歌去战斗，士气旺盛……"

"列强是嘛东西？"

"列强……列强，就是东周列国中的强国！"

"看样子，我们也是列强转世了。"张宗昌说，"我们不仅当列强，还要当三国。我们要靠三国神灵打仗。你们要赶快训练宣传人员，编军歌。要编出超过'打倒列强'的军歌。"

张宗昌一声令下，军中的文人着了忙，瞎编滥造，把宣传材料、军歌都写好了。张宗昌说："念吧。念给我听听。"

那些经过训练的人，照着稿子又表又演地说下去，都是说张宗昌"英明""爱兵""爱民"的事。张宗昌一听火了，大骂道："你们一群混账东西，纯粹胡说八道。谁不知道，我张宗昌玩女人、刮地皮，把老百姓害苦了！你们把我说成这样好，谁能相信？！"宣传人员呆了，他们目瞪口呆。

"听着，"张宗昌发号施令了。"应该这样说，张宗昌是个混蛋王八蛋，他刮地皮，害得老百姓好苦。但是，他打你们，手里拿的是一根木棍；赤化党来了，他们嘴上说得好听，打你们的时候，手里拿的是铁棍。打下去，比张宗昌打的痛十倍、百倍！你们老百姓要少受罪，还得帮张大帅打赤化党！"

大家心里一惊。"妈呀！这话怎么向老百姓说？"

张宗昌把编好的军歌词听了两遍，觉得不行，又一句一字地交代改，改好了，才说："从头到尾再念给我听听。"有人朗朗有声地念道：

三国中曹阿瞒，亲自去出征，率军下江南，人马八十单三万！

　　三国战将勇，首推赵子龙，长坂坡前逞英雄！还有张翼德，当年桥上横，喝断桥梁两三空……

　　"好了，好了，就这样吧。咱们就要这样的军歌！"张宗昌摇摇头，把大家都驱走了。

　　张作霖当了统管中国大政的大元帅，总觉名不正，一心想改为大总统。他几次跟杨宇霆商量这件事，杨宇霆总是默不作声。张作霖着急了，"麟阁，行不行你得说话呀！"

　　杨宇霆这才说："大帅，此事必须慎重！大敌当前，军事上我们尚无把握战胜国民党，倘若因此引起内部分歧，则对大帅十分不利。我看还是容缓图之。"

　　"嗯，也有道理。"张作霖思索了半天，说，"不过，我心里总不服气，曹锟、段祺瑞能干的事，我为什么不能干？"

　　"大帅不要急。"杨宇霆安慰他。"等打败了北伐军，天下统归咱了，那时大帅再主持北京政府，自然就名正言顺、顺理成章了。"

　　张作霖只得暂时收敛。不过，他等不得许久，1927年春便命奉军进攻包头、五原的冯玉祥军，又命直鲁军从山东、河南往江南打去。非常不理想，张军所到之处，节节失败，他已有的地盘，又渐渐地被国民军蚕食。

　　张作霖又陷入了一筹莫展、进退维谷之中。

第二十八章

捕杀李大钊

中国之乱，乱如牛毛。得志者竟会在乱中惨败；失去者也会在乱中转危为安，得到发展。

正是张作霖一筹莫展之际，中国的南方却发生了大变化：蒋介石在南京、上海发动了"四一二"反革命政变，大肆屠杀共产党人和革命群众，一股刚刚萌生的革命力量被严重摧残。为了彻底消灭南方的革命势力，蒋介石决定中止北伐。将北伐之军转而去镇压共产党。

也就是在这个时候，武汉政府的汪精卫，发动了"七一五"反革命政变，把已经进入河南的北伐军全部撤回武汉，以对付共产党。

蒋汪呼应，把一场已经形成巨大声势的讨伐军阀的轰轰烈烈战争敛息下来，变成了通力合作，讨伐和镇压共产党。张作霖面临的强大威胁，一阵轻风便吹得烟消云散了。张作霖反对革命军尤其反对共产党，革命军去打共产党了，他猛然间又产生了南北合作，共同反共的思想。张作霖又有精神了！

一度对中国局势持冷静态度的外国人也活跃了：英国驻华公使兰浦生，从汉口到广州，从广州到汉口，穿梭于汪、蒋之间，促成其联合，以便对付共产党；日本外务省交涉局局长佐芬利，也不辞劳苦漂洋过海，来到中国，不仅频频走动于武汉、广州之间，还频频地走动于武汉、广州、北京的三角线上，游说着"南北合作"。兴奋之中的张作霖不甘寂寞，他一方面热情地接待英、日来使，愿与南方合作，一方面在北京城刮起阵阵黑风：京师警察厅发出告示，说"谣言惑众，危害治安者严惩不贷；聚众演讲，诽谤政府者严惩不贷；秘密结社，宣传赤化的首要分子格杀勿论；罢工罢课，制造混乱的首要分子格杀勿论……"

一天，老亲日派梁士诒领着日本外务省交涉局的佐芬利来到张作霖的大帅府。张作霖把他们领进密室，茶烟之后，便开始了"交易"。

日本人居高临下地说："我们对中国局势不感兴趣。我们关心大帅的事业，想为大帅的前途表达一些意见。"

张作霖虽然听出日本人"对中国局势不感兴趣"是假，但还是说："帝国对中国的关心，作霖心里明白；局长先生亲临北京，作霖更是十分欢迎。希望听到局长先生的高见。"

"不是高见。"日本鬼子谦虚了，"是旁观者的忠告。中国的当务之急，是南北合作。大帅若能与蒋先生联合起来，中国便会进入一个平安无事的建设阶段。"

张作霖本来和南方打得最热火，并且眼看要被南方吃掉，盼望着与南方能如此"合作"，但还是说，"我们同南方征战多年了，积怨甚大，恐一时难能坐到一起。再说，我们各自的主张也不一样，联合起来，也是貌合神离。"

"这不要紧。"日本人说，"大帅应该认清一点：蒋先生如果不是把目标对准共产党，他的军队和武汉汪先生的军队是会并肩北上的。那样的话，大帅独力恐怕打不过他们。形势岂不更恶劣……"

提到革命军的北上，张作霖立即又紧张起来。是的，他指挥的奉军、直鲁联军，不是正在节节败退么，若不是蒋汪转向对共产党了，说不定他张作霖又要缩回东北去了。日本人的话使他脊背上透出一股冷风！"其实，南北携手，倒是对中国有利。只是双方都需做出实际努力，表示出诚意。"张作霖松口了。

日本人笑了。"蒋先生已经表明诚意了，北伐之军全部南退，这便是最大的诚意。难道大帅没有觉察到？"

"是，是！"张作霖点着头说，"只是……"张作霖此刻才觉得自己尚不知该有什么诚意可表？他拿出手绢，轻轻地擦着额角。

梁士诒趁着日本人的话题帮腔说道："蒋先生目前的用心，大帅以后会明白，他是非消灭共产党不可。共产党南方有，北方也有。大帅如果能在自己辖区着力做做工作，传谕军、警、宪严加搜捕为首分子，自然便是一种表示。"

日本人又说："赤党首犯李大钊就在北京。蒋先生尤其注目他。"

张作霖一一点头，记在心上。但是，他还是心神不定地想：这一步，我得谨慎。

送走了说客，张作霖把杨宇霆和儿子张学良找到密室，认真商量起对策。

北方的事情早办完了，自己的队伍又在南方，孙传芳早该回南京去了。可是，他却迟迟不动身。

孙传芳有心事呀！他是偷偷摸摸到北方来的，天津报界却公告了他的行迹。褒也罢，贬也罢，这对孙传芳无关紧要。紧要的是，孙传芳的行迹天下都知道了，他怕有人盯住他。天津到南京千里迢迢，山东境内路程占了多半，那是奉军的地盘呀！施从滨的部下全在那里，万一有人为施报仇，自己只有随身的几名随员，那是十分危险的，他非被擒不可。他想到了皖系军阀的徐树铮，可谓足智多谋，屡出奇计，一年前他在由京南到廊坊的专车上被人杀害。京城之旁还会出如此悲剧，我这迢迢千里……

张作霖见孙传芳总是不走，便派人去催，说："南方吃紧，还是早点回去。"孙传芳却借故与张宗昌、张学良缔结"金兰"，一时无法动身。后来，还是杨文恺把他的心事告诉了张学良，张学良又报告给张作霖。张作霖恍然大悟，这才让张宗昌"办理护送"。

张宗昌本来是绿林出身，粗野之中倒有三分爽直。接受任务之后，他对孙传芳说："俺是绿林大学毕业，野是野点，可俺知道，一炉香前磕了头，就是一娘肚子里生出来的。凭这一点情分，我保你平安无事回到南京。"

孙传芳这才把悬着的心放下。他走的那一天，张宗昌果然派一连步兵随车南下。

孙传芳回到南京，按照张作霖的交代，"整顿队伍，准备反攻"——哪知这一次反攻，竟连长江以南所有的地盘都丢光了，他只得退守江北。张作霖又命张宗昌派褚玉璞、许琨等部南下，并支持他大批军饷，孙传芳总算在扬州、蚌埠之线有了立足地。

就在孙传芳刚刚立住脚的时候，蒋介石的密使张群来到南京，通过杨文恺，他要见孙传芳。张群、杨文恺和孙传芳都是日本士官学校出身，有同学关系。杨及时找到孙，说明张群要见他。"他见我干啥？"孙传芳沮丧地说，"劝降，还是讲和？""劝降还不至于吧。"杨文恺说，"讲和倒是可以考虑。"

孙传芳历来是看着强势力的，谁强他想靠谁。所以他说："那你就代表我到南京去一趟。"孙传芳又说："不过你千万不要作什么决定。有话回来咱们再商量。"

杨文恺到南京去了，张群对他既热情又爽快。开门见山地说："蒋先生很信任孙将军，希望孙将军能挂出青天白日旗帜。那样，蒋先生委任他为国民革命军副总司令兼华北联军总司令职。"

杨文恺说："我可以向馨远将军转达蒋先生的厚意。是否能够接受这个委任，还得由馨远将军自己决定。"

杨文恺回到扬州向孙传芳报告了蒋介石的意见。孙传芳犯了思索——两顶光彩夺目的大帽子摆在孙传芳面前，取谁舍谁？孙传芳一时拿不定主意。于是，他把身边的"文臣武将"全请来，大家一起商量。商量了三天，还是进退不定；他们又从扬州商量到蚌埠。在蚌埠，又连天带夜地商量。难哪！孙传芳这支队伍该向哪里走？他们自己也拿不定主意；向蒋么？蒋介石还是一个羽毛不丰的雏儿，能不能成大气候，有没有能耐彻底铲除军阀革命成功？还看不明白；向张？孙、张已混战多次，分分合合，现在虽然合了，今后还分，五省已不复完整，今后怎么办，张会真心帮助他吗？

孙传芳和他的文武们拿不定主意。他们索性把这件事先丢下。就在孙传芳不知进退时，几个长袍马褂的绅士从杭州来到蚌埠，说是有要事一定求见孙传芳。为首的一位叫宗富宓，以经营茶叶著称，且又有一套游说帮闲的才能，年近古稀，面庞清瘦，昔日在杭州曾经为孙传芳捧过场的。孙传芳急忙接见他们。这位宗老先生今日一见孙传芳，言语未出且已泪水满面。

孙传芳双手扶住他，说："宗老这是为何？一别有年，今日幸会，当该大喜才是哩！"

"联帅，不能说了。"宗富宓抽泣着说，"一言难尽呀，难尽！"孙传芳命人献上茶，送上香烟，问了寒暖，才说："几位长者远来，一定有要事。那就请说吧，只要我能办到的，一定不惜力。"

"联帅呀！"宗富宓说，"浙江人想念联帅呀！自从贵军走后，浙江便暗无天日。蒋介石的军队，无法无天，横征暴敛，欺压百姓，弄得十室九空，民不聊生。大家盼你们呀！我们几位老朽受乡民之托，不惜冒生命之危来见联帅，盼联帅能救我们于水火。"说着，他们一起跪在孙传芳面前。

孙传芳感动了，他躬下腰去，一一扶起，说："浙江父老如此厚爱馨远，俺一定不负众望，不日即渡江南下，为百姓报仇！"

说罢，命人摆宴招待，又一一厚赠旅费——其实，这一群虽然看到了蒋军的捐派苛刻，风纪恶劣，但他们此行的目的，却不是为了替民请命，而是闷坐无聊，来向孙传芳变着法儿"打抽丰"的。当他们拿到孙传芳的厚赠之后，便心满意足地走了。

孙传芳在没有同任何人商量的情况下，趁着蒋介石全力消灭共产党，无暇顾及北方军阀之际，便贸然倾其六万全军直下江南……

十分不幸，龙潭一战，孙军竟有两万余人被淹死或阵亡，两万人被俘，前敌总指挥刘士林和五个师长及旅长全部被擒。孙传芳全部家当经此一战，几近倾光！他只得亡命北逃，又寄居于济南张宗昌篱下。随他身边的少数部将，多为保定军校出身，对绿林张作霖印象不佳，不久，他们都成了国民军第三集团军总司令阎锡山的部将。孙传芳的领兵生涯，也至此了结。

张宗昌在济南，虽然打着直鲁联的大旗，他的势力却渐渐减弱。山东叫他闹腾穷了，民怨沸腾，地方势力渐渐扩大，加上豪绅们的撺掇，渐渐逼着张宗昌脱离张作霖，自成山东省保安总司令部。张宗昌不干。"嘛！要我离开大帅，俺不干。俺不能身在曹营心在汉！"

张宗昌不知道，这一群山东地头蛇背后是有人支持的。张宗昌不肯独立，不久，南京竟委任陈调元为山东省主席。一怒之下——也无力改变了——张宗昌率领直鲁联军离开山东，开往直隶。至此，张作霖伸到黄河以南的势力，便不复存在了。

战争，充满着神奇！就在张作霖渐渐困乏之际，涿州又发生了一场旷日持久的、戏剧色彩极浓的奉晋之战。

一年前，即1926年，张作霖和阎锡山联手把冯玉祥驱逐到了陕西、甘肃一带。这年秋天，奉军在河南与北伐军作战，败退时，冯玉祥又和阎锡山联手对奉，企图断其归路。

1927年9月，阎锡山亲率主力东出娘子关，到达定州，分兵晋冀边区山岳地带渗入京汉线北段和京绥线东段，兵分十路进取北京——原来阎锡山已经脱离了张作霖的陆海军大元帅属，而投靠了国民军和冯玉祥走进了同一个战壕！

晋军来势凶猛，势如破竹；奉军措手不及，连失要地。张作霖与参谋人员几经磋商，采纳军团参谋科长夏鹤一的迂回建议，派二十九军戢翼翘部从左翼插入晋军侧后，猛然发起夹击，晋军大败，纷纷退至铁路沿线，奉军重新占领了正定、定州、石家庄及宣化、张家口、柴沟堡等地，阎锡山逃入娘子关时，连司令部的印信、文书都被奉军缴获。这场战争本来该是以晋军惨败而结束，但是，晋军傅作义部第四师占领涿州一带，孤军奋战，却又出现了军阀混战的奇迹——历时两月有余，最后握手言和。

涿州地处平原，无险可守，但城垣高厚，距京汉铁路线仅千米。城呈长方形，南北约三里，东西约二里半，墙高三丈，城中有双塔，可眺城周数十里。晋军占领涿州时，奉军正兵分数路于京汉、京绥铁路线，仅以王以哲旅住保定应战。激战有日，奉军伤亡极大。张学良即派十五师黄师岳部和二十三师锡碾部及炮兵六旅，工兵等三万余人加入战斗。10月16日至27日，连续发起四次总攻，使用大小炮近百门。攻南部队虽偎近城垣，有的爬上城墙，但因自己大炮射程不足，反被自伤，攻城毫无进展。久攻不下，奉军决定调用坦克冲击。结果，调入战斗的六辆坦克，都是从法国买来的战后废品，不仅行动迟缓，无轨道里的大小轮子都是木制，外边包一层铁皮，火力从侧面过来，便立即成了死车。坦克上阵不久即损失过半。

奉军官兵一筹莫展！主帅张作霖一筹莫展！最后，张作霖冒天下之大不韪，决定施用毒瓦斯弹（氯气炮弹）。负责指挥炮兵发射毒瓦斯弹的万福麟在炮兵阵地上信心十足地说："我造了孽啦！不要说城里的人，就连耗子也会一个不留！"

奉军一连发了五百枚毒瓦斯。可是，当他们攻城步兵冲上去时，晋军枪炮依然齐发，火力十分凶猛！万福麟惊慌了。他立即把那个白俄来的化学战专家找到指挥部，大发雷霆。"怎么搞的，毫无结果？"

白俄摊开双手，无可奈何地说："炮弹太少了！欧战时一次战役发几万发，才有效。"其实，到张作霖手里的这批毒瓦斯弹，全是第一次世界大战的剩余物资，是一批早就失去时效的废品。这是不幸中的万幸，否则，涿州这个古城，将被张作霖夷平了。不过，阎锡山还是向全国发了通电，谴责张作霖在战场上首先使用毒弹。张作霖的放毒被国人责之为"灭绝人性"！

城既攻不下，又落了个放毒的罪名，张作霖大怒了，他把前线指挥官万福麟找来，对他说："不用打啦，把涿州四周挖上壕沟，架上铁丝网，他不投降，就把他们通通饿死在城里！"

万福麟下令给攻城部队不要再进攻，全力挖筑围城壕沟，深一丈，宽两丈，加紧封锁。

张作霖在涿州城外观察了许久，最后晃着脑袋想：只用壕沟围困，不是解决战争的办法。旷日持久，时间也没有那么充足，他想光彩地迅速结束战争。于是，他开始了对晋军的瓦解活动，又派代表与晋军将领接谈。当一切都收不到效果之后，张作霖便把他的高级参谋于国翰找来。"国翰，当年搞直奉晋三家联合时，是你代表我去的山西，你又是傅作义保定军官学校的教官，你写封信给傅作义怎么样？我不想看着他们被困死，只要他愿意归来，怎么都好商量。"毒瓦斯弹，已经给张作霖带来了狼狈的名声，国人无不切齿；现在，他不敢再用更残酷的手段，把这支大军都困死。再说，涿州还有无数的百姓。于国翰写了一封带有劝降性质的书信，投入涿州城中。

傅作义已下定死战到底的决心，任何样的诱惑、劝降一概不理。此次听说是老师的信，他只好拆开看看。信看过之后，便写了简短的回信，又投出城外。信说："老师教授我们的战术中，可惜没有投降这一门，因此不敢从命。"

劝降又失败了，张作霖犯了思索：难道真的把这个军队和涿州百姓一起都困死城中么？阎锡山已败回山西去了，涿州并无较大战略意义，困下去，这个罪名不小呀！不知是人性的复苏还是战局的更新？张作霖几日前还在施放毒弹，今天却变得慈善起来。于国翰收到拒降信后，张作霖没有气怒，而是又先后派了参议员王剑秋带领傅作义的山西同乡会的代表到涿州；又以郭瀛洲为代表与红十字会等慈善团体代表入城谈判，允许将粮食、蔬菜等食品送进城；并表示，如傅作义开城，他一定尊重他并优待；对于晋军士兵收编不加歧视。此时，傅作义死守涿州已两个多月，兵民交困，罗掘已穷。阎锡山纵览大局，也觉涿州失去战略意义，授意傅与奉军谈判。晋奉双方于1927年12月30日发出停止军事行动通电，1928年1月6日大开涿州城门，傅作义身着便装，受伤的一臂缠着绑带，率高级军官和幕僚走出南门；奉军万福麟等高级军官在门外列队欢迎。在雄壮的军乐声中，握手言和，互道辛苦！

一场延续两个月的奉晋之战，总算结束。

中国共产党人李大钊在北京不顾白色恐怖，积极发动北方群众掀起反帝、反军阀运动。声势浩大，影响极深，不仅军阀政府惊慌失措，蒋介石和各帝国主义国家也都对他恨之入骨。英、日帝国主义授意之后，张作霖便哈巴狗似的摇起尾巴，马上把京师警厅长找来，严加训斥："你们养了那么多警察是干什么的？北京城里有一个共产党李大钊你们就抓不住。蒋介石在南方成千上万的抓杀共产党，你们就不能学？是不是不想吃这碗饭了？我限你们一个月时间，一定要把李大钊抓获。"

南方蒋介石叛变之后，李大钊已经十分警惕，他及时转入了苏联大使馆西院的兵营旧址藏起来，由公开斗争转入秘密斗争。这本来是一个极其保险的地方，哪知他身边却被警宪机关安插了老牌特务。北京警方一奉到逮捕他的命令，即将掌握他的情况报告了张作霖。

张作霖知道了李大钊的下落，十分欣喜。马上又给警察厅下令："立即派兵，捉拿归案！"

杨宇霆阻止他说："大帅，不能动手。"张作霖瞪着眼问："为啥不能动手？"

"李大钊躲的地方是旧兵营。旧兵营属于苏俄大使馆范围，贸然派兵进大使馆区捉人，是违反国际公约的。那样，必将引起公使团的反对。他们提出抗议，事情就麻烦了。"

"哟！还有这样的国际法？这么说，我们就得白睁着眼让李大钊在那里兴风作浪闹赤化！"

杨宇霆想了半天，说："我看是不是这样：日、英、美等国都是反对苏俄的，我们先派人同他们协商好，请公使团不要过问此事。剩下苏俄自己，就好对付了。"

"对，对！这个办法好。"张作霖说，"你和日本公使芳泽是老熟人了，就先去找找他。然后再去找英国那个什么人。"

杨宇霆奉命来到日本公使馆，芳泽热情接待了他。寒暄之后，杨宇霆说："芳泽阁下，敝国国内，近期共产作乱，想阁下已知。为了预防暴乱，敝国政府要进使馆区逮捕煽动暴乱的共产党分子李大钊。希望阁下支持，并请各国使馆给予谅解。"

日本人摸摸小胡子，笑了。"是那个倡导反帝反军阀的大学教授吧？我们有情报，他跑到苏联大使馆去了。"杨宇霆说："是，是，就是他。李大钊是躲到苏联大使馆去的。苏俄一贯支持赤党暴乱。"

"我们对北京政府防止赤化所抱的态度是理解的；所要采取的措施，是支持的。不过，你们到使馆区去捕人，这是违反国际法的。只怕……"

杨宇霆忙说："我们大帅对贵国政府的支持，历来都是心中有数的。"

日本人笑了。"为了中日友好，我可以向公使团周旋一番，建议他们不要介入此事。不过，这件事阁下务必保密，我们谁也别说见了谁。""那么，英国那里？"

"自然也包在我身上了。"

二人相对一笑，杨宇霆走了。

得到日、英等国公使的支持，张作霖有恃无恐了。他派出数百名全副武装的宪兵、特务、警察，突然闯进苏联大使馆，不顾苏联大使的严正抗议，竟在使馆中的旧兵营严加搜索，悍然逮捕了李大钊及其他数人，包括国民党左派分子。

李大钊落入军阀手中，法院不敢公开开庭，只得秘密审讯。可是，他们刑罚用尽，却没有从李大钊口中得出一句口供。

法庭没有办法，报告给张作霖。张作霖大声吼道："李大钊是共产党人，只要这一点他承认了，拉出去毙了！""雨帅，"杨宇霆阻止他说，"不可这样做。""怎么又不可？"

"李大钊社会影响很大，此番被捕，社会舆论已深表同情，各地报纸也先后发出消息。如果将他秘密处死，报纸再给捅了出去，对您的威望可不利呀！再说，李大钊只是国民党的死对头，我们……""你说怎么办？"

"目前我们应该采取劝降的办法。"杨宇霆说，"先以功名利禄打动他。他如肯就范，目前这场风波便会平息下来。有了缓冲时间，以后随时可以找个借口，把他除掉。"

张作霖心里虽然觉得这个办法不行，他还是说："咳，打掉一个共产党员比打一场大仗还麻烦。你就去试试吧。"

杨宇霆来到监狱，典狱长介绍了杨的身份之后便退了出去。李大钊身穿半旧灰布长衫，满面斑斑血迹，坐在一堆草上。杨宇霆自言自语："呀！这里太不像样子了！应该很好地改善改善。"他转过脸，这才冲着李大钊说：

"李先生，你受委屈了。"李大钊只把头偏了一下，毫无表示。

"听说下边人对李先生很不客气，我们很过意不去。今天到这里来，一来表示对李先生慰问，二来想同李先生开诚布公地谈谈心。别的，却无他意。"

李大钊挺了挺胸，想说什么。但却没有开口，只把身子转了一下。

杨宇霆淡淡地一笑，又说："李先生，凭你的学问，自然是能办大事情的人，当大学校长，当教育厅长，当一个文职地方官，都会发挥你的作用。学而优则什么！当当官，做做学问，又荣耀又悠闲。李先生，这些条件我们还是可以满足你的。"

李大钊冷笑了一声。说："杨总参议，我所需要的，可惜你们却没有呀！"

"说说看。"杨宇霆说，"可以商量么！"

"我需要的，是民族气节！你们那里恰恰一丝一毫也没有。所以，我们是永远无法共事的。"

杨宇霆气恼了，他涨红着脸说："李大钊，你辜负了我们的一片诚心，后果是可悲的呀！""虽死犹荣！"李大钊闭起双目，转过身去。

杨宇霆的利诱失败了，张作霖杀李决心也更坚定了。此时，北京学生、教师、社会名流以及广大工人，都纷纷采取行动，舆论支持，讨论营救措施。另一个角落，也在腥风凄雨：蒋介石给张作霖发来密电：请速杀李大钊等共产党要犯，以绝后患！

张宗昌也发来电报：社会舆论支持赤党，虽非阴谋暴乱，必要时仍可出兵镇压。请速将李大钊枪毙，杀一儆百！

张作霖守着电报，发思索着近来状况，心里七上八下：杀李大钊么？这显然是为蒋介石服务的；蒋介石又会给我什么呢？张作霖在算账。他逮捕李大钊，已经招来了全国的舆论反对，他预感到自己会落一个极大的骂名。不杀李大钊么，共产党又会给我什么好处呢？张作霖视共产党如恶魔，听了这个词他就容不得。蒋介石不反对共产党，我也不会容共产党！最后，张作霖在一份关于李大钊的材料上写下了一个歪歪扭扭"杀"字。

是一个黎明，警察把李大钊偷偷地押进警察总监的一个阴森房子里，突然宣布判处李大钊等人死刑。然后，由全副武装的宪兵押着，乘上汽车开进京师看守所。一路戒备森严，交通断绝，犹如大敌压境。汽车驶进看守所，又立即紧闭院门，然后把李大钊等人推向绞刑架上。李大钊大声说："你们今天绞死了我，却永远绞不死共产主义！我深信，有一天你们也会被送上绞刑架！"

李大钊牺牲了，牺牲得十分壮烈！牺牲时他年仅三十八岁。和他一起被杀的还有共产党人范鸿吉力、谢伯俞、谭祖尧、杨景山和国民党左派邓文辉、张挹兰等二十位烈士。

第二十九章
东北军退出关外

1927 年末到 1928 年初，北京面临着一个极为反常的冬天：奇冷，多雪，多风！天空像一块倒悬的黑石板，大地像一块无缝的冰；行人稀少而匆匆，商市萧条寂静。坐在大元帅府的张作霖受到气候的影响，也显得萎靡不振。虽然有时候也激怒暴跳，跳过之后，还是垂头丧气。刚刚五十四岁的人，就暮气沉沉了。统帅无神，整个帅府便一片悄然，冷清得和外边世界一样。

许多大事都使张作霖不愉快，因为办得不顺利，他很烦恼。烦恼有什么用呢？没有办好的事还悬在那里——

张作霖在北京杀了共产党人李大钊，觉得可以和南方革命军的蒋介石平等起来了，要联合，也得对等。

蒋介石愿意和张作霖和好，并且派了代表迂回到北京。然而，刚一接触"和好"的问题，蒋介石的代表就定了调子，要张作霖易旗，把所有的军队都改成"国民革命军"。张作霖大怒了，他拍着桌子大骂："蒋介石欺人太甚！他妈拉个巴子不看看自己有多大力量，就想吞了我？好吧，咱们较量较量再说吧！"

张作霖不和蒋介石联合了，蒋介石重任北伐军总司令，决定北攻张作霖。于是，便和冯玉祥、阎锡山、李宗仁等新军阀联合，组成一、二、三、四四个集团军，对奉军发起进攻。山东的张宗昌部节节败退，最后退出济南。奉军在京汉、京绥铁路线上的部队，惊慌失措，不得不退守保定、怀来。北京紧张了！

缩在大帅府的张作霖，眼看蒋介石要进入北京，急了。他把身边的将领都找到，咬牙切齿地说："蒋介石逼人太甚了，联合要我易旗，不联合便派大兵来吞。我还没有到一无所有的地步，他蒋介石比我强不了多少！好吧，我就跟他妈拉巴子在京津拼一场，拼它个鱼死网破。"

将领们并没有积极响应，他们觉得和蒋介石再拼一场，不一定能胜。万一败了，可就倾家荡产了。可是，谁也不敢反对他。张作霖说："回去各自准备一下，等待我的命令。"

张作霖刚刚动员对蒋作战，奉军内部却有了变化：涿州之战有功的万福寿部在丰台哗变，驻守军粮城的戢翼翘师师长独自发出了"息争通电"，并且得到李景林的旧部一些师、旅的响应……军心不定，厌战情浓。杨宇霆和张学良都觉得形势不利，建议"暂不出战"。张作霖惊慌了，郭松龄之乱记忆犹新，现在不能再激怒众人。于是，他马上收回作战命令。

不打蒋介石，蒋介石打过来怎么办？张作霖有顾虑，但却没有好办法，心中有些焦虑。他还是老办法，焦虑时便把所有的门窗都关闭，自己在房子里踱步；踱累了，便躺倒床上，闭目喘粗气。

张作霖自从进了北京，仿佛就没有一天过得舒服，也没有像在奉天时随心随意。就说他就职大元帅、组织安国军政府这件事吧，他认为是"水到渠成"了，可是，除了孙传芳、张宗昌这两个经过授意的将领发一通拥戴电之外，几乎冷冷清清。张作霖要不是主动安排，只怕连过场也没有人去走。也不知怎么糊涂的，就职之后，他竟发了这样一个通电：

> 作霖与孙中山前大元帅系多年好友，谬蒙推戴，实欲继中山之志……张作霖通电发出的当口，就感到事情办错了。我怎么是孙中山的继承人？孙中山领导革命军，革命军的革命任务就是要消灭我张作霖，我怎么会自己消灭自己？

他尤为后悔的，是电报中这样几句话：

> ……海内各将帅，不论何党何派，只要反赤，即现在之敌将来亦可为友。

"混蛋，混蛋！"他击着脑袋自责。"蒋介石反赤，我杀了共产党最有影响的人物李大钊，他却转回头就对我进攻，我何必跟着他的屁股转呢？"

张作霖瘦了，困乏了，大眼睛中充满了血丝，常常头发晕，腰背酸疼。中南海中到处红花绿叶，清泉潺潺，他却总是长吁短叹！

张学良轻脚轻步来到他跟前，明知他是对形势焦急，却不敢直接问，只说："爹，您消瘦多了，应该好好保重身体。"张作霖只冷笑、摇头。

张学良又试探着说："爹，目前我们处境虽然困难，可也并不是没有希望。我们的力量还是很强的。蒋介石不一定会把咱们怎样。"

"蒋介石……"张作霖不耐烦地"哼"一声，又说，"光是蒋介石，也不用费这么大心思了。还有……"

张学良以为是奉军内最近出现的不协调事情。忙说："都是跟您多年的部下了，一时思想不一致，慢慢便会统一起来的。"

"还有日本人！"张作霖不耐烦地瞪着眼睛，瞅了张学良一眼。一提到日本人，张学良也感到了形势的严峻——"日本人得寸进尺，气焰嚣张"。

张作霖越来越感到日本人对他态度变了，变得不友好，变得敌对了。他们总是借着大大小小的事，给他为难，对他挑衅。令他恼火的是，几天前发生的一件事：

那一天晚上，张作霖感到精神稍舒服些，便把梁士诒、李宣威等几位客人找到中南海纯一斋打牌——他许多天提不起这种雅兴了，正想开心它一夜。突然间，日本公使芳泽谦吉来访。"不见！"张作霖有点扫兴。

梁、李二人忙推下牌说："既然公使来访，我们便告退了，改日再来。"

张作霖眉头皱了片刻，说："我与芳泽没有多少好谈的，你们稍等，我去去就来。"

张作霖走进客厅。

芳泽大约是等得不耐烦了，一照面，便阴阳怪气地说："大帅好忙呀！连待客的时间也没有。"

"谁都有谁的琐碎事。"张作霖也不示弱，"公使先生事先并没有说要来，既来了，我总得穿戴一下吧。"

芳泽举目一看，张作霖便装拖履，连扣子也未扣齐，哪里有一分待客的形状？又说："大帅进北京了，地方变了，心情自然也变了，待朋友么，恐怕……"

"芳泽先生，有什么话你就直接说吧。"张作霖颇有点咄咄逼人，"我知道你是个大忙人，不会在这里坐多久。"

"那好，我很欣赏大帅这种办事利索的态度。"芳泽不客气地说，"我们曾经提出过的，关于修筑吉会铁路的问题，大帅是不是抓紧把合约签订一下？"

"吉会铁路……？"张作霖心里明明白白，这是日本人又一项新的侵略行动，便假装糊涂地说："没有这件事吧？"

芳泽一见张作霖想推诿，冷笑了一声，说："大帅，我们很了解您的处境，也很同情您的烦恼。如果您答应了这件事，我们自然不会没有表示的。"

"噢！有什么表示？"张作霖问。

"我们可以设法阻止北伐军过黄河！"日本人真会抓时机，他们明白张作霖目下最头疼的事就是蒋介石北上。所以，他们要刺激张作霖这根最"敏感"的神经。

张作霖一愣，立刻感到了日本人讹诈的嘴脸。也冷冷一笑，说："这是我们家中的事，不劳邻居费心。谢谢你们的好意。"

芳泽见张作霖关门了，迫不及待又有些气急败坏地说："大帅，你们有力量打过蒋介石吗？"

"打不过我们就退到关外！""只怕未必能回得去吧？"

"关外是我的家，我愿意什么时候回去就什么时候回去，有什么不行？"张作霖有点发怒了。

芳泽见张作霖态度强硬了，便采取威胁的手段，从怀里拿出一张纸交给张作霖，说："我这里有份报告：张宗昌的兵在济南杀死了几十名日本侨民，您看这件事怎么办？""我没有接到报告。"

"张宗昌是您的部下，他的行为您应该负完全责任！"日本人讹诈又恫吓了。

张作霖忍耐不住了，他由座位上站起来，把手里的翡翠嘴旱烟袋猛力向地下摔去，摔成几段，声色俱厉地说："此事一无报告，二无调查，岂能只凭你们一张白纸！叫我负责，他妈拉巴子，我负屁的责任！"说罢，转身要走。芳泽急忙拦住。

"大帅，今天既然这样，咱们就把话索性说明了吧。""我们之间没有不明白的话。"张作霖站着没动。

"我们的新首相田中先生已经下了决心,要把'满蒙问题'诸悬案都解决。"芳泽逼人了。"如果再拖延下去,恐怕对我们两国都不利,尤其是对大帅。"

张作霖眨眨眼,说:"还有悬案,还有许多悬案?这我就不清楚了。""这么说,东北一些问题大帅就忘了?"芳泽瞪着圆圆的眼睛。"既然是东北问题,那就请公使先生回奉天吧,那里的交涉署会跟你具体谈的。"说罢,张作霖又喊了一声:"送客!"

芳泽谦吉被逐了。他气急败坏地站起身,愤怒地说:"阁下这样推诿,后果您想了没有?我很遗憾呀!"

日本人不是平白造事的,原来他们自己内部日子也十分不好过:日本爆发了严重的经济危机,田中义一出来组阁。田中是著名"仇华派",历来主张以武力征服中国。这家伙上台之后即出兵山东,不久,又专门召开所谓"东方会议",讨论对张作霖的策略问题。什么张作霖问题?说穿了一句话,日本人要侵占满蒙,只不过用什么方法侵略他们内部尚不统一。日本政界主张用外交、经济的扩张法,侵占满蒙的权益,而军界则主张用武力去强占满蒙的权益。田中则想两种办法都用,即外交、军事并用。

日本人首先派出一个强大的团体找张作霖,要张作霖履行郭松龄反奉时张作霖以个人名义同日本签订的密约,其中包括东三省修筑七条铁路线,要求日本军警参加满蒙地方治安,还要签订治安协定。张作霖的谈判代表刚出马,东北人民群众便知道了,于是,展开了一场规模巨大的反日高潮,东北各地有数十万人游行抗议。张作霖不敢轻举妄动了。

一举不成,芳泽谦吉才又赶到北京。

张作霖对于日本人的步步紧逼,十分害怕而又恼火。为了稳住他的北京大权,又在谋士杨宇霆等人的策划下,转而拉拢英、美帝国主义国家,企图求得他们的支持,牵制日本。张作霖在北京频频与英、美公使来往,并重金聘请美国军事顾问,主动提出与美国合作修筑热河至洮南、齐齐哈尔至黑河的铁路及葫芦岛军港,并且答应将来收回中东铁路时欢迎美国投资。

张作霖联络美英的活动,哪里瞒得住日本人,这便引起日本人的嫉恨。芳泽此次来北京,既是向张作霖讨债,也是来探探张作霖在北京势力的虚实。

芳泽回去了,日本掌权的侵略分子恼了,他们下定了杀张的决心!日本政府一方面发表了《关于中国动乱及满洲问题警告南北双方觉书》，声称"大日本帝国具有维持满洲治安之责任，一旦发生事故，帝国即将采取断然措施……"一方面准备调三个师团的兵力开赴奉天、锦州、山海关，并将关东军司令部由旅顺迁至奉天，还在南满铁路属区分设六个警备大区……一个并吞东北三省的罪恶行动悄悄地开始了。

张作霖顶不住这个压力，便又同日本政府派来的代表、满铁社长山本商谈。张作霖表示：对日本政府提出的有关在东北修筑铁路的问题"可以签订秘密条约。"小胡子日本人摇头了。

"密约早就有了，也是阁下签的字。有什么用呢？现在再订一个密约，还是废纸。"

"那有什么办法呢？"张作霖无可奈何了。

"必须由双方政府签订正式合同才行。"日本人寸步不让。

不得已，张作霖以政府名义同日本人签订了敦化至图们江、长春至大赉两条铁路的合约。但是，东北人民大力反对，采取各种形式对抗施工，合约依然无用。日本人还是紧逼不放。所以，张作霖最后才决定同日本人决裂。

芳泽谦吉走后，张作霖知道日本人不会善罢甘休。便把儿子张学良找到面前，进行了家庭式的密谈。

"六子，"张作霖一边吸着旱烟，一边没精打采地说，"跟小鬼子这么一闹腾，就得做最坏的盘算了。你说呢？"他望望儿子，见儿子有点沉默，又说："今天没外人，只咱爷儿俩，你说心里话。"张学良说："爹，我看这事不一定太严重吧。""为啥哩？"张作霖问。

"现在步步逼紧，主要恐怕还是关东军。日本政府是会全面考虑的，跟咱们闹僵了，于他们也没有好处。"

张作霖摇摇头。"你轻看了这件事了。不只是关东军，是田中内阁。你不了解田中这个人，我了解他：太狠毒了！他恨不得一口吞了咱东北，吞了咱中国！""他们还有天皇呀！""妈拉巴子天皇又是好东西吗？"张学良不声响了。

张作霖拼足力气抽了几口烟，磕出烟锅里的灰烬，又说："咱们得做一个长远打算了。你说呢？"

对于奉军的去从，张学良是有自己的看法的。当初郭松龄还没有谋反时，他们就有过密议，一致的看法是不出东北，尽量给东北百姓多谋点利益。官养着民，民才会养官！张学良对自己手下的武力，似乎也比张作霖看得客观些，他认为奉军守住东北，绰绰有余；假若扩大到华北，扩大到长江南北，就不可能应付得了。事实也十分明显：新联合的孙传芳不堪一击，败退黄河以北，似情有可原；那么，一直作为"亲军"的直鲁联军该有战斗力吧，张宗昌不是也不堪一击么！自身战力薄弱，本来是朋友的冯玉祥、阎锡山，又先后倒向蒋介石。北伐军节节胜利，张学良觉得眼下是奉军面临的最严峻局面。所以，在老帅以父亲的身份让他对大局说点意见时，他不得不坦诚地说出己见。"爹，学良认为，趁着当前还没有大的战争，蒋介石北上也并不急进，我们自己的主力还相当雄厚，我觉得咱们应该撤回东北去。"

张作霖猛一抬头，烟袋从口中脱了出来。他张着口，吃惊地望着儿子，仿佛他不应该说出这样的话。可是，他把眼瞪了半天，对于儿子的意见却没有表示反对，并且点点头，说："把想法都说出来。说完。"

张学良说："这样做，我觉得至少有三个好处：第一，可以避免与蒋介石直接冲突，并且可以把关系缓和下来，做进一步谈判的准备；第二，也可以缓和一下和日本人的关系，军队都回东北了，日本人的行动也会收敛；第三，这一点极为重要……""快说，重要在哪里？"

"直接冲突缓解了，大的战争不会马上发生，我们的实力也就可以保全下来，也就有可能加以整顿，便能提高素质……"

"嗯……"张作霖迟滞的目光猛然闪了一下，那紧锁的眉头也展开了。

张学良急忙又说："爹，学良的意见不成熟。大主意当然还得爹来决定。"

"好好，你说得有道理。"张作霖又抽了几口烟，舒舒坦坦吐了阵子云雾。说，"这件事关系重大，让我仔细琢磨琢磨再说吧。"

张学良要退出去的时候，张作霖又说："六子，这件事无论对内对外，都十分重大，咱爷儿俩知道就算了，切不可外传，免得生异。""是，爹。我知道了。"张学良这才走出去。

一些时期来，北京城中谣言四起，人心惶惶。人人都议论着局势。但是，人人又都说不准局势会发展到哪一步。

张作霖几乎比所有的人都惶慌。形势使他的头脑发晕：才几天呀，就变化如此大！还不到一年吧！那是1927年6月18日，他的安国军政府在北京成立，他在怀仁堂就任了执掌中国大权的海陆军大元帅。他觉得自己到顶峰了，该享受了。可是，他连曹锟、段祺瑞那种"登基"的荣誉都没有享受到，而只有几个把兄弟为他庆贺了一番，和他想象的登基时的那个滋味完全两样：没有欢呼，没有朝拜，没有内宾，没有外宾；没有贺电，没有贺词。连一阵鼓乐也没有。北京，这片堂皇的帝王之都，皇帝出了一大群，谁是这样登上宝座的呢？张作霖真有些伤心。这也总算过来了，最令张作霖伤心的是：拥护他上台的人，不久便渐渐反对了他，冯玉祥走就走了，阎锡山也投向蒋介石了。本来想着的"蒋阎奉"三家联合，结果变成了"蒋阎冯"三家联合。张作霖成了孤家寡人；再加上日本人的强逼，他连孤家寡人的日子也不安生了。

张作霖是这样的不安，他身边的人也更慌张。大家似乎都有一种感觉，是不是真像日本人说的那样，老帅出不了山海关了？难道日本人真的要占领东三省了？人人惶恐不安，但又只好闷声不响地混天了日。

杨宇霆心情很矛盾，他终日垂着头，默默不语，也不多到张作霖面前去。他常常闭门自问："难道日本人真要'换马'了？"杨宇霆老奸巨猾，极有心计。在张作霖同日本人交往中，他也独自同日本人秘密交往，日本人向他提供消息，给他许多许诺。最近几天，日本外务省亚洲局局长木村向外务省提交了一个报告，叫《有关中国时局对策考察报告》。这个极秘密的文件曾有个复制件传到杨宇霆手里。杨宇霆获悉了一个很心惊但又很欣喜的消息，日本人真的要丢弃张作霖了。他们认为张作霖已经威信扫地，不值钱了，日本人在弃张之后物色了两个代理人，一个是前省长王永江，另一个便是他总参议杨宇霆。杨宇霆思想乱了：丢张岂不是要引起一场大乱！打起来难保胜负。可是，日本人丢张扶他杨，他又觉得自己有了宽路。想到自己的后路，杨宇霆马上又想到了张学良，他知道张学良对这两条路都是不愿意走的，他既不允许赶老师，也不会做傀儡。张学良不干，别人谁也走不通。欣喜一阵之后，他又慌张起来。

张作霖终于做出退回关外的决定。那是 1928 年 5 月 30 日的清早，阳光刚把第一抹彩霞投进中南海，张作霖便把他的文武要员都找到纯一斋会议室。这片神圣的天地立即神秘起来：岗哨森严，荷枪实弹；所有该到会的人都有专人去请，而请到会场的谁也不许再出去。人们面面相觑，一双双目光惊恐地交织，头脑都在思索着"这是怎样一个会议"，但是，谁也不敢交头接耳去询问一声。

张学良进来了。孙传芳进来了。杨宇霆、张作相、莫德惠等"内阁"成员先进来了。但是，他们都是那样脚步沉沉、面色沉沉，各自入座之后，便各自垂下了头。

张作霖最后走进来。他的神态还算平静，他举目向到会的人看一眼，和谁目光相对时还微笑着点一下头。他没有坐，扫视片刻，便宣布一个简短而坚决的决定：

"我已做出最后决定：奉军立即撤退奉天。任何人均不得迟缓，不许恋栈。任命杨宇霆、张学良为撤军正、副总指挥，暂行留守京中，其余所有人一律于6月1日离京返奉。"

虽然大家都感到事情太突然，但命令已出，谁敢不从。撤退令下达当天晚上，张作霖还发出了"出关通电"，略云：

余此次入关，本为救国救民，今救国之志虽未得偿，亦不忍兴兵再战，危及国民，爰即整饬所部，退出京师。

要退兵了，中南海顿时失去宁静：一日即撤出京师，谁能来得及收拾杂物？于是，各室各厅，吵吵嚷嚷，箱笼柜橱，稀哩叮当，废纸碎屑，遍地横飞；大小车辆，鱼贯而入。这里，成了最嘈杂的闹市，比当年慈禧远逃西安，还有过之而无不及！

堂堂的一个执掌国家大权的元帅府，一天之中怎么搬得了呀？！其实，张作霖是粗中又有了细，撤兵的命令、通电发出之后，6月1日他却并未动身——他是放出一颗"探照灯"，看看这个世界对他撤兵持什么态度。

——就在张作霖要兵撤奉天的前几天，南满铁路与京奉铁路交叉的铁桥附近一带，日方即不许行人通过，由日本守备队在此放哨。平日频繁的来往火车，也渐渐减少。发现此种异情，奉天宪兵司令齐恩铭立即电报北京。说：

五月下旬以来，日本守备队不时在皇姑屯高道口铁路一带戒严，行动可疑，务请防备。

这个报告是先到张学良手中，他十分惊讶，立即拿去见老师。张作霖看了电报，只淡淡一笑。说："齐恩铭跟我多年，人虽精细，就是好放空炮。不要理他。"并命人给驻守沈阳的吴俊升和奉天省长刘尚清发了一个电报，说：齐随本帅多年，素知其向来轻举妄动，好造谣言，现日本方面对我缓和，毋庸顾虑，应严予申斥。张学良却不放心。深夜又去找老帅。"你怎么又来了？"张作霖问。

"爹，有件事我一直不放心，还想……"张学良吞吐着说。"什么事？"

"齐恩铭的电报值得重视。""还有新情报？"

"有一份情报，"张学良边说，边从身上拿出情报。"说5月22日夜间就是在那个铁路桥左近发生了一件日军用刺刀挑死两名所谓'南方便衣队'事件。日本领事馆请奉天交涉署派员调查，该署调查报告说：两死者年均约三十岁，身着新灰布制服，足穿黑布便鞋。尸旁有印着'救国军总司令部公用笺'一张信笺，上写着'兹派×××等去东北三省一带工作'文字。日方则认为是南方派来的便衣特务，日方询问不答把他们扎死的……'"有这等事？"张作霖也感到惊讶。

张学良又说："但据奉天交涉署派去调查死尸案的科长关庚泽报告：这是日方设的一个嫁祸于人的阴谋。""有根据么？"

"有。"张学良说，"就在这两个尸案发生的前一天，奉天监狱忽然跑来一名身穿灰布制服、黑布便鞋的人请求监狱能收容保护。这个人说他们'在南满站做小工，被日本警察强行抓去拘留，又强行剃头洗澡，然后换上这身衣服，并给好的吃，好的喝，然后带到南满铁路桥让我们自由自在地跑。结果，日本人就用刺刀扎。我在后边，拼命跑出来了'。这个情报十分重要。"张作霖锁着眉，半天不开口。

张学良说："爹，我看回奉天时，您老是不是改道乘汽车由古北口出关，绕道南满路，从奉天北道入城。这样，就安全可靠了。"

张作霖马上摇着头说："不。不走那一条路。"停了停，又说，"此次撤军我已经很不体面了，如果再偷偷摸摸地溜回奉天，就更让人家瞧咱父子熊包了。此次回奉天，我要大大方方地乘火车；到奉天还要轰轰烈烈地摆场面。"

"这好吗？"张学良放心不下。

张作霖还是满不在乎地摇着头，说："不怕，车上车下多加防备就是了。"

老师决心已定，张学良便不敢再说什么。可是，他却心事重重地离开了老爹。

第三十章
皇姑屯枭雄归西

1928 年 6 月 2 日。

北京城里的中南海，华灯初上之时，已经平静得像一池湖水；初夏的轻风，吹拂着岸边的垂柳；花圃里的盆坛，散发出阵阵清香；星星眨着明亮的眼睛从神秘处跳出来，吵闹了一傍晚的归鸟，都在枝头上入了梦乡。

住在纯一斋的张作霖没有入睡，他披件夹衣，戴上花镜，伏在案上看什么。明亮的灯光，把他巨大的身影投向后壁，迎着灯光的脸上，露出一抹红润，多日来的忧伤，已经消失了，那绺张开的胡须，显得很雄壮，眼神也流露出自信——一切大事都安排得比较顺心。6 月 1 日，他没有出京。那只是一个"烟幕"，他本来就不打算 1 日出京的。但是，这一天却有一个颇具规模的阵容出京了，确实是从中南海走出去的，并且用了元帅府中最豪华的汽车。那却是大帅的一批亲信，他们携带着"安国军大元帅"的帅印、帅旗、国务院的印章、外交部的重要档案资料先回奉天帅府。当这批人安全地到了奉天之后，元帅府方在北京发出一项重要声明，说："北京政府发表一切重要文告、命令，仍须由大元帅盖印方称有效。"这就是说，作为权利的中枢，北京已经失去效应了，只有奉天才可以行使实权。

张作霖一身轻松地想：明天，我明天一定动身。我要在奉天行使我的"安国"大权了。一想到明天就要离开北京，他心里竟也产生了眷恋：北京，毕竟是人人向往的地方，是争权者的最崇高理想地！常常为一个人的如此崇高理想，要牺牲多少宝贵的生命？得如此，失也如此！张作霖回想起自己这许多年能走到这里来的漫漫路程，他觉得太艰难了。然而，他又十分庆幸自己的走。没有人把我赶出去，而是我自己要退！没有因退而失宠，没有因退而付出众多牺牲！他觉得他还有回到北京来的那一天，他有信心把那一天过得更光彩！不过，当张作霖立起身，透过窗子望见院中那明明灭灭的华灯，隐隐现现的楼台殿阁和郁郁葱葱的花草树木时，他还是产生了留恋，因留恋而忧伤——北京毕竟是集权的象征，是他用无数头颅铺路才进来的，离开北京，又总是说明一种失落，一种凄楚。我张作霖何尝不是被人逼出北京城的！？

夜深了。夜特别寂静。整个中南海都无声无息地沉睡了。张作霖走出他的卧室，他想在庭院中看看，又想到整个中南海都走走——他进到这里来快一年了，还不曾看看这座神圣院落的一切。认真地说，中南海是个什么样儿？他不知道。昔日他十分憧憬它，他十分企望这里有他立足的地方，成为他的；可是，当他进来了，他又麻木得对它寡情！他没有时间、没有心情呀！无论他张作霖心计如何，他到中南海来得太特殊了，也无论文治还是武治，岁月都没有给他平静的氛围，他无暇去观赏他居住的这片环境，他的精力都在打仗上了。现在要走了，何时再回来？渺渺茫茫！

张作霖的脚步刚跨出门槛，院中流动的岗哨便紧张地向他敬礼！他心里一阵不平静，仿佛失去了自由一般。他站立下来，只朝着哨兵点点首。一阵轻风，翻动着地面上的乱纸片；纸片滚动着，撞击着，呈现出衰败和凄凉，又给这位即将离去的大帅猛然增添了忧伤。他抬眼四顾了一下，所有的房子里，都已经门窗掩闭，灯烛熄尽了，两天的紧张收拾搬动，都空了。只有他六太太的卧室还透窗送出一抹昏暗的灯光。他顺着灯光走去。

六太太正和三公子学曾对面坐着，好像是在商谈什么。张作霖进来，他们一起用惊讶的目光望着他，半天，六太太才说："一连忙了几天，你还不抓紧休息一下。"

张作霖只对她点了点头，便走到学曾面前。问他："东西都收拾好了吗？"

学曾说："收拾好了。"

"这些天学业都荒废了吧？"

"没有。"学曾说，"和往常一样用功。"

张作霖点点头，自言自语，又像是交代六太太。"我总在慌慌张张地度日，几个孩子的学业都荒废了。回东北之后，务必拿出更多的精力教养儿女，不能让他们像我们这一代似的，只懂得拼杀、争夺。要有学问才能治天下！"

六太太这才走近他身边，呆痴了半天说："回奉天再别出来了，安安生生地过几年吧。把事情都交给汉卿。他能办事了，很有心计，你该放心。"

"放心，放心。"张作霖说，"六子成熟了，我放心！"

又停了片刻，张作霖便走出去。他再也不到什么地方走了，回到卧室，关上房门。

6月3日。

红日刚刚升起，十几辆大汽车便开进了中南海。各房屋的门都推开了，人们慌慌张张地朝外抬箱笼，又慌慌忙忙地把箱笼装上汽车。汽车穿梭于中南海和前门车站之间。慌张了整整一天，才算平静。

傍晚，当大帅的随行人员靳云鹏、潘复、何丰林、刘哲、莫德惠、于国翰及日本顾问町野、仪我等都集中到张作霖身边等候出发时，元帅府秘书长任毓麟匆匆找来密电处长周大文，对他说："要动身了，发一封电报给（奉天留守司令）吴俊升吧，通知他，如有要电可拍到京奉沿线专车中。"

这位心神不定、唯恐途中出事连裹伤的救急包、饼干都私备好了的处长，匆匆发出了在北京的最后一份电报，这才把所有的机器拆下搬上了汽车。

一整天，天空都是晴朗的，到傍晚，忽然飞来片片浓云，中南海一下子变得灰蒙起来，怀仁堂、居仁堂、藕香居、丰泽园、纯一斋，远近楼台都笼罩着一幅灰暗的轻纱。在六太太陪同下，张作霖慢腾腾地走出纯一斋，他身后跟随着儿子张学良、张学曾。

在几辆低矮的汽车前，张作霖停住了脚步，神色惨淡地望了面前一下，然后伸出手同靳云鹏等人握手，却没有言语。当他来到送行的杨宇霆面前时，他有些愣神了，好像有许多话要说。然而，只有心情的激荡，目光的凝滞，语言却没有了。他好像感到了眼角的湿润。他拿出手帕，轻轻地揉了一下，然后才快步走上去，同他紧紧握手。握得紧紧的，好久好久！

张作霖登上他天蓝色的防弹汽车时，仿佛听到红墙外有枪响。他机灵地朝外望望，已经暮沉沉的天空有两只觅巢的乌鸦正匆匆地飞过。他叹息一声，便死死地扣上车门。

前门车站和张作霖经过的街道一样，戒备森严，冷冷清清，连那高悬低吊的华灯，也十分灰暗。在车站，张作霖一下子又恢复了平时的豪放，他立在车旁，满面带笑，扬着手对送行的人群说："你们在这里多辛苦几天吧，我先回去了，先回去过五月节了！"张学良走到他面前，心事重重地说："爹，您老一路保重。"

"没事。"张作霖乐哈哈地说，"你们都放心。"他在车门口向送行的人挥手告别后，走进车厢。

张作霖回奉天的专车共二十二节，是由铁道部精心组合的。张作霖乘坐的包车厢在中部，那是一节最豪华的花车，是当年慈禧太后的专车，好久没有人用它了。这次使用之前，铁路部门又精心修饰了三天，一切都恢复了当年的风采。花车专厢前是两节蓝色的钢板车，他的高级助手刘哲、莫德惠、于国翰等人乘坐在上面；花车专厢后是饭车。其余车厢分别乘着随行工作人员和装载箱笼行李。一列压道车在专车前先行了。专车的所有车门和连接处，都安置了荷枪实弹的大兵，枪口对外，子弹上膛，兵士们聚精会神，目不转睛地窥视着窗外……

专车由北京开出后，直驶天津。在天津站，靳云鹏、潘复等人下车了；日本顾问町野也下车了。町野是张作霖让他下车的，派他去山西联系阎锡山，希望能同他重新结好。下车前，张作霖握着他的手，说："町野先生，这一趟让你辛苦了。到山西见了伯川（阎锡山字伯川），就说我十分惦记他，我一直等待与他再度合作；我知道他会同我合作的。"

町野说："大帅放心，我一定不辱使命！"

专车从天津站开出，人们都紧张了。因为下一站就是山海关。那里，日本关东军已经明着、暗着驻扎下大兵，近期关系又如此僵持，能容易出关吗？卫队所有的军官都走上车门，他们警惕着道路两旁；车上的探照灯齐明，两侧数十米道路河流、村舍树木都观察得清清楚楚。

一度平静的张作霖猛然也紧张起来，好像他今天方才意识到山海关是"关"！

山海关，这座长城之首的天下第一关，北依角山，南临渤海，是东北三省与华北平原沟通的咽喉，形势险要，交通要冲，历来为兵家必争之地。凭仗着她，张作霖安居于东北，中原各种英雄谁也不敢轻易触犯。往日，山海关给张作霖带来过兴奋，他几次率大兵出关征战，他的势力曾经伸展到黄河以南，伸展到长江三角洲。那是何等的威武！这一次，他就是胜利出关之后，才有了北京，才有了执掌大政的安国军大元帅和安国军政府。然而，山海关又不无使他十分痛心的地方，他曾一败涂地从那里跑回东北；他的部下郭松龄也是从那里打进来几乎吞掉了他；现在，他又要缩回关外，虽然不是彻底败北，但却并非凯旋！而况日本帝国主义正在眈眈仇视着他，说不定今天就出不了关！

除了卫队之外，车厢里的所有人（包括文职）都做好了应急准备，仿佛要在车站上或包厢里开展一场巷战，一场白刃战！张作霖也把身上的自卫手枪拿出来。

山海关车站十分平静，灯光闪烁，星月辉映，两名站岗的日本守备队士兵，安闲地在缓缓移动，一二车站工作人员手操着工具灯在正常工作；车站之外，还传来零星的夜市吵喊声和一二声车响。人们悬着的心这才缓缓地放了下来。

留守奉天的吴俊升已经赶到山海关车站。专车停下之后，他匆匆走上车去。第一个同他照面的，是大帅府密电处长周大文。吴俊升笑着同他握手，说："老弟，你给我来的电报看见了，你们都辛苦了。"又说，"大帅呢？"

周大文指着前面的花车，吴俊升去了。吴俊升把带来的卫队安排上了车，这才走到大帅车厢。"大帅您辛苦了！"

张作霖朝他伸出手，说了声："你好呀"！然后拉他坐在身边。"我……我这就放心了。"

吴俊升一时不理解这话指的是什么，只好点头应和着说："大帅放心吧，放心吧。"

专车平安地开出山海关车站。

紧张了半天的卫队把枪放下了，其他车厢里的随员也收拾了防身武器解衣钻进卧铺。张作霖对吴俊升等人说："咱们也该轻松一下了，打它几圈。"

吴俊升又喊来刘哲、莫德惠，他们搓起了麻将。

日本人要除张作霖的部署分两个部分，即两组计划：关东军司令官冈村为一组，他们计划混进北京去，伺机进行暗杀；一组是以关东军高级参谋大佐河本大作为首的少壮派军人，一开始这个河本就计划了"皇姑屯行动"，准备在张作霖回奉天时干掉他。这两组人本来各干各的，后来才结合在一起。他们结合以后的分工是，由冈村的助手竹下领人在北京刺探消息，由河本在途中布置死亡阵。为了防止透露消息，河本从朝鲜驻军借来一个工兵营，在严密的村镇线内，他们在奉天西北皇姑屯附近南满铁路与京奉铁路交叉处的桥洞下埋下了三十麻袋黄色炸药，在五百米外修筑了临时瞭望台，用电机控制触发爆炸；河本安排他的亲信大尉东宫掌握电钮。为了万无一失，他们还在爆炸点以北装置了脱轨机，部署了冲锋队，并且拟定了制造假现场的计划。从5月末起，皇姑屯高道口便由日本守备队戒严。——1930年河本在奉天满铁医院住院时向他的密友、满铁本社情报课课员野田兰藏承认了上述情况。他还说："这事就算我干的吧，否则牵连过多。"车到新民，天亮了。

牌局散了，大家伸伸懒腰，才去洗漱。

张作霖揉揉困倦的双眼，朝窗外望望，晨光中，大地一片葱绿，稼禾生长旺盛，铁路边布满着奉军的步哨警戒，个个挺胸而立，脸面向外，做好了应战准备。他心情分外轻松："我总算安全到达奉天了！"

车到皇姑屯站，奉天宪兵司令齐恩铭来接。他对张作霖说："大帅，近两天南满铁路一带十分平静，没有发现异常情况。"

"这就好。"张作霖说，"早几天，你发到北京的密电我看到了。你是不是又犯了猜疑心？"齐恩铭一笑，没有回答。

专车继续前进，几分钟后，车到南满铁路和京奉铁路交叉地区。窗外的哨岗不见了。张作霖急问齐恩铭："我们的岗哨呢？"

齐恩铭说："日本守备队早已通知我方，按规定，中国军队不得靠近南满铁路。这一带完全是由日本军队警戒。"张作霖只无可奈何地"嗯"了一声。

专车开进高道口，将要向东驶行开往奉天车站时，忽见南边有两个着黄色制服的人跑上铁路大堤，并不断打出手势。就在这一瞬间，轰然一声巨响，接着又是一声轰鸣，列车被颠覆老高，顷刻脱轨，散落道外。车上许多人昏倒失去知觉。尚还清醒的卫队，立刻伏在车窗两侧，猛烈射击——但却毫无目标。

张作霖乘坐的花车车厢，已全部塌倒，不成车形，前后车厢已经冒烟起火。铁路桥被炸得七零八落，桥墩折去半截。

能动的人忙着钻出车厢，抢救伤员：吴俊升被人架出放进一辆铁皮马车上向市内跑去；日籍另一个顾问仪我，满面是血向车头跑去；莫德惠从车上抬下来，只发出撕心裂肺的喊叫；刘哲伤轻，他趔趄着向市区跑去。

张作霖被从车厢中抢出来，已血人一般，他被架上宪兵司令齐恩铭的破旧汽车上，由副官王宪武抱着横卧车中急忙朝帅府跑去……慌乱之中，一队日本兵由南边沿着南满铁路北跑，很快包围了出事现场。

张作霖的汽车从花园门口开进帅府大院，大家把他从车上架下来，送进小楼楼下。此时的张作霖，通身上下除了血污之外，什么也分辨不出来了，他双目紧闭，不省人事。五太太忙派车把帅府的杜医官接来，又用剪刀剪开张作霖身上的衣服，以便查看伤情。

杜医官谨慎查诊，张作霖不仅多处骨折，内脏震伤也十分严重。张作霖苏醒了，他艰难地睁开眼睛，断断续续地对五夫人说："我受伤太重了，两条腿都没有了（其实腿未断），恐怕不行啦！告诉小六子以国家为重，好好干。我这臭皮囊不算什么。叫小六子快回沈阳来。"

五夫人转脸对杜医官说："无论怎样，你得想尽一切办法给大帅治疗。"

医官只无可奈何地点点头，又去检查、治理伤处。

张作霖渐渐喘息困难，上气不接下气，双眼紧闭，慢慢地脑袋便垂在枕边，停了呼吸。

时间为 1928 年 6 月 4 日 9 时 30 分；终年五十四岁。

——张作霖去世的消息怕透露出去引起地方人心不安，更顾虑日本人会乘机有所举动，而张学良尚未回来，故决定严守秘密，封锁消息，并且每日令厨房照常开张作霖的饭，杜医官天天来帅府假装换药并填写医疗经过、处方等等，以瞒过日本人的窥视。日本方面不断有人来慰问求见，皆婉言谢绝。直到张学良回到沈阳以后，始宣布张作霖于 6 月 21 日因伤逝世。其实这是一个假定的日期。

一代枭雄，从此不再站起！